城市轨道交通既有线信号系统升级改造实施管理

主 编 张楚潘 龚小聪

西南交通大学出版社
·成都·

图书在版编目（CIP）数据

城市轨道交通既有线信号系统升级改造实施管理／张楚潘，龚小聪主编．－－成都：西南交通大学出版社，2023.12
　ISBN 978-7-5643-9591-9

Ⅰ．①城… Ⅱ．①张… ②龚… Ⅲ．①城市铁路－既有铁路－铁路信号－技术改造 Ⅳ．①U239.5

中国国家版本馆 CIP 数据核字（2023）第 219856 号

Chengshi Guidao Jiaotong Jiyouxian Xinhao Xitong Shengji Gaizao Shishi Guanli
城市轨道交通既有线信号系统升级改造实施管理

主　编／张楚潘　龚小聪	责任编辑／宋浩田
	封面设计／墨创文化

西南交通大学出版社出版发行
（四川省成都市金牛区二环路北一段 111 号西南交通大学创新大厦 21 楼　610031）
营销部电话：028-87600564　028-87600533
网址：http://www.xnjdcbs.com
印刷　四川玖艺呈现印刷有限公司

成品尺寸　185 mm×260 mm
印张　20.5　　字数　460 千
版次　2023 年 12 月第 1 版　　印次　2023 年 12 月第 1 次

书号　ISBN 978-7-5643-9591-9
定价　120.00 元

图书如有印装质量问题　本社负责退换
版权所有　盗版必究　举报电话：028-87600562

编委会 PREFACE

主　编　张楚潘　龚小聪

副主编　凌光清　叶富智　宋　云　张　惺　何　健
　　　　　危兵星　左传文　江新剑　戴　宏　董　松

编　委　黄新义　张文洲　袁雪源　方程威　李东锋
　　　　　宋鹏程　杜银龙　刘国彦　何　佳　莫保平
　　　　　牟宗元　陈仕杰　吴　同　廖向晨辰

前言 PREFACE

信号系统作为城市轨道交通列车运行控制的大脑，对保证列车正常运营安全起着至关重要的作用，一旦信号系统发生系统性故障，会导致线路发生大面积晚点，严重时可能导致线路停运。

早期建设的线路一般也是各自城市的中心城区线路，都有着客流强度大、行车密度大等特点，社会出行很大程度上依赖的是该批市区线路，因此该类型线路的信号系统改造必须控制改造工程过程，满足尽量不造成线路停运、不降低线路列车的通过能力等要求。

根据统计，国内在 2000 年以前开通的 6 条线路都已经超过了 20 年，该批线路主要分布在北京、上海、广州等一线城市，是国内最早开通的一批线路。其中部分线路已经完成或正在开展信号系统的更新和改造工程。

2001 年到 2005 年开通的 16 条线路在未来 5 年即将服役满 20 年，对于各城市线路信号系统来说，整体更新改造工程即将开展或者正在开展相关的项目评估等前期准备工作。随着时间的推移，越来越多城市的轨道交通线路信号系统将会启动相应的更新改造。

通过信号系统更新改造实施，提升系统的可靠性、可用性、可维护性、安全性等，解决信号系统长期服役引起的运载能力不足、乘客舒适度较差、故障频发、维护成本较高、经济性差等问题，实现安全运营、提升运营效率、改善劳动强度、提升服务质量的目标。

本书结合具体线路信号系统更新改造建设项目实施经验，对城市轨道交通信号系统更新改造建设过程进行全面梳理，从项目策划、项目管理、过程实施、新技术应用、未来展望等方面进行总结讲解。深入浅出地阐述信号系统更新改造项目实施流程和方法，可供轨道交通建设单位、各信号系统参建单位及其他从事信号专业工作的人员交流学习。

由于信号系统改造涉及面广、专业技术性强，在使用中如存在不足之处，望广大读者不吝赐教，多提宝贵意见。

编 委
2023 年 9 月

CONTENTS 目 录

绪　论　城市轨道交通发展趋势分析 …………………………………… 1

第1篇　城市轨道交通信号系统概述 ………………………………… 5
第 1 章　信号系统构成及原理 ………………………………………… 6
第 2 章　信号系统的国内外运营现状 ………………………………… 23
第 3 章　信号系统的发展趋势 ………………………………………… 33

第2篇　策划篇 ………………………………………………………… 38
第 1 章　建设方案策划 ………………………………………………… 39
第 2 章　设计方案策划 ………………………………………………… 42
第 3 章　系统方案策划 ………………………………………………… 45
第 4 章　实施方案策划 ………………………………………………… 53

第3篇　管理篇 ………………………………………………………… 63
第 1 章　既有线运营管理需求 ………………………………………… 64
第 2 章　建设方管理要求 ……………………………………………… 67
第 3 章　接口专业协调管理 …………………………………………… 80
第 4 章　施工现场管理 ………………………………………………… 88

第4篇　实施篇 ………………………………………………………… 106
第 1 章　实施策划 ……………………………………………………… 107
第 2 章　工程前期准备 ………………………………………………… 115
第 3 章　施工组织 ……………………………………………………… 119
第 4 章　技术方案实施 ………………………………………………… 130
第 5 章　安全质量保证措施 …………………………………………… 228

第 6 章　调试及问题处理 ··· 261
第 7 章　工期成本管控 ··· 280

第 5 篇

新技术应用篇 ··· 289
第 1 章　专利技术应用 ··· 290
第 2 章　软件著作成果展示 ··· 299

第 6 篇

精品工程展示及未来展望篇 ·· 306
第 1 章　精品工程展示 ··· 307
第 2 章　城市轨道交通信号系统未来展望 ······················ 316

参考文献 ·· 320

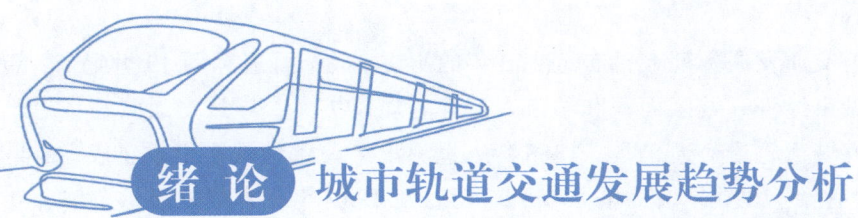

绪 论　城市轨道交通发展趋势分析

改革开放以来，我国城市化进程加快，城市人口增长迅速，随之而来的交通、教育、医疗和环境等各方面的问题日益凸显。尤其是交通问题，各大城市拥堵指数不断攀升，早晚高峰堵车已成为常态，已严重影响市民的正常生活。在各种城市交通方式中，轨道交通是目前被公认的准时、大运量、安全环保的重要公共交通工具，在使人民便利出行、缓解交通压力等方面发挥了重要的作用。合理的轨道交通规划不仅会直接影响城市整体布局和功能定位，对城市的土地利用、产业布局以及人口分布也能起到积极的导向作用，同时还能促进城市经济的健康发展和生态环境的持续改善。

作为一种独立、封闭、自成体系的交通系统，相较于其他城市公共交通运输方式而言，城市轨道交通具有以下优点：一是速度快、运量大。受益于现代科技的高速发展，城市轨道交通的车辆行驶密度和单车运载容量均有大幅度提高，从而提升了城市运载能力。目前，地铁单条线路平均速度最快已达到 91.03 km/h（成都轨道交通 18 号线），而平均速度亦可达到 40 km/h（如广州地铁），远高于公共汽车，能够极大程度地满足现代城市运输需求。二是污染少、能耗低。城市轨道交通运输车辆一般依靠电力驱动，很少有污染产生，再者它属于大运量客运系统，使得人均能耗远低于其他交通运输工具，符合绿色、低碳、可持续发展的原则。三是准点率高、安全舒适。城市轨道交通一般与其他交通方式隔离，行路干扰较少，基于安全信号系统实现了自动化控制，因此具有较高的准时性和安全性。此外，城市轨道交通还能提升沿线土地价值，促进配套商业与服务设施的发展，具有很好的社会和经济效益。尽管城市轨道交通建设周期长、投资大、技术要求高，但其优越性是目前其他交通模式所无法比拟的，因此受到人们的青睐，已逐渐成为市民出行的首选交通方式。

城市轨道交通在国际上并没有统一的定义。我国 1999 年颁布的国家标准《城市公共交通常用名词术语》(GB/T 5655—1999) 中将城市轨道交通定义为：通常以电能为动力，采取轮轨运转方式的快速大运量公共交通的总称。建设部（后组建为住房和城乡建设部）在 2007 年发布的《城市公共交通分类标准》(CJJ/T 114—2007) 中将城市轨道交通定义为：采用轨道结构进行承重和导向的车辆运输系统，依据城市交通总体规划的要求，设置全封闭或部分封闭的专用轨道线路，以列车或单车形式，运送相当规模客流量的公共交通方式。总的来说，城市轨道交通可理解为以轨道运输方式为主要技术特征的城市公共交通系统，主要为一个城市或大都市区范围内提供公共客运服务，是一种在城市或市郊区域公共客运交通中起骨干作用的现代化立体交通系统，包括了地铁、轻轨、市郊铁路和有轨电车等。

城市轨道交通发展到现在已有近 160 年的历史。最早可追溯到 19 世纪末,部分欧美国家由于城市经济、城区面积和城市人口等的规模扩大,导致交通问题日趋严重,因此率先研究城市轨道交通工具。1863 年,世界上第一条地铁在伦敦建成,最早是蒸汽机车动力,直到 1890 年改为电力牵引。而后到 1949 年,有数据显示全球合计只有 20 个城市修建了地铁。第二次世界大战后,伴随着各国城市的快速发展,城市轨道交通发展极为迅速,到了 20 世纪末,地铁已经在英国、法国、德国、美国、俄罗斯和日本等 20 多个国家发展成熟,线路总长度超过了 7 000 km,在各大城市中担负着主要的交通运输任务。

我国城市轨道交通建设虽然起步晚,但随着改革开放和我国城市化水平的不断提高,工程建设得到了国家的重点扶持。我国地铁始建于北京,于 1965 年开工,1969 年竣工通车。然而直至 20 世纪 80 年代末,我国地铁线路里程仍仅有北京地铁的 40 km 和天津地铁的 7.6 km。进入 20 世纪 90 年代以来,在国家政策的正确引导和各城市的积极努力下,我国将优先发展轨道交通事业放在重中之重。2003 和 2005 年国务院办公厅连续发布了 2 个有关"加强城市轨道交通建设"的重要文件;2018 年,国务院办公厅印发《关于进一步加强城市轨道交通规则建设管理的意见》,对新形势下我国城市轨道交通规划建设工作做出部署。2019 年 9 月 25 日习近平总书记在大兴机场线考察时指出:"城市轨道交通是现代大城市交通的发展方向,发展轨道交通是解决大城市病的有效途径,也是建设绿色城市、智能城市的有效途径"。

我国城市轨道交通建设近年来得到飞速发展,建设规模之大是世界城市轨道交通发展历史中少有的,也体现了后发优势。在《中国城市轨道交通 2022 年度统计和分析报告》中指出,截至 2022 年年底,我国建设并正在管理运营轨道交通的城市共有 55 个,已建成 308 条轨道交通线路,总运营里程达到 10 287.45 km,仅当年新增运营线路长度就达到了 1 080.63 km。如图 0-1-1 所示,在"十四五"期间,我国城市轨道交通在累计新增运营线路长度为 2 317.73 km,年均新增运营线路长度 1 158.865 km,比"十三五"年均投入运营线路长度的 870.3 翻 1.3 倍,全国累计完成建设投资 11 303.77 亿元,年均完成建设投资 5 651.885 亿元,相比"十三五"期间平均每年所完成建设投资 5 255.7 亿元翻了 1.075 倍;全国累计完成客运量 429.92 亿人次,年平均客运量 214.96 亿人次/年,与"十三五"期间平均客运量 194 亿人次/年相比增长了 10.804%。我国城市轨道交通运营里程统计如图 0-1-1 所示。

经过多年发展,城市群、都市圈逐步成为经济载体,高铁促进了城市群、都市圈在国土空间上的总体布局,城市轨道交通促进了中心城市的成长。随着《中华人民共和国国民经济和社会发展第十四个五年规划和 2035 年远景目标纲要》(以下简称"目标纲要")全文印发,城市群和都市圈轨道交通发展重点进一步明晰。《目标纲要》提出,要推进城市群都市圈交通一体化,加快城际铁路、市域(郊)铁路建设,构建高速公路环线系统,有序推进城市轨道交通发展。"十四五"期间,城市轨道交通将全面进入高质量发展新阶段。

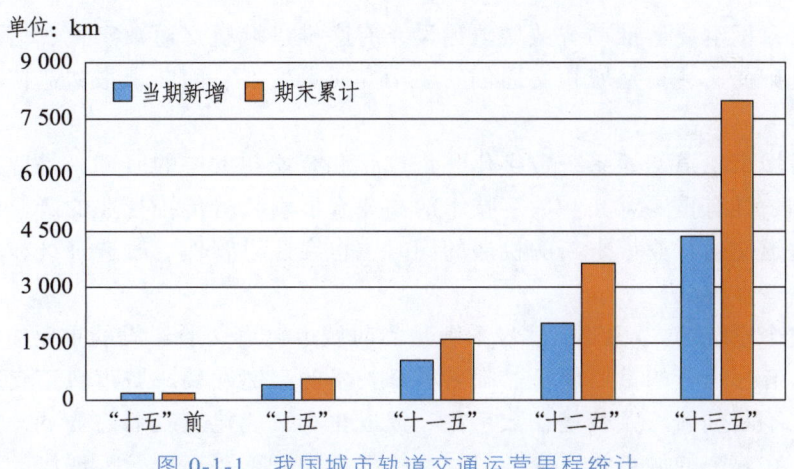

图 0-1-1　我国城市轨道交通运营里程统计

2021 年是"十四五"开局之年，也是轨道交通转型发展的重要一年。2021 年 12 月 14 日，为贯彻落实党中央、国务院决策部署，推进"十四五"时期铁路科技创新工作，推动铁路高质量发展，支撑科技强国、交通强国建设，国家铁路局组织编制了《"十四五"铁路科技创新规划》（以下简称"新规划"）。《新规划》指出现有中国铁路的短板在于"部分关键基础材料、基础零部件及基础元器件等核心技术亟待突破，更高速度、更加智能、更高效率及安全绿色技术有待补强，创新基地、创新人才等科技创新力量尚需提升，创新机制仍需完善"。计划到 2025 年，实现"铁路创新能力、科技实力进一步提升，技术装备更加先进适用，工程建造技术持续领先，运输服务技术水平显著增强，智能铁路技术全面突破，安全保障技术明显提升，绿色低碳技术广泛应用，创新体系更加完善，总体技术水平世界领先"。

国家政策的导向明确了下一步发展目标，推动城市轨道交通全面进入高质量发展新阶段应符合时代发展需求。如今是一个信息化时代，数字化技术和智能化技术大力发展，已被广泛应用于各大行业中。从概念上来说，数字技术是一种可以将各种信息（无论信息的载体是图、文、声、像还是其他）转化为计算机可以识别的语言，并进行加工、储存、分析和传递的技术。目前，全国各地城市轨道交通积极顺应国家数字化转型大势，形成了融合创新、百家争鸣的数字轨道交通新格局。

中国城市轨道交通协会领导在"2021 北京国际城市轨道交通展览会暨高峰论坛"上指出，我国城轨交通历经 50 多年的发展，建设运营规模已迈入世界前列，取得了令人瞩目的成就，而面对未来的发展，一是建设高水准城轨交通网络；二是促进城轨交通可持续发展；三是积极推进智慧城轨建设；四是聚焦核心、自主突破、推动城轨产业链更加强韧。以"云计算+"、大数据、人工智能、物联网和 5G 移动通信技术"云大智物移"为代表的新一代信息技术正在带来前所未有的变革，在这一趋势下，各城市轨道交通行业都在探索适合自身发展的数字化转型和高质量发展的道路。

在中国城轨交通业主领导人峰会上，深圳市原领导在峰会上探讨和呼吁城轨交通行业数字化转型和高质量发展"正当其时、恰逢其势"。全面推进数字化转型，已成为推动全球经济增长的核心驱动力，不仅对于城轨交通高质量发展来说意义重大，也是贯彻落实《目标纲要》推动智慧城轨建设、有序推进城轨交通数字化、信息化、智能化建设的基础要义，更是城轨交通创新驱动高质量发展、面向未来塑造核心竞争力的关键之举。

加强对城市轨道交通系统数字化、集成化和智能化发展的研究，是智慧城市实现的坚实基础，具有重要意义。数字技术的高速发展引领着传统行业的产业革命，在为整个城市轨道交通行业带来新的机遇的同时，也在建设管理、改造升级和服务模式等方面迎来了诸多挑战。

作为整个系统的"大脑"，信号系统是当前城市轨道交通建设的重要组成部分，是列车安全、有序运行的重要保证。随着科学技术的高速发展，城市轨道交通信号系统技术也随之不断创新，尤其是在数字化、集成化和智能化发展的趋势下，更是迎来了新的机遇。在未来的城市轨道交通信号系统建设中，需要充分发挥现代计算机信息技术的作用，做好顶层设计，实现互联互通，结合"云大智物移"新技术手段来全面系统地处理和利用相关信息，不断完善和提高现有信号系统的数字化、智能化水平。这些新技术的应用，会为人们的生活带来巨大改变，也将成为城市轨道交通信号系统的未来发展方向。

回顾我国城市轨道交通的发展历程，早期建设的线路现已普遍服役 20 年以上，后续建设线路也都面临着运力不足、设备老化、故障率增大及备品备件不足、自主化智能化水平不足等诸多方面的问题。为进一步推动城市轨道交通的发展和转型，现有早期信号系统亟须更新改造或者替换升级，随着后续线路的井喷式建设，城市轨道交通信号系统升级改造需求将愈发凸显。在对新线路建设或旧线路的升级改造过程中，势必会面临策划、管理、实施等方面的关键问题。

鉴于此，本书结合广州地铁某线正线信号系统在升级改造过程的实践经验，围绕轨道交通信号系统在建设和转型时所面临的普遍问题展开系统详细的论述。本书内容主要供城市轨道交通既有线信号系统更新改造工程的投资方、建设方、运营方、设计方、施工方、系统集成商等相关单位参考，从管理理念、组织架构、管理流程、协调安排、安全控制、技术管理、成本控制等方面进行探究和总结，既为公司后续同类改造施工提供参考，也为国内其他同类项目提供参考。以期切实提高轨道交通高质量发展水平，更快地推动我国从"城轨大国"迈向"城轨强国"的历史进程，对我国城市轨道交通发展做出贡献。

第 1 篇

城市轨道交通信号系统概述篇

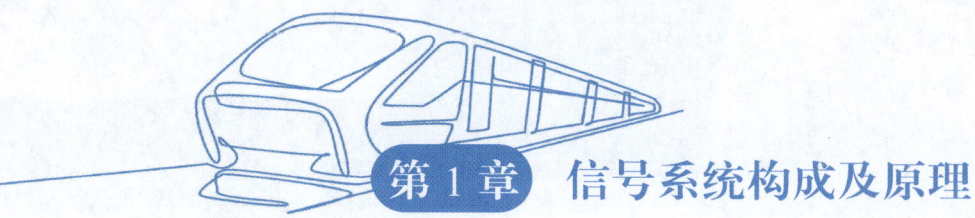

第1章 信号系统构成及原理

城市轨道交通信号系统通常由信号基础设备、联锁设备、闭塞设备以及列车自动控制（Automatic Train Control，ATC）系统组成，总体结构如图 1-1-1 所示。如果按设备地域划分，还可划分为控制中心设备、车站及轨旁设备、车辆段设备、试车线设备和车载 ATC 设备。

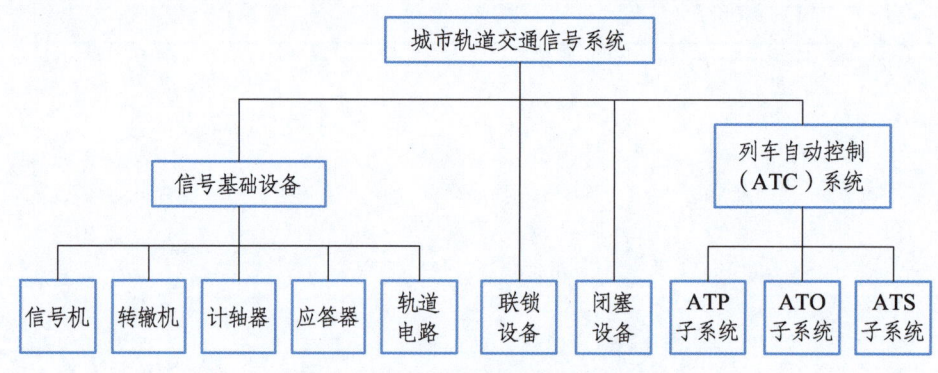

图 1-1-1 城市轨道交通信号系统结构

1.1 信号基础设备

信号基础设备是城市轨道交通信号系统的重要组成部分，主要包括了信号机、转辙机、计轴器、应答器和轨道电路等。城市轨道交通信号基础设备基本和铁路信号系统相关设备类似，只有部分差别，例如信号机的设置和显示、轨道电路的制式等。

1.1.1 信号机

信号机主要用于防护站内进路，指示进站列车的运行条件以完成联锁任务，防护危险地点，保证进路安全可靠等，从而实现城市轨道交通信号的控制与管理。信号机由主液晶显示屏、CPU 板、控制板、带光耦隔离的灯组驱动板、开关电源、按钮板等共 6 种功能模块插件板，以及配电板、接线端子排等组成。其材质多为优质的铝合金型材，铝合金型材具有结构坚固、外形美观、散热性能好等特点。

1. 城市轨道交通信号机的设置原则

城市轨道交通的地面信号是列车运行的辅助信号，平时地面信号都由轨旁 ATC 子系统自动控制，设置成自动信号或连续通过信号，它根据列车运行时刻表和列车实时信息自动动作。只有在人工控制的情况下，才由调度员或车站值班员排列进路、开放信号。地面信号机的设置原则是：

（1）正线有岔站为了防护道岔和实现联锁关系，设置有地面信号机，一般中间站（无岔站）都不设信号机，信号机一般设置于运行线路的右侧；

（2）折返站的折返线出、入口都设置有防护信号机；

（3）一般情况下，正线区间都不设通过信号机；

（4）停车场的入库线应设置出、入库地面信号机，以指挥列车的出入库；

（5）停车场内，根据调车作业的需要，设置各种用途的调车信号机；

（6）在 ATC 系统没有同步开通的特定情况下，有些城市轨道交通根据列车运行间隔，设置出站信号机，甚至有的区间还设置了通过信号机。当 ATC 系统开通以后，这些信号机就失去作用，只作为后备系统使用。

图 1-1-2 为折返站地面信号机布置示意图。

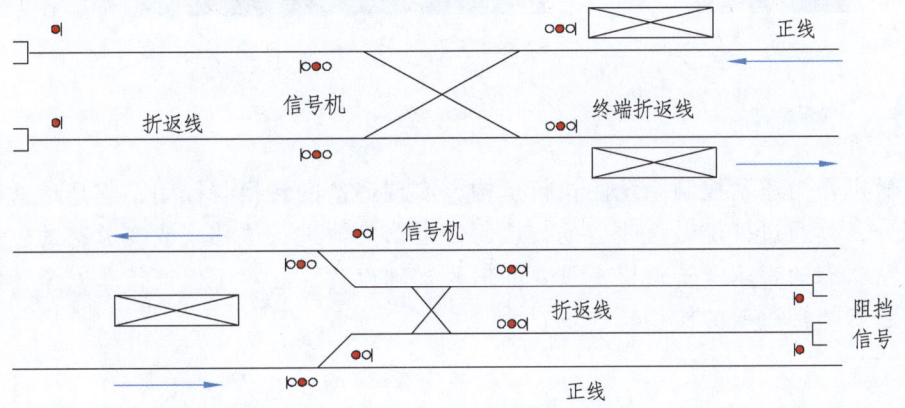

图 1-1-2　折返站地面信号机布置

2. 色灯信号机结构原理

色灯信号机是用灯光的颜色、数目以及亮灯状态表示信号含义，之前使用的臂板信号机已经淘汰，目前广泛使用的是透镜式色灯信号机，未来趋势是组合式、LED 式。从安装效果分类，有高柱和矮柱两种类型，高柱信号机的机构安装在钢筋混凝土信号机柱上，矮柱信号机的机构安装在信号机水泥基础上。矮柱透镜式色灯信号机如图 1-1-3 所示。城市轨道交通的信号机基本上都是矮柱信号机，在正线其安装在钢支架上、隧道壁和防护栏上，直接用螺栓固定在信号基础上。

城市轨道交通采用二显示和三显示的信号机构。机构的主要部件是透镜组，它由一块外径为 139 mm 有色外棱梯透镜和一块外径为 212 mm 无色内棱梯透镜，通过透镜框组装而成，透镜框上还装有可调灯座。可调灯座在上下、前后、左右 6 个方向调整，使灯泡的主灯丝位于透镜组主光轴的焦点上，灯丝光源发出的光线，经有色外棱梯透镜和无色内棱梯透镜前后两次折射，产生平行的有色光束射向前方，以满足信号显示距离的要求。

随着超高亮度发光二极管（LED）的问世，新型的 LED 信号机已得到广泛应用。LED 信号机是运用近代光、电器材和电子稳压技术研制的免维护信号器材。该信号机具有发光强度高、显示距离远、节能、寿命长、消除了灯丝突然断丝和点灯冲击电流等优点，具有小型化、轻量化、色泽一致、光束集中、应变速度快的特点。近年来，城市轨道交通的新建线路及停车场的地面信号机，较多选用 LED 色灯信号机。如图 1-1-3 所示。

图 1-1-3　矮柱透镜式色灯信号灯和 LED 信号机

1.1.2　转辙机

转辙机作为道岔控制系统的执行机构，实现道岔的转换与锁闭，它是道岔动作的动力部分，其通过杆件做直线运动，从而使道岔尖轨进行位移来改变道岔的位置，并给出道岔状态的表示。转辙机是重要的信号基础设备，它对于保证行车安全，提高运输效率起着非常重要的作用。

1. 转辙机的分类

1）按传动方式分类

依据此分类标准，转辙机可分为电动转辙机、电动液压转辙机。

电动转辙机由电动机提供动力，采用机械传动。多数转辙机都是电动转辙机，包括 ZD（J）9，ZD6 系列转辙机和 S700K 型电动转辙机等。

电动液压转辙机简称电液转辙机，由电动机提供动力，采用液力传动。

2）按供电电源种类分类

依据此分类标准，转辙机可分为直流转辙机和交流转辙机。

直流转辙机采用直流电动机，工作电源是直流电。ZD6 系列电动转辙机就是直流转辙机，由直流 220 V 供电。直流电动机的缺点是，由于在构造上存在换向器和电刷，易损坏，因此故障率较高。

交流转辙机采用三相交流电源或单相交流电源，由三相异步电动机或单相异步电动机（现大多采用三相异步电动机）作为动力。S700K 型电动转辙机和 ZYJ7 型电液转辙机为交流转辙机。交流转辙机采用感应式交流电动机，不存在换向器和电刷，因此故障率低，而且单芯电缆的控制距离远。

3）按锁闭道岔的方式分类

依据此分类标准，转辙机可分为内锁闭转辙机和外锁闭转辙机。

内锁闭转辙机依靠转辙机内部的锁闭装置锁闭道岔尖轨，是间接锁闭的方式。ZD6系列等大多数转辙机均采用内锁闭方式。内锁闭方式，锁闭可靠程度较差，列车对转辙机的冲击大。

外锁闭转辙机虽然内部也有锁闭装置，但主要依靠转辙机外的外锁闭装置锁闭道岔，将密贴尖轨直接锁于基本轨，斥离尖轨锁于固定位置，是直接锁闭的方式。S700K型和ZYJ7型转辙机采用外锁闭方式。外锁闭方式锁闭可靠，列车对转辙机几乎无冲击。

4）按是否可挤分类

依据此分类标准，转辙机分为可挤型转辙机和不可挤型转辙机。

可挤型转辙机内设挤岔保护（挤切或挤脱）装置，道岔被挤时，动作杆解锁，保护了整机。不可挤型转辙机内不设挤岔保护装置，道岔被挤时，挤坏动作杆与整机连接结构，应整机更换。电动转辙机和电液转辙机都有可挤型和不可挤型。此外，各种转辙机还有转换力和动程方面的区别。

2. ZD（J）9系列转辙机

ZD（J）9系列电动转辙机由中国铁路通信信号集团有限公司自主研制，借鉴了国内外同类产品成熟的先进结构，具有结构简单、转换锁闭可靠、维护工作量少、耐腐蚀、长寿命等特点，性能指标满足客运专线、干线（提速线）及其他线路站（场）道岔转换需要。目前ZD（J）9系列转辙机已得到广泛应用，上海地铁5号线改造过程中便采用了此类型转辙机。

ZD（J）9转辙机可分为基本型及A、B、C、D等派生型号，基本型适用于单点牵引联动道岔。A型机与B型机适用于分动外锁闭，标号为ZD（J）9-A220/2.5k和ZD（J）9-B150/4.5k；C型机与D型机适用于联动内锁闭，标号为ZD（J）9-C220/2.5k和ZD（J）9-D150/4.5k。其中字母"Z"表示转辙机，"D"表示电动，"J"表示交流型，字母ABCD代表派生类型，最后两个数值分别代表动作杆动程和额定转换力。

该系列转辙机与S700K型转辙机相似，采用滚珠丝杠传动，效率高，具有挤岔断表示功能。在特点上，ZD（J）9转辙机使用了两级减速传动，便于调整速比，满足多点牵引道岔同步转换要求。它既适用于分动外锁闭安装，又适用于联动内锁闭安装，并且配备了速动开关检测尖轨或心轨的终端位置，配备了速动机构检测转辙机动作杆的终端位置。ZD（J）9采用了燕尾式内锁结构，提高了锁闭的可靠性。摩擦联结器采用了三片干式摩擦，性能安全稳定可靠。接点系统采用镀青铜静接点组和铝青铜动接点环，接触可靠，使用寿命长，并且接点组的左、右调整板设于同侧，简化了结构，优于国内同类产品。杆件采用镀硬铬工艺，伸出处用聚乙烯堵孔圈和油毛毡防尘圈起支承及防尘作用，使杆件的耐磨性和防尘性得到大幅度提高。转动销孔和滑动面均用SF2复合材料衬套或衬垫，耐磨耗，因此转辙机的维护工作量小。推板套和动作杆之间设置的了阻尼机构解决了推板套锁闭后的惯性反弹，提高了动作的平稳性。

3. ZD6系列电动转辙机

ZD6系列电动转辙机是我国铁路也是城市轨道交通使用最广泛的电动转辙机,包括A、D、E、J等派生型号。ZD6型电动转辙机采用内锁闭方式。

ZD6-A型是ZD6系列转辙机的基本型,系列内其他型号的ZD6转辙机都是以ZD6-A型为基础改进、完善,从而发展起来的。故本书将以ZD6-A型转辙机为例进行详细介绍。

1)ZD6-A型电动转辙机结构

ZD6-A型电动转辙机主要由电动机、减速器、摩擦联结器、主轴、动作杆、表示杆、移位接触器、外壳等组成,如图1-1-4所示。

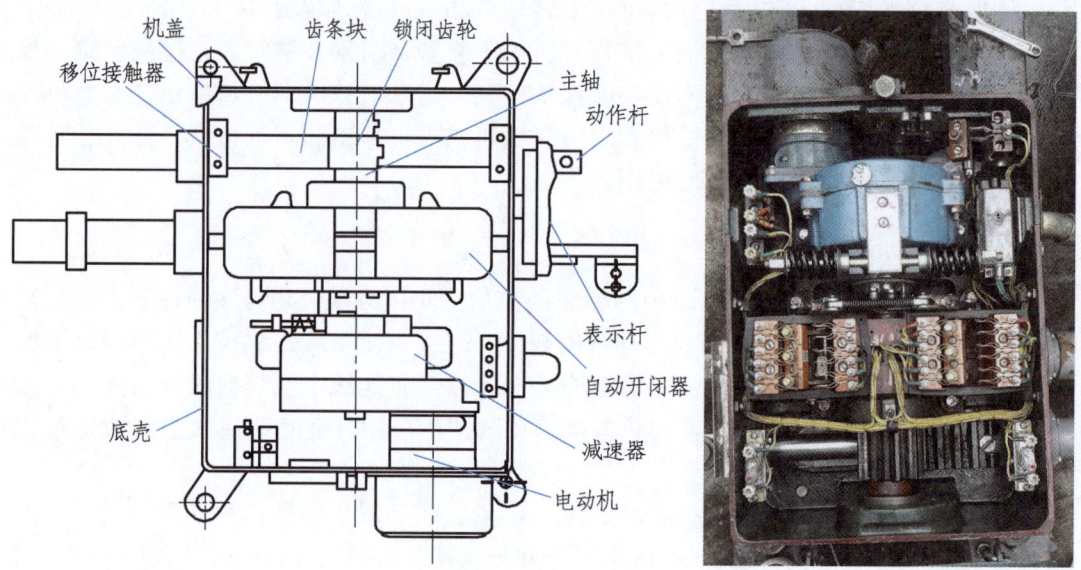

图1-1-4 ZD6-A型电动转辙机结构

2)主要部件及作用

电动机为电动转辙机提供动力,采用直流串激电动机。

减速器用来降低转速以获得足够的转矩,并完成传动。由第一级齿轮和第二级行星传动式减速器组成。两级间以输入轴联系,减速器由输出轴和主轴联系。

用弹簧和摩擦制动板组成输出轴与主轴之间的摩擦连接,防止尖轨受阻时损坏机件。主轴由输出轴通过启动片带动旋转,主轴上安装锁闭齿轮。

锁闭齿轮和齿条块相互动作,将转动变为平动,通过动作杆带动道岔尖轨运动,并完成锁闭作用。

动作杆和齿条块用挤切销相连,正常动作时,齿条块带动动作杆。挤岔时,挤切销折断,动作杆和齿条块分离,避免机件损坏。

表示杆由前、后表示杆及两个检查块组成。表示杆随尖轨移动,只有当尖轨密贴且锁闭后,自动开闭器的检查柱才能落入表示杆缺口,接通道岔表示电路。挤岔时,表示杆被推动,顶起检查柱,从而断开道岔表示电路。

自动开闭器由静接点、动接点、速动片、速动爪、检查柱组成,用来表示道岔尖轨所在位置。

移位接触器用来监督挤切销的受损状态,道岔被挤或挤切销折断时,断开道岔表示电路。

安全接点(遮断接点)用来保证维修安全。正常使用时,遮断接点接通,才能接通道岔动作电路。检修时,断开遮断接点,以防止检修过程中转辙机转动从而影响维修人员作业。

壳体用来固定转辙机各部件,防护内部机件免受机械损伤和雨水、尘土侵入,提供整机安装条件。它由底壳和机盖组成。底壳既是壳体的基础,也是整机安装的基础。底壳上设有特定形状的窗孔,便于整机组装和分解。机盖内侧周边有盘根槽,内镶有密封用盘根(胶垫)。

4. S700K 型电动转辙机

S700K 型电动转辙机是由于我国铁路提速需要,从德国西门子公司引进设备和技术,经消化吸收和改进后迅速在主要干线推广运用的转辙机。S700K 型电动转辙机的产品代号来自德文"Simens-700-Kugelgewinde",其含义为"西门子-具有 6860N(700 kgf)保持力-带有滚珠丝杠"的电动转辙机。经数年的实践表明,该型号转辙机结构先进,工艺精良,不但解决了长期困扰信号维修人员的电机断线、故障电流变化、接点接触不良、移位接触器跳起和挤切销折断等惯性故障,由于没有直流电动机的整流子,维修工作量大为减少,可以做到"少维护,无维修",符合中国铁路运营的特点和发展方向,也适用于城市轨道交通。

城市轨道交通运行速度不高,可采用普通的直流转辙机,但采用三相交流电动转辙机的优点十分明显:由于采用三相交流电动机,线路上的电能损失大大减少;又由于采用摩擦力非常小的滚珠丝杠传动装置,因此机械效率高。这样,在同样的控制电流下,可增大控制距离或减小电缆芯线的截面。

1)S700K 型电动转辙机结构

S700K 型电动转辙机如图 1-1-5 所示,其主要由外壳、动力传动机构、检测和锁闭机构、安全装置、配线接口五大部分组成。

图 1-1-5　S700K 型电动转辙机

外壳主要由铸铁底壳、机盖、动作杆套筒、导向套筒、导向法兰等组成。

动力传动机构主要由三相交流电动机、齿轮组、摩擦联结器、滚珠丝杠、保持联结器、动作杆等组成。

三相交流电动机为转辙机提供动力。

齿轮组将电机的旋转驱动力传递到摩擦联结器上，并将电动机的高速转速降速，以增大旋转驱动力，适应道岔转换的需要。

摩擦联结器将齿轮组变速后的旋转力传递给滚珠丝杠，当作用于滚珠丝杠上的转换阻力大于摩擦结合力时，主被动摩擦片之间相对打滑空转，保护了电动机。对于交流转辙机来说，其动作电流不能直观地反映转辙机的拉力，现场维修人员不能像对直流转辙机那样，通过测试动作电流来对摩擦力进行监测，必须由专业人员通过专业器材才能进行维护。转辙机在出厂时已对摩擦力进行标准化测试调整，所以现场维修人员不得随意调整摩擦力。

滚珠丝杠相当于一个直径 32 mm 的螺栓和螺母，当滚珠丝杠正向或反向旋转一周时，螺母前进或后退一个螺距。它一方面将电动机的旋转运动变成丝杠的直线运行，另一方面起到减速作用。

保持连接器是转辙机的挤脱装置，利用弹簧的压力通过槽口式结构将滚珠丝杠与动作杆连接在一起。当道岔的挤岔力超过弹簧压力时，动作杆滑脱，起到使整机不被损坏的保护作用。

检测和锁闭机构主要由检测杆、叉形接头、速动开关组、锁闭块和锁舌、指示标等部分组成。

检测杆随尖轨或心轨转换而移动，用来监督道岔在终端位置时的状态。

道岔在终端位置，当检测杆指示缺口与指示标对中时，锁闭铁及锁舌应能正常弹出。锁闭块的正常弹出使速动开关的有关启动接点闭合及表示接点断开。锁舌的正常弹出用于阻挡转辙机的保持联接器的移动，实现转辙机的内部锁闭。

速动开关实际上是采用了沙尔特宝接点组的自动开闭器，它随着尖轨或心轨的解锁、转换、锁闭过程中锁闭块的动作自动开闭，以自动开闭电动机动作电路和道岔表示电路。

安全装置主要由开关锁、遮断开关、连杆、摇把孔挡板等组成。

开关锁是操纵遮断开关闭合和断开的机构。用来在检修人员打开电动转辙机机盖进行检修作业或车务人员插入摇把转换道岔时，可靠断开电动机动作电路，防止电动机误动，从而保证了人身安全。

遮断开关接通时，摇把挡板能有效阻挡摇把插入摇把齿轮，防止用钥匙打开电动转辙机机盖。断开遮断开关时，摇把能顺利插入摇把齿轮或用钥匙打开电动转辙机机盖，此时电动机的动作电源将被可靠地切断，不经人工操纵和确认，不能恢复接通。

配线接口主要由电缆密封装置、接插件插座组成。

2）外锁闭装置

S700K 型电动转辙机配套外锁闭装置。当道岔由转辙机带动转换至某个特定位置后，通过外锁闭装置，直接把尖轨与基本轨密贴夹紧并固定，即道岔的锁闭主要不是依靠转辙机内部的锁闭装置，而是依靠转辙机外部的锁闭装置实现的。外锁闭装置受力合理，基本上避免了轮对对尖轨产生的侧向冲击，克服了内锁闭道岔的缺陷。

锁闭杆的作用是通过安装装置与转辙机动作杆相连，利用其凸台和锁钩缺口带动尖轨。第一牵引点锁闭杆与第二牵引点锁闭杆凸台尺寸不同，不能通用。锁钩头部与销轴连接，下部缺口与锁闭杆凸台作用，通过连接铁带动尖轨运动，尾部内斜面与锁闭铁作用，锁闭密贴尖轨和基本轨。第一点牵引点锁钩与第二牵引点锁钩也不能通用。

锁闭框固定锁闭铁，支承锁闭杆。锁闭铁与锁钩作用，锁闭尖轨和基本轨，导向槽在锁闭杆两侧槽内起导向作用。锁闭框用螺栓与基本轨连接，锁闭铁插入锁闭框方孔内，并用固定螺栓紧固。尖轨连接铁用螺栓与尖轨连接，由锁轴将其与锁钩连接。锁钩底部缺口对准锁闭杆的凸块，并与锁闭杆共同穿入锁闭框。

3）S700K 型电动转辙机的安装装置

S700K 型电动转辙机尖轨的安装装置包括托板、弯头动作杆、尖端铁、长表示杆、短表示杆等。

1.2 联锁设备

联锁设备是为了保证行车安全，通过技术方法实现进路控制的设备，主要通过 ATS 分机与行车指挥中心交换信息。联锁关系即是进路、道岔、信号机之间按一定程序、一定条件建立起的相互联系、相互制约的关系。联锁设备可以分散控制，也可以集中控制。目前使用的联锁设备有电气集中联锁和微机联锁两大类，城市轨道交通中多用微机联锁来实现联锁关系，微机联锁的特点是信号一体化。微机联锁的原理是由局域网连接并经过光缆与调度中心相通，列车整备、维修与运行衔接成一个整体，具有高效率、低成本的优势。

1.2.1 电气集中联锁

1. 6502 型电气集中联锁设备

该设备也称为大站继电器电气集中联锁设备，其主要设备分为室内设备和室外设备。

1）室内设备

控制台和显示屏：采用模块拼装式显示屏，进路按钮式控制台。主要用于集中控制和监督各条作业进路的道岔转换，信号开放与关闭，进路排列开通与锁闭。控制台与显示屏所在地往往就是车站（车辆基地）的控制中心。

区段人工解锁按钮盘：在道岔区段因发生故障导致进路无法解锁，或关闭信号的设备发生故障时，可以通过区段人工解锁按钮盘上的相关按钮来解锁进路、关闭信号。

继电器组合和组合架：由于6502型电气集中联锁设备中继电器数量较多，为组装及测试检修方便可靠，将相关的继电器集中安置组成继电器组合，并安装在不同的继电器组合架。

电源屏：为不间断地提供电气集中联锁设备所需的各种交流电源和直流电源，而专门设置的电源供应设备。

分线盘：作为室内与室外电缆连接的专门设备。

2）室外设备

信号机：设置在各进路规定位置的固定信号机，如进站、出站、调车、复示等信号机。

电动或气动道岔：如1.1.2节所描述，道岔主要通过转辙机提供动力，实现不同股道的切换。

轨道电路：用于监督进路是否空闲，传输相关信息。如当进路空闲时，显示屏上该进路的表示光带无灯光显示；当进路有车占用时，显示屏上该进路的表示光带亮红色。防护该进路的信号机也会因轨道电路呈"分路状态"而关闭。

室外导线：分为信号电缆、道岔电缆、轨道电缆，均采用地下电缆方式布置。

2. 6502型电气集中联锁设备特点

1）操作简便，可以满足联锁要求

排列进路：按压进路始端与终端按钮，该进路相关道岔自动转换到位，并锁闭；防护该进路信号机自动开放；敌对进路信号机关闭，并锁闭。

进路解锁：当列车占用进路后，形成轨道电路分路，防护该进路信号机自动关闭；当列车出清该进路后，进路自动解锁。

2）显示清晰直观

道岔位置表示灯：显示定位与反定位。

信号机表示灯：显示信号机信号色。

进路表示灯：采用逐段表示光带与股道占有情况表示灯结合的方式。当股道无车占用空闲时，股道表示灯不亮；当股道上进路已排通时，股道上显示白色光带；当股道上进路已有列车占用时，逐段显示红色光带；当股道上列车全部占用时，股道表示灯亮红灯（解闭）；当股道上列车出清时，所有表示灯熄灭（解锁）。

3）可以逐段解锁，可以排列迂回进路，可以排列中途折返进路

6502型电气集中因应用年代较久，已逐步由国产计算机联锁设备取代。目前，我国城市轨道交通车辆段的作业方式主要是列车的进、出段和段内的调车作业，与国家铁路区段站作业方式几乎完全相同，采用国产计算机联锁设备和微机监测设备完全能够满足运营和接口要求。

1.2.2 微机联锁

微机联锁是一种新型的车站自动控制系统，要求在保证安全检查的情况下，以最经济、合理的技术措施提高运输效率，改善劳动条件。

微机联锁与电气集中联锁的区别在于：微机联锁保留了电气集中联锁的室外设备；室内保留了电源屏、分线盘。而道岔启动电源、信号灯电路、轨道电路、联锁网路、选岔网路均由微机联锁取代。逻辑联锁完全由计算机完成，只在执行环节保留了部分继电器。全电子化的微机联锁完全取消继电器，由故障-安全的电子电路直接控制室外的信号机和转辙机。操作上控制台小型化、智能化。对操作有丰富的汉字提示，操作方法也多样化。

微机联锁与电气集中联锁相比其优越性体现在以下几点：

（1）体积小、可靠性高、可实现无维修，为信号技术结构的改革创造了条件。

（2）微机联锁系统功能更加完善，继电联锁受站场的电路网络层次和结构、继电器数量以及网路线的多寡等限制，在功能及功能扩展方面均受到限制。对上述限制，微机联锁系统通过少量硬件和软件开发即可解决。

（3）微机联锁系统的信息量大且丰富，利用当前的各种网络手段，可与其他行车调度指挥系统、列车控制系统联网互相提供及交换各种信息以协调工作。

（4）微机联锁系统易于实现系统自身化管理，利用自诊断、自检测功能及远距离联网，实现远程诊断。

（5）随着大规模集成电路的发展，微机联锁的投资将越来越低，与继电联锁相比将更占优势。

（6）微机联锁是双机热备系统，任何一点故障均不会影响行车。维修也更加方便，使出现故障的一侧脱离系统，再将故障的电路板更换，就可排除故障。

目前，微机联锁在城市轨道交通领域已得到了大规模应用，且效果良好。

1.3 闭塞设备

闭塞就是用信号或者凭证，保证列车按照前行列车和追踪列车之间必须保持一定距离的要求运行的技术方法，也就是保证区间或闭塞分区在同一时间内只能运行一列列车。闭塞设备即保证一个区间或闭塞分区在同一时间内只能运行一个列车的设备。城市轨道交通采用的闭塞设备主要是自动闭塞，一般包括固定闭塞和移动闭塞两种。

固定闭塞：固定闭塞将区间线路划分为若干个闭塞分区或轨道电路区段，列车间隔为若干个闭塞分区或轨道电路区段，列车制动的起点和终点总是在分界点位置，最小列车间隔时间约为 120 s。它基于多信息移频轨道电路，采用台阶式速度控制模式，尚属于 20 世纪 80 年代技术水平。西屋公司、GRS 公司应用于北京地铁、上海地铁一号线的 ATP、ATO 系统属于此种类型。

移动闭塞：移动闭塞没有固定划分的闭塞分区或轨道电路区段，列车间隔按后行列车制动距离加上安全防护距离控制。列车间隔是动态的，随着列车移动而移动。列车制动的起点和终点均无分界点位置限制，最小列车间隔时间约为 80 s。由于列车间的最小运行间隔距离由列车在线路上实际运行位置和运行状态确定，闭塞分区随着列车的行驶，不断向前移动和调整，这种自动调整列车运行间隔的闭塞系统被称为移动闭塞。

移动闭塞取消了传统的轨道电路，线路上的列车连续不断地将运行信息，如列车速度、位置、牵引重量等通过通信系统向控制中心传送，经控制中心连续不断地掌握先前列车和后续列车的间隔距离，当追踪列车和后续列车的间隔等于后车的通用制动距离加安全距离时，控制中心向追踪列车发出惰行或制动的命令，使后续列车与先行列车的间隔距离加大，从而确保列车运行安全。列车的间隔距离不是固定不变的，而是与列车运行的速度有关，当速度高时，两列车的间隔距离就会加大，反之就缩短。这种闭塞方式能够在确保列车安全的条件下，最大限度地增大行车密度，提高运行能力。

1.4 列车自动控制系统

列车自动控制系统包括列车自动防护（Automatic Train Protection，ATP）、列车自动运行（Automatic Train Operation，ATO）及列车自动监控（Automatic Train Supervision，ATS）3 个子系统，简称"3A"。ATP 子系统的主要功能是监督及控制列车在安全状态下运行，应满足故障-安全原则。为了确保城市轨道交通线路列车的安全、高速、高效运行，必须装备 ATP 子系统；ATO 子系统是自动控制列车运行的设备。ATO 子系统能够在 ATP 子系统的保护下，根据 ATS 子系统的指令实现列车的自动驾驶，自动地完成对列车的启动、牵引、巡航、惰行和制动的控制，确保达到设计的列车运行间隔和运行速度；ATS 子系统是监控列车运行的设备。ATS 子系统在 ATP 子系统的支持下完成对全线列车运行的自动管理和监控。

城市轨道交通信号系统中，主要以基于通信的列车自动控制系统（Communication Based Train Control System，CBTC）为主。CBTC 列车控制系统由列车自动监控（ATS）系统、列车自动防护（ATP）系统、列车自动运行（ATO）系统、计算机联锁（CI）子系统、数据传输（DCS）子系统等组成。CBTC 车载控制系统提供 ATP 和 ATO 功能，负责确定列车速度和位置、超速保护、紧急制动、列车停靠、方向控制、安全的车门控制、CBTC 运行模式等。IEEE CBTC 标准列举了典型的 CBTC 系统架构图，如图 1-1-6 所示。

整个 CBTC 系统由 CBTC 地面设备和 CBTC 车载设备组成。地面设备和车载设备通过数据通信网络连接，共同构成系统的核心。

CBTC 系统突破了轨道电路的局限性和固定/准移动闭塞的桎梏，基本特性可描述为：不依赖轨道电路的高精度列车定位；连续的车-地和地-车数据通信网，比传统系统可传输更多的控制和状态信息；轨旁和车载核心处理器处理列车的状态和控制数据，并可提供列车自动保护（ATP）、列车自动运行（ATO）和列车自动监控（ATS）功能。

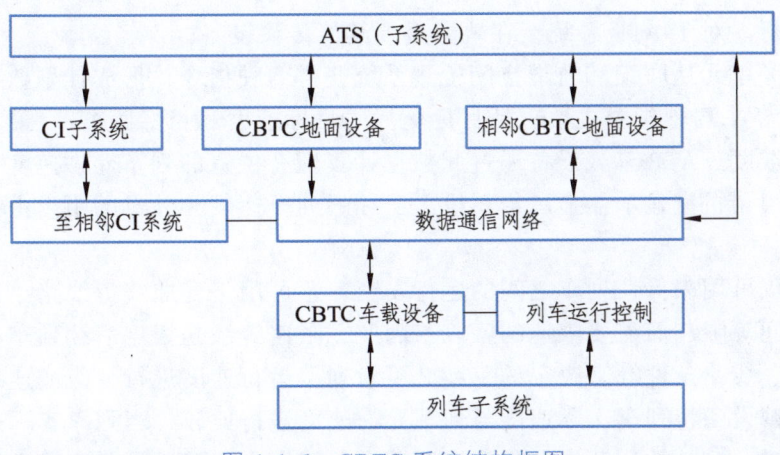

图 1-1-6　CBTC 系统结构框图

其中列车自动控制（ATC）的 3 个子系统 ATS、ATP 和 ATO 是保证城市轨道交通安全、高效运行的核心。以下围绕它们进行详细介绍。

1.4.1　ATS 子系统

ATS 子系统主要实现对列车运行的监督和控制，辅助行车人员对全线列车运行进行管理，统一指挥调度，充分发挥其运输快捷、准时的特点。它可以为行车指挥人员提供全线列车的运行状态显示，监督和记录运行图的执行情况，在列车运行偏离运行图时能够及时作出反应（提出调整建议或自动修整运行图），从而保证列车按时刻表正点运行。还可通过 ATO 子系统的接口，向乘客提供运行信息通报（例如：列车到达、出发时间，运行方向，中途停靠站名等）。

1.4.2　ATP 子系统

ATP 子系统是 ATC 系统中最重要的部分。城市轨道交通列车运行速度高，在高峰期列车密度大，而且运输对象为乘客，发生行车事故后果严重。单纯依靠运行人员来防止运行事故发生远不能满足运行安全要求，必须使用列车自动防护 ATP 子系统。使用 ATP 子系统的优点是能够保证行车的安全可靠性，缩短了列车间隔，提高了线路的利用率。ATP 子系统根据故障-安全原则执行列车间安全间距的监控、列车的超速防护、安全开关门的监督和进路的安全监控等功能，确保列车和乘客的安全。

ATP 子系统的主要功能包括列车检测、自动限速、制动模式等，工作原理可以具体描述如下。

1. 列车检测

列车检测设备是轨道电路、计轴设备等，检测结果将被送往联锁装置。

2. 列车自动限速

连续式 ATP 系统利用数字音频轨道电路向列车连续地发送数据，允许连续监督和控制列车运行。对于 ATP 系统，在轨旁无须其他传输设备。

ATP 轨旁单元从联锁和轨道空闲检测系统获得驾驶指令，形成计划数据后传输至 ATP 车载设备。驾驶指令主要包括目标坐标（目标速度和目标距离）、最大允许线路速度和线路坡度。ATP 车载设备通过此数据计算现有位置的列车允许速度。驾驶列车所需的数据由司机室显示器显示给司机。实际的列车速度和驶过的距离由测速装置连续进行测量。

ATP 不仅可用来保证列车之间的运行安全，还可用于受曲线等线路条件、通过道岔、慢行区间等限制而需要限速的区段。因此，限速等级是根据后续列车和先行列车之间的距离、线路条件等来决定的。ATP 可对列车运行速度进行分级或连续监督。

ATP 车载设备将列车实际速度与列车允许速度进行比较，当列车实际速度超过列车允许速度时，ATP 的车载设备就发出制动命令，发出报警后控制列车进行常用全制动或实施紧急制动，使列车自动地制动；当列车速度降至 ATP 所指示的速度以下时，便自动缓解，而运行操作仍由司机完成。

3. 目标速度和目标距离

ATP 轨旁设备向在其控制范围内的列车分配一个"目标距离"，再由轨道电路生成代码，通知列车前方有多少个未占用的区段。接着，ATP 车载设备调用存储器里的信息，决定在任何时刻列车的运行速度和可以运行的最远距离，确保在抵达障碍物或限制区之前安全停车。目标距离原理如图 1-1-7 所示。

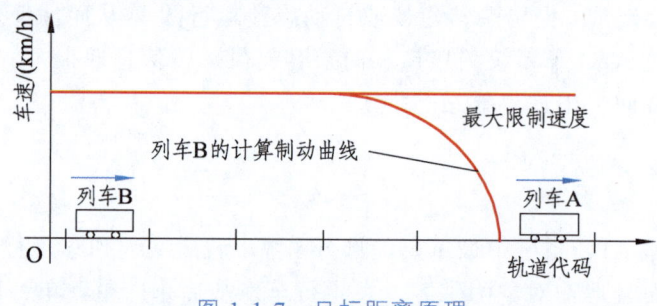

图 1-1-7　目标距离原理

图中编码仅表示列车 B 前方未被占用的轨道电路的数目。列车 B 所在的区段标记为 4+，这代表在到达阻碍或限制区之前，前方有 4 个空闲的轨道区段。列车 B 可获得其精确的位置，这一信息与保存在 ATP 和 ATO 设备存储器中的线路图数据相结合，可推算出列车的最大安全距离或目标距离。这样，列车 B 就能安全地进入列车 A 所占用的轨道区段后方的空闲轨道区段。

列车的实际行驶速度不断与计算出来的最高速度进行比较，如果实际车速超过最高速度，则自动启用紧急制动。除了通过轨道传来的指示目标距离的编码外，在线路的某些区域，由于某种特殊情况或临时性原因（如轨道临时性作业等），还存在一些速度限制要求。ATP 将充分考虑到各种限速条件，并选择最严格的条件来执行。

4. 制动模式

列车制动控制模式分为分级制动模式和一级制动模式。

1）分级制动

分级制动以闭塞分区为单元，根据与前行列车的距离来调整列车速度。各闭塞分区采用不同的低频频率调制指示不同的速度等级，在此基础上确定限速值。分级制动模式又分为阶梯式和曲线。

阶梯式分级制动模式俗称"大台阶式"。它将一列列车全制动距离划分为 3 到 4 个闭塞分区，每一闭塞分区根据与前行列车的距离来确定限速值。当列车速度高于检查值时，列车自动制动。其为滞后监督方式，即在闭塞分区出口才监督其是否超速，所以为确保安全，必须设有"保护区段"。阶梯式分级制动模式的速度曲线如图 1-1-8 所示。固定闭塞制式的 ATC 通常采用阶梯式分级制动模式。

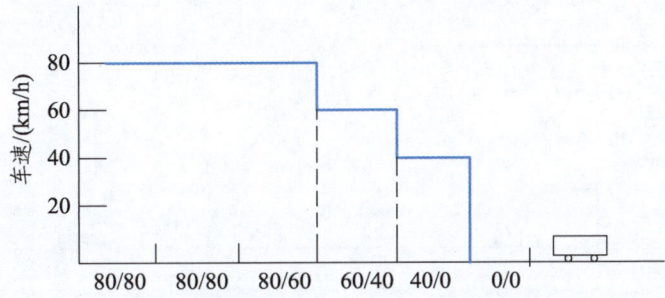

图 1-1-8　阶梯式分级制动模式的速度曲线（注：图中"80/80"是区段"入口/出口"限制速度）

阶梯式分级制动模式虽然构成较为简单，但具有较多缺点：

① 列车接近前方列车时遇到"保护区段"，司机难以区分哪一个闭塞分区有车占用，容易造成混乱；

② 设有防护区段，会影响通过能力；

③ 列车在进站信号机前停车或进站停车时，司机怕"撞墙"引起紧急制动，往往要压低速度运行，影响运输效率；

④ 由于在闭塞分区出口处才给出下一闭塞分区的允许入口速度，司机有时会措手不及。由于阶梯式分级制动模式不能满足高密度行车的需要，所以提出了速度-距离模式曲线制动模式。

模式曲线是由车载计算机根据该闭塞分区提供的允许速度值以及列车参数和线路常数计算出来的（或将各种制动模式曲线储存调用）。模式曲线制动模式的速度曲线如图 1-1-9 所示。准移动闭塞制式的 ATC 通常采用曲线式分级制动模式。

2）一级制动

一级制动是按目标距离制动的。根据距前行列车的距离或距运行前方停车站的距离，由控制中心根据目标距离、列车参数和线路参数计算出列车制动模式曲线，或由车载计算机进行计算，按制动模式曲线控制列车运行。信息传输有数字编码轨道电路传输和无线传输两种方式。无论何种方式，传输的信息必须包括线路允许速度、目标

速度、目标距离。一级制动方式能合理地控制列车运行速度，是列车自动控制技术的发展方向。一级制动模式的速度曲线如图 1-1-10 所示。移动闭塞制式的 ATC 通常采用一级制动模式。

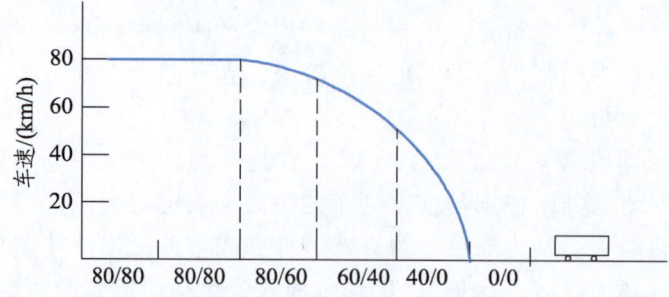

图 1-1-9　模式曲线制动模式的速度曲线（注：图中"80/80"是区段"入口/出口"限制速度）

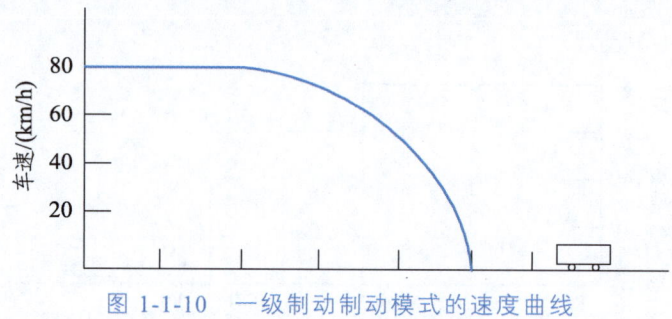

图 1-1-10　一级制动制动模式的速度曲线

5. 测速与测距

确定列车的速度和位置是车载设备的重要功能。

1）测速

列车实际运行速度是速度控制的依据，该速度值的精度直接影响调速效果，因此，对列车运行速度的测量非常重要。

测速有车载设备自测和系统测量两种方法。车载设备自测采用的设备有测速发电机、路程脉冲发生器、光电式传感器和霍尔式脉冲转速传感器等，它们安装在无动力车辆的轮轴上。系统测量方法有卫星测速和雷达测速等。

2）测距

在目标距离模式中，列车位置对于安全性的保证至关重要。如果列车无法掌握它在线路中的准确位置，那么它就无法保证在抵达障碍物或限制区之前停下或减速。因此如何测量距停车点的精确距离是列车运行超速防护系统的重要任务。通过连续确定列车行驶距离，ATP 车载设备可以随时查找列车的精确位置。距离信息以音频轨道电路的分界来定位，当列车经过轨道电路的分界时，距离测量被同步。

测距是通过测速与轮径完成的。距离测量系统记录车轮旋转的次数，根据运行方向和车轮直径，计算出列车走行的距离。距离测量系统利用两个速度传感器测得的数据，通过两个通道进行比较。如果结果不一致，为可靠起见，取其中的最大值。

在跨越轨道电路时，如果已经接收到带有有效时间标记的新报文，则距离测量装置复位为零。

ATP 系统允许输入正确车轮直径，由此来确保正确测量速度和距离。当维护人员键入密码后，通过面板上的开关和显示器就可设置轮径。数据进入 ATP 单元后存放于 EPROM 中。此项来自 ATP 处理器的安全输入可以以步长 1 cm 进行调整，以对磨损予以补偿。也可采用信标（APR）来进行测速、测距。信标沿线路等间距放置。这些信标由装在列车上的发射应答器读取。每个信标都有一个独一无二的识别号，存储在 ATP/ATO 系统存储器中。这个系统可以确保在指定范围内对转速传感器发出的信号进行自动重新校正，也能进一步确定列车位置。

6. 常用制动和紧急制动

ATP 车载设备具有常用制动和紧急制动两级防护控制能力。在常用制动失效后，可施行紧急制动。

常用制动是直接控制列车空气制动主管压力使机车制动与缓解，不影响原有列车制动系统的功能。它缩短了制动空走时间，大大减小了制动时的纵向冲击加速度，使列车运行更安全、舒适。

紧急制动是将压缩空气全部排入大气，使副风缸内压缩空气很快推动活塞施行制动，使列车很快停下来。紧急制动时，列车冲击大，中途不能缓解，充风时间长，不能使列车安全平稳地运行。ATP 车载设备收到紧急停车命令后，将发送给影响区域内的列车的数据信息中的"线路速度""目标速度"设置为零。而且一旦发出紧急制动指令，中途不得缓解，直到停车。

紧急制动的实施可通过下列 3 种基本方式中的任何一种来实现：

（1）在列车超速、后退、移动时车门打开等情况下，直接由 ATP 功能提供防护；

（2）在故障情况下（如在需要报文时，不能接收到报文），直接由 ATP 功能提供安全防护；

（3）由司机或由牵引控制设备执行，不依靠 ATP 功能。

在危急情况下，控制中心按下紧急停车按钮或轨旁按下安装在站台两侧的紧急停车按钮即可启动紧急停车。

因为紧急制动可能会导致不能接受的距离误差，实施紧急制动后，ATP 车载设备不允许保持在 SM、ATO 或 AR 模式。随着紧急制动的取消，列车可以行驶，但其运行受到 RM 模式强制的限制，列车速度限制为 RM 速度。RM 模式持续到报文接收和距离同步再次得到满足，一旦满足，即向 SM 模式转换。如果列车在车辆段运行并选择了 RM 模式，发生紧急制动时，ATP 功能不能监督运行方向。

如果有 ATP 功能直接启动但不能被缓解的紧急制动，这说明 ATP 车载设备出现了完全的故障。在这种情况下，必须通过使用故障开关来隔离故障设备。

7. 速度限制

速度限制分为固定限速、临时限速、在道岔或道岔前方的限速、具有短安全轨道停车点的限速。

1）固定限速

固定限速是在设计阶段设置的。车载 ATP 和 ATO 设备都储存着整条线路上的固定限速区信息。速度梯降级别为 1 km/h。它决定了"目标距离"工作模式下的可能给出的最优行车间隔。

2）临时限速

限制速度在某些条件下（施工现场、临时危险点）可以被降低。临时速度限制区段的范围总是限制在一个或多个轨道电路。

在紧急情况下，通过特殊速度码，可立即将任何一段轨道电路上的速度设置为 25 km/h。

如果需要设置临时性限速区，可以在地面安装应答器。这些应答器允许速度以 5 km/h 为一个阶梯，降到 25 km/h。在带有允许临时速度限制的编码的轨道电路里，可通过设置信标来实施。

ATP 通过设置区域限速或闭塞分区限速来设置速度限制。

闭塞分区限速是对单独的轨道电路设置最大的线路速度和目标速度。通过 ATP 轨旁设备选择最大速度，所选的速度作为轨道电路的最大允许速度。控制中心可以确定和解除临时限速。解除时，要执行一套安全防护措施。

区域速度限制是针对轨道电路内的预定区域设定的限制速度，可分为 15 km/h、30 km/h、45 km/h、60 km/h。区域限速可由 ATP 轨旁设备设置，也可在需要时由控制中心控制，但控制中心只能复位控制中心设置的区域限速。如果控制中心离线或通信失败，则本地轨旁设备可直接设置区域限速。一旦设置了限速，集中站的 ATP 轨旁设备就将产生到速度限制区的新的目标距离和实际的目标限制速度，通过轨道电路传送给接近限速区域的列车，列车在该区域中的运行速度就不允许超过限速。如果列车速度超过限速，则车载 ATP 将启动紧急制动，直到列车速度低于限速。

1.4.3 ATO 子系统

ATO 子系统以列车自动防护 ATP 子系统为基础，配置车载计算机系统和必要的辅助设备，主要用于实现"地对车控制"，即用地面信息实现对列车驱动、惰行和制动的控制，传送车门和屏蔽门同步开关信号，执行车站之间列车的自动运行、列车在车站的定点停车、在终点的自动折返等功能。

使用 ATO 子系统后，可以使列车运行规范化、减少人为影响，对于列车在高密度、高速度运行条件下保证运行秩序有很大好处。同时，自动运行下的列车经常处于最佳运行状态，避免了不必要的、过于剧烈的加速和减速，因此，明显提高了乘客的舒适度，同时还可以减轻司乘人员的劳动强度，提高列车准点率及减少轮轨磨损，与列车的再生制动相配合，从而节省电能的消耗。

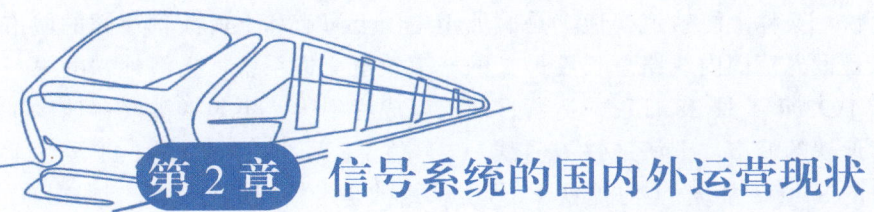

第 2 章 信号系统的国内外运营现状

2.1 运营现状

2.1.1 国内运营现状

目前国内城市中已经开通运营的城市轨道交通制式包括地铁、单轨、轻轨、市域快轨、现代有轨电车、磁悬浮交通以及 APM，其中主要以地铁为主，其次为市域快轨，最后是现代有轨电车。

根据中国城市轨道交通协会数据，截至 2022 年年底，国内已有 55 个城市开通运营城市轨道交通线路，开通线路共约 308 条。如图 1-2-1 所示，国内地铁建设飞速发展，特别是进入 2010 年以后，国内发展规模更是迈上新的台阶。

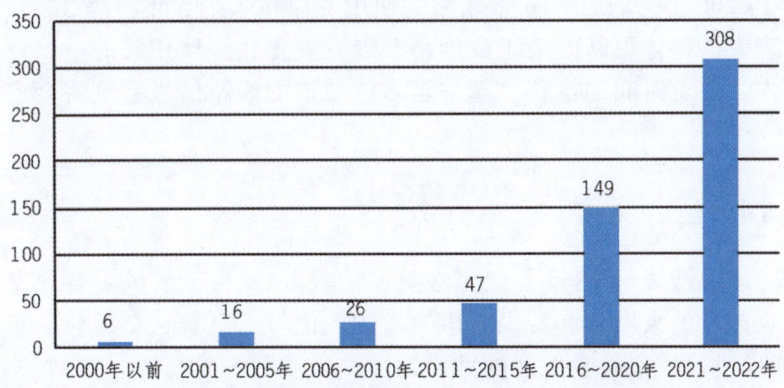

图 1-2-1 国内城市开通城市轨道交通线路数据统计

信号系统作为城市轨道交通列车运行控制的大脑，对保证列车正常运营安全起着至关重要的作用，而信号设备的寿命一般为 20 年，设备超期服役会给运营维护和正常的运营组织带来较大的安全风险。一旦信号系统发生系统性故障，会导致线路发生大面积晚点故障，严重时可能导致线路停运。

从上述统计来看，国内在 2000 年以前开通的 6 条线路都已经超过了 20 年，该批线路均分布在北京、上海、广州 3 个一线城市，是国内最早开通的一批线路。其中部分线路已经完成或正在开展信号系统的更新和改造工程。

北京地铁是服务于中国北京市的城市轨道交通系统，第一条线路于 1971 年 1 月 15 日正式开通运营。截至 2022 年 12 月 31 日，运营里程为 797.3 km。地铁信号系统原来是铁路自动闭塞人工驾驶模式，后来引进改造为 ATC 系统，环线采用自行设计安装的"CTC+移频轨道电路+ATP 系统"。

上海地铁（又称上海轨道交通）是服务于中国上海市和上海大都市圈的城市轨道交通系统，是世界范围内线路总长度最长的城市轨道交通系统，上海地铁的第一条线路1号线于1993年5月28日正式运营，使上海成为中国（不包括港澳台地区）第三个开通运营地铁的城市。上海地铁6号线、7号线、8号线、9号线和11号线上使用的是泰雷兹的Seltrac系统，上海地铁17号线采用的是卡斯柯的iCMTC型CBTC信号系统，上海地铁浦江线采用全自动胶轮路轨APM无人驾驶系统。

广州地铁公司主要包括了广州市和珠江三角洲地区。截至2022年12月，广州地铁运营里程为857 km，位列中国（不包括港澳台地区）第三名。在信号系统上，广州地铁1、2、8号线采用西门子FTGS列车运行控制系统，其他线路均采用CBTC列车运行控制系统。其中，广州地铁7号线采用的CBTC列车运行控制系统为具有完全中国自主知识产权的MTC-I型CBTC列车运行控制系统，该系统的研发及其应用打破了十几年来国外厂商对中国城市轨道交通信号系统的垄断。

早期建设的线路一般也是各自城市的中心城区线路，都有着客流强度大、行车密度大等特点，社会出行很大程度上依赖的是该批市区线路。因此该类型线路的信号系统改造必须控制满足改造工程过程，具有不能造成线路停运，同样也不能改变现有的运营组织方式，不能降低线路列车的通过能力等要求。

2001年到2005年开通的16条线路的使用寿命在未来5年将满20，对于各城市线路信号系统来说，整体更新改造工程即将开展或者正在开展相关的项目评估等工程的前期准备工作。随着时间的推移，越来越多的城市的线路信号系统将会启动相应的更新改造项目。

2.1.2　国外运营现状

世界第一条地铁线于1863年诞生在英国伦敦，从此打开了世界各地发展轨道交通的篇章。纵观国外的大城市和特大城市（纽约、伦敦、巴黎、莫斯科、东京、墨西哥等），都已建成了比较完善和发达的城市轨道交通线网。

到20世纪末，地铁已经在英国、法国、德国、美国、俄罗斯、日本等20多个国家发展成熟，在城市交通中担负着主要的交通运输任务。现在世界上已有几十个国家的一百多座城市建成了地铁并投入运营，产生了巨大的社会和经济效益。

巴黎地铁的开通是为了迎接1900年在巴黎举行的世博会。巴黎都市圈内的轨道交通系统包括地铁线14条、有轨电车10条、区域快铁RER（Reseau Express Regional）线的5条主线与22条支线、远郊铁路（Transilien）8条。RER线和Transilien线属于市域铁路，巴黎市区内的客流运输主要由地铁承担，市郊与市区间的通勤客流主要由RER线和外围市域铁路承担。巴黎地铁线路图如图1-2-2所示。目前巴黎地铁总长度215 km，每天的客流量超过600万人次，有14条主线、2条支线，合计380个车站、87个交会站。巴黎的地铁分成两个系统：运行在二环范围之内的叫作Metro，这个系统一共有16条线，用数字表示，也就是M1到M14和M3bis、M7bis；运行的范围超出二环的，叫做RER，一共有5条线，用字母表示，就是RER A、B、C、D和E。

法国国铁（SNCF）和日立旗下铁路子公司安萨尔多（Ansaldo）、STS 等宣布，法国将关注铁路自动驾驶领域，预计 2023 年以后实现几乎无须司机干预的自动驾驶铁路列车，甚至向国外出口。该公司认为这项自动驾驶技术有助于帮助列车实现高效运行以及避免列车事故的发生。按照计划，2023 年将在巴黎郊区的线路上进行 2 级（GoA2 级）自动驾驶，即有司机监控但能够自动加速减速。2025 年在高速铁路"TGV"上开始进行 2 级自动驾驶，并力争在地方线路上实现不需要司机的全自动运行（GoA4 级）。关于实际运行时是否会让司机乘坐，将在听取乘客意见的基础上来决定。自动驾驶将通过安装在列车上的摄像头和雷达来识别信号、障碍物，在人工智能（AI）的帮助下调整速度。更重要的是，为了防止系统遭到外部劫持，还将开发安全的列车防护系统。

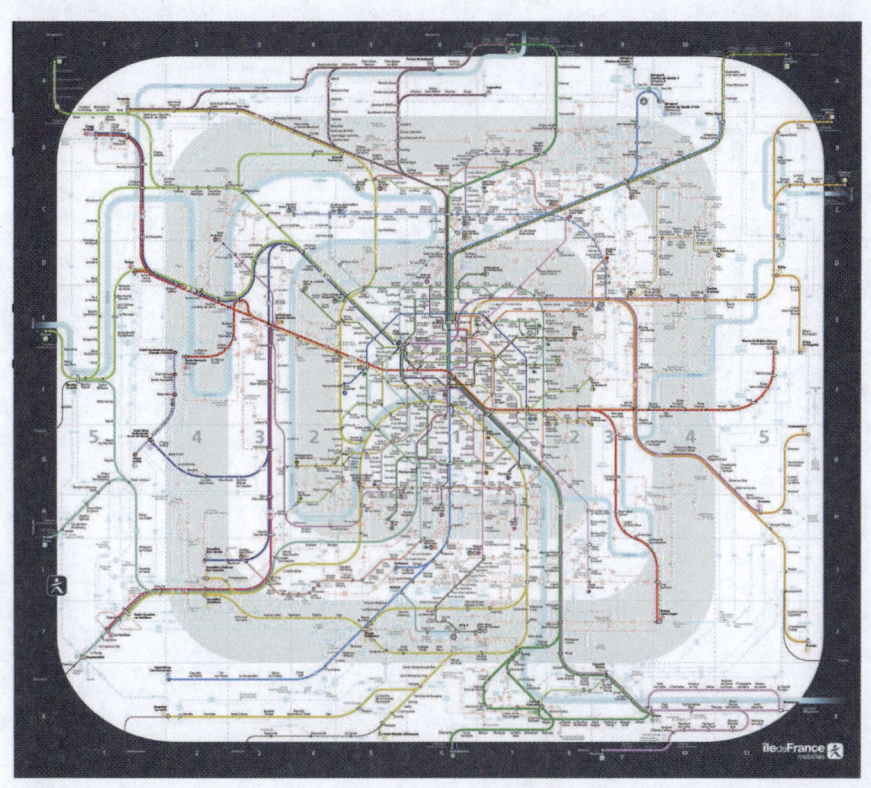

图 1-2-2　巴黎地铁运营线路

纽约地铁于 1904 年开始启运，主要以地铁和市域铁路为主。其市域铁路主要包括长岛铁路、北部通勤铁路和新泽西运输铁路。纽约都市圈内市域铁路整体呈现"主线+支线"的布局，市域铁路主要采用换乘模式，通过开行大小交路、快慢车运行等运输组织方式，提高列车的运输效率。纽约地铁运营图如图 1-2-3 所示为，纽约地铁共有 472 座车站，营运轨道长度约为 1 070 km，总铺轨长度达 1 370 km。虽其名为地铁，但约 40% 的路轨形式为地面或高架。纽约地铁是世界上最著名的十大地铁之一，地铁信号系统采用的是 CBTC 系统，通过车地通信方式的应用来对列车运行中的相关信息进行传递。

图 1-2-3 纽约地铁运营线路

东京地铁银座线是亚洲的第一条地铁，它于 1927 年开始运行。日本东京都市圈的轨道交通主要由地铁、JR 线和私营铁路组成，整体呈现"环线+放射线"的网络布局结构。东京市中心区主要由地铁网络覆盖，外围郊区主要由 JR 线和私铁覆盖。东京市域铁路通过山手环线上的各大枢纽站与地铁网络换乘或贯通。如图 1-2-4 所示，东京地铁包括东京地下铁和都营地铁 2 个地铁系统的全部线路，并与多条私铁线路和 JR 线路实行直通运转。东京地铁与市域铁路贯通运营，规模较大，且运输组织方式灵活，根据客流特点开行特急、准急、急行、普通等快慢车组合，组织大小交路列车运行。

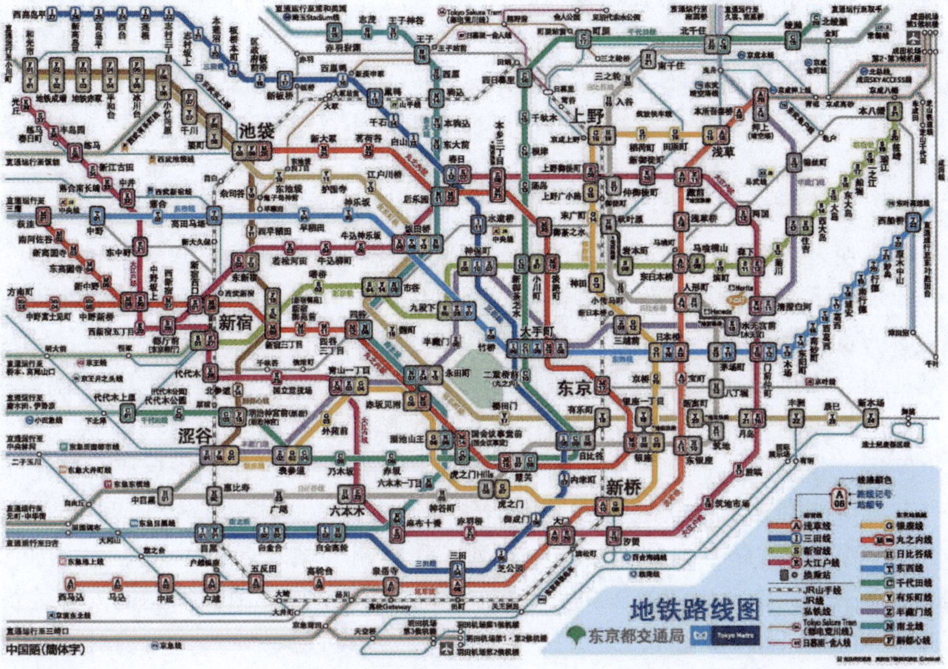

图 1-2-4　东京地铁运营线路

日本作为世界上第一个建成高速铁路系统的国家，自 1964 年以来，其铁路凭借其丰富的运营经验、较高的列车行驶速度和先进的车辆系统而笑傲全球铁道圈，这就是日本的名片之一——新干线。新干线（Shinkansen）是连接日本全国的高速铁路系统，也是全世界第一个投入商业运营的高速铁路系统，以"子弹列车"的称号闻名，是世界高速铁路的先驱。其第一条线路是连接东京与大阪的东海道新干线，于东京奥运会（1964 年）开幕前的 1964 年 10 月 1 日通车运营。最初的新干线由日本国有铁道研发与运营，国铁分割民营化后由 JR 集团接续。新干线采用动力分散的运行方式，而不是用机车（火车头）牵引。所谓动力分散，就是每节车厢的车轮都安装了驱动装置——电动机，将列车的动力分散到各节车厢。

此外，日本在列车节能驾驶方面一直走在前列。随着半导体技术的迅速发展和应用，新干线列车的制动系统由原来的空气制动改为电-空联合制动与再生制动，使用再生制动的列车在制动时会将电机的接线反接，这时电动机就变成了发电机，将列车制动时的巨大动能转化为电能，发出的电能通过转换以后可回馈牵引电网进行重新利用，从而可节省能源。同时，列车的电气控制系统由 GTO 控制（逆变器控制）转向了更先进的 VVVF 控制（交流电变频控制），进一步提高了运行效率，节省了耗电。

德国是首建轻轨的国家，也是轻轨较多的国家之一。1971 年德国为迎接慕尼黑奥运会，首次在市中心人口密集区修建地下轻轨与市郊铁路相连，构成城市交通运输系统。德国在世界上保持着轻轨交通的技术标准研究方面的领先水平，先后颁布了《德国联邦轻轨运输系统建设和运行规范》等技术标准。卡尔斯鲁厄市将市内的有轨电车线路接到属于德国铁路的市郊线路（约 20 km）上，以便将运输通道扩大到郊区。这条名为 City Link 的系统，总长约 30 km，成功连接了市内 614 km 有轨电车线、218 km 连接线和属于德国铁路的 21 km 的铁路线。萨尔布吕肯市建成了类似卡尔斯鲁厄市的混合型运输通道，这列列车式有轨电车服务了当地 100 万人口的居民区，运营第一年就运送了乘客 800 万人次，比这个方向的原有轨电车、铁路和公共汽车运量的总和还多了 20%。

国外发达国家的公共交通系统都十分注意市郊铁路的作用，并致力于实现现代化和电力化，使之成为城市轨道交通的重要组成部分。其不仅承担城郊区与中心，郊区与郊区的乘客运输，而且还促进了城市发展。因此，国外大城市的市郊铁路不仅作为对外交通的重要运输工具，还作为城市交通重要组成部分而受到重视。

但是国外轨道交通在发展的过程中也存在许多问题。2021 年 10 月，据《华盛顿邮报》报道，美国首都华盛顿的地铁由于设计缺陷，一日内至少脱轨 3 次，748 节车厢被迫停运，导致周一首都的交通陷入瘫痪。美国交通官员在调查后表示，全美国的地铁列车都可能存在设计缺陷，需要进行检查。此外，美国铁路老化问题也逐渐凸显。2016 年，一辆美国铁路客运公司（Amtrak）列车在宾州费城附近以 106 英里（约 170 km）的时速撞上了一辆作业中的挖掘机，造成两名工人死亡。美国国家运输安全委员会曾严厉批评 Amtrak 运营非常大意疏忽，且不重视安全问题，导致"人们对铁路系统感到越来越恐惧"。美国铁路不仅事故频发，而且延误率高、速度极慢，准点率的最高纪录仅为 75%。《大西洋月刊》在一篇文章里详细统计了不同时代美国火车的时速。从全国范围来看美国火车的时速与百年前相比没有显著进步，不少地区的列车速度甚至还不如 20 世纪 20 年代，可谓在技术上开了倒车。美国地铁的情况甚至比 Amtrak 更糟，比如纽约地铁，其大部分线路的信号系统还在使用 100 年前的技术，仍然为固定区段信号（Fixed-block Signaling），即只能判断在哪一个区段之间的铁轨上有列车，而不能判断具体在哪。目前纽约市已经充分认识到这一问题，对一部分最老旧的线路进行 CBTC 改造，但进度相当缓慢，在 1999 至 2017 年的 18 年内只完成了 2 条线路改造。

通过纽约地铁存在的问题不难看出，城市轨道交通建设并不是一次性投资，在线路建成初期通常运营状态良好，但随着时间推移，一方面因设备遵循浴盆曲线规律进入故障多发期，导致各类故障频发；另一方面老旧的信号控制系统已不能满足自动化、数字化和智能化的需要，运营维护成本增加，乘坐服务质量下降。而这正是线路未能及时更新和改造升级导致的。

2.2 国内新建线路现状

"十三五"时期是中国交通运输发展的重要机遇期。随着我国城市化建设的推广进程越来越快，各个城市相继加快了轨道交通网络的建设速度。

从地铁运营里程增长趋势（见图 1-2-5）来看，截至 2022 年，我国地铁运营长度为 10 287.45 km。2022 年我国地铁新增营运里程为 1 080.63 km，同比 2021 年减少 12.65%，占城轨交通运营线路新增里程的 90.35%。

图 1-2-5　我国地铁新增运营里程

根据中国城市轨道交通协会信息快报，截至 2022 年 12 月 30 日，中国内地累计有 55 个城市投运城轨交通线路 10 287.45 km，其中地铁 8 008.11 km。2022 年全年新增南平、金华、南通、台州、黄石 5 个城轨交通运营城市，其中南通为地铁运营城市；另有上海、重庆、西安等 14 市也均有新线或新段开通运营。2022 年全年共计新增运营线路长度 1 080.63 km，新增运营线路 25 条，新开延伸段或后通段 25 段。新增的城轨交通运营线路共涉及 9 种制式，其中，地铁占比略有下降，市域快轨增长较快，中运能城轨交通系统稳步发展，新型低运能城轨交通系统研制成功并开工建设，城轨交通多制式协调发展。

在"十四五"期间，我国轨道交通信号系统将在安全可靠的基础上重点关注系统性能、生命周期成本、智能化运维以及其可持续性发展等相关问题。

2.3　既有线路信号系统存在问题

1. 设备进入老化期，可靠性降低

根据典型故障分析的浴盆曲线（见图 1-2-6），信号设备随着运行时间进入损耗失效期以后，设备的失效率将会明显提升。从我国信号系统的实际运营情况来看，是完全符合浴盆曲线的。当系统运行至 15～20 年时，设备系统板件的元器件开始出现陆续老化的现象，如电容电阻失效、线缆绝缘下降等问题，造成整体信号系统的可靠性降低。图 1-2-7 显示了信号机的老化情况。当设备进入老化期，其性能会明显下降，影响正常功能，造成安全隐患。

2014 年 9 月 8 日，因信号系统故障，列车在宋家庄站无法行驶，北京地铁 5 号线受影响接近 1 h，多个车站均采取限流措施。2015 年 10 月 23 日，北京地铁 10 号线发

生信号故障导致大面积晚点，故障的主要原因是角门西至火器营区段信号故障，导致多车晚点，全路网受到影响。数十名乘客称列车停在隧道，晚点接近 1 h，正值早高峰上班时间，现场人多且混乱，许多乘客滞留站台。

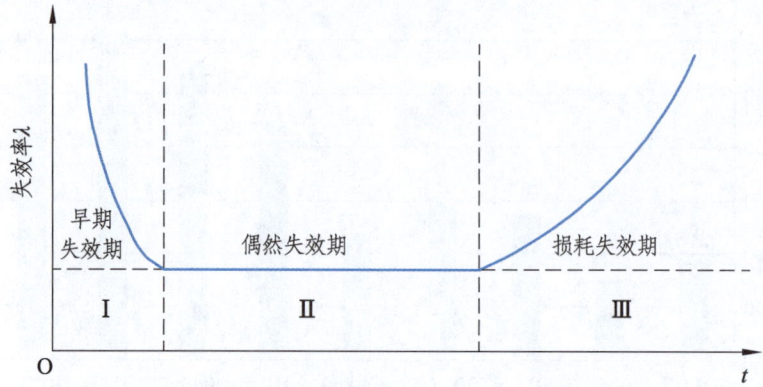

图 1-2-6　浴盆曲线

图 1-2-7　信号机老化

此类信号系统故障的发生，正是由于早期线路相关设备进入损耗失效期所致，符合浴盆曲线特征。

2. 系统性故障率升高，维修难度显著增加

从既有线的运营经验来看，当系统老化后，除去普通的惯性故障外，设备系统性故障出现的概率也大幅提升，同时显著增加维修维护难度。如图 1-2-8 所示，当室内缆线出现老化接触不良等风险后，改造的风险也会变大。设备的系统性故障会导致系统大面积出现异常或功能失效，出现该情况对于应急处理、设备抢修/修复、设备维护的难度都是显著提升的。尤其在设备维护方面，需要开展有针对性的改善措施来提升设备可靠性，但一般付出的成本较大，收效却十分有限。

图 1-2-8　室内缆线老化、电缆径路堵塞

3. 早期信号系统技术落后，系统可用性低

1）早期信号系统技术落后，冗余性方面设计较低

早期信号系统由于技术受限，系统制式采用准移动闭塞等制式（如西门子的 LZB700 信号系统），系统整体设计的冗余性设计较低，如车载系统没有实现双车头冗余功能、列车检测设备出现异常会导致列车降级运行等，而后期采用了移动闭塞制式的信号系统，如果发生同类的故障则不会对运营造成影响。

由于技术落后，现有的电源容量不足，既有电池体积庞大且老化严重，采取单 UPS 供电模式，冗余性差，如图 1-2-9 所示。

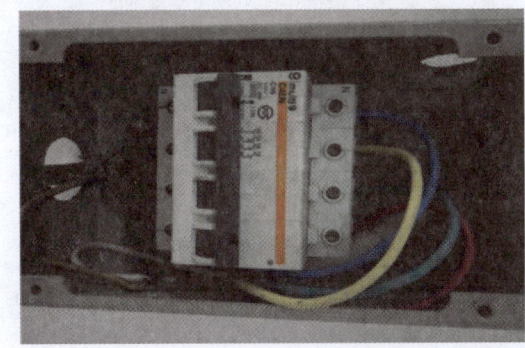

图 1-2-9　既有电源容量不足、电池体积庞大

2）早期信号系统在过程数据分析方面手段有限

早期信号系统的关键核心设备是板卡式工控机，部分处理芯片仍使用 486 系列处理器，设备运行的过程数据记录、分析存在很大的困难，尤其对于疑难问题、自动恢复类故障的分析和处理难度很大。在日常维护方面基本不能实现对设备运行的状态分析，一般只能采取计划修或故障修的方式进行维护。

3）信号系统的在线监测设备缺乏

早期信号系统在设计时没有考虑设备的在线实时监测，导致设备在线数据分析手段的缺乏。同时由于供货商相关数据接口没有开放等其他问题，在额外加装监测手段方面也同样受限，必须在整体更新改造工程中才能整体重新布置。此外，在信号智能系统控制技术方面，仍处于研发中，还未能达到实际应用的效果。

4. 改造施工环境不理想，物理空间上、施工时间窗口上均受限

随着技术的革新，早期设计、建筑的各种问题逐渐显现，在改造过程中转化为空间、时间的限制。如图 1-2-10 所示，因为早期设计规划，绝缘处钻孔、焊接的位置已经被占用，导致现有设备安装条件受限。

同时，施工对运营造成的安全风险也是非同小可。在施工过程中除了考虑常规的安全要素，还需考虑客流密度等造成的施工时间窗口问题，在预测到客流增大或减小后，要及时调整施工次序，确保运营安全。

图 1-2-10　施工受限

5. 行业技术更新，原系统设备停产或供货难

信号系统整体的行业发展十分迅猛，产品的更新换代导致出现原系统核心设备停产或难供货的情况，现场的可用备件越来越少，对于线路的正常运营和维护造成一定困难，也存在潜在的安全隐患。

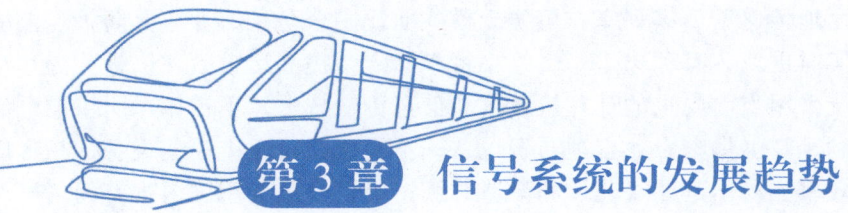

第3章　信号系统的发展趋势

城市轨道交通信号系统的发展历史，是伴随着微电子、计算机、通信等技术的进步而不断提高的。城市轨道交通信号系统中，地面与车载设备的安全信息传输方式，大致经历了模拟轨道电路、数字轨道电路和无线通信3个阶段。

3.1　城市轨道交通信号系统的发展历史

3.1.1　基于模拟轨道电路的ATC系统

轨道电路是将区间线路划分为若干固定的区段，进行列车占用检查和向车载ATC设备传送信息的载体。列车定位是以固定的轨道电路区段为单位，采用模拟轨道电路方式由地面向车载设备传送10~20种信息，列车采用阶梯式速度控制，被称为固定闭塞。从系统整体角度来看，基于模拟轨道电路的ATC系统中各子系统处于分立状态，技术水平明显落后，维修工量大，制约了列车运行速度和密度的进一步提高，将逐步退出历史舞台。

3.1.2　基于数字轨道电路的ATC系统

数字轨道电路采用数字编码方式，地面向车载设备传送数十位数字编码信息，列车可实现一次模拟曲线式安全防护，缩短了列车运行间隔，提高了乘客的舒适度。采用数字轨道电路的ATC系统，列车可实现一次模式曲线式安全防护，因此被称为准移动闭塞。数字轨道电路的ATC系统采用微电子技术、计算机技术和数字通信技术，延续了轨道电路故障-安全的特点，目前在我国和世界范围内开通运用较多，系统的可靠性和稳定性得到了充分的验证。数字轨道电路存在两个缺点，第一，必须具备很强的抗干扰能力。轨道电路中ATC信息电流一般为几十毫安至几百毫安，而列车牵引回流最大可达4 000 A。第二，受轨道电路特性限制，只能实现地面向列车的单向信息传输，信息量也只能到数十比特，限制了ATC系统的性能。

3.1.3　基于通信的列车自动控制系统（Communication-Based Train Control，CBTC）

CBTC的特点是前、后列车都采用移动定位方式，通过安全数据传输，将前行列车的位置信息安全地传递给后续列车，可实现模式曲线安全防护，并且其防护点能够随前车的移动而实时更新，有利于进一步缩小行车间隔，提高运输效率，被称为移动闭塞。CBTC系统采用当前先进的计算机技术和信息传输技术，不占用牵引供电电流的轨道通路，有利于牵引供电专业合理布置设备；不需要在轨道上安装设备，易形成疏散通道；提高效率、易于延伸线建设和改造升级；可以充分利用国内现有的信号产品和资源，易于实现国产化。其中具有完全自主知识产权的计算机联锁设备和ATS子系统已经成功在现场开通使用，但目前CBTC系统的应用在国际上还处于初期阶段，国内外厂商都在结合工程实践对其进行不断完善。

3.2 国外城市轨道交通信号系统发展进程

ATC系统作为轨道交通的核心部分，从20世纪70年代被投入研发和使用。至今，ATC技术不断更新迭代，各国也为使得列车控制技术能够有智能化的进步，纷纷加大投入研发资金。

最早出现的ATC系统是基于模拟轨道电路的ATC系统，也称固定闭塞式ATC系统，该系统采用传统的多信息音频轨道电路，按固定方式，根据线路情况、列车特性和固定的速度等级确定闭塞分区长度，列车以闭塞分区为最小行车间隔，且需设防护区段。固定闭塞分区的划分依赖指定列车的性能，在线路上有不同性能的列车时，为保证安全，需按最差的列车制动条件设计。

到了20世纪80年代，轨道交通信号系统的硬件和软件都得到了极大的进步，这得益于在计算机领域的快速发展。基于数字轨道电路的ATC系统就是计算机技术与信号交通领域相结合的新产物，该ATC系统也称为准移动闭塞ATC系统。基于数字轨道电路的ATC系统中，闭塞分区依旧被作为最小行车安全间隔，与模拟轨道电路的ATC系统所不同的是，基于数字轨道电路的ATC系统通过对目标速度混合目标距离的判断来随时调整列车的可行车距离。基于数字轨道电路的ATC系统克服了传统ATC系统的一些缺点，因此，迅速被许多国际著名的信号公司所重视，并投入大量的资金进行研发。典型的有加拿大的Seltrac MB、日本的数字ATC、德国的LZB80等公司。以日本为例，其大力开展了对新一代数字ATC系统的研究，力求能够进一步缩短列车运行间隔、提高列车运行速度、减少轨道电路的安装和维护费用。数字ATC缩短了列车运行间隔时间，改善了乘车的舒适度。如今，作为准移动闭塞ATC系统基础的数字轨道电路正朝着双向信息传输和更高的传输速率方向发展。

随着通信技术领域的发展，许多科研团体和技术公司意识到无线通信技术能够大大提高列车控制系统的效率。因此，基于通信的列车控制系统CBTC由此诞生。该系统的最大优势就是能够大幅度缩短前后两车的追踪距离，从而提高区间通过能力，与此同时还能控制类型与速度不同的列车，这提升了列控系统很大的操作性。其中，为代表的是ALCATEL、ALSTOM、HARMON等公司。ALCATEL和ALSTOM公司基于交叉感应环线通信方式的ATC系统是通过车站设备交换列车位置信息。列车在线路中的位置需要列车通过车载里程仪（借助电缆环的交叉点同步）测量后经车载通信天线发送给轨道上的电缆环，通过轨旁设备处理后送到设备集中站。车站的控制设备再把信息以相反的通信路径转发给后续列车。后续列车知道了前行列车的位置，可以根据事先定义的安全行车原则，保持最小的行车间距，实现移动闭塞。HARMON 公司的基于无线扩展频谱通信技术的 ATC 系统则采用了军用定位系统的技术。利用车站、轨旁和列车上的扩频电台，一方面通过这些电台在列车与控制中心间传递安全信息，另一方面也利用它们对列车进行定位。

3.3　国产化城市轨道交通信号系统道路

目前我国城轨信号系统包括 4 种：基础 CBTC 系统、CBTC 互联互通列车运行控制系统（Interoperability-CBTC，I-CBTC 系统）、全自动运行系统（Fully Automatic Operation，FAO 系统）以及基于车车通信技术的城轨列车运行控制系统（Vehicle-to-Vehicle Communication-Based Train Control，VBTC 系统），其应用市场包括新建线路市场、既有线路升级改造市场和重载铁路市场。CBTC 是城市轨道交通信号系统的主流产品，FAO、I-CBTC 和 VBTC 均为在 CBTC 技术的基础上发展的升级产品。

3.3.1　基础 CBTC 系统

全称为基于通信的列车运行控制系统，采用先进的通信、计算机计算，连续控制、监测列车运行的移动闭塞方式，通过车载设备、轨旁通信设备实现列车与车站或控制中心之间的信息交换，完成列车运行控制。由以 ATP/ATO 为最核心的七个主要子系统组成，包括：车载控制器 VOBC、区域控制器 ZC、数据存储单元 DSU、数据通信系统 DCS、列车自动监控系统 ATS、计算机联锁系统 CI、维护支持系统 MSS；还包括电源、计轴、应答器、微机监测、道岔缺口监测、LTE-M、综合监控、信息安全、UPS 等辅助子系统。

3.3.2　CBTC 互联互通列车运行控制系统（I-CBTC 系统）

I-CBTC 是基于统一规范和标准，实现不同厂商的信号设备互联互通，实现列车跨线运营的 CBTC 系统。随着城市轨道交通路网的逐渐形成，线网内线路间的资源分享及列车在不同线路间跨线运营的需求日趋强烈。互联互通技术打破了原有信号系统不同厂商线路互不兼容的框架，实现了列车在不同线路之间高效、安全运营的目标，并通过线网间运营组织，使乘客无须通过换乘即可到达目的地，也使得信号系统通用性得以大大提升。

3.3.3　全自动运行系统（FAO 系统）

FAO 是一套全功能自动化运行、无司机在线参与值守的列车运行控制系统，是轨道交通信号系统的第四代产品。相比于基础 CBTC 系统，FAO 的主要优势是能实现运行的高度自动化、提升系统的安全性和可靠性、提高运营组织的效率和灵活性。

3.3.4 采用车车通信的城市轨道交通信号系统（VBTC 系统）

VBTC 系统本质上是以列车为中心的新型列车控制系统，其大量精简了轨旁设备，降低了系统的复杂性。同时简化了系统数据交互的复杂度，缩短了通信的时间延迟，可以进一步缩短运行时间间隔。VBTC 尚处于研发阶段，截至目前国内外还未有相关产品应用。

目前我国针对以上几类系统都有研发，重点关注于 CBTC 的自主化实现。2004年，北京交通大学、北京地铁运营公司、北京和利时公司申请北京市科委"基于通信的城轨 CBTC 系统研究"项目，在北京地铁试车线进行了 ATP、ATO 试验，并在大连设立了 10 km 试验段，包括地面线路和地下线路，进行了两列列车的追踪试验。2010 年 12 月 28 日，北京轨道交通亦庄线正式开通试运营，这是国产信号系统历经10 年研制后的成功应用，使中国一举成为继德国、法国、加拿大之后，第 4 个成功掌握轨道交通 CBTC 核心技术并顺利应用于实际工程的国家。亦庄线开通以来，信号系统运行安全、稳定、可靠，系统稳定性、故障率等各项指标优于其他线路，实现了"自动驾驶""无人折返"和"安全运营"3 项目标。2015 年 4 月，在中国（天津）区域轨道交通发展及装备关键技术论坛暨第 24 届地铁学术交流会上，北京地铁亦庄线工程被评为"城市轨道交通创新技术推广项目"，并在全国轨道交通建设中推广应用。

中国铁道科学研究院作为我国在铁路方面的专业化研究所，通过多年的技术积累以及专业优势，成功地设计出来了一套完整的 CBTC 子系统，包括有 ATS、联锁、ATP、ATO、DCS、应答器等，并通过了室内系统调试、现场试验和调试。由中国铁道科学研究院设计的 ATS 子系统、计算机联锁子系统经过了多次实验，是国内成熟的系统，能够达到工程实施的条件。值得关注的是，铁科院设计出的方案能够很好应对无线通信发生故障的情况，该方案能够保证在进行后备转换时，不会对列车运行进行干扰，该方案已经获得国际认可。卡斯柯、北京全路通信信号研究院等各家单位也正在就 SIL4 级的信号系统进行不断的研究，届时会有实际应用系统平台出现。

3.4 城市轨道交通信号系统的发展方向

1．全自动驾驶

全自动驾驶之所以能作为交通信号的发展方向之一，主要是其能够减少列车在停靠车站和启动时所耗费的时间，降低对列车的额外非正常损害，提升列车驾驶的工作效率，从而使得列车的运输效率提高。同时，由于能够给予驾驶员空闲的时间去检测从各个设备传回的信息，因而保证了列车运行时的安全性。

2. 车车通信

关于车车通信的设想,目前仍然没有可靠的实现方法和计划。但是,车车通信的理念依然是未来交通的一个发展方向。如果未来能完美地实现车车通信,那么在该区域的车与车之间能够相互接收对方的信息,其中包括车辆的运行状况以及车辆人员的信息,这样就能够很好地避免出现意外的交通事故,降低道路拥堵现状,有利于车辆出行的效率。

3. 全面的智能维护系统

未来国内城市轨道交通必定会发展全面的智能信号维护支持系统,增强工作人员对于交通信号系统的全面认识,减少道路工程维护的成本支出和从事维护工作的人员数量。如此一来就可以将更多的资金、人力投入到道路信息数据反馈处理系统的建设当中,实现数据分析与处理的同步进行。

第 2 篇

策划篇

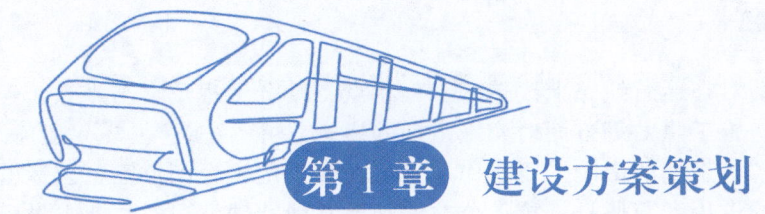

第 1 章　建设方案策划

建设方案策划为工程前期工作内容，包括项目立项和可行性研究两方面的内容。

1.1　工程项目立项

工程项目立项工作由项目建设方负责实施，组织相关部门和编制单位编制项目建议书，并报政府主管部门（发改委）审批。

作为项目立项申报文件，项目建议书应主要包括以下内容：
（1）项目概述（包括工程范围、既有信号系统概况、基础条件等）；
（2）信号系统改造工程必要性；
（3）信号系统设计原则及技术指标；
（4）信号系统改造方案；
（5）工程风险分析及对策；
（6）工程安全保障；
（7）信号设备采购与国产化；
（8）工程筹划；
（9）工程投资；
（10）工程招标方案；
（11）结论与建议等。

项目建议书重点论证项目建设的必要性和可能性、初步提出改造工程主要技术标准、各项主要技术设备的设计原则及主要工程内容、提出建设工期、投资预估算及初步融资方案。

1.1.1　项目建设的必要性

作为项目立项的重要支撑文件，项目建议书应在充分调研的基础上，从运营需求、信号系统运行情况、运维情况、改造目标以及政策法规方面充分论证项目建设的必要性。

1.1.2　技术标准、设计原则及工程内容

结合改造线路近/远期运营需求、既有信号系统功能和技术指标、改造现场环境条件、信号系统技术发展等因素，论证并明确信号系统改造技术标准和设计原则、改造内容和范围，同时需对改造技术方案进行初步分析。

1.1.3 建设工期

建设工期筹划应针对在运营线路上改造的工程特点，结合工程重点与难点，考虑运营保障、施工干扰、施工降效等方面对实施工期的影响。

（1）运营保障对实施工期的影响主要是作业点供配和人员配合两方面：因运营自身维护维修对作业点的占用和节假日、重大公共活动及其他特殊情况对作业点供配的影响，导致实施工期相应延长；因运营配合人员配置充足性随运行自身维护维修作业需求有波动，施工作业面收窄而导致的实施工期相应延长。

（2）施工干扰对实施工期的影响主要包括运营线路的施工作业管理、运营各专业维护维修作业与施工作业的交叉作业、运营线路施工作业的安全防护要求等方面导致的实施工期相应延长。

（3）施工降效对实施工期的影响因素主要为既有运营线路施工特有的夜间停运作业有效时间短、材料/工器具的运输/堆放条件差、作业空间狭窄等。

1.1.4 投资预估算

投资预估算应针对运营线路上改造的工程特点，考虑施工干扰、施工降效、配套改造等方面对工程投资的影响。

（1）运营线路施工作业安全防护、运输/仓储位置分散、作业空间/时间不连续、与运营维护维修作业交叉等施工干扰因素造成的投资增加。

（2）夜间停运有效作业时间短、作业面狭窄等施工降效因素导致的投资增加。

（3）因信号系统改造涉及的内容包括建筑装修、通风空调、气体灭火、动力照明、给水排水、结构、轨道、车辆、通信、综合监控、站台门、防淹门等配套专业改造产生的投资增加。

项目建议书批复内容主要包括项目建设必要性、项目建设规模和内容、项目总投资及资金来源、项目计划工期等。

1.2 工程可行性研究

工程可行性研究文件是项目决策的依据，应根据政府批复的项目建议书，从技术、经济、安全、环保、节能等方面进行全面深入的论证，其内容和深度主要包括：

（1）项目概述（包括工程范围、既有信号系统概况、基础条件等）；
（2）信号系统改造工程必要性和可行性；
（3）信号系统改造工程特点及总体目标；
（4）信号系统改造技术标准、设计原则及性能指标；
（5）信号系统制式、构成及功能分析；
（6）信号系统改造方案（包括改造技术方案、主要的施工及调试开通过渡方案等）；
（7）工程风险分析及对策；
（8）工程安全保障、环保、劳动安全、卫生和节能；
（9）信号设备供应与采购国产化；

（10）工程筹划；

（11）工程投资（包括主要工程数量、主要设备数量等）；

（12）工程财务评价及社会效益分析；

（13）工程招标方案；

（14）结论与建议等。

可行性研究的重点是明确改造工程目标、提出改造的技术标准和技术方案、分析工程风险和对策，并对工程工期、财务和社会效益进行评价，以论证建设项目的可行性，因此要求工程数量和投资估算要有较高的准确度，主要技术标准和技术方案分析应达到规定深度。

1.2.1 改造工程目标

应结合信号系统改造工程必要性的分析，从消除安全隐患、降低设备故障率、技术更新换代、备品备件、设备性能、降低综合运维成本等方面分析论证项目的总体目标。

1.2.2 改造工程技术标准和技术方案

改造工程的技术标准和技术方案应与改造线路实际运营需求和信号系统技术发展方向相匹配。更新信号系统的架构、功能、性能、技术指标等技术标准应满足运营需求，且应不低于既有信号系统的技术标准；改造工程技术方案应结合信号系统主流技术和工程目标，从技术水平、工程实施、工程投资、运营效率和成本等方面进行分析论证，达到工程可行性研究的规定深度并提出明确的改造工程技术方案推荐。

1.2.3 工程风险和对策

工程风险包括工程管理风险和工程实施风险。工程管理风险包括工程招投标管理、工程项目资金管理、工地管理、工程工期进度管理、工程竣工及开通管理等方面；工程实施风险包括技术方案风险、施工安全风险、调试安全风险、运营风险。对上述风险进行分析后提出相应的对策措施。

1.2.4 工程工期、财务和社会效益评价

（1）以运营需求、工程重难点、设计组织、施工组织、调试组织、工期节点作为主要约束因素分析并提出工期策划。

（2）对工程数量和工程投资进行估算，尤其对施工干扰、施工降效、改造调试倒切过渡、配套改造等因素造成的投资增加进行充分考虑，并在此基础上进行资金筹措和财务评价分析。

（3）结合改造线路在城市轨道交通线网中的客运交通服务定位和运营服务水平，定性分析改造项目的社会效益评价。

政府部门（发改委）批准的可行性研究报告及投资估算作为项目建设标准、工程规模和总投资的控制依据。

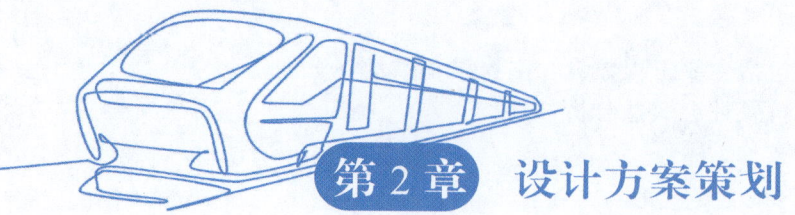

第 2 章　设计方案策划

设计方案策划主要在初步设计阶段进行，其主要设计方案策划成果在初步设计文件中体现。

初步设计文件是项目建设的依据，应根据可行性研究结论进行现场调查，对工程整体和局部方案的分析和比选，根据各种输入资料进行比较详细的设计，其内容和深度主要包括：确定各项工程设计原则，落实设计方案和工程措施；提出工程数量、主要设备数量、主要材料数量、工程总概算；确定环境保护、节能以及工程安全风险防范措施。

初步设计文件经审查、修改、批准后，作为控制建设规模和总预算、系统设备采购招标、工程实施方案、施工图设计的依据。

针对城市轨道交通既有线信号系统升级改造，初步设计阶段应重点研究、分析的设计方案主要包括：

（1）既有信号系统现状分析；
（2）信号系统改造设计原则及技术指标分析；
（3）信号系统改造技术方案分析；
（4）信号系统改造实施方案分析；
（5）专项改造方案研究（例如：道岔转辙机改造、折返能力优化等）；
（6）信号系统构成与设备配置、功能分析；
（7）信号系统控制方式分析；
（8）信号系统接口分析；
（9）改造现场环境调研及分析；
（10）涉及的配套专业改造范围及改造方案分析；
（11）改造实施风险及对策分析；
（12）改造工程数量及工程概算研究分析。

为确保初步设计文件能够作为后续改造工程实施的依据，初步设计阶段应重点对改造工程范围内的现场进行详细调研，在调研成果的基础上，对改造工程整体方案和各方面局部/专项技术方案、实施方案进行分析和制定，细化系统设备功能、配置和改造工程数量，编制初步设计工程概算。

2.1　改造工程现场调研

为确保初步设计各项方案符合工程现场实际和运营需求，工程数量和工程概算准确度达到初步设计深度要求，必须对改造工程现场进行详细调研，调研内容应主要包括：

（1）与运营部门充分沟通调研运营需求，包括行车间隔/旅行速度/系统功能等运营及服务指标、设备和器材选型、维保措施、改造施工/调试组织、系统倒切等方面。

（2）工程现场环境调研，包括控制中心/车站设备房环境和条件、区间电缆路径及设备房电缆引入条件、轨旁设备安装空间和限界条件、车站站台设备安装环境和条件、列车车载设备安装条件等方面。

（3）系统接口调研，主要包括信号系统与车辆、通信、综合监控（或PSCADA、BAS）、站台门、防淹门、动力照明、线路、轨道、牵引供电等相关专业的接口现状。

2.2 改造工程方案分析和制定

1. 改造工程整体技术方案

初步设计中关于改造技术方案的分析具体见下一章的相关内容。

2. 改造工程局部技术方案和工程实施方案

改造工程局部技术方案是指改造工程中存在的特殊情况、运营需求等原因需要进行针对性改造的方案，例如针对折返站折返能力提高或运营调度指挥要求进行轨旁信号机增减、针对道岔转辙机性能需求进行转辙机型号改造、针对新信号系统接口需求进行的相关接口改造等。

初步设计应结合改造技术方案和现场调研情况，对改造工程实施方案进行分析和制订，主要包括新系统构成和设备配置方案、新系统设备安装及调试方案、系统功能的实现、系统倒切实施方案等。鉴于初步设计有主选技术方案和备选技术方案的比较分析，因此工程实施方案也应针对主选技术方案和备选技术方案分别进行分析制订。同时也应针对局部技术方案进行工程实施方案的分析制订。

2.3 改造工程设备配置、工程数量和工程概算

根据改造技术方案和工程实施方案，确定改造工程设备配置，主要包括新系统设备配置、系统倒切过渡设备配置、系统临时调试设备配置等；根据工程设备配置和工程实施方案统计详细的工程数量，并据此编制初步设计工程概算。

同时，初步设计概算应针对运营线路上改造的工程特点，结合改造技术方案，并考虑施工干扰、施工降效、配套改造等方面对工程投资的影响：

（1）运营线路施工作业安全防护、运输/仓储位置分散、作业空间/时间不连续、与运营维护维修作业交叉等施工干扰因素造成的投资增加，可在施工措施费、特殊施工增加费、临时设施和过渡工程费、营业线施工配合费等费用项中考虑补充。

（2）夜间停运有效作业时间短、作业面狭窄等施工降效因素造成的投资增加，可考虑二次或多次安装工程项及工程量的补充，以及在营业线封锁施工增加费等费用项中补充。

（3）因信号系统改造涉及的包括建筑装修、通风空调、气体灭火、动力照明、给水排水、结构、轨道、车辆、通信、综合监控、站台门、防淹门等配套专业改造产生的投资增加，根据改造工程量进行相应的概算计列。

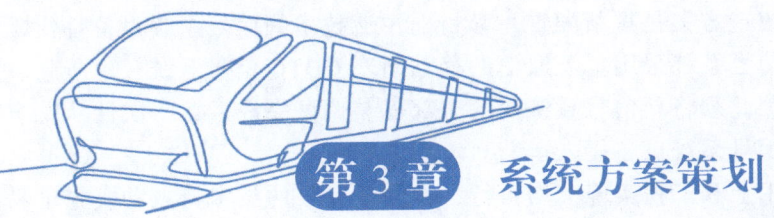

第 3 章 系统方案策划

3.1 改造技术方案选择

城市轨道交通既有线信号系统升级改造系统方案策划首先是改造技术方案的设计和选择。

3.1.1 信号系统改造设计原则

信号系统改造是将运行时间达到寿命周期年限的旧信号系统设备用新系统设备替换,包括控制中心、车站、区间以及车载设备,消除因设备老化存在的系统性能下降、可用性降低和安全隐患等因素。除主系统设备外,改造的范围还包括电源设备、信号机、轨旁光电缆等配套设备设施。对于日常运营中已按固定的检修期进行了更换的设备,如道岔转辙机,则改造时可根据具体情况不进行全部更换。

由于信号系统是确保列车安全、有序运行的关键系统,且涉及改造的轨道交通线路往往是已长期运营、客流成熟稳定的既有线路,因此改造方案的设计应重点考虑改造期间线路的安全、正常运营,其应遵循以下主要设计原则:

(1) 新系统设备的安装和调试不影响既有信号系统安全、正常运行;
(2) 新、旧系统切换应在线路不停运、不降低运输能力和安全等级的条件下进行;
(3) 控制改造影响范围,不造成与信号系统相关的其他专业或条件的重大变化;
(4) 新信号系统的各项功能、性能和运营指标不低于旧信号系统。

3.1.2 信号系统改造技术方案

国内城市轨道交通需要进行大修改造的信号系统主要有早期采用的基于轨道电路的固定闭塞/准移动闭塞信号系统和后续主流的基于通信的移动闭塞 CBTC 信号系统,近些年改造的多为基于轨道电路的固定闭塞/准移动闭塞信号系统。

结合改造方案设计原则,信号系统改造技术方案可采取维持既有系统制式的改造和完全新建系统的改造两种。

维持既有系统制式的改造方案是基于既有制式的信号系统改造后在新的寿命周期内仍能够满足线路包括运能、服务水平、维护维修等的各项运营需求,改造的主要内容是将既有信号系统硬件全部更换。由于系统制式维持一致,因此系统核心软件将维持一致,仅对相关工程软件随硬件更新进行必要的更新升级。新信号系统将按照改造期新的建设标准在系统配置上进一步补充和完善。

完全新建系统的改造方案是重新配置一套目前主流技术的信号系统设备替代既有信号系统设备，即新信号系统采用基于通信的移动闭塞CBTC信号系统。由于新、旧系统不能相互兼容，因此须将新信号系统设备全部安装调试完成后，一次性从既有信号系统设备倒切至新信号系统设备投入运营。

两种改造方案技术上和工程实施上均可行，但由于各自的技术特点和实施难易程度不同，因此主要在工程投资、工程实施、改造后系统性能及运营需求等方面存在差异。以下就两种改造方案的具体优缺点进行对比。

1. 工程投资方面

（1）维持既有系统制式改造方案的系统设备只能限定选择既有信号系统供货商，不利于控制系统设备采购价格，但该方案有利于控制改造引起的土建、车站机电及车辆等的改造范围，产生的配套专业改造费用相对较低。

（2）完全新建系统改造方案的系统设备选择不受既有信号系统供货商的限制，有利于控制信号系统设备采购价格。但因新系统设备安装对车站设备房空间需求较大、相关专业系统接口变化等因素，增加土建、车站机电、系统接口及车辆的改造工程量和影响面，配套专业改造费用较高。

（3）如果能够将系统设备采购价格控制在正常水平，则维持既有系统制式改造方案的工程建设投资相对较低，但因使用了早期技术，改造后系统运营全寿命周期的维保费用将超过完全新建系统改造方案的维保费用。

2. 工程实施方面

（1）维持既有系统制式改造方案的工程实施以硬件更新为主，主要系统配置、系统功能、系统参数等基本不做重新设计，系统改造设计相对简单。同时该方案较大程度上可以利用新、旧设备的相互兼容性采取逐个子系统、逐个联锁控区甚至逐个设备进行替换的改造实施，包括车载设备的改造也可采取逐列车退出运营改造、改造完即可上线投入运营的实施方案，可最大程度地缩小过渡调试范围，控制对既有正常运营造成影响的风险。但若采取逐个子系统、逐个联锁控区或逐个设备进行替换的改造实施，在改造过渡期间新、旧设备过渡倒切调试工作量较大，存在投入运营的系统中新、旧设备共存情况，需要对新、旧设备的过渡倒切和系统运行稳定性进行充分验证。

（2）完全新建系统改造方案需要针对既有线路重新做系统设计，需要对线路、轨道、车辆等大量关键基础参数重新搜集和验证，系统设计难度较高。新建系统设备的施工及单项调试和系统联调可在不影响既有设备运营的情况下单独进行，但与轨旁的道岔转辙机以及与车辆等其他专业系统的接口需通过倒切进行控制和调试，尤其是与车辆的接口调试均需在运营时段和非运营时段频繁倒切进行，对既有正常运营造成影响的风险较大。同时新系统最终投入运营的一次性倒切范围涉及全线，倒切工作量较大，需停运倒切的可能性高。

整体上讲，维持既有系统制式改造方案的工程实施难度和风险侧重于轨旁设备的改造，完全新建系统改造方案的工程实施难度和风险更侧重于车载设备的改造。

3. 改造后的系统性能及运营需求方面

维持既有系统制式改造方案可确保改造后的系统性能不低于既有系统，且可通过采取逐个子系统、逐个联锁区甚至逐个设备进行替换的分阶段实施，从而达到短期内改善系统性能，线路运能得到一定程度提高的目的。例如广州地铁1号线正线信号系统改造，在车站设备尚未完成改造时，于2018年12月首先完成中央ATS系统设备改造，与既有车站设备完全兼容运行，消除了既有ATS系统长期满负荷运行的运营安全隐患，也将上线运营列车数从26对/小时提高到了29对/小时。但该方案需考虑供货商对设备维护维修技术支持和备品备件的长期供应。

完全新建系统改造方案采用当前主流技术的CBTC信号系统，改造完成后的信号系统得以完全更新和升级，可提供比既有系统更高的运能和运营服务水平，且能够保证设备维护维修技术支持和备品备件的长期供应。

两种方案的综合分析比较如表2-3-1所示。两种改造技术方案各有优缺点，在实际工程设计项目中需要考虑的因素很多，应结合改造线路既有信号系统具体情况，和改造线路所在城市轨道交通线网信号系统整体建设情况，以及改造的现场环境条件确定最终改造方案。

从运营作为系统最终使用用户的角度考虑，应采用以主流技术为方向的完全新建系统改造方案，该方案所面临的工程实施困难、风险等可在工程实施各阶段通过针对性研究并采取相应措施进行克服。

表 2-3-1 改造方案综合比较

比较类别	维持既有系统制式的改造方案	完全新建系统的改造方案
系统设计	基本维持既有系统设计，主要考虑新、旧设备软、硬件相互兼容和过渡调试方案	需要重新设计，需重新收集和验证线路、轨道、车辆参数等基础资料，并需要考虑完善的过渡调试和运营方案
与其他专业接口	可维持既有接口内容、方式、界面不变	针对既有接口情况重新进行接口设计
工程实施难度	室内新、旧设备叠加安装和车载设备更新安装相对容易，但过渡调试倒切工作量大，新、旧设备过渡时期长。其他配套专业的改造范围小	室内新、旧设备叠加安装的空间分配难度大，车载设备的安装及过渡调试复杂，系统投入运营的倒切范围大。其他配套专业范围相对较大
现场土建、车站机电等条件需求	可利用既有设备房安装新设备，对既有设备房进行相应建筑装修、通风空调、动力照明等改造	需要重新分配设备房，对新设备房配套进行建筑装修、通风空调、动力照明、消防、门禁等设计
系统调试	逐个子系统和逐个联锁区改造均需完整的调试流程，调试工作量和难度均较大	新系统可一次性完成调试，新、旧信号系统之间的倒切调试工作相对较少
车载设备调试	直接更换既有车载设备，新车载设备与旧轨旁设备兼容，逐个列车完成改造投入运营	车载有安装新、旧两套设备的过渡期，新车载设备需要二次安装。所有上线列车同步进行改造、过渡调试，并与轨旁新系统同步倒切投入运营
对运营的影响	较大程度实现系统的逐子系统和逐联锁区改造，相对易实现不停运平滑过渡	需待新系统全部完成调试后一次倒切，不易实现不停运过渡

续表

比较类别	维持既有系统制式的改造方案	完全新建系统的改造方案
运营安全风险	逐子系统和逐联锁区改造倒切调试工作量大、过渡工期长，全线系统新、旧设备共存且倒切频繁，过渡期间的运营安全风险较高	需进行完全的新、旧设备倒切设计，但总体上全线系统新、旧设备之间的倒切次数相对较少，过渡期间的运营安全风险相对较低
项目采购招标	供货商选择面窄，限定为既有系统供货商	供货商选择面宽，且国产化水平高
工程造价	信号系统的投资不易控制，其他配套专业的改造费用低	信号系统的投资容易控制，其他配套专业的改造费用高
运营期技术支持及备品备件供应	既有系统属早期技术，城轨新线已基本不再应用，改造后运营期技术支持和备品备件供应可能将随运营时间的延长逐步紧张，并可能上涨费用	新设备属目前主流城轨技术，国内城轨应用广泛，运营期在技术支持上有较强保障，备品备件供应充分

3.2　配套改造方案及配套专业改造方案选择

3.2.1　配套改造方案

对于一条完整轨道交通线路的信号系统改造，除了正线主信号系统的改造外，还有相应的配套改造方案及方案选择。

（1）对于车辆段/停车场信号系统的改造，由于其相对正线独立且非载客运营，可视信号系统寿命周期和实际使用情况、技术发展情况等因素单独立项改造。改造方案重点考虑保持与正线信号系统的正常接口功能，满足不停运的运营需求。

（2）对于改造线路运营期内增购车部分的信号车载设备，由于其运行时间未达到使用寿命周期，若要继续沿用，可以通过一定维护手段并经过严格认证后延长其使用寿命，使其寿命周期与改造后新信号系统同步。

（3）由于城市轨道交通各机电系统和车辆的使用寿命周期相近，信号系统进行大修改造时，其他相关机电系统和车辆大概率也在同步进行改造实施，因此应尽可能将信号系统改造和车辆、相关机电系统等的改造统筹规划，做到一次设计、一次实施，避免重复建设、投资浪费。

（4）对于一些时间较早线路因新的规划进行延伸，虽然既有线路信号系统未达到设计使用寿命年限，但考虑技术进步和运营服务水平需求的提高，在对社会经济效益充分论证的基础上，既有线路信号系统也可以随着延伸线的建设同步进行改造，其改造方案要根据延伸线信号系统确定的技术方案而定。

3.2.2　配套专业改造方案选择

因信号系统改造的设备安装、管线敷设、接口功能等需要也涉及相关配套专业的改造，涉及设备安装、管线敷设的主要包括建筑装修、通风空调、气体灭火、动力照明、给水排水、结构、轨道等专业，涉及接口功能的主要包括轨道、线路、行车组织及运营管理、车辆、通信（传输、时钟、PIS 等）、综合监控、站台门、防淹门等专业。

1. 建筑及装修

为满足新信号系统室内设备安装需求，需要对车站设备用房的建筑及装修进行改造，提供新设备安装的空间和环境条件。

根据工程现场条件可采用"利用既有信号设备房富余空间"和"利用其他用途房间置换"两种建筑装修改造方案，若既有信号设备房富余空间不能满足新设备安装需求，则采用"利用其他用途房间置换"方案。

"利用既有信号设备房富余空间"是对既有信号设备房内局部改造，改造内容包括拆除隔墙（若需）、对陈旧的天花/地板/墙面更换装修、对地面清理找平等。

"利用其他用途房间置换"方案是将车站设备区其他用途房间进行建筑装修改造为信号设备用房用于安装新设备，待既有设备拆除、既有信号设备房腾空后再改造为其他用途房间进行置换。改造内容相对较多，包括拆除隔墙（若需）、建筑墙体修补、对地面清理找平、按设备房标准进行天花/地板/墙面装修、其他用途房间置换装修等。

新的站台紧停按钮、发车指示器等设备的安装和车站范围内新敷设缆线路径穿孔洞也会涉及对既有建筑墙面、地面的凿除、修补等的改造内容。

建筑及装修的改造通常同时涉及通风空调、气体灭火、动力照明等专业的改造。

2. 通风空调

通风空调的改造主要是满足新设备安装对设备房环境条件的要求。

1）采用"利用既有信号设备房富余空间"方案时的改造内容

（1）新、旧设备处于同一设备房内，在新、旧设备同时运行的过渡期间，总设备发热量大于原设计空调冷负荷，为保证设备正常运行的温湿度，需改造空调系统提高空调冷负荷，采用改造既有空调系统方式或增加单体空调方式。

（2）若有拆除房间隔墙情况，需对设备房间合二为一后空调系统防烟防火阀联动模式进行改造，确保火灾工况下的气体灭火效果。

（3）若新设备安装位置与空调出风口存在冲突，则需对空调出风口进行移设改造。

2）采用"利用其他用途房间置换"方案时的改造内容

（1）按设备房标准对置换房间进行空调系统改造，主要是对既有空调系统管路、控制点位等进行扩容。

（2）既有信号设备房置换为其他用途房间后的空调系统改造，主要是对既有空调设施的局部封闭处理和配合装修的管路修改。

3. 气体灭火

根据相关规范要求，信号设备用房须设置气体灭火系统保护。

（1）对于"利用既有信号设备房富余空间"方案，若气体灭火防护区域在既有基础上有增加，则需对既有气体灭火系统管网进行扩容改造，对新增的信号设备用房加装气体灭火系统设备，相应增设泄压阀。若既有气瓶间布置无法满足改造后气体灭火系统管网及设备需求，则需对气瓶间进行改造。

若既有气体灭火系统改造实施难度大，也可采用在新增信号设备用房区域设置独立的柜式气体灭火装置方案，并纳入消防联动和火灾报警监控中。

（2）对于"利用其他用途房间置换"方案，新信号设备用房增设一套完整的气体灭火系统，若既有气瓶间布置无法满足改造后气体灭火系统管网及设备需求，则需对气瓶间进行改造。对置换为其他用途房间的既有信号设备房气体灭火系统管网和设备进行相应封闭和拆除。

在选择气体灭火改造最终方案时还应提前与公安消防主管部门沟通，符合消防验收规范的相关规定。

4. 火灾报警

根据通风空调和气体灭火的改造方案，相应地进行火灾报警系统的改造，主要是对监控点位的增加或调整。

5. 动力照明

动力照明专业配套改造内容主要有：

（1）为保证改造期间不干扰既有信号系统设备的正常运行，动力照明专业需向新信号系统设备提供两路新的一级负荷电源，通常使用既有动力配电设备富余输出回路引至新设备用房位置，并设置新的信号专用配电箱。

（2）为新信号系统设备设置新的综合接地箱，其综合接地可从既有综合接地箱/排贯通引入。

（3）根据新信号系统设备布置及设备房照明要求，进行设备房照明灯具以及照明配电的改造和补充。

（4）根据可能的新增分体空调的用电需求，进行新增用电的供电引入改造。

6. 给水排水

包括设备房、站台、室外轨旁等新信号设备的安装与既有给排水管（包括消防水管）、消火栓箱发生冲突，需要对既有给排水设施进行的移设改造。

7. 结构改造

结构改造主要是对既有结构的开凿和加固，其改造需求主要有：

（1）新室外缆线路径穿结构需要开凿孔洞，涉及位置主要包括车站站厅/设备层结构中板、站台板、结构挡墙、防淹门/人防门结构门框等。

（2）通风空调、动力照明、给水排水改造的管线路径穿结构需要开凿孔洞，涉及位置主要包括车站站厅/设备层结构中板、站台板、结构挡墙等。

（3）新的道岔转辙机安装的限界加宽需要开凿结构，涉及位置主要包括结构挡墙、结构边墙等。

（4）设备房置换造成结构板荷载增加（例如由一般办公用房荷载 4 kPa 置换成设备用房荷载 8 kPa），需要进行结构荷载核算并采取相应的结构补强加固措施。

上述所有结构改造过程中，改造后其结构受力较原结构有一定差异，因此均需进行结构受力验算，评估改造对既有结构的影响程度。若结构改造确实造成既有结构受力不满足要求，则需对结构进行加固补强，常用的补强措施包括粘贴钢板加固法（粘钢板）、粘贴纤维复合材加固法（碳纤维）等。

8. 轨道改造

涉及的轨道改造内容主要包括：

（1）新室外缆线路径过轨，需在道床开凿过轨槽道并预埋过轨管路。

（2）新的道岔转辙机安装，需在道床开凿转辙机安装基坑。

（3）既有道床排水沟路径若与上述道床开凿冲突，则需对道床排水沟路径进行修改。

在改造工程实施期间，还存在需要轨道/工务部门配合的作业内容，主要包括钢轨钻孔（安装转辙机、计轴、钢轨跳线/接续线等）、抬轨（安装转辙机安装装置）、钢轨绝缘缝（若有轨道电路）、拆装护轮轨等。

9. 车辆

新信号系统需要在既有列车上安装新的信号车载设备，车辆需要配套进行改造的内容包括：

（1）提供新信号车载设备安装空间和缆线敷设路径。

（2）提供新信号车载设备供电电源。

（3）根据新信号设备与车辆系统接口要求对车辆侧接口设备进行相应改造。

（4）与信号车载设备接口相关的车辆参数进行重新核算、调整和确认。

10. 通信（传输、时钟、PIS 等）

根据新信号系统与通信系统的接口要求进行通信侧接口设备的改造，主要包括接口形式、接口协议、接口内容、接口数量等。若新接口要求保持与既有接口不变，则无须进行改造。

11. 综合监控

涉及综合监控专业配套改造主要内容包括：

（1）在控制中心根据新信号系统与综合监控的接口要求进行通信侧接口设备的改造，主要包括接口形式、接口协议、接口内容、接口数量等。若新接口要求保持与既有接口不变，则无须进行改造。

（2）车站 IBP 盘可根据新信号系统与既有信号系统车站控制功能的差异情况确定利旧还是改造为新的盘面。

12. 站台门

信号系统与站台门接口通常采用硬线电路接口。考虑控制改造范围，以及信号系统对硬线电路接口的适应性较好,新信号系统与站台门的接口方式原则上可维持既有信号系统与站台门接口方式不变。若因建设标准变化须对接口进行改造,则根据新信号系统与站台门接口的接口信息、接口电路要求进行站台门侧接口电路的改造。

13. 防淹门

信号系统与防淹门接口通常采用硬线电路接口。考虑控制改造范围以及信号系统对硬线电路接口的适应性较好,新信号系统与防淹门的接口方式原则上可维持既有信号系统与防淹门接口方式不变;若因建设标准变化须对接口进行改造,则根据新信号系统与防淹门接口的接口信息、接口电路要求进行防淹门侧接口电路的改造。

3.3 典型线路改造前后对比

根据以上改造方案的建议,北京地铁1、2号线,上海地铁1号线改造过程及前后效果的对比情况如表 2-3-2 所示。既有线路经过改造,顺利完成了所有软硬件的升级,实现了从固定闭塞到移动闭塞的转型,降低了对国外技术的依赖。

表 2-3-2 典型改造应用案例

序号	项目	概述	供应商/系统制式	改造范围	工期
1	北京1号线	线路全长 34 km,车站 25 座(其中 14 座联锁站,车辆段 2 座(含 1 条试车线),控制中心 1 座,70 列 6 节编组列车(2 种车型)	改造前:西屋,固定闭塞;改造后:卡斯柯,移动闭塞	所有硬件,软件	4 年(2012 年初~2015 年底)
2	北京2号线	线路全长 23 km,车站 18 座,停车场 1 座(含试车线),控制中心 1 座,48 列车新车+16 列车改造列车	改造前:西屋,固定闭塞;改造后:卡斯柯,移动闭塞	所有硬件,软件	2 年(2006 年 6 月~2008 年 6 月)
3	上海1号线	线路全长 37.7 km,28 座正线车站(其中 13 座联锁站),停车场 1 座(含试车线),车辆段 1 座(含试车线),控制中心 1 座,53 列车 8 节编组列车	改造前:西屋,固定闭塞;改造后:卡斯柯,移动闭塞	一期工程和南延伸段(莘庄站—上海火车站),长 21.35km,共 16 座车站。上海南站部分信号设备(2006 年搬迁新建),莘庄站站型改动。联锁系统软硬件,ATP/ATO 软件,ATS 软硬件,车载部分硬件	4 年(2013 年底~2017 年底)开通上海火车站—上海南站段

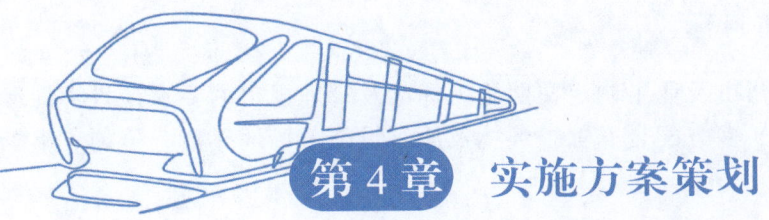

第 4 章 实施方案策划

4.1 项目改造范围

根据广州市地铁某线改造的实践，项目初期完成并批复了广州市轨道交通某线正线信号系统更新改造工程的可行性报告，实施工期约 60 个月，改造范围如下：

（1）全正线区域，包括其中的折返线、渡线、存车线、联络线、出入段线等辅助线路的信号 ATC 系统；

（2）控制中心信号设备；

（3）列车车载信号设备；

（4）试车线信号设备；

（5）相关接口信号设备；

（6）信号培训及维修设施。

4.2 项目管理目标

4.2.1 安全目标

安全生产满足当地（广州市）有关部门及地铁公司制定的建设工程安全生产的有关管理规定的要求。杜绝重伤以上责任事故；杜绝交通责任死亡事故、特种设备责任事故及火灾事故；遏制"三违"（违章、违纪、违规）行为；轻伤负伤率不大于 10%。杜绝影响列车正常运营事件的发生。

4.2.2 质量目标

符合国家、行业和地方验收标准，当国家、行业和地方验收标准不一致时，以较高标准为准。满足设计要求，竣工验收合格率达到 100%。

4.2.3 环境保护目标

开展环境因素辨识与评价，落实重大环境因素的控制措施。实现排放污染物符合国家和广州市相应排放标准。作业场所有毒有害气体、粉尘、噪声的检测和治理达到国家和行业安全卫生标准；杜绝环境污染事故的发生。

4.2.4 文明施工目标

文明施工满足广州市及业主制定文明施工标准及管理规定的要求,科学管理、生产有序、团结协作、多方配合、保护环境及原有设施、场地整洁,争创"市级文明工地"。

4.3 工程实施组织架构及职责

4.3.1 组织架构

根据广州市地铁某线改造经验,工程组织架构可以按照图 2-4-1 方式组织,形成以工程领导小组主导,管理工作小组和实施工作小组具体执行的组织架构。

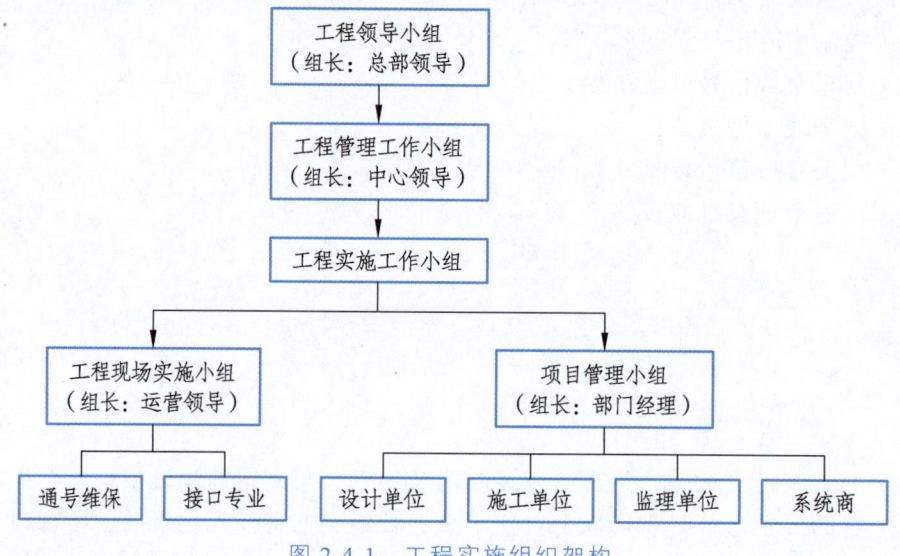

图 2-4-1 工程实施组织架构

4.3.2 职责

按照图 4-3-1 的组织架构,各工作小组的职责可具体借鉴以下细则来确定。

1. 工程领导小组职责

(1)总体策划工程实施总体方案及各单位、部门分工协作原则;
(2)总体把控工程实施重大风险,统筹解决工程实施期间的重大问题;
(3)发布工程实施重大决策性指令;
(4)指导工程管理工作小组开展工作。

2. 工程管理工作小组职责

(1)在工程领导小组的领导下开展各项工作;

（2）负责审定重大实施方案、计划、目标节点；
（3）协调解决工程实施过程中出现的问题；
（4）监督工程实施安全措施执行情况，检查工程实施质量、进度；
（5）整体把控项目实施期间的风险；
（6）指导工程实施工作小组开展工作。

3. 工程现场实施小组职责

（1）在工程管理工作小组的领导下开展各项工作；
（2）总体调配运营中心内部资源，负责组织开展各类改造工程过程管理及配合；
（3）负责审查工程实施的各类专项方案；
（4）负责工程实施过程的质量控制、安全管理、进度协调工作；
（5）组织召开工程施工/调试例会，协调解决工程实施现场中出现的问题；
（6）负责配套改造工程及信号与其他接口专业的技术确认、调试、联调工作，协调解决接口问题；
（7）按项目管理小组制定的项目总体计划，负责制定月度、季度及全年施工、调试计划，并组织落实；
（8）负责工程质量、系统功能验收，接收拆除设备及新装设备；
（9）负责在改造工程实施期间出现影响运营的问题时启动相应应急预案。

4. 项目管理小组职责

（1）在工程实施工作小组的领导下开展各项工作；
（2）负责制定项目实施总体计划、确定工程节点目标；
（3）组织开展设计联络、设计审查、出厂检验、设备到货工作；
（4）组织开展施工安装工程验收；
（5）负责项目合同管理工作。

4.4　改造实施方案

工程实施主要分为两个部分：信号系统更新改造工程，配套更新改造工程。具体实施步骤及方案，以所批准的工程实施/系统调试方案为准。

4.4.1　信号系统更新改造

信号系统更新改造所涉及的主要工作内容包括了 ATS 系统、联锁/ATP 系统、车载和新增接口软硬件的改造。

1. ATS 系统

按先中央，再本地，最后传输通道改造并投入运营的原则实施。
（1）中央 ATS 系统软/硬件改造；

（2）PCU 更新改造；

（3）在联锁区的联锁/ATP 系统改造时同步实施 RTU 升级改造；

（4）数据传输通道改造。

2. 联锁/ATP 系统

按逐个联锁区更新改造并投入运营的原则实施。针对典型联锁区联锁/ATP 系统更新改造，具体按如下要求实施：

（1）室内设备更新改造。在不影响既有线信号设备稳定运行的前提条件下，原则上在运营时段可以开展室内机柜上电、离线测试等作业；

（2）轨旁设备更新改造。在非运营时段开展光电缆敷设、轨旁设备安装、单体调试、一致性调试、各子系统的联调、新旧系统的倒切调试等；

（3）完成该联锁区内所有施工、调试，取得该联锁区（含联锁边界）可载客安全认证后，可以将该联锁区的新联锁/ATP 系统正式投入运营，并于后续推进相邻联锁区的改造任务。

3. 车载

按逐列车载设备更新改造并投入运营的原则实施。

（1）开展车载信号设备硬件更新，软件升级；

（2）开展车载信号设备静态调试；

（3）开展车载信号设备动态调试；

（4）取得载客安全认证，投入运营。

4. 新增接口

（1）预留与综合监控接口；

（2）与应急指挥中心、线网指挥中心接口；

（3）连续三趟车显示接口；

（4）屏蔽门联动接口。

4.4.2 配套工程更新改造

在配套工程更新改造过程中，会涉及的主要改造工作内容包括建筑装修、通风空调、消防、车站结构、动力照明。

1. 建筑装修

（1）拆除联锁站信号设备室与电源室既有静电地板，重新铺设架空地板；

（2）重做某站信号设备室及电源室天花吊顶，满足建筑净空要求。

2. 通风空调

增设联锁站信号设备用房送排风管上防烟防火阀及相关风管，并将联动电源线接至既有控制盘，以满足气体灭火系统设计规范对密闭防护区的要求。

3. 消防

联锁站信号设备用房管道改造，增设消防喷头、烟感和温感探测器，在原信号电源室门体上方设置放气指示灯和蜂鸣器及闪灯，并将增设的防烟防火阀联动电源线接至既有控制盘。

4. 车站结构

（1）增设防淹门结构门框穿孔；
（2）增设区间引入车站至站台板下电缆廊道的结构挡墙砼墙穿孔；
（3）凿除道岔转辙机安装处局部结构墙。

5. 动力照明

（1）拆除设备用房照明，再重新安装；
（2）新增联锁站、控制中心、试车线专用配电箱，新增非联锁站、车辆段维修中心电源切换箱。

4.5 主要节点安排

广州地铁某线信号系统升级改造项目从 2018 年 5 月进入实施阶段，至 2022 年 12 月完成新系统投用，各关键时间点及对照进度完成情况如下。其他项目在进行实施阶段策划时，可以参考相关具体的工作内容和时间点进度。

4.5.1 实施阶段工作策划

1. 第一阶段：参建单位确定

（1）2016 年 12 月，设计及设计咨询合同签订工作；
（2）2017 年 8 月，监理服务合同和设备采购合同签订工作；
（3）2018 年 1 月，施工合同签订工作。

2. 第二阶段：工程实施

（1）2018 年 1 季度，工程监理大纲、监理实施细则和施工组织设计编制及报审编制；
（2）2018 年 2 季度，现场调查、施工方案报审及开始电缆支架安装；
（3）2018 年 2 季度，控制中心中央 ATS 改造及调试；
（4）2019 年 1~4 季度，区间光电缆敷设、轨旁设备安装；
（5）2019 年~2020 年 2 季度，集中站室内设备安装配线；
（6）2021 年 3 季度，集中站切换机柜接入投用；
（7）2021 年 4 季度，新 ATP 机柜投用；

（8）2022 年 2 季度，完成多列车动调，单位工程验收，投用前高密度演练；

（9）2022 年 4 季度，投用评审通过，新系统投用。

4.5.2 新系统投用后工作策划

（1）2024 年 2 季度，转辙机换型完成；

（2）2024 年 4 季度，轨道电路改造完成。

4.6　工程实施风险及应对措施

4.6.1　工程风险辨识

城市轨道交通既有信号系统更新改造工程具有实施难度大、风险因素多、不得影响既有客运服务等难点，因此在项目决策阶段、设计阶段、实施阶段和投用阶段均需进行充分的风险辨识并制定相应应急措施或方案，确保将风险控制在最小范围。在风险管理过程中，采用检查表法、流程图分析法、LEC 评价法、头脑风暴法、因果分析法等多种方法综合分析，确保风险辨识的全面、准确，采取的措施具有针对性、可操作性。

风险辨识既是风险管理的第一步，也是风险管理的基础。只有在准确、全面地完成风险辨识后，才能在此基础上选择有针对性和有效的方法进行处理。

1. 决策阶段风险辨识

城市轨道交通既有线信号系统改造作为一项复杂的工程项目，在项目全寿命周期中始终存在各种非常高的风险因素，不同阶段的风险因素动态变化，甚至会互相叠加共同作用，因此首先需要对工程项目整体进行风险辨识。

流程图分析法是对项目每一阶段、每一环节逐一进行分析，发现可能存在的风险，找出风险发生的因素，分析风险产生后对项目可能造成的不利影响。

城市轨道交通信号系统更新改造工程按照流程可以分为决策阶段、设计阶段、实施阶段和投用阶段，每个阶段再根据其工作内容细分并对其编号。决策阶段分为：A1 项目建议书、A2 可行性研究；设计阶段分为：A3 初步设计、A4 施工图设计；实施阶段分为：A5 现场调研及复测、A6 设计联络、A7 图纸会审、A8 施工准备、A9 系统供货、A10 现场施工、A11 系统调试；投用阶段分为：A12 接入既有设备投用、A13 正式倒切投用。

根据各阶段详细的工作内容，并结合风险因素的分类，对存在的风险类别进行识别并编号。非技术风险分为：B1 自然环境风险、B2 政策法规风险、B3 经济风险；技术性风险分为：B4 设计风险、B5 施工风险、B6 调试及维护风险。

根据工作流程图和风险类别,构建风险识别矩阵,行为工作流程,列为风险类别,存在此类风险记为"1",不存在此类风险记为"0"。构建作业流程图分析法风险识别矩阵如表 2-4-1 所示。

表 2-4-1 风险识别矩阵

	A1	A2	A3	A4	A5	A6	A7	A8	A9	A10	A11	A12	A13
B1	1	1	0	0	1	0	0	1	1	1	0	0	0
B2	1	1	1	1	0	0	1	1	1	1	1	0	0
B3	1	1	1	1	0	0	0	1	1	1	1	0	0
B4	1	1	1	1	1	1	1	1	1	1	1	0	0
B5	0	0	0	0	1	1	0	1	1	1	1	1	1
B6	0	0	0	0	1	0	0	1	1	1	1	1	1

通过流程图分析法分析风险识别矩阵,对城市轨道交通信号系统更新改造项目全生命周期的风险控制范围有了较为清晰的认识,后续根据该风险识别矩阵的分布,进一步有针对性地开展具体的风险识别与评估工作。

2. 设计阶段风险辨识

城市轨道交通信号系统更新改造设计阶段的风险与新线建设差别不大,因此根据设计单位丰富的经验,可以利用检查表法对风险内容进行辨识,通过列举历史经验、专家分析研判等方法,逐一对比辨识项目存在的风险。检查表法具有直观、快捷的优点,可以高效地完成项目风险辨识。

根据上述设计阶段工作流程 A3、A4 采取检查表分析法对其进行风险识别,具体设计风险检查表如表 2-4-2 所示。

表 2-4-2 风险检查表

序号	项目设计阶段 A3、A4	广州地铁某线项目具体情况
1	现场调查失误导致设计偏差过大的风险	现场调查充分、集中站、非集中站、各系统接口等
2	设计方案存在重大疏漏的风险	根据既有系统特点和原理,结合新系统原理,优化方案
3	设计人员人为失误导致的风险	设计人员经验丰富,且对现场及信号系统非常熟悉
4	设计方案不适用于现场的风险	设计方案通过建设单位充分与运营单位沟通,可实施性强
5	设计参考的法律法规变更实效的风险	根据相关法律法规适时调整
6	设计方案超概算的风险	压缩不影响安全的部分施工,确保设计方案不超概算

通过检查表法的详细分析,可以将设计阶段可能遇到的各类常见风险进行辨识,该部分风险均较为成熟。通过后续施工和调试阶段反馈的相关信息再对该部分进行补充优化,使检查表分析法更适合城市轨道交通既有线信号系统更新改造工程。

3. 实施阶段

因果分析图法又称鱼刺图，通过图形描述风险的因果关系，可以直截了当地将施工阶段的风险以及风险原因清晰地展现出来。主干为可能出现危险的因素类别，分支表示风险因素。通过将施工阶段各因素分解，由技术专家根据项目具体情况及实施步骤，逐步分解项目可能遇到的各类风险，再制作因果分析图。

在城市轨道交通信号系统改造工程中，施工阶段既是持续时间最长、风险高发的阶段，也是风险控制的重要阶段。在风险识别方面，通过人员、机械、材料、方法、环境和测量6个方面的因素充分分析，找出潜在的各类风险，并在施工前采取各类防范措施避免相应风险的发生。施工阶段因果图如图2-4-2所示。

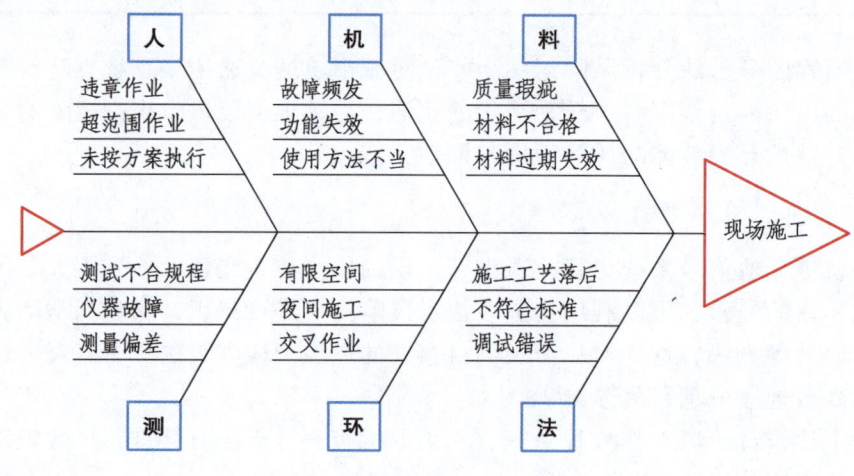

图 2-4-2　施工阶段因果图

4. 投用阶段

设备投用阶段的风险因素依旧很多、风险很高。因此投用阶段的风险源也必须通过各种方法完成辨识。头脑风暴法可以打破常规，倡导积极思考和畅所欲言，从而保证群体决策的创造性，大幅提高决策质量。

为确保与会人员能畅所欲言，互相启发和激励，达到较高的会议效率，一般需要遵守如下原则：

（1）禁止批评和评论，也避免自谦。即对别人提出的任何想法都不能批判、不得阻挠。

（2）鼓励巧妙地利用和完善别人的设想，这也是激励的关键所在。

（3）以量求质原则。追求数量。想法越多，产生好意见的可能性就越大，这也是获得高质量创造性设想的条件。

（4）主张独立思考，不允许私下交流以免干扰别人思维。

投用阶段的风险辨识一般由建设单位和运营单位共同组织开展。

4.6.2 对既有线运营造成影响的风险

应对措施如下:
(1) 编制详细的技术实施方案、施工组织方案、施工专项方案、系统切换调试方案、故障应急处理方案等;
(2) 科学组织、统筹安排,严格遵守《行车施工管理规定》和《调试、试验安全规程》,做到事先有安排、过程有监督、事后有记录组织,做好作业安全交底,严格按照各项运营管理规定组织施工、调试工作;
(3) 加强软件数据的校核,提高软件质量,实验室测试后方可发布现场,严把现场测试工作;
(4) 现场准备充足的备品备件,关键步骤完成实施后安排系统供货商、施工单位现场值守;
(5) 加强过程控制,确保项目安全、质量、进度可控。

4.6.3 改造工期紧、范围广、任务重

应对措施如下:
(1) 建立完善的改造实施组织机构,充分发挥各单位的资源优势;
(2) 制定详细的测试步骤详细的施工、调试任务,合理安排实施内容,制定完善的系统倒切调试装置,提高实施效率;
(3) 组织召开工程施工/调试例会,及时协调解决工程实施中出现的问题;
(4) 系统供货商、施工单位需合理安排安装调试作业,细化每月作业点,确保实现改造工期总体目标;
(5) 充分利用白天开展室内机柜上电、系统离线测试等工作;
(6) 充分发挥一体化经营优化,加强配合力度,制定切实可行的配套工程改造方案,提前完成配套工程改造,为信号系统改造创造条件。

4.7 安全注意事项

工程实施作业须严格按照《建设单位设备安装、硬软件更换及调试、试验安全管理实施细则》及相关要求进行,为保证整个工程实施期间的人身、设备、行车安全,可参考制订如下安全注意事项。

4.7.1 施工期间应注意的事项

(1) 既有线施工作业,必须提前申报施工计划,履行请销点、登记制度,严禁无计划或超范围施工;
(2) 认真执行"三不动、三不离"的安全制度,在运营单位配合且确认对既有线

运营无影响的情况下方可开展施工，施工负责人须在确认当日施工质量、工器具出清及设备状态满足运营需求时方可销点销记；

（3）注意现场用电、高空作业安全，穿戴劳动防护用品，班前班中严禁饮酒，遵守劳动纪律；

（4）所有施工人员严格服从现场运营配合人员的统一安排，不得盲目施工，做好未完工项目的防护。

（5）运营期间在设备区进行施工的作业，必要制定专项防护方案，并经工程现场实施小组审定。

4.7.2　调试期间应注意的事项

（1）调试期间严格遵守《行车施工管理规定》和《调试、试验安全规程》的相关内容；

（2）各项调试作业都应由系统供货商组织对信号调试人员进行作业交底，交底内容包括但不限于调试作业时间、区域、调试内容、步骤等；

（3）各项调试作业都应有运营信号调试人员配合，调试期间，系统供货商与运营配合人员应严密监视设备状态，及时处理异常问题，确保次日系统的稳定运行；

（4）动车调试开始前，由系统供货商调试负责人向列车上的信号调试负责人说明调试相关要求，由信号调试负责人负责现场联络，向OCC报告备案及指挥司机动车。列车调试过程中，各信号调试人员（从OCC或车站）应严密监视、控制列车的运行，发现任何安全隐患，应立即中止调试；

（5）调试期间，行车原则上必须按信号行车，根据车辆、线路状况进行速度限制。根据调试任务，若需越过封锁区域内的红灯或越过停车标、退行、无进路保护的反向行车、超速等，由系统供应商现场负责人报信号调试负责人，确认道岔状态正常后，按运营信号调试负责人、司机、系统供应商车载负责人三方签字确认的作业任务书动车；

（6）如有两列车同时上线进行单独测试的情况（非追踪测试），必须严格控制两列车的调试区域，通常情况下安排上、下行各1列车，若有特殊调试任务需求，需2列车进入同一条线时，必须确保2列车之间留出2个以上区间的间距。

（7）未取得授权，严禁进行多列车的追踪测试。

（8）调试期间，参与调试的人员均有义务进行安全互控，整个调试过程的对讲联系需采用标准用语。

第 3 篇

管理篇

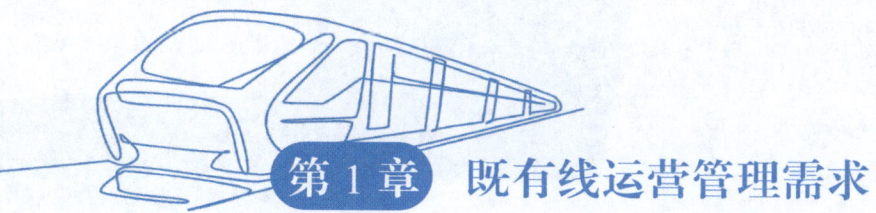

第1章 既有线运营管理需求

1.1 行车调度要求

地铁运营工作,以实现安全、准点、舒适、快捷的运营服务为宗旨,以安全运送乘客、规范列车服务、保证设备运作质量为目的,运营各部门在集中领导、统一指挥的原则下,按《运营时刻表》的规定,紧密配合、协调动作,完成各项工作任务,确保地铁运营行车安全和乘客安全。

根据正常的行车细则有以下要求:

(1)设备限界不能逾越。一切建筑物,在任何情况下,不得侵入地铁建筑限界;一切设备,在任何情况下,不得侵入地铁设备限界;机车、车辆无论空、重状态,均不得超出机车、车辆限界。

(2)行车指挥权说明。正线与配线(含转换轨)行车由行车调度员指挥;车厂行车由车厂调度员指挥。列车进出联络线时,按线路属地管理原则,听从对应线路的行调指挥。在行调管辖范围内所有影响行车的作业,必须得到行调批准方可实施。

1.2 设备维护要求

在线运营的信号设备需按各自线路的维修规程按周期开展维修工作,设备检修或施工组织需遵循以下要求:

(1)运营期间原则上不进行影响行车的有关设备设施检修作业或施工;

(2)对处于进路锁闭状态的信号、联锁设备,严禁进行检修作业或施工;

(3)正在检修的行车设备设施需要使用时,应经检修人员同意;正在使用的行车设备设施需要检修时,应经使用部门同意;

(4)进入正线、配线及影响正线行车的施工应得到行调同意;进入车厂内线路及影响车厂行车的施工应得到厂调同意。

1.3 天窗作业点管理要求

1.3.1 施工作业点分类

1. 按时间划分

1)月计划

月计划主要是每月月底提报下一月度的整体作业计划,一般用于计划性检修或长期性的施工作业计划。

2）周计划

周计划主要是每周四提报下一周的作业计划，一般用于短期检修作业调整或一般计划性的施工作业计划。

3）日补充计划

日补充计划需要在前一天提报第二天的临时性检修作业或临时性施工作业计划。

4）临时补修计划

临时补修计划一般用于当天紧急提报的设备维修天窗作业点，一般情况下不能用于施工作业计划的提报。

2. 按施工作业地点和性质划分

（1）影响正线、辅助线行车的施工为 A 类，其中开行工程列车、电客车的施工为 A1 类，不开行工程列车、电客车的施工为 A2 类，车站、主所、控制中心范围内影响行车设备设施的作业为 A3 类；

（2）在车厂的施工为 B 类，其中开行电客车、工程列车的施工为 B1 类，不开行电客车、工程列车但在车厂线路限界、影响接触网停电、在车厂线路限界外 3 m 内种植乔木、搭建相关设施及影响车厂行车的施工为 B2 类，车厂内除 B1/B2 以外的施工作业为 B3 类（办公室、食堂等生活办公设备设施维修除外）；

（3）在车站、主所、控制中心范围内不影响行车的为 C 类，其中大面积影响客运、消防设备正常使用及需动火的作业（含外单位进入变电所、通讯设备房、信号设备房、环控电控室、照明配电室、蓄电池室、水泵房、其他气体灭火保护房内作业）为 C1 类，其他局部影响客运、消防设备正常使用，但经采取措施影响不大且动用简单设备设施（如动用 220 V 及以下的电力、钻孔等，不违反安全规定）的施工为 C2 类。

1.3.2　施工作业点提报计划的原则

（1）外单位申报施工作业到生产调度部（或运营其他相关部门）办理。

（2）生产调度部负责协调施工单位签订《施工安全、防火，治安协议》和施工负责人的培训等有关手续完备后，通知施工配合部门；

（3）涉及运营总部内实施委外维修及施工，委外维修单位将相关施工计划提交设备归属管理部门，设备归属管理部门必须审核施工安全措施、影响情况、提供配合情况，并负责申报施工作业计划；

（4）涉及配合地铁方其他部门、院、子公司的施工及其委外项目施工，外单位将相关施工计划提交主配合部门，主配合部门必须审核施工安全措施、影响情况、本部门提供配合情况，并负责申报施工作业计划。

1.3.3 作业点有效时间利用

每个天窗作业点均是有限的施工作业资源（特别针对需要使用机车车辆、开行电客车、开行工程车的天窗作业点），原则上已批准的作业不能取消，施工单位需至少提前一天做好人员、材料的安排和准备工作。

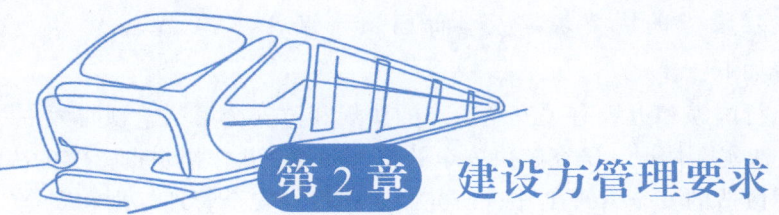

第 2 章 建设方管理要求

2.1 安全管理

2.1.1 管理原则

建设方安全管理的原则为：安全第一，预防为主。

城市轨道交通工程建设过程中会面临复杂的环境、地质问题，涉及施工方法、材料、设备等多个方面，管理队伍庞大，综合性程度高，环境保护要求高，因此，该类型的工程属于高风险工程，在建设过程中很容易出现各种安全问题。基于此，需要加强轨道交通信号升级工程的安全风险管理，加强安全管控，强化安全责任，全面降低工程建设过程中安全事故发生的概率。

2.1.2 管理内容

建立健全安全管理方针、安全生产责任制、组织机构、人员、安全规章制度、会议制度、检查制度、教育制度、奖惩制度、事故管理和应急管理制度、职业健康劳动保护制度、安全标准化制度等。

1. 安全生产责任制

建设方主要负责人是安全生产的第一责任人，对既有线改造的安全生产全面负责。分管安全生产领导是安全生产的直接责任人，对既有线改造生产负直接领导责任；技术分管领导是建设方技术负责人，对既有线改造安全生产技术负决策权和指挥权；其他领导对各自分管业务范围的安全生产负领导责任。

安全生产是关系到管理方全员、全面、全过程的大事。按照逐级负责的原则，各级间应当签订安全责任书。

安全生产主要责任人和直接责任人不得通过委托、授权的形式将安全生产职责和责任转移给其他负责人。

2. 组织机构和各层级职责

按照"集中领导，统一指挥"的原则，建设方可建立包含决策层、监督层、管理层、执行层等多层次的安全生产组织机构。

1）决策层：由建设方的主要领导及各部门领导组成

决策层具体职责如下：

（1）认真贯彻执行国家和上级有关安全生产的法规和"安全第一，预防为主"的方针，结合既有线改造实际情况，研究解决安全的重大问题，并作出贯彻落实的决定。

（2）领导既有线改造的安全管理工作，研究制定建设方安全管理规划和安全工作目标。

（3）组织制定和审议各项安全管理规章制度、奖惩制度、重大的安全技术措施、计划以及实施办法。

2）监督层：负责既有线改造生产安全、人身安全和消防安全管理的监管。

监督层具体职责如下：

（1）根据国家有关法律法规和总部规章制度，制定既有线改造安全生产管理规定和奖惩实施细则。

（2）组织落实既有线改造安全生产责任制，开展安全管理考核，进行安全奖励与惩罚。

（3）协助做好安全生产宣传教育工作，督促各部门进行安全培训。

3）管理层：各部门是安全生产管理层，负责本部门安全管理

各部门应建立健全安全生产管理网络，并配备兼职安全管理员，认真履行负责本部门日常安全生产管理的职责，并接受安全技术部的业务监督指导。具体职责有：

（1）认真贯彻执行国家、省市及建设方等有关安全生产的法规和规章制度，对保证本部门员工在生产过程中的安全负全面责任。

（2）定期召开部门安全例会，总结改造过程阶段性安全生产情况，针对当前存在的问题，分析并制定解决办法及防范措施，同时对相关安全方案进行审查。

（3）负责配合各阶段发生的事故（事件）的调查处理，完成事故（事件）的初步调查报告。

（4）组织管辖范围内的安全生产活动和安全生产检查，配合并接受上级单位的安全检查。对查出的事故隐患要及时采取消除或控制措施，以避免事故发生。必要时发布安全整改通知书，对拒不执行指令书的单位或个人要追究责任。

4）执行层：各室（项目部）为项目安全管理的执行层。具体职责如下：

（1）组织落实国家、省市及建设方有关安全生产、劳动保护法规和各项规章制度，对生产过程中的安全、职业健康等负责。

（2）督促相关参建单位落实国家、省市及建设方有关安全生产、劳动保护法规和各项规章制度，对生产过程中的安全、职业健康等各项安全制度进行落实及负责。

（3）在计划、布置、检查、总结和评比生产工作时，必须同时计划、布置、检查、总结和评比安全工作。

（4）组织制定安全生产责任制及安全工作制度，并贯彻执行。

（5）各部应按规定时限报送日常安全信息，以保障安全管理工作正常运作。

（6）安全技术部应每月（季）、年（半年）定期向总部安全监察部报送日常安全管理信息。

（7）发生事故及时报告，组织抢救、做好调查研究，分析事故原因，组织制定改进措施。

（8）对有较大及以上危险因素的场所及有关设施、设备，应设置符合要求的安全警示标志。

（9）特殊事件管理：

① 职工伤亡事故信息报告要求按照《建设单位职工伤亡事故处理实施细则》（GDY/QW-GL-AQ-04）相关规定执行。

② 保卫综治事件信息报告要求按照《建设单位保卫综治管理办法》（GDY/QW-GL-BW）相关规定执行。

③ 突发公共卫生事件的信息报告要求《建设单位突发公共卫生事件应急预案》（GDY/QW-GZ-YJ-15）相关规定执行。

④ 突发职业病事件的信息报告要求按照《建设单位职业危害事件应急处理总体预案》（GDY/QW-GZ-YJ-16）相关规定执行。

⑤ 突发环境污染事故的信息报告要求按照《环境、职业健康安全监测和测量控制程序》相关规定执行。

3. 安全规章制度

建设方应建立健全安全生产规章制度。对安全管理、安全生产责任落实、安全会议、危险物品管理、施工安全管理、教育培训、绩效考评等，应制定专项规章制度或综合类规章制度。建立健全以上各安全生产制度相对应的台账记录。

4. 安全例会制度

建设方安全例会可与生产例会合并召开，统称为生产安全例会。每月召开一次生产安全例会。所有部门人员均应参加安全例会。

2.2 工程管理

为保证既有线改造的施工质量，建设方工程建设的质量进行全过程、全方位的管理，并委托监理单位，按照委托监理合同和《建设工程监理规范》（GB/T 50319—2013）等有关法律、法规对工程施工全过程进行质量检查与管理工作。

2.2.1 工程质量的标准

（1）工程主要参照以《城市轨道交通信号工程施工质量验收规范》（GB/T 50578—2018）以及与工程内容有关的质量验收规范。规范采用的优先顺序依次为国家标准、行业标准、地方标准、企业标准（合同另有约定的除外）。

（2）在工程施工前施工单位应根据招标文件、施工图、合同范围确定相关的工程质量验收规范（包括名称、版本号），在施工组织设计（含专项施工方案）的有关章节中详细罗列，工程施工组织设计（含专项施工方案）报监理单位批准后，可作为对工程质量管理的依据，施工过程的质量监督可以此为依据。施工单位应对所报的质量验收规范的全面性（全面覆盖合同内容）、有效性（规范为施工时有效版本）、合理性（优先采用次序合理）负完全责任。

（3）要求施工单位在施工现场至少备有一套完整的规范供现场质量检查、监督使用。

（4）对新材料、新工艺、新技术的应用，建设方应督促施工单位在施工前编制相关的施工规范（含施工记录表）和质量验收规范（含检验批质量验收记录表），报监理单位审核后，送业主部门审批。批准的验收标准由施工单位报质量监督机构备案，并自觉接受质量监督机构的监督。

2.2.2 施工前的管理

为使工程施工能按设计要求顺利实施，确保整体工程质量，工程开工之前相应工程的监理单位应重点抓紧组织该项目的设计文件及图纸会审、设计交底、复核实施性施工组织设计、临时工程和放线、工程材料和设备的检查等工作。

2.2.3 设计文件和图纸会审

（1）施工图设计完成后，由项目部经理组织和主持对设计文件和图纸进行会审，设计咨询、设计单位、监理单位、施工单位、建设单位相关部门派员参加，共同核对设计文件和图纸以及施工工艺可操性等。如不能满足施工需要，通过设计方驻现场代表督促设计单位尽快改正和完善，图纸会审应注重图纸的可实施性、安全性和对原招标方案的修改及需变更的问题。

（2）图纸会审应在设计交底前进行。

2.2.4 设计交底

开工前必须进行设计交底，由监理单位组织和主持，设计咨询、设计单位、施工单位和运营总部相关单位参加。设计单位介绍设计概况及设计原则、文件组成及设备或系统的功能，施工中应遵守的施工验收规范及技术标准。通过设计交底，施工单位与监理单位应明确设计意图、设计内容、技术要求，保证按设计要求实施。

2.2.5 实施性施工组织设计

（1）开工前，项目部应督促施工单位编制完成实施性施工组织设计，送监理单位审查，签署意见并报建设单位同意后实施，施工组织设计按招标文件中所要求的内容编写。

（2）施工组织设计的重点放在措施的可行性、可操作性上，可将投标文件的施工组织设计完善成实施性深度后送审。

2.2.6 检查临时工程和设施

督促监理单位检查施工单位的临时工程和设施，看数量能否满足正常生产需要，其质量能否保证人员、材料与设备的安全和完好，是否符合施工组织设计要求，如有问题应限期整改。

2.2.7 工程材料和设备检验

（1）工程材料和设备是建设安装工程质量的根基，建设单位应督促施工单位必须按合同原则予以高度重视，做到"不合标准的不用，不合规格的不要，不经检验的不进"。施工单位和物资供货商所有关于组成建设安装工程实体材料物资的订货和供货的质量证明，应送监理单位审查，并提供可靠的货物质量检查依据和必要样品，监理单位对此进行审查、检验和实验，必要时可赴供货方生产地进行考察，直至做出判断认可。监理单位有权拒绝不合要求的材料、设备构成的建设安装工程实物，已使用的可令其报废重建，全部损失由施工单位自行承担。

（2）设备的检验。

用于现场工程检测设备必须符合相关法规要求，需检定的仪器必须在有效期内。建设方应检查检测设备是否报监理单位批准后使用，工地应建立在用设备台账，确定设备进场及使用状态。仪器设备台账应按照监督站要求进行备案。

2.2.8 检测及试验

（1）原材料品质的检验报告是工程的主要质保资料，不但要保证符合规范规定的数量，还要保证其真实性。因此建设方应检查工程试验是否由经过省级以上建设行政部门对其资质认可且有质量技术监督部门对其计量认证的质量检测机构完成。

（2）工程项目所有的检测单位应事先提交施工单位申请，依次经过监理单位、建设方审查批准方可进行检测工作。监理单位应将经过批准的参与工程检测的检测单位资质、检测人员资格、检测方案等资料报送质量监督部门备案。

（3）检测项目应执行国家或行业工程建设规范的要求及文件规定，在工程开工前报质量监督部门备案。

（4）为加强工程质量管理，强化工程材料质量监控及强化工程质量监督，以确保工程质量，坚决执行市建委关于施工试验见证取样和送检及建材质量监督抽检的制度，所有材料检验都必须采用有见证送检或监督抽检。

（5）由于施工单位没有执行和贯彻国家的有关的施工、检验、验收规范，致使以下情况出现的，施工单位应承担由此引起的工程延期验收、委托有资质的试验检测机构采用其他非常规手段对工程质量进行鉴定的高额的额外费用。

2.2.9　工程质量管理

1. 质量管理体系

质量管理应符合合同要求，建设方应督促各施工单位于开工前建立起行之有效的质量管理体系，要有明确的组织和人员。监理单位要检查施工单位质量管理体系的到位情况及各项细节。考察人员的素质、资质、资格证书、上岗证等，一旦发现问题应向建设方报告，研究解决措施，提出意见和建议，当问题严重到可能损害工程质量和进度时，监理单位可令其停工，限期整顿，并向建设方报告，并提出建议解决的办法，直至更换施工单位。

2. 施工技术交底

在工程开工前，建设方应督促监理单位组织施工设计交底，施工设计交底是由设计单位对施工单位就工程设计要点、设计意图、施工注意事项做详细介绍。施工单位技术负责人在施工各阶段对管理层和操作层作施工技术交底，施工技术交底的内容包括：施工内容与施工组织、施工工艺和主要施工参数、工程质量要求和验收标准、容易出现的质量通病的预防、安全技术要求。未经施工技术交底，相应的工程施工不得实施。

3. 特种作业持证上岗制度

为保证工程质量和施工安全，电工作业、焊接与热切割作业、高处作业等特种作业必须持证上岗，严禁无证作业。施工单位应设立特种作业人员名册，并报监理单位批准后方可进场从事相关作业，该名册应在开工前报送建设方备案。

4. 开工申请

为使工程施工开工后能顺利进行，不因准备不周造成错误或中断延误，在每个单位工程项目开工前，建设方应督促施工单位按要求填报"工程开工报告"，经监理单位审核，建设方审批后才能开工。开工申请审批的主要内容包括（并不限于）：设计交底，设计文件及图纸会审与施工放线复核，实施性施工组织设计，临时工程设施，材料、机具和劳动力配备，质量管理体系及管理人员到位情况。

5. 隐蔽工程的检查管理

隐蔽工程的检查与监督是质量管理的重点和关键。建设方应督促监理单位对隐蔽工程的施工过程进行经常的、重点的巡查与监督，凡无法事后检查的，均应旁站监督。

6. 性能检验和交接验收

合同要求的性能检验必须要由监理单位见证，工程没有经过性能检验不得办理验收。必须通知设计单位、建设方和运营总部相关单位参加的性能检验项目按以下原则由监理单位提出、建设方确认和运营总部相关单位确认：第一，该性能检测反映了设备或系统的主要功能；第二，合同或招标文件中的特殊约定；第三，质量风险较大的、需要严格把关的项目。

2.2.10 工程验收

在合同约定的工程内容已全部完工，建设方应督促施工单位及时提请工程验收，监理单位应对工程验收的申请进行审核，审核的内容包括工程实体完成情况、工程质量验收情况、工程资料整理情况、性能检验结果、外观质量的评价、工程实测实量的结果。经审核无误，报建设方申请验收。施工单位应提供工程质量自评报告，监理单位应提供工程质量评估报告、设计单位提供工程设计质量报告。工程验收按验前检查、分项、分部工程、单位（子单位）工程、新线开通、项目竣工验收。前一层次验收合格方可进行后一层次的验收。

1. 分项、分部工程验收

在分项、分部工程验收前，建设方督促监理单位组织完成验前检查，完成确认验前检查所提出的各项整改按要求完成，并认为具备工程验收条件（没有对运营安全构成威胁的工程缺陷），可进行分项、分部工程验收。

在分项、分部工程验收时，建设方应提前通知相应运营部门参加验收工作。相应运营部门应提前介入由建设方组织开展的验前检查工作。

2. 单位（子单位）工程验收

建设方完成分项、分部工程验收，督促施工单位完成分项、分部工程验收检查所提出的各项整改问题，并认为具备工程验收条件（没有对运营安全构成威胁的工程缺陷），可进行单位（子单位）工程验收。

在单位（子单位）工程验收时，建设方应提前通知相应运营部门参加验收工作。相应运营部门应提前介入由建设方组织开展的分项、分部工程验收工作。

3. 关键节点实施前条件验收管理要求

（1）各单位不得擅自减少本办法确定的风险管控关键节点范围，可根据实际情况增加风险管控关键节点，具体如下：

① 起重吊装：门式起重机、塔式起重机等起重机械安装/拆卸（含起重量 300 kN 及以上的其他起重设备安装），采用非常规设备、方法，且单件起吊重量在 100 kN 及以上起重吊装作业（首次）（含两台及以上设备协同吊装）。

② 开挖工程：人工挖孔桩施工（首桩）。

③ 弱电设备（包含但不限于通信、信号、AFC、PIDS 专业设备）施工安装及调试工程：三权移交前设备吊装、车站设备安装、轨行区设备安装、车辆段设备安装；三权移交后车站设备安装、轨行区设备安装、车辆段设备安装、设备调试。

④ 列车到货：列车段内运输、列车段内吊装、列车段内调车（工程车调车）；列车静态调试：段内车辆停放及静态无电调试、段内调车、列车静态调试、列车尺寸检

查；列车低速动态调试：段内调车（自身动力）、段内调车及试车线低速动车调试；列车型式试验及高速动态调试：60 km/h 以上高速动态调试及型式试验。

（2）风险管控关键节点实施前条件验收，应按照工程自身风险和周边环境风险的危险程度分类进行条件验收，分为一级、二级风险管控关键节点。

① 一级风险管控关键节点：起重吊装。

② 二级风险管控关键节点包括：除一级风险管控关键节点外的关键节点均属于二级风险管控关键节点。

（3）风险管控关键节点实施前验收条件以相关管理办法为依据；

（4）风险管控关键节点验收时间要求：风险管控关键节点应在该关键节点实施前进行。

（5）根据施工现场实际情况，施工单位或监理单位（如有）可以增加需进行条件验收的关键节点，或将二级升格为一级进行条件验收，但不得将一级降格为二级进行条件验收。

（6）在工程开工前，施工单位应根据工程特点和本办法的要求编制《单位工程风险管控关键节点清单》，具体可参考图 3-2-1，明确需进行条件验收的关键节点、验收条件、内容和要点。其中，施工单位可根据工程实际对本办法要求的验收条件所列内容进行增加，但不得擅自减少。《单位工程风险管控关键节点清单》需经总监理工程师批准后实施，并报送项目经办部门、设计、勘察、第三方监测等单位备案。

单位工程风险管控关键节点清单						表格编号：GDXC/J-AJ-0054
项目名称			单位工程			
序号	类别	关键节点名称	级别	位置（参数）		备注
1			一级			
2			二级			
3						
4						
5						
6						
7						
8						
9						
10						
11						
项目经理意见：						
项目部（公章）：						
总监理工程师意见：						
监理部（公章）：						

注：本清单应在单位工程开工前完成，并作为单位工程开工条件之一，且应随着工程进展和设计图纸变更情况及时进行增补完善。

图 3-2-1 《单位工程风险管控关键节点清单》样例

（7）风险管控关键节点验收程序。

① 风险管控关键节点施工前条件验收按下列程序进行：

a. 施工单位编制《单位工程风险管控关键节点清单》（GDXC/J-AJ-0054）；

b. 监理单位审批《单位工程风险管控关键节点清单》（GDXC/J-AJ-0054）；

c. 施工单位组织关键节点施工条件自检自评；

d. 施工单位提交《风险管控关键节点实施前条件验收申请表》（GDXC/J-AJ-0055）；

e. 监理单位进行预核查；监理单位（如有）核对参加条件验收人员资格，组织开展条件验收并组织填写《风险管控关键节点施工前条件核查表》（GDXC/J-AJ-0056）；

f. 监理单位（如有）填写《风险管控关键节点实施前条件验收记录表》（GDXC/J-AJ-0057），形成意见。

② 一级风险管控关键节点条件验收：由监理单位（如有）组织，验收组成员至少包括：项目经办部门代表，总监理工程师，施工单位安全或技术负责人、项目负责人、项目安全负责人、项目技术负责人。必要时，设计单位项目（单位工程）负责人、勘察单位项目（单位工程）负责人、第三方监测单位项目负责人和项目经办部门负责人也应当参加，具体由组织单位根据关键节点特点确定。验收组组长由总监理工程师担任。

③ 二级风险管控关键节点条件验收：由监理单位（如有）组织，验收组成员至少包括：项目经办部门代表、总监理工程师，施工单位项目负责人、供货商单位负责人、项目安全负责人、项目技术负责人等，必要时，设计单位项目专业负责人、勘察单位项目专业负责人、第三方监测单位专业人员和项目经办部门负责人也应当参加，验收组组长由总监理工程师担任，具体由组织单位根据关键节点特点确定。

2.2.11 工程质量事故的处理及管理

（1）发生工程质量事故建设方应督促监理单位或施工单位会同设计共同研究确定处理方案，并报建设方和市监督机构。

（2）如导致发生人员伤亡应及时按《建设单位应急信息管理办法》中新线建设类应急信息报告流程进行报送。

2.3 技术管理

2.3.1 管理原则

（1）根据建设单位技术管理制度规定，总部管辖的建设业务：车辆和车辆段设备（不落轮镟床、整体架车机、洗车机、工程车辆等）、信号系统、通信系统（专用传输子系统、专用无线子系统、专用公务电话子系统、治安监控通信系统）、自动售检票系统、乘客信息显示系统（含电子导引系统）专业新线技术管理。总部授权运营总部提交审核意见，经总部分管线业务副总经理审定后，提报集团公司总工程师室。其中各专业用户需求书及首次应用新系统、新设备、新工艺和新材料的技术方案需经总部总工程师室审查。总部所辖的既有线更新改造业务：车辆和车辆段设备（不落轮镟床、整体架车机、洗车机、工程车辆等）、信号系统、通信系统（专用传输子系统、专用无线子系统、专用公务电话子系统、治安监控通信系统）、自动售检票系统、乘客信息显示系统（含电子导引系统）等既有线更新改造项目由建设方审核后，经建设方分管领导审定后，提报总部总工室审查。

（2）技术管理须以既有线更新改造的工程技术管理为重点，明确了技术管理的主要任务、各部门在工程建设各阶段业务管辖内技术管理过程中的职责及各阶段部门之间的分工与协作、各类技术问题专业集中负责制和垂直扁平化管理的制度，细化工程技术管理的审查和审批流程等。

（3）专业集中负责制是指相关专业的重大技术事项由相应业务部门及业务分管领导统一决策。

（4）垂直扁平化管理：重大技术事项采用从上到下由业务分管领导到业务部门垂直管理，技术管理采取业务部门直接负责，中心业务分管领导决策，副总工程师协助决策，安全技术部负责监督、指导的扁平化管理，提高技术决策效率。

2.3.2 管理工作

建设方技术管理内容包括技术规划、技术决策、技术审核、科研、国产化技改管理、技术标准化管理、新技术评估与应用等。技术管理活动应以确保既有线运营安全、提升改造后运营服务水平、节能环保、创效增利为原则，加强技术创新和新技术应用。技术管理的主要工作有：

（1）既有线更新改造项目建设过程中的技术管理、技术接口管理；

（2）对增购车以及既有线更新改造项目的重大技术问题，形成中心级方案提交领导进行技术决策；

（3）在工程建设过程中落实相关领导的技术决策；

（4）负责中心科研、国产化、新技术、新材料、新工艺的管理工作；

（5）组织和配合处理移交试运营后的技术整改与技术总结工作；

（6）负责中心技术交流的管理工作。

2.3.3 各阶段技术管理工作的分工与协作

1. 项目立项决策阶段（主要指项目的立项与可行性研究）

（1）项目建设：按照公司分工，立项阶段由公司总工程师室负责，在实际操作过程中，为了将已建设工程实施过程总结的经验教训提供建设前期工作，同时为了建设阶段技术管理的顺利进行，各部门必须密切关注和跟踪配合建设前期工作的开展，跟进工程可行性报告批复情况，按要求参加设计总体组织相关会议，各专业都要配合好本专业的方案论证工作。

（2）既有线更新改造项目：组织或委托咨询单位组织编制项目建议书、工程可行性报告及办理报批，并负责既有线更新改造项目的立项阶段工作。

2. 工程实施阶段

（1）设计管理：各业务部门为设计管理组织部门，负责设计的归口管理；各新线部组织用户需求书的编制及上报工作；负责组织施工图设计的审查。

（2）招投标与合同管理：各新线部组织所管项目（施工监理、设备、材料物资、工程施工）的招投标和合同执行技术管理；负责组织所管招标项目招标文件中技术部分的编写，负责招标文件的成稿、报批以及组织评标和合同签订工作。

（3）施工管理：各新线部负责项目施工阶段的技术管理工作，包括工程招投标文件技术部分的编写、技术问题澄清及技术评标等，并负责工程项目实施阶段的招标设计、施工图设计阶段的设计管理等；负责落实各项开工条件，组织落实施工技术准备工作，负责组织施工图设计交底、图纸会审；负责组织质量控制管理有关技术检查（检测）、验收；负责协调解决设备安装、调试过程中的技术问题。

3. 工程验收

（1）项目的工程验收管理：按照公司相关验交程序和标准，中营筹备部负责统筹组织新线工程验收管理；各部门按照验交管理办法，负责组织或参与项目验交和整改工作。

（2）既有线更新改造项目验收管理：主办部门负责工程验交工作的组织管理，组织工程各阶段的验收。

4. 试运行阶段

（1）建设项目联调演练、试运行阶段管理：运营筹备部负责组织编制综合联调、演练方案并负责报总部总工程师室审核；各新线部负责配合此阶段的联调、演练工作及技术问题整改工作。

（2）既有线更新改造项目试运行阶段管理：主办部门负责协调解决试运行阶段技术问题。

5. 综合管理

（1）技术资料管理：各部负责部门所辖专业技术资料留存及管理工作。
（2）档案管理：按照公司档案管理办法执行。
（3）信息管理：按照公司信息管理系统管理办法执行。

2.3.4 技术交流管理

（1）技术交流是指车辆及车辆段设备、通信、信号、AFC、PIDS、运营工程管理等专业的新产品、新技术、新工艺、节能、环保以及市场调研、产品选型、技术讲座等一系列技术类及产品类交流管理工作。

（2）技术交流需由需求部门（生产部门或技术管理部门）发起，填写技术交流申请表（若有多项技术交流，需填写技术交流汇总表），经业务分管领导审批后安排协调交流会议出席的人员、会议地点、会议时间等，下发会议通知，并报备安全技术部。参加技术交流会的业主人员不能少于 3 名。

（3）主办部门可在每个月底（如 25 日）前，将本月技术交流台账报安全技术部备案，技术交流台账包括技术交流时间、地点、交流单位、中心内参与人员等信息。

2.4 成本与工期管理

工程项目时间和成本管理是项目管理的重要组成部分，特别是城市轨道交通信号升级建设所具有的建设规模庞大、涉及面广以及不确定性等特点，更加重了轨道交通信号升级项目按照计划时间和成本实施的难度。因此，在城市轨道信号升级建设前期，应充分考虑建设过程中可能存在的进度制约因素，制定更有效的项目时间和成本计划，使得项目顺利进行。

2.4.1 成本管理

1. 具备成本管理意识，合理开展各项工作

在轨道交通信号升级建设中，建设方管理人员必须跟随工程进度做好以下几方面的工作：

（1）广泛搜集并认真分析关于土建成本的数据信息；

（2）提升成本核算的准确性，建设方合同管理人员和预算人员应全面核对土建工程成本；

（3）保证所有数据信息的正确性和完整性，保证数据信息能准确地反映当前成本管理的实际情况。

2. 健全完善成本体系，定期核算成本信息

（1）建设方应当以工程项的实际情况为基础，不断完善与健全工程成本管理体系；

（2）工程成本管理人员定期将预算成本与实际成本进行比较，比如该工程项目在建设过程中产生的人工成本、材料成本以及机械成本，认真分析分析偏差产生原因，在此基础上采取针对性的措施对其他各项成本进行更进一步的归纳和分析；

（3）定期核对成本数据信息，切实提高成本管理数据信息的准确性；

（4）定期编写成本控制分析报告，并组织经济活动分析会议，对每一分部、分项及时作出经济效益和盈亏预测报告，以便合理地使用资金；

（5）合理计算项目成本，控制偶然开支，减少必然开支，在工程项目开始之前，通过图纸会审和经过施工现场勘察后详细编制工程预算成本。

3. 科学合理分配成本

建设方成本管理人员应该不断改善成本机制，各参建单位应科学、合理分配成本，

将成本管理工作落实到建设期的每个细节,反复总结并结合实践以此提升自身的成本管理水平。

4. 提前进行市场调查,降低施工成本

为了保证工程成本管理工作的顺利推进,切实降低工程项目施工成本,应从以下几方面做起:

(1)首先审查原材料合格证明、材质证明书等文件并检查验收材料的外观,合格后准予使用;

(2)进入施工现场的材料必须按相关要求向监理工程师提交产品合格证、质量保证书、进场报验单等;

(3)施工材料应当存放于合适的地方,并对其设置标识牌;

(4)使用绿色材料,推进使用新材料、新工艺,促进材料合理使用,节省实际施工材料消耗量;

(5)对于材料不符合要求的现象有权进行制止,在必要时建设方应下令停工整顿,有权进行处罚;

(6)对于暂时不能使用的材料要覆盖,避免污染;

(7)不断优化和完善施工方案,选用绿色材料,积极推广新材料、新工艺,促进材料使用,节省实际施工材料消耗量。

2.4.2 时间管理

轨道交通信号升级建设的时间管理分为分解和确定项目活动、明确工序的逻辑关系、安排资源、预估工序的工期、编制和执行进度计划等方面。

(1)分解和确定项目活动:针对项目目标所明确的每项必须完成的项目活动来制定项目工作的分解结构,并结合具体要求确定工作范围,形成最后的项目工作量清单。

(2)预估工序的工期:把每个工种的特点和建设方管理人员的风险类型相结合起来,并针对性地合理制定出各个分部分项工程持续时间。

(3)明确工序的逻辑关系:以建设项目特点为基础,分解项目活动明确相互间所形成的逻辑关系,进一步产生工序的初步逻辑关系表。

(4)编制进度计划:从工序的工期和工序间的逻辑关系为起点,并考虑资源的需求量,最后明确项目总体最原始的进度计划。

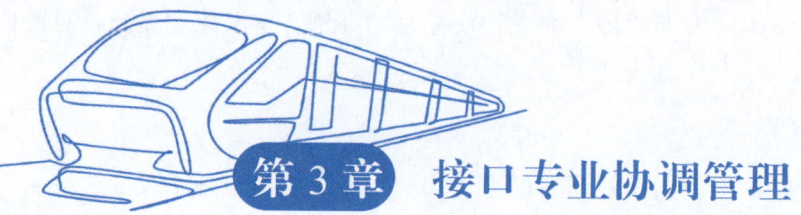

第 3 章　接口专业协调管理

信号专业改造的接口专业主要分功能接口专业和工程接口专业两大类。

功能接口专业即为实现特定功能与信号系统有电路或数据通信接口的专业，如车辆、通信、防淹门、站台门、综合监控、车辆段、试车线等。信号系统改造后的功能接口原则上维持既有接口模式，只有改造后的信号系统设备无法实现既有接口模式或其他专业系统的接口发生变化，才对接口进行重新设计并实施。

工程接口专业即在信号系统改造工程实施中向信号系统提供工程基础条件输入和工程配合的专业，如线路、行车组织、轨道、建筑结构等。原则上既有线改造工程应尽可能符合既有线基础条件，非必要不对基础条件进行改造。

改造实施过程中根据具体的改造技术方案和工程实施方案与相关接口专业进行协调管理。

3.1　功能接口专业

3.1.1　信号系统内部接口

信号系统内部接口的协调管理内容相对较少，可在工程实施时在本专业范畴内统一考虑。

1. 正线与车辆段接口

正线信号系统联锁设备与车辆段计算机联锁设备采用联锁照查接口设计，确保列车出、入车辆段作业的运行安全。

车辆段计算机联锁设备通过数据接口将车辆段内进路排列和列车占用信息发送给正线 ATS 子系统，实现控制中心对车辆段列车作业的监督。

2. 试车线与车辆段接口

试车线信号系统与车辆段计算机联锁设备通过继电器接口电路实现控制权的交接和试车线列车运行安全保证。

试车线信号系统与车辆段计算机联锁接口信息包括：
（1）试车请求/取消请求；
（2）试车允许。

3.1.2 信号系统与其他系统和专业的接口

1. 与车辆接口

信号系统与车辆接口是信号系统改造工程的关键接口,接口内容包括物理接口和电气接口,接口协调管理主要是车载信号设备的安装、调试、试验、交验。

1)物理接口

(1)车载信号设备必须符合车辆限界要求。

(2)信号提供车载信号设备的明细表以及主要部件的安装图及要求。

(3)信号应与车辆完成接口的协调,协商确定车载信号设备与车辆各部分的接口、安装、配线方案。

(4)在车辆供货商的工厂内安装的车载信号设备,车辆供货商根据信号供货商提供的资料和双方签订的协议,提供安装空间、制作安装支架、安装指定的设备和对该设备进行配线等工作。

2)电气接口

(1)车辆提供车载信号设备供电电源;

(2)车辆提供车载信号设备保护地和工作地的接地点;

(3)车辆提供与车载信号设备之间连接线、缆的特性参数;

(4)ATO 与车辆的牵引和制动系统接口;

(5)ATP 紧急制动命令输出与车辆紧急制动系统接口;

(6)ATP/ATO 与车门控制系统接口;

(7)信号输入接口[驾驶模式选择、ATO 模式启动、驾驶室激活、"0 速"检查、车辆信息(车辆完整状态、车门状态、空转/打滑)等];

(8)数据传输接口:列车广播触发、目的地号、到站信息、时钟等数据;

(9)车载信号设备与车辆监控系统间的接口;

(10)信号供货商负责车载信号设备在电磁兼容方面的安全性和可靠性。信号供货商认为必要时,将在车辆制造厂(车辆供货商配合)做电磁兼容测试;

(11)信号系统与车辆控制系统接口分界点在车载 ATC 控制柜外线接线端子排。

3)车载信号设备的安装、调试、试验、交验

由于改造的信号车载设备是在既有已运营的列车上安装,因此车载信号设备与车辆系统之间的机械、电气、功能、电磁兼容和安装等接口,由信号系统供货商与运营车辆维保部门(运营自有维保机构或委外车辆厂商)协调确定。

改造后的车载信号设备的调试、试验、交验均由信号供货商负责,车辆维保部门协助。由信号供货商在车辆基地(或委外的车辆制造厂)内进行相应的调试和试验,以检验接口关系是否正确。

2. 与通信接口

信号系统与通信的接口包括与通信传输通道接口、与通信时钟系统接口、与无线

通信系统接口、与乘客信息系统（PIS）接口、与广播系统接口等，均为数据通信接口，为尽可能避免造成通信专业的改造，原则上维持包括接口形式、接口协议、接口内容、接口数量等既有接口方式不变。

1）与通信传输通道的接口

信号系统向通信系统提出传输通道要求，通信系统为信号系统提供以下通信传输通道。

考虑到信号系统潜在各设备供应商的组网方式不同，在未确定信号系统设备供应商前，信号系统与通信传输系统的接口按照既有模式，由通信传输系统提供从控制中心至正线各联锁站和车辆段点对点传输通道。在控制中心、正线各联锁站、车辆段分别为信号专业预留端口，接口分界点在控制中心、正线各联锁站和车辆段的通信设备室配线架外接端子侧。

若信号系统改造时增加通信传输通道需求，应与通信维保部门对接核实既有通信传输系统是否有富余传输通道供使用，并协调确定详细的接口位置和接口界面。

2）与通信时钟系统的接口

通信系统为信号中央 ATS 系统提供标准时钟信号，接口分界点在控制中心通信设备室配线架外线侧。

3）与无线通信系统的接口

在控制中心，中央 ATS 系统通过数据通信接口向无线通信系统传送实时变化的乘务组号、服务号、序列号、车组号对照表，列车占用车辆段转换轨区段信息，列车到站和列车区间位置信息，列车进出联络线，列车折返信息和运行方向（上/下行）等信息。接口分界点在控制中心信号设备室接口设备输出端口。

4）与 PIS 的接口

在控制中心，中央 ATS 系统通过数据通信接口向 PIS 系统提供有关的旅客向导信息，主要包括：各车站的下一次列车的终到站、下一次列车到达本站的时间、目的地、列车接近及进站提示、提示旅客是否能够乘坐下一次列车等信息。接口分界点在控制中心通信设备室接口设备输出端口。

根据运营对提高服务水平的需求，信号系统与 PIS 系统的接口数据内容若发生变化（例如由后两趟车信息改为后三趟车信息），则需对信号与 PIS 接口同步进行改造。信号系统改造时应与通信维保部门对接接口改造事宜，最终接口改造协议由信号系统供货商和承担 PIS 侧改造的系统商协调确定。

5）与广播系统的接口

在控制中心，中央 ATS 系统通过数据通信接口向广播系统传送实时变化的车组号对照表，列车到站和列车区间位置信息，列车折返信息和运行方向（上/下行）等信息。接口分界点在控制中心信号设备室接口设备输出端口。

3. 与防淹门接口

信号系统与防淹门采用继电电路接口，主要接口内容包括：

（1）正常情况下，防淹门系统须将防淹门完全开启且锁闭的状态信息连续不间断地发给信号系统。

（2）一旦某一防淹门失去完全开启状态表示，两端车站均不能向相应线路防淹门防护区段内设置进路。如已设置进路，则防淹门防护信号机立即关闭，正在接近相应线路防淹门防护区段的列车则实施常规制动或紧急制动。

（3）当防淹门操作员需要关闭防淹门时，按下相应防淹门请求关闭按钮，信号系统得到防淹门系统发出的请求关闭信息后，根据具体情况分别对防淹门关闭请求作出响应。

（4）信号系统与防淹门系统间采用安全继电接口方式，接口分界点在防淹门设备室接口配线端。信号系统根据轨旁设备的安装要求，对车站两端的防淹门提出位置要求。

信号系统改造时需要现场调研确定既有与防淹门的接口电路是否满足改造时期新的接口电路标准要求，若不满足，则需同步对信号与防淹门接口进行改造。改造时应与防淹门维保部门对接接口改造事宜，根据改造后的接口电路确定具体的改造内容、改造范围和改造界面，由信号专业和防淹门专业分别实施。

4. 与 BAS、SCADA 系统接口

目前国内已逐步达到改造期的早期线路无综合监控系统，因此通常信号系统分别与 BAS、SCADA 系统接口，且均为数据通信接口，为尽可能避免造成 BAS 和 SCADA 专业的改造，原则上维持包括接口形式、接口协议、接口内容、接口数量等既有接口方式不变。

（1）信号系统在控制中心向 BAS 系统提供运行时刻表信息、实时的列车位置信息及识别号信息、列车实际的区间运行时间和阻塞信息、实时的信号设备状态信息、对两系统之间的通道检测信息等。接口分界点在控制中心信号设备室接口设备输出端口。

（2）在控制中心 SCADA 系统向信号系统输出接触网分段供电的 SCADA 状态信息、火灾报警信息、对两系统之间的通道检测信息等。接口分界点在控制中心 SCADA 设备室接口设备输出端口。

5. 与综合监控接口

综合监控系统是目前国内城市轨道交通建设的主流系统配置，对运营信息和设备运行信息的集中分析和共享起核心作用。

若既有线路有综合监控系统，则改造后信号系统与综合监控系统接口原则上维持与既有一致。若既有线路无综合监控系统，但有计划地进行综合监控系统改造，则信号系统改造应预留与综合监控的接口。

1) 在控制中心的接口

（1）与综合监控系统接口。

信号系统向综合监控系统提供运行时刻表信息、实时的列车位置信息及识别号信

息、列车实际的区间运行时间和阻塞信息、实时的信号设备状态信息、对两系统之间的通道检测信息等。

综合监控系统向信号系统输出接触网分段供电的 SCADA 状态信息、火灾报警信息、对两系统之间的通道检测信息等。

接口分界点在控制中心综合监控设备室接口设备输出端口。

信号系统在控制中心实施了与综合监控系统的接口，则替代了既有信号系统与 BAS 和 SCADA 系统的接口。

（2）与大屏幕显示系统的接口。

综合监控系统提供中央控制大厅行调所需的大屏幕显示屏。信号系统负责在大屏幕上生成用于行车调度的显示图像，并配合综合监控系统完成大屏幕的整体布局、显示。

接口分界点在中央控制大厅大屏幕显示控制器的输入端口。

改造后的信号系统应满足与既有大屏幕显示的接口，按照既有大屏幕显示的技术参数开展界面及图形设计。

2）在车站的接口

（1）接口分界点在车站控制室综合监控系统提供的 IBP 盘接线端子排。信号系统通过硬线电缆与车控室 IBP 盘接线端子连接。

（2）信号系统提供 IBP 盘上与信号有关的面板布置、安装配线图和工艺要求，并提供与信号有关的线缆。综合监控系统根据信号系统提供的技术要求负责 IBP 盘上与信号有关的所有按钮和表示灯的工艺布置、安装及配线。

（3）信号系统负责发送 IBP 盘与信号有关的显示及报警信号，接受 IBP 盘与信号有关的控制信号。

6. 与站台门接口

根据信号系统改造方案，通过改造实现信号系统与站台门全部接口功能：信号系统提供站台门开、关的控制信号，站台门系统向信号系统提供全部门关闭状态信息和互锁信息；接口采用安全型干接点硬线连接，分界点在站台门设备室的接口盘外线侧端子。

信号系统改造时需要现场调研确定既有与站台门的接口电路是否满足改造时期新的接口电路标准要求，若不满足，则需同步对信号与站台门接口进行改造。改造时应与站台门维保部门对接接口改造事宜，根据改造后的接口电路确定具体的改造内容、改造范围和改造界面，由信号专业和站台门专业分别实施。

3.2 工程接口专业

3.2.1 与线路专业接口

线路专业的平、纵断面是信号专业开展系统详细设计的基础输入数据，由于是既有运行线路，为确保线路基础数据与现场实际相符，满足信号系统详细设计需求，信号系统改造实施过程中通过以下途径获取线路数据：

（1）提前与建设单位和运营部门对接，获取线路平、纵断面竣工图资料；

（2）与运营部门对接，获取运营期内涉及线路平、纵断面的线路整治资料；

（3）通过对既有轨面形态数据的测量，拟合形成线路平、纵断面图，并与既有线路平、纵断面资料进行核对确认。

3.2.2　与行车组织及运营管理专业接口

信号系统的各项功能配置应满足行车组织及运营管理要求，因此既有线信号系统改造应从既有设计资料获取包括行车交路、停站时间、行车间隔、运行速度、旅行速度等行车技术指标外，还应与运营部门了解实际运营行车和管理情况并现场调研，根据运营的实际需求开展改造信号系统的详细设计。

3.2.3　与轨道专业接口

信号专业通过获取轨道专业既有竣工资料和现场调研作为设计输入的内容包括：

（1）全线道岔的基本数据，包括道岔规格、道岔结构等；

（2）轨道专业提供线路超高设置及限速数据。

信号系统改造实施过程中与运营部门轨道专业的工程配合接口内容包括：

（1）信号专业安装钢轨绝缘节（如果有），轨缝不满足安装条件时，需协调轨道专业进行拉轨处理；

（2）信号专业安装计轴、转辙机等设备需要在钢轨上钻孔，需协调轨道专业现场共同确定钻孔位置；

（3）信号专业缆线过轨需开凿道床以及道岔转辙机基坑开凿道床，需协调轨道专业现场共同确定开凿位置、开凿范围和防护恢复措施；

（4）其他在道床上安装的信号设备，其安装方式或安装位置有特殊要求，也需协调轨道专业进行核实确认。

3.2.4　与结构、车站建筑接口

信号系统改造工程与结构、车站建筑的接口主要是满足信号系统设备安装空间、安装工艺工法和管线路径的需求。由于是既有运营线路，考虑降低影响运营的风险，信号系统的工程实施方案应尽量利用既有的结构和建筑条件，尽量缩小对既有结构和建筑的改造范围。

1. 与结构接口

既有结构的富余管线通道如果满足新信号系统的管线敷设需求，则可直接利用，无需对结构进行改造。否则应对有需要的部位进行结构开孔改造，主要位置包括车站站厅结构中板、结构挡墙、结构站台板、区间结构门框等。

道岔转辙机的安装需要进行限界加宽处理，如果既有结构限界满足转辙机安装需求，则无须对结构进行改造。否则应对需要限界加宽的部位进行局部结构开凿，一般开凿位置在隧道结构边墙或结构中隔墙以及站台板下结构挡墙等。考虑尽量缩小结构开凿工程量，应按现场转辙机安装限界实际需求确定开凿范围。

2. 与车站建筑接口

新信号系统的室内设备安装需要足够设备房空间，若既有信号设备房经过一定的空间布局优化后的富余空间满足新信号设备的安装需求，则可利用既有信号设备房空间安装新信号设备，空间布局优化可通过既有设备的临时移设、新信号设备的临时安装和二次移设、新旧信号设备的提前替换、新信号设备的分阶段安装等方式实现。

若既有信号设备房富余空间不满足新信号设备的安装需求，则必须将车站其他运营使用房间进行建筑装修改造为新信号设备房，通过信号设备房置换满足新信号设备安装需求及信号系统改造需求。设备房置换的建筑装修改造同时涉及相应的风、水、电等机电设备的改造，具体参见下述接口相关的描述内容。

对结构、建筑的所有改造需求和方案均需经过运营部门的审核后方可实施，其审核内容重点包括改造需求、改造位置、改造施工组织、防护措施、应急措施等。

3.2.5 与动力照明的接口

1. 信号系统设备用电要求

新信号系统室内设备需要独立的动力电源，因此根据新信号设备的用电需求，协调运营动力照明专业从车站低压所富余供电回路中确定两路供电输出，引入新信号设备用房内，并设置信号专用配电箱。

（1）在正线设备集中站、控制中心、试车线、培训中心信号设备室由改造工程配套的动力照明系统设置信号专用配电箱，供电为一级负荷，二路输入且无需切换，二路交流三相五线制电源输出。

（2）在正线非设备集中站、车辆段维修中心信号设备室、车辆段派班室由动力照明系统设置信号专用自动转换配电箱，一级负荷，二路输入，要求配电箱对两路独立的交流输入电源具有自动切换功能，五路交流单相三线制电源输出。

（3）部分非设备集中站、试车线、培训中心、维修中心等由于设备用电类型单一或用电容量小，若既有的配电容量满足新、旧设备共用且既有配电箱有富余输出端，则可利用既有动力电源，无需从低压所引入新电源。

2. 信号系统设备接地要求

新信号系统室内设备的接地可设置新的综合接地箱，其综合接地可从既有综合接地箱/排贯通引入，以避免新设备安装接地实施时对既有设备接地可能造成的影响。若既有综合接地箱的富余接地端子足够新设备接地连接用，也可直接利用既有综合接地箱进行新设备接地连接。

3. 信号设备其他要求

根据新信号系统室内设备安装布置以及信号设备用房装修工艺要求，动力照明系统作为配套专业应结合设备房情况进行照明设施及电源插座的改造或补强，以及新增分体空调的用电引入。需协调运营动力照明专业确定上述照明配电的改造或补强方案，以及新增用电的供电引入位置。

3.2.6 与通风空调、气体灭火、火灾报警的接口

为满足新信号系统设备对温湿度环境以及设备用房消防要求，需要进行相应的通风空调、气体灭火、火灾报警等系统的改造，其接口管理协调内容如下：

根据新信号系统设备用房的建筑改造方案（"利用既有信号设备房富余空间"方案或"利用其他用途房间置换"方案），与运营通风空调专业协调确定通风空调的改造技术方案和工程实施方案，包括既有通风空调系统扩容改造方案、设备房内防烟防火阀改造方案、设备房进出/风口改造方案、新增分体空调的管路走向和室外机安装方案等。

根据新信号系统设备用房的建筑改造方案（"利用既有信号设备房富余空间"方案或"利用其他用途房间置换"方案），与运营气体灭火专业协调确定气体灭火的改造技术方案和工程实施方案，包括气体灭火改造区域和范围、气体灭火系统管网改造方案、气瓶间气瓶装置改造方案、柜式气体灭火装置方案、气体灭火系统监控改造方案等。

根据通风空调和气体灭火的改造方案，与运营火灾报警专业协调确定火灾报警系统的改造技术方案和工程实施方案，即将新增或变化的通风空调和气体灭火监控点位接入火灾报警系统进行监控，并相应修改监控软件。

3.2.7 与门禁的接口

根据信号系统设备用房的建筑装修改造方案，若有新增设备用房进出口，则应增设门禁并接入门禁系统的管理和监控。与运营门禁专业协调确定门禁改造技术方案和工程实施方案。

3.2.8 与牵引供电的接口

新信号系统的部分轨旁设备（如计轴磁头、轨道电路、应答器等）安装位置若与既有牵引供电均、回流轨道焊接点位置有冲突，原则上由信号专业优化调整轨旁设备安装位置以避免冲突；若确实无法避免，则需与运营牵引供电专业进行协调，信号系统提出轨旁设备的安装对牵引供电均、回流电缆焊接位置要求，牵引供电专业确定整改方案和措施。

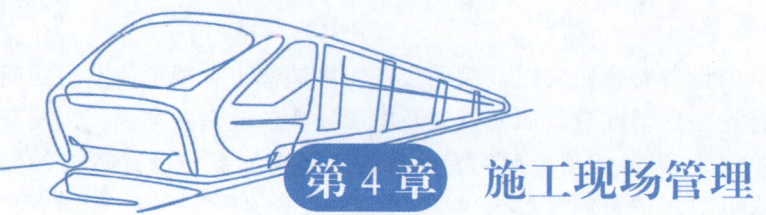

第4章 施工现场管理

4.1 安全管理

4.1.1 安全管理组织机构及主要职责

1. 安全管理组织机构

为了确保安全目标的实现，保证施工现场安全，维护工地正常生产、生活秩序，针对该工程的特点，施工单位应建立以项目经理为中心的现场安全管理组织机构，设置专职安全检查人员，建立健全各级安全生产责任制，在思想上、组织上、制度上层层加以落实，使本项工程的安全工作处于良好的受控状态，具体如图3-4-1所示。

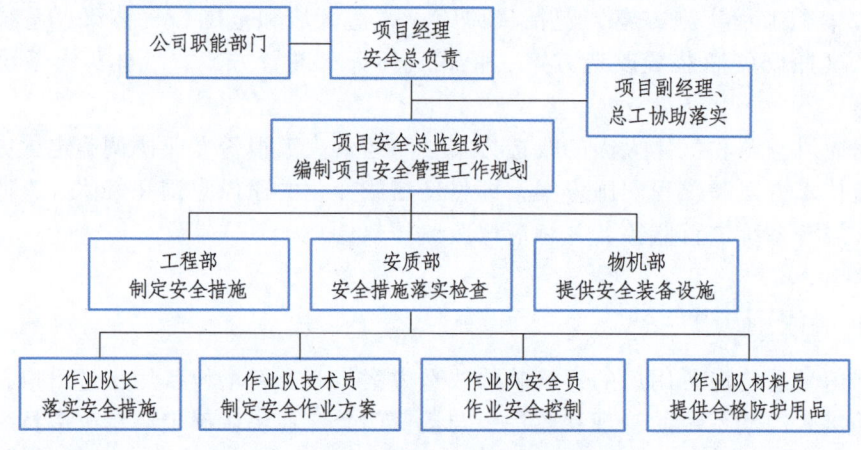

图3-4-1 现场安全管理组织机构框图

2. 安全管理部门及人员的主要安全职责

1）项目经理

负责各项安全生产、劳动保护方针、政策、法规和上级有关安全生产条例、规程、规则的贯彻实施。

组织审批基层项目上报的安全设计，并督促实施。组织编报和贯彻实施安全技术措施，不断改善劳动条件，消除事故隐患，完成安全生产指标。

组织召开安全生产会议，分析安全生产情况及发展趋势，找出主要问题，制订预防改进措施，并付诸实施。

监督组织安全大检查，对检查出来的问题，组织督促有关部门认真研究，限期完成整改。

组织事故现场处理，按照"四不放过"的原则，组织审批事故调查报告和调查处理意见，并上报下达予以结案。督促业务部门及时、准确地填报事故统计资料。

2）安全总监

根据国家颁布的有关法律、法规及技术标准，协助项目经理，具体负责建立健全以安全生产责任制为中心的安全管理规章制度，并对有关规章制度的执行落实予监督检查。

定期组织安全检查，及时发现事故隐患，尤其对安全薄弱环节及重大危险源点的变化情况进行监控，提出事故隐患情况及整改建议。

开展安全装备的配置、安全措施落实情况的检查，督促安全隐患的整改落实。

3）项目副经理

协助项目经理负责各项安全生产、劳动保护方针、政策、法规和上级有关安全生产条例、规程、规则的贯彻实施。

协助项目经理组织审批基层项目上报的安全设计，并督促实施。组织编报和贯彻实施安全技术措施计划，不断改善劳动条件，消除事故隐患，完成安全生产指标。

协助项目经理组织事故现场处理，按照"四不放过"的原则，组织审批事故调查报告和调查处理意见。督促业务部门及时、准确地填报事故统计资料。

4）总工程师

对项目安全工作负技术管理责任。

在编制实施性施工组织设计的同时，编制施工安全设计或安全技术措施，经上级审查批准后认真贯彻实施。

采用新技术、新工艺进行施工生产时，提出相应的施工安全技术措施，并向施工人员进行交底。

根据部颁《施工技术安全规则》，制定施工生产安全细则，并根据施工具体的情况随时加以补充。

经常深入现场，检查工地布置、施工机具和施工过程等方面存在的安全问题，随时加以纠正。制止违章作业，发现险情有权命令立即停止施工，将施工人员撤离现场，并会同有关人员对险情进行处理。

负责制订区间作业、高处作业、临时用电、防洪、防暴雨、防寒和防震安全措施并组织实施。

5）安质部长

监督检查项目经理部贯彻执行国家有关安全生产、劳动保护的方针、政策、法规及上级主管部门颁发的有关规章制度的情况。

参加或组织审查安全设计、安全技术措施，积极提出改进意见，并负责监督执行。检查验收各种施工临时设施和劳动保护设施，对不符合安全规定的，有权制止使用。

负责检查安全生产情况。对查出的严重安全问题填写"监察记录"或"监察通知书"，督促限期整改；对不符合劳动安全卫生标准和安全技术规程的作业提出限期改正意见，对情况严重危及人身安全的有权制止施工；对违章指挥、违章作业者有权制止。

对项目的安全生产形势、伤亡事故情况和保证安全生产等方面提出建议和要求。分析研究项目的安全生产动态，总结安全生产的经验和教训，有针对性地提出开展安全无事故活动的部署安排。

督促有关部门制订安全生产规章制度和安全措施，并监督检查执行情况。

6）工程部长

负责项目施工的技术安全工作，编制施工安全设计或安全技术措施，经上级审查批准后认真贯彻实施。

采用新技术、新工艺进行施工生产时，提出相应的施工安全技术措施，并向施工人员进行交底。

根据国家颁布的有关安全规则，制定施工生产安全细则，并根据施工具体的情况随时加以补充。

经常深入现场，检查工地布置、施工机具和施工过程等方面存在的安全问题，随时加以纠正，制止违章作业。

7）物机部长

按照材料计划，供应符合安全技术要求和质量标准的各种设备材料。

负责物资仓库和危险品的安全管理，作好防火、防潮、防爆和防盗工作。建立健全物品收发、登记、保管制度。

负责提供符合劳动安全卫生标准的劳动防护用品，对职工个人的劳动防护用品按照公司发放标准和管理办法进行发放管理。

8）作业队队长

具体贯彻执行项目经理部下达的安全措施，并组织全体施工人员讨论落实。

在教育全体施工人员方面以身作则，严格遵守劳动纪律，严格执行安全技术操作规程和规章制度，保证施工安全。

负责班前安全讲话，检查施工人员是否佩戴规定的劳动安全防护用品，进入工地后会同现场安全员检查作业场所的安全情况，确认无安全问题后方可进行施工作业。

随时注意检查施工人员、工作环境、安全设施和生产机具等安全情况，确保安全施工。

发生事故，要立即组织抢救和报告，并保护好现场，参加事故调查分析。

对上级部门检查的安全隐患问题及时整改。

4.1.2 安全保证体系

为全面实现安全目标，针对地铁既有线信号系统改造项目的具体情况并结合公司以往的施工经验，项目部须成立安全生产领导小组，具体如图 3-4-2 所示。

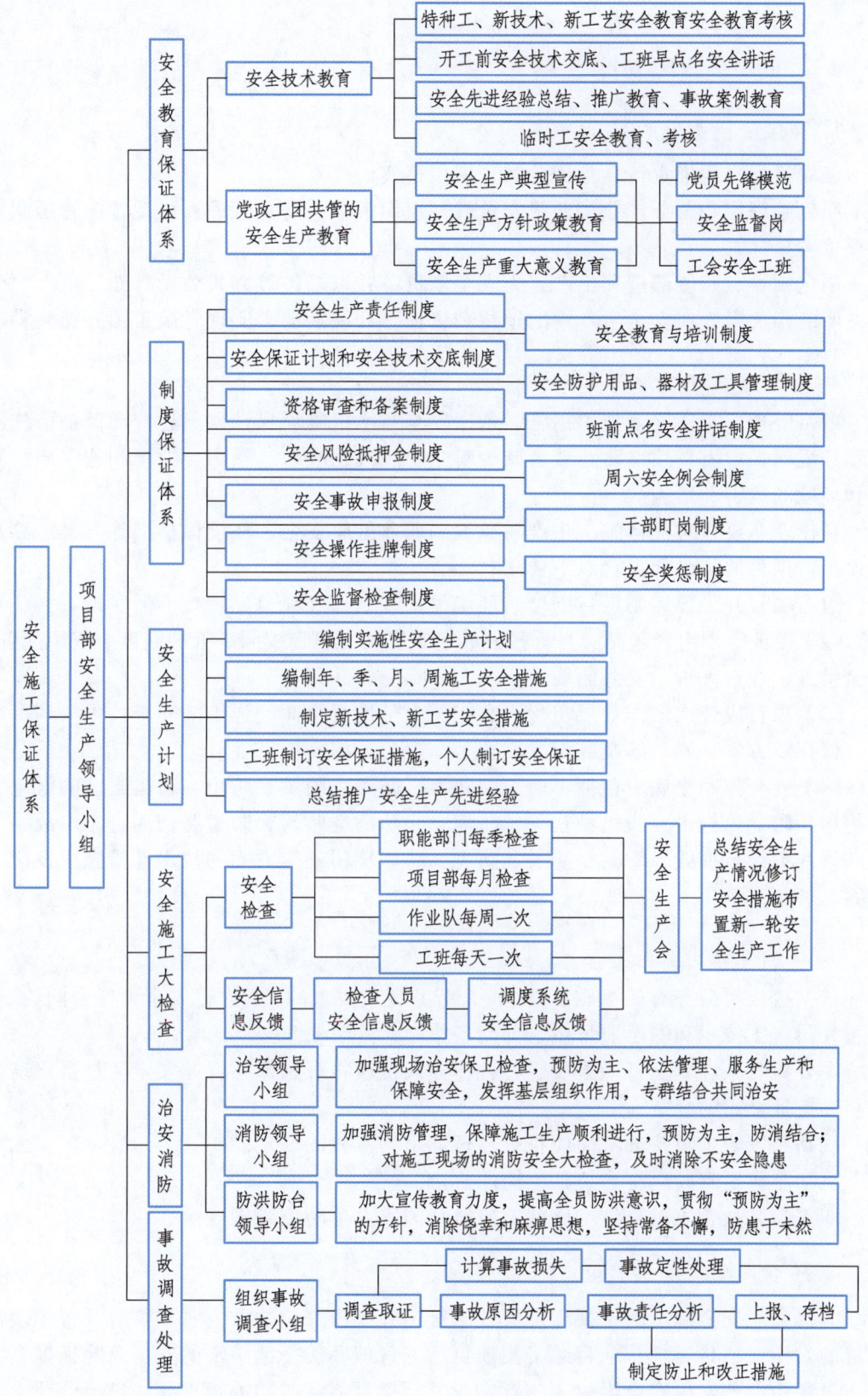

图 3-4-2　安全保证体系框图

4.1.3 安全管理制度

1. 安全生产责任制度

确立目标，明确责任，指标分解，层层落实。

明确管理层和劳务作业层两级安全管理组织形式、安全管理人员配置、管理制度与评价考核。

制定领导、职能部门和生产工人安全职责，并以悬挂等方式公示告知。

明确相关组织在安全生产中的地位和责任，开展活动，实现党政工团齐抓共管。

2. 安全保证计划和安全技术交底制度

项目经理部制定安全技术措施，依据安全技术措施项目计划下达劳动保护措施经费和环境保护所需费用，防止或者减少粉尘、废气、废水、噪声、振动和施工照明对人和环境的危害和影响。

各作业队要针对具体施工生产对象编制职业健康安全、环境保护措施方案。涉及建设工程项目的，必须符合以下要求：

（1）项目开工前编制项目安全、环境保证计划，经项目经理批准后实施。

（2）保证计划内容包括：目标控制、组织机构、职责权限、管理制度、资源配置、安全措施、检查评价、奖惩制度等。

（3）项目应逐次向作业层负责人和相关人员进行全面、详细的安全技术与环保交底，保存双方签字确认的交底记录。

（4）安全技术交底应包括：防火、防毒、防爆、防洪、防尘、防雷击、防触电、防坍塌、防物体打击、防机械伤害、防溜车、防高空坠落、防道路交通行车事故、防市政管线缆设施损毁、防寒、防暑、防疫、防环境污染等方面的技术性措施以及应急预案。

3. 资格审查和备案制度

依据授权对劳务有效资质审查。符合劳务资质要求的，应进行安全责任合同约定，并报公司施工技术和安全质量主管部门备案。

主要负责人、安全管理人员、特种作业人员应符合国家与行业安全质量资格培训考核和持证上岗的规定。

线路施工防护员持证上岗应符合经理部培训考核的规定。

机动车车辆驾驶应符合持证上岗的规定。

职工食堂炊管人员身体健康状况应符合国家卫生防疫管理规定。

4. 安全风险抵押金制度

为提高对安全施工的重视程度，杜绝行车和人身安全的重大、大事故及行车险性事故的发生，项目经理、项目总工按项目施工管理办法交纳一定的安全风险抵押金。施工过程中，若发生安全事故或违章作业时，项目部将按相关管理办法进行处罚。

5. 安全事故申报制度

一旦发生重大伤亡事故，立即报告上级主管部门和当地劳动部门、检察机关，并通知业主代表，同时按国家或项目所在地有关规定处理。积极配合业主、地方政府、检察机关和上级部门做好事故处理工作。

6. 安全教育与培训制度

"安全第一，预防为主"的方针是安全生产永恒的主题。为了强化干部职工的安全意识，提高安全管理工作的水平，预防各类事故的发生，实现安全工作与教育培训规范化、标准化，使安全工作健康、稳定、有序地发展，由安质部组织参建员工进行安全教育和培训。

项目部必须根据从业人员的不同特点，进行多层次、多渠道和多种形式的安全生产教育培训，并经过考试合格后上岗。主要培训内容如下：三级安全教育、管理人员安全生产考核培训、特种作业人员培训、变换工种、转换工地人员教育培训、新技术应用安全培训、安全活动、班前安全讲话、安全技术交底、复工前的安全教育、应急演练培训、专职安全生产管理人员岗位培训、群众安全生产监督员培训、质量教育。

特殊工种安全教育。特殊工种由安质部门组织安全培训，经考试合格后持证上岗，建立特殊工种培训台账。

电工、焊工、起重机械操作、起重指挥、起重司索、登高架设、起重器械安装拆卸、吊篮操作等特种作业人员必须参加培训考核取得相应的《特种作业人员操作证》。

公司员工的特种作业培训考核由公司安质部、人力资源部统一安排；使用分包队伍应在合同中明确特种作业人员持证上岗。特殊情况（如需取证的人员数量多、相对集中）由公司联系组织现场培训取证。项目部也可帮助分包队伍联系工程所在地有关机构培训取证。

公司、项目部应建立《特种作业人员台账》，包括特种作业人员名单、证书及复印件等。公司保存员工的特种作业人员操作证书，项目部保存分包队伍人员的证书。

新产品、新工艺、新设备、新技术使用前，由总工程师组织技术、安质部门对相关人员进行安全操作、技术应用的培训，相关人员经考试合格后持证上岗，建立培训台账。

工种变动时，要首先进行安全教育培训，合格后方可上岗。

开展安全生产宣传教育活动。利用安全月，安全周以及安全竞赛等各项活动促进安全生产。

安全教育应经常进行，安全教育应包括安全生产方针、政策、知识、规章制度、规定要求以及操作技能等方面的内容，并及时传达上级安全文件精神。

安全教育是提高职工素质的重要手段。通过教育提高职工对安全工作的责任感和自觉性，增强安全意识和自我保护能力。

安全工作教育要保持经常化、制度化，要讲究实效。安全教育与培训应建立记录台账，以便随时检查对照。

7. 安全防护用品、器材及工具管理制度

防护安全带在专卖商店购买，须有合格证，包装上标明商品名称、数量、制造厂名、出厂日期以及冲击重量（120 kg）、冲击距离、保管注意事项等。使用中的检查应随时进行，并根据实际使用情况进行拉力试验，使用期最长不超过 2 年，做过冲击试验的安全带不得再使用。

购买安全帽、防护眼镜等防护用具时，必须到合格的专卖商店，安全帽上应标明国家标准号、制造厂名、商标、型号、制造年月，还应注明辅助要求等永久标记。

购进绝缘手套、绝缘鞋后应做一次耐压强度试验，合格的才能使用。无论使用与否，每六个月都必须试验一次，在有试验资格的单位进行试验，不合格的坚决销毁。在使用前，使用者要对防触电用品进行外观检查，防止存放或运输时被利器划破，失去绝缘性能从而使人触电。

安质人员对防护用品每月进行逐个检查，并做好检验记录，发现不合格物品时，立即停止使用或更换修理。

8. 班前点名安全讲话制度

每日出工前，工班长集合全班施工人员列队接受点名。

班前点名内容：总结前天安全施工情况，存在的问题以及改正的措施和当天工作安全预想、规章要求、防范措施等。

工班安全员根据工作安排进行有针对性的安全讲话。

工班施工人员对当日工作中的安全事宜有权质疑。

班前点名，应认真填写"班前点名安全记录"，每年年底"班前点名安全记录"簿交安质部门保管备查。

9. 周六安全例会制度

项目经理主持周末安全例会，相关人员以及工长参加。

针对一周来安全执行情况进行总结，分析存在的问题，提出改进和加强措施。

根据下周工作安排，对安全工作进行布置，提出要求。

对特殊、关键性的工序、工艺作业，合理组织，有针对性地制订安全措施。

"周六安全生产例会表"每年年底装订成册，交安质部门备查。

10. 安全操作挂牌制度

为了明确职责，互相监督，以确保施工安全，施工负责人，安全值日人员，施工防护人员均要挂牌进入施工现场。需干部盯岗的施工项目，盯岗干部也必须挂牌。

"施工负责人"牌、"安全值日"牌、"施工防护员"牌，由工长统一保存。工前点名时由工长根据分工统一发放。

11. 安全监督检查制度

施工班组每日出工前必须对防护用品、使用的工具、材料进行外观检查。

施工前，施工负责人要对施工场地、作业地点进行巡视检查，发现侵入限界的工具、物品，立即排除。

施工时检查防护人员、防护用品、通信器材等是否齐全到位。

施工负责人对违章工作的人员有权进行停工或整改。

施工结束后，班组工长及安全员或施工负责人对施工场地巡回检查，确认各项设施安全完好后，方可撤离施工现场。

机械操作人员每日工作前、收工后对机械车辆进行检查，确保行车安全。

各级施工负责人在检查生产的同时检查安全工作。

项目经理每月负责组织技术、安质、物资部门进行一次安全生产大检查。

定期检查安全生产教育制度的执行情况，安全技术、关键工序计划的制定，安全措施的实施，各种工具、材料的存放和使用情况。

定期检查各种安全检查的记录、台账；进行资料、文件的管理。

定期检查工作完成后，要召开专门会议、总结经验、查找不足并提出整改意见。

由于气候等原因，对工程施工机械、车辆随时进行专项检查。

结合具体情况，及时检查节假日的安全值班、防洪抢险、防盗、防煤气中毒以及电击伤人等安全工作。

12. 干部带班制度

在关键工序施工作业开始日，实行领导干部带班作业制。

协助施工负责人对主要工序的施工安全严格把关，保证施工组织与各项安全措施的落实。

协助施工负责人协调施工内外的配合关系，确保工程顺利进行。

施工作业中遇有危及行车及施工安全的情况，果断采取应急方法与措施，确保行车与施工安全。

遇有违章操作人员不听劝告时，有权停止其施工，并给予重罚。

协助施工负责人抓好文明施工，树立良好的企业形象。

13. 安全奖惩制度

在安全管理上将建立奖惩制度，对防止安全事故发生和执行各项安全工作突出的班组或个人给予一定的经济性和荣誉性奖励，对不遵守安全规定、蛮干的职工进行经济性惩罚和教育。

对在施工中出现安全事故的，除内部处理外还将按照《建设单位安全监管办法》及其他相关规定进行处理。

4.2　质量管理

4.2.1　安全管理组织机构及主要职责

1. 质量管理组织机构

为达到质量目标，须根据工程项目的特点，建立由项目经理负责、总工程师、安质部部长和有关部门负责人参与组成的项目经理部质量管理领导小组,领导和组织实施项目质量管理工作,具体可参考图 3-4-3 的框架。

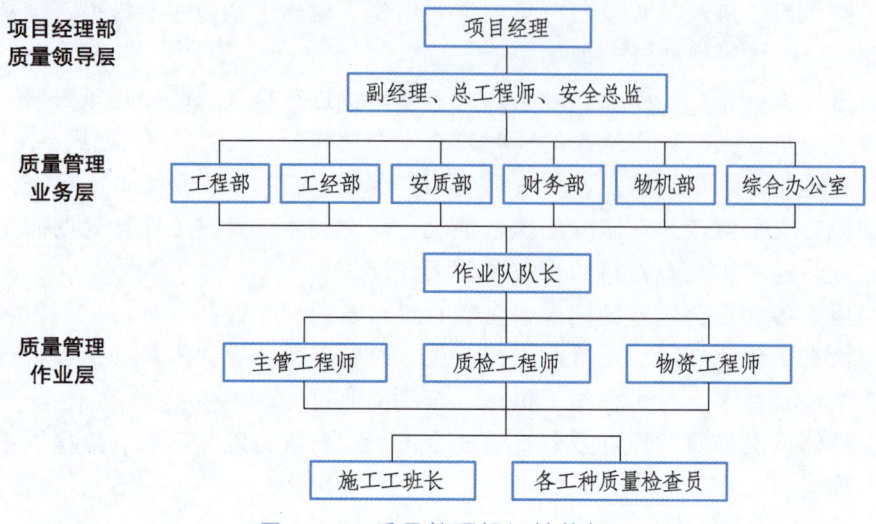

图 3-4-3　质量管理组织结构框

2. 质量管理职责

项目部完全响应招标文件要求,根据国家建设法规及 ISO 9000《质量管理与质量保证体系》对工程实行质量保证。项目经理、项目副经理、总工程师、各部门部长、作业队长、作业人员按相应职责、权限签订质量终身责任状。

建立项目经理、总工程师到各职能部门负责人、作业队的质量管理岗位职责制,主要职责分工可描述如下。

1)项目经理

项目工程质量第一负责人。

负责领导该工程的全体施工人员贯彻执行国家和交通部现行的设计、施工、验收规范、规则和标准,负责按照 ISO 9000 系列质量标准建立完善的质量体系并保证其正常运行。

对内负责贯彻和实施质量方针、质量目标,向上级领导报告质量体系运行情况,以便改进质量体系。

负责组织开展质量自检、互检活动。支持质检人员的工作,组织质量分析会议,对重大质量问题,组织攻关,使其顺利得到解决。

2)项目副经理

负责各项质量管理措施在该工程的全面贯彻落实。

深入施工现场,检查各工班的工序质量,发现问题及时纠正,并汇报项目经理,关键工序必须亲自把关。

组织项目部做好重要物资、业主提供物资、大宗物资的进货验证,确保合格原材料投入使用。

组织各分项、分部的自检、互检、专检工作,确保合格工序才能转入下一道工序。

参与单位工程质量的最终检验工作,并负责组织对最终检验中发现问题的克服。

参与工程竣工后的日常维护保养及竣工验收交接工作。

组织工程的售后服务工作。

3）总工程师

对工程质量和工程管理负全面技术责任,督促各级人员履行质量职责,向项目经理报告工作。

负责质量计划的编制和指导工作,并督促实施。

负责施工过程中的组织协调和技术指导。主持对职工的质量管理教育,参加重大质量事故的调查分析,提出技术鉴定意见和改进措施。

4）工程部

严格按建设程序和施工程序合理组织施工,确保施工顺利进行。

贯彻执行国家、交通部现行设计、施工、验收规范、规则和标准。对推广应用新材料、新设备、新技术、新工艺实施指导。

负责组织编制、审定施工工法、工艺和工程技术总结。参与质量事故的调查、分析,及时制定事故的处理方案和纠正、预防措施。

参与工程验交、开通、交付工作。

5）工经部

严格按照工程部收方进行计量计价,确保各项计价顺利进行。

依据有限公司相关要求,选择施工力量最强、信誉最好的劳务分包企业,确保劳务分包企业施工质量满足业主、设计等要求,不出现不必要的返工。

6）安质部

负责做好施工质量管理和监督检查工作,督促实施各项质量保证技术措施。

负责检验单位工程、分部、分项工程的质量。并负责复核质量技术资料。参与重要隐蔽工程质量检查。

组织质量抽检、联检,参与质量问题的调查分析,提出事故处理意见,并检查、落实整改情况。

独立组织或配合监理工程师进行工程质量检查,研究解决施工生产中影响质量的因素。

组织竣工工程回访,联系解决工程保修服务方面的有关事宜。

组织开展质量管理教育工作和负责特殊工种培训工作。

7）物机部

负责中心料库及现场材料囤放点的场地建设,负责工程所需材料、半成品及设备的采购、供应管理工作并对其质量负全面责任。

负责做好工程物资的质量自检工作,会同试验室配合业主、监理工程师做好工程物资质量检验和设备试验工作。并对其质量负全面责任。

做好工程物资的保管工作,防止物资锈蚀、损坏、变质。

8)财务部

负责为工程施工提供各项资金,执行工程质量的奖罚制度。

9)综合办公室

负责创造有利的施工环境,及时协助各部门调配专业技术人员,保证工程所需技术人员及时到位。

10)作业队队长

树立为用户着想的质量意识,施工中详细掌握所承担的施工工序的质量标准,认真执行各项质量管理规定。

严格按施工规范及技术性作业指导书、技术作业通知进行施工,精益求精,保证各工序质量。

认真执行自检、互检制度,保证工程每道工序质量达到优良标准。

自觉接受监理工程师、质量工程师的质量监督检查,对于检查出的质量问题要及时返工、整改。

作好工班记录及相应工序的作业记录,保证质量记录的正确性。

11)作业人员

参与该工程的每个员工必须牢固树立"质量在我手中,用户在我心中"的意识,认真工作,为用户提供满意工程。

每个工序的作业人员必须严格按操作规程作业,达到相应的技术标准。

认真做好质量自检记录,并按要求认真填写作业质量记录,并对每个数据负责。

自觉接受工班长、监理工程师、质检员等质量监督检查。

自觉遵守项目的各项质量管理制度,积极参与各项质量管理活动,争当质量标兵。严格执行工程质量自检制度,对工程施工质量负责。

4.2.2 质量保证体系

为全面实现质量目标,应针对工程项目的具体情况并结合以往施工经验,由项目经理部质量领导小组从思想保证、组织保证、技术保证、施工措施保证、经济保证等方面建立和完善该工程的质量保证体系,具体可参考图3-4-4。

4.2.3 质量管理制度

1. 质量责任制度

在质量管理中全面落实质量责任制度,明确项目经理部各级、各部门、岗位责任制度,制定详细的质量管理措施和质量监督检查机制。

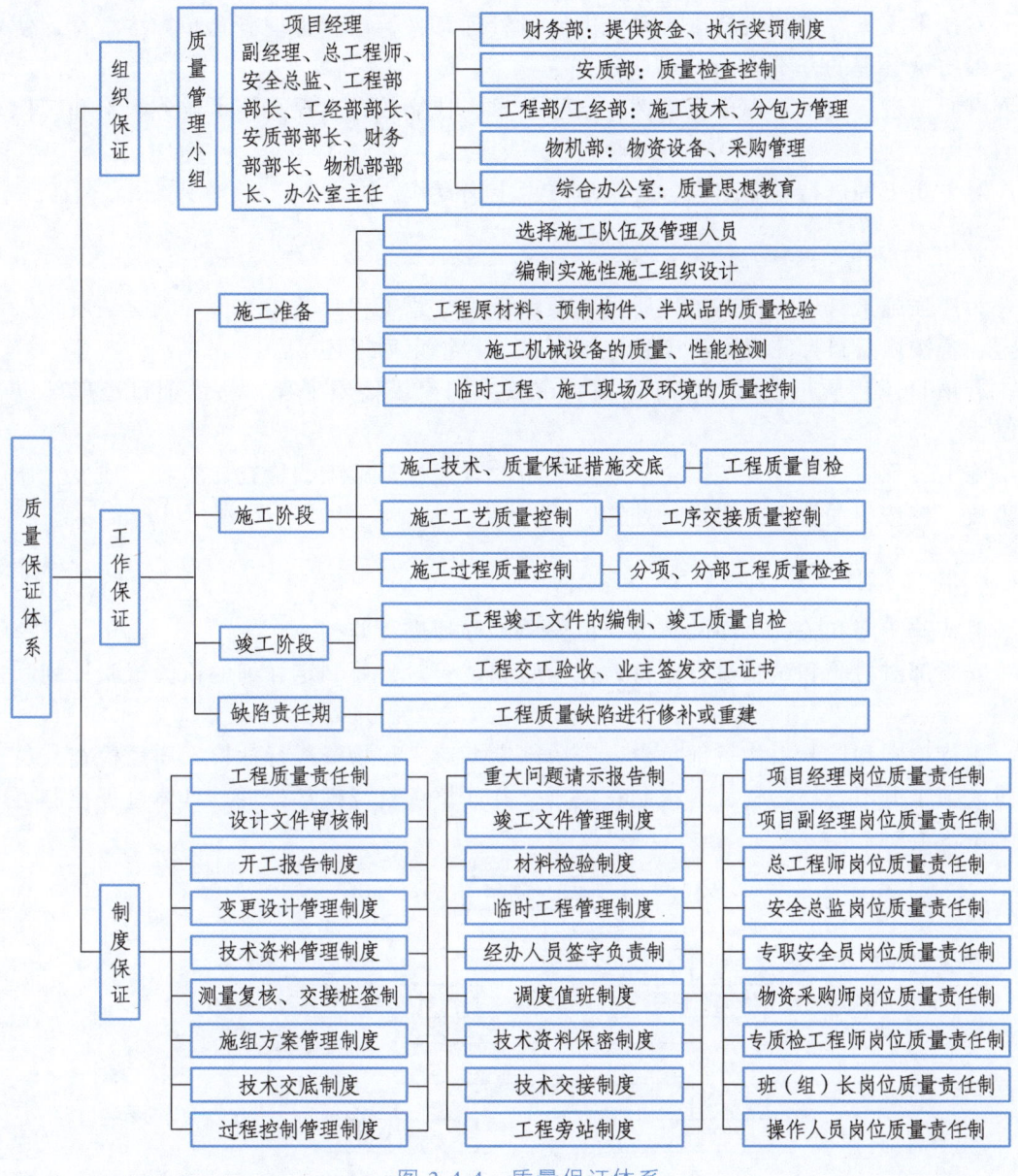

图 3-4-4 质量保证体系

定期进行全面质量检查，检查质量责任制度的贯彻、执行情况，对检查发现的问题按照质量奖惩制度进行严肃处理。

2. 质量教育制度

质量教育是质量管理的基础工作之一，在质量管理中必须树立"始于教育，终于教育"的思想，采用理论与实际相结合的方法，避免流于形式。各级管理人员、技术人员和工人必须有计划的接受教育。

质量教育的基本内容包括：质量意识、质量管理知识、专业技术技能和有关业务知识教育。

对技术人员、管理人员进行系统的质量管理意义、质量管理概念和方法教育，使其掌握质量管理的基本理论、观点和方法。

对职工进行质量管理普及教育，增强技术、技能教育，提高技术业务水平和工作能力。

对主要工种进行专业培训，合格后方可上岗操作。

3. 工程质量奖罚制度

为加强施工管理、提高工程质量。项目经理、总工程师及相关负责人交纳质量保证金，若按质量目标完成本项工程施工，在工程结束后返还。

若项目工程质量较高，获评公司、市级或国家级优质工程，将给项目经理部以奖励。

施工过程中，若没有按国家、业主颁布的有关规范施工、检查、验收，或发生质量事故，将按相关管理办法进行处罚。

4. 施工过程质量控制制度

对特殊工序和关键工序的施工，由安质工程师进行监控。

安质部对检验和试验进行监督，在检验和试验时，要制定详细的检验试验计划和方案。

进货检验和试验由物机部负责，安质部定期对工程物资进行抽检，质量检查人员对投入施工的不合格物资，有权制止使用，并通报项目经理部处理。具体过程控制可参考图 3-4-5。

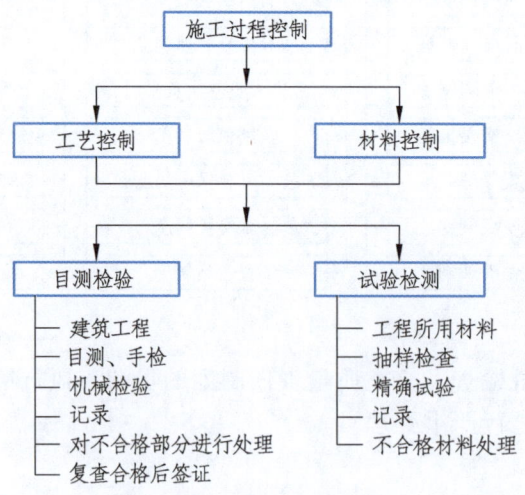

图 3-4-5 施工过程控制

5. 质量缺陷修复制度

凡不符合国家和主管部门颁发的技术规范和技术要求、设计文件及合同对工程质量要求的行为均视为质量缺陷。施工单位无条件负责质量缺陷的修复工作，并达到工程质量验收标准为止。

未按国家和主管部门颁发的技术规范和技术要求、设计文件及合同规定的要求施工，造成质量缺陷，项目负责修复缺陷并承担经济责任。

因材料、构配件和设备质量不合格引起的质量缺陷，属项目采购或验收的，由所属单位承担经济责任。

6. 工序自检制度

在完成施工工序后进行自检，自检按《验收规范》和施工作业指导书进行，并予以记录，记录保存在工班，由工班兼职安质员确认合格后转入下道工序。

若下一道工序由不同班组施工，后续施工的班组应对上道工序进行验证，对发现不合格项目有权要求上道施工班组纠正后交接，并记录在工程日志中。

分项、分部、单位工程完成后，各施工班组在自检合格的基础上按《地下铁道工程施工及验收标准》（GB/T 50299—2018）及相关行业标准规定，由专职人员进行检查，并保存检查记录。

定期质量检查。项目经理部每月进行一次工程质量检查，由项目经理主持，安质部组织施工、安质、技术部门参加。检查前应制定检查实施计划，对检查中发现的问题做出检查总结并提出改进工作的措施。

日常质量检查。工程施工质量的检验、评定按分项、分部和单位工程三级进行。检查的范围包括：一般工程抽查，关键工程、特殊工程、主要隐蔽工程重点联合检查。

检查记录包括：施工项目、单位、分部、分项工程名称、检查日期、检查内容、标准要求、实测数据、检查人、被检查单位负责人等。

7. 隐蔽工程检查和签证制度

当施工负责人确认隐蔽工程达到检验程度后，严格进行自检，自检合格后，按规定格式填写隐蔽工程检查记录，于隐蔽前48 h，通知监理工程师到现场进行检查，确认合格并签字后方可隐蔽。

如监理工程师不能按时到场检查，施工负责人应将情况记入工程日志及检查证内，经监理工程师委托人确认合格后，再行隐蔽，事后将隐蔽工程记录交监理工程师确认并签证。

与设计资料差异较大的隐蔽工程，在通知监理工程师的同时，通知设计单位参加检查、签证。

接受监理工程师随时抽查和重点检查，并提供必要的检查条件，不合格的工程按要求返工或修改，并承担返工或修改的费用。

8. 纠正和预防措施

安质部每月对不合格信息进行整理，提出分析报告报项目经理，在项目经理主持下组织有关部门及人员参加质量分析会，对不合格原因进行分析，制定纠正和预防措施。

9. 首件工程示范制度

所有分项工程，在单位工程开工前，均应进行示范。示范的组织规模视其工艺复杂程度确定，一经确定，必须依示范模式，相应开展组织施工。

简单的施工项目示范，由主管工程师组织，作业班组生产骨干参加。

主要施工项目示范，由项目部组织进行，项目总工主持，作业班组、全体技术人员、生产骨干参加。

10. 建立工程质量档案制度

建立健全工程施工过程质量档案，内容包括施工日期、施工负责人，质量状态等内容。工程竣工后，交质量部门备案存档。

11. 质量事故报告制度

若发生施工质量事故，立即采取积极措施，迅速抢修，组织返工。遵照当地和公司有关规定妥善处理，并保护好现场，严禁隐瞒事故。

质量事故发生后，安质部立即上报并采取措施。质量事故发生后 24 h 内电话上报主管部门。重大、大事故 10 日内用书面形式逐级上报。

发生重大质量事故时，保护好现场，因抢修需要移动现场物件时，做好标志、拍照、详细记录和绘制事故现场图。质量事故现场，经过监理单位及质量环保部门同意后，才能清理，以确保现场勘查。

处理质量事故，必须严肃认真，做到"四不放过"，防止类似事故再次发生。对那些不遵守制度、违反纪律、工作失职造成质量事故，使国家财产和人民生命受到严重损失的，必须追究刑事责任，严肃处理。

分析事故，弄清发生过程，找出造成事故的人、物、环境状态方面的原因。分清造成事故的安全责任，总结施工因素管理方面的教训。以事故为例，召开事故分析会进行安全教育，使施工人员从事故中受到教育，采取有效措施，避免同类事故重复发生。

4.3 进度管理

根据业主阶段性工期节点目标，由于进口设备到货较晚，整体工期存在大幅延后的风险，为确保按期完成施工任务，具备单体调试条件，项目部可编制完成实施性施工组织设计。施工期间，跟踪检查施工实际进度情况，并将其与计划进度比较，若出现偏差，分析产生的原因和对工期的影响程度，然后采取相应措施，将重要的节点工期抢回来。

在项目进度管理方面，除了配足人力、物力、财力以外，开展劳动竞赛也是一个重要的手段。可由项目部通过开展劳动竞赛，激发各部门及各班组的工作热情，将因作业点不充分和系统设备供货不及时耽误的时间抢回来，保证项目节点工期的顺利如期实现，同时表彰先进个人和优秀班组，提高工作人员积极性。

4.3.1 劳动竞赛目的

广州地铁某线信号系统改造工程具有安全风险大、有效作业时间短、作业空间受限、安全防护要求高等特点。为进一步提高项目管理水平，加快施工进度，加强人才培养，打造优秀作业层，结合工程实际，项目部研究决定，在全项目部持续广泛开展以"严把既有线安全关，确保节点工期，提高项目管理水平"为主题的劳动竞赛活动，以激发广大员工的安全生产积极性，鼓舞员工团结奋战，攻坚克难。

4.3.2 竞赛活动领导小组及职责

为保证劳动竞赛活动的顺利开展，在广州地铁某线信号系统的改造过程中，由项目部成立竞赛活动领导小组，由项目经理任组长，由副经理、总工程师任副组长，各部门及作业队长为组员。竞赛活动办公室设在安质部，负责劳动竞赛活动方案的制定、竞赛组织、检查指导及日常工作的督促协调，评比表彰工作的初审考核等工作。

组长职责：竞赛活动的主要负责人，全面负责活动的有效开展，全面负责竞赛活动考核工作。

副组长职责：竞赛活动实施的第一负责人，全面负责提高项目管理水平，打造优秀作业层工作，有效开展安全、质量、环境保护、职业健康、人才培养等相关管理活动，确保活动目标实现。参与竞赛活动考评工作。负责竞赛活动施工安全、质量、环境保护、职业健康检查、人才培养监督工作。参与竞赛活动考评工作。

组员职责：严格落实岗位职责、安全职责、质量职责，确保竞赛活动的有效开展。参与竞赛活动的考评工作。

4.3.3 竞赛目标

围绕"提高项目管理水平，打造优秀作业层"的主题，以项目安全、质量、进度、人才培养工作为基本内容，其主要目标是：

（1）实现节点工期施工任务。

（2）安全目标：安全生产满足广州市有关部门及业主制定的建设工程安全生产的有关规定的要求。杜绝重伤以上责任伤害事故；杜绝交通责任死亡事故、特种设备责任事故及火灾事故；遏制"三违"（违章、违纪、违规）行为；全年轻伤负伤率控制在10‰以下。

（3）质量目标：交验工程质量达到国家、行业质量验收标准，符合设计文件和有关技术规范要求。单位工程一次验收合格率100%。无工程质量一般事故，无建设工程不良行为。

（4）环境保护目标：开展环境因素辨识与评价，落实重大环境因素的控制措施，实现污染物的排放达到国家和广州市相应的排放标准。作业场所有毒有害气体、粉尘、噪音的检测和治理达到国家和行业安全卫生标准，杜绝环境污染事故的发生。

（5）职业健康目标：为作业人员提供符合安全卫生标准的劳动保护设施和个人防护用品，控制职业病，杜绝群体性职业中毒事件发生。

（6）实施作业层人才培养计划。

4.3.4　竞赛活动内容

紧密围绕有限公司"六比、六提、六增强"劳动竞赛核心内容，通过项目管理水平的提升，建设优秀作业层。

（1）比安全生产：进一步落实安全生产责任制。要持续强化"零事故、零缺陷、零容忍"的管理理念，落实班组长责任制，注重日常检查及基础工作，开展安全监督检查，发挥管理体系作用。把"安全第一"的思想贯彻到竞赛活动之中，把班组长安全质量责任制、群众安全生产监督员工作纳入劳动竞赛考核评比内容，使"安全是天、质量是命"的理念深入人心，让每个员工都能自觉遵守各项安全生产规章制度，履行自己的安全生产职责，人人关心安全质量、个个为安全质量操心出力，共同搞好安全质量管理，消除安全质量隐患，通过竞赛活动促进地铁既有线安全质量工作全面受控，为地铁运营提供高效安全的信号系统。

（2）比技术保障：落实上级公司强化技术交底刚性要求；严格按照施组和专项方案科学组织施工，合理安排资源配置；严把施组方案安全关，对高风险、技术难度大的项目编制专项施工方案；项目生产过程做好施工图审核、推广运用新技术、新工艺、新材料、新设备，提高经济效益，降低既有线施工安全风险。

（3）比工程质量：夯实质量管理基础，加强工程质量管控，加大工程质量通病预防和整治力度，实现质量无返工、工期无延误，确保安装质量满足运营要求，符合设计标准。

（4）比项目管理：积极推行工程项目精细化管理和标准化管理，努力打造项目管理先进样板和标准模块，积极开展项目管理规范化、专业化、工厂化、机械化、信息化、装配化实践并取得显著成效，在建设单位、运营维保单位、监理单位和企业范围获得较高评价和荣誉。

（5）比施工效率：项目部各专业工程师及作业班组，以业主单位节点目标分解的工作计划为目标，通过优化施工方案、新技术采用等途径，加快施工进度，确保在节点目标之内保质保量完成各项工作。

（6）比人才培养：积极推进自有作业层队伍建设，夯实一线施工骨干力量基础，牢牢掌握核心施工技术，充分发挥能工巧匠的传帮带作用，带动广大职工学习技术、掌握技能，全面提升项目员工素质，为公司的高速发展提供人才保障。

4.3.5　竞赛活动考评办法

（1）考核周期：以季度为考评周期；

（2）如期实现竞赛活动目标，积极进行"六比"活动，项目部按约定标准进行全额奖励；

（3）消极参与竞赛活动者，不给予奖励。参与竞赛活动积极性不高，给予部分奖励，具体标准由竞赛活动领导小组进行评定；

（4）考评周期内未实现安全、质量、环保、职业健康目标的，不给予奖励；

（5）未完成节点工期施工任务的不给予奖励；

（6）发生施工作业违章指挥、违章操作、违反劳动纪律行为的按照项目部《安全生产、文明施工考核奖惩办法》进行处罚；

（7）发生施工作业违反业主、运营或车站单位管理规定的，按业主、运营或车站管理办法进行处罚，罚金与项目部管理办法规定不一致的，以最高罚金进行处罚。

4.3.6 考评实施

（1）考评小组必须严格按照考评细则进行考评，严肃认真地对待每次考评，确保本办法在公开、公正、公平的环境下实施。对违规事件既不纵容也不姑息，既不夸大也不缩小，项目安质部根据各类检查结果，界定责任主体，拟定项目部责任部门或个人书面通报及处罚决定，报竞赛活动领导小组审批后执行；

（2）罚款由个人缴纳的，应收到处罚通报后三日内缴纳，如过期未缴纳，由安质部将处罚通知单交项目部财务部，由财务部统一扣款；

（3）直接责任人对同一问题被处罚 2 次以上的，或确因能力不能满足岗位需要，劝离岗位，进行调岗或清退出场；

（4）各类收缴的罚款连同项目部奖励基款一并作为项目部的各种奖励费用，并接受全体职工的广泛监督，确保资金的收缴在安全、公开、透明的环境下运行。

第 4 篇

实施篇

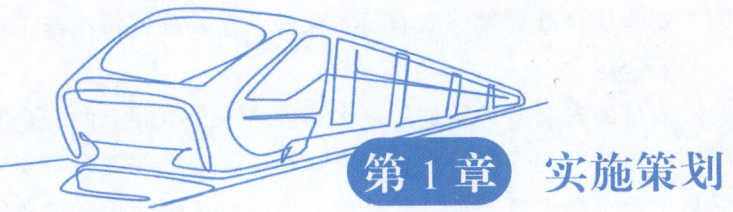

第1章 实施策划

1.1 工程特点

1．既有线改造施工在不停运情况下进行

由于既有线线路是城市公共交通的一条重要命脉,为保证城市公共交通正常运转,既有线信号系统更新改造采用不停运的施工方案进行。这样会给改造施工带来较大的施工难度和较高的施工要求,改造施工要求在非运营时间内作业内容必须完成,且时间紧、任务重,必须确保线路设备安全稳定,保证第2天地铁的安全运营。

2．既有线施工有效作业时间短，作业空间受限

由于既有线改造工程的主要工作必须在非运营时间进行,有效的工程实施作业时间短(一般正常的有效作业时间约 2.5~3 h),新设备在既有线路上施工安装难度较大,行车风险影响大,既有线缆安装路径及预留空间或孔洞较少。既有设备设施的空间占用,室外新装设备与既有设备位置发生冲突时,需进行临时安装,待新旧系统设备过渡倒接时再进行二次就位;新旧室内设备是共用机房,新装机柜预留空间狭窄,个别新装机柜有时受影响而需穿插做临时安装,导致新装设备不能一次性安装就位,从而造成新旧机柜间距较近,存在作业人员施工作业时误碰既有设备从而影响其正常运营的危险。

3．专业接口多，施工组织协调难度大

改造涉及的地铁车站建筑装修、通风空调、消防、低压供电、通信、综合监控、车辆、屏蔽门、防淹门、轨道等多个专业施工接口,需与地铁相关业务维保部门、系统供货商等开展大量的协调配合工作,才能保证项目的顺利开展。因此,信号系统改造方案应尽可能适应既有线其他专业及其他联络线目前预留的接口条件,同时由于其他专业也是既有系统,设备运行已久,接口实施难度较大,为确保接口的顺利实现,必须提前做好接口测试工作,制定专门的接口实施方案。所以改造项目的施工,在作业时间、作业计划安排、人员及机械调度、材料运输及成品保护、既有设备设施防护等方面施工组织难度大,也对项目施工组织水平提出了很高的要求。

4．既有线施工安全防护要求高，安全管理难度大

由于既有线开通运营年限已久,隧道内及地下车站现场情况复杂,制约因素众多。各专业设备使用年限处于一个更新改造阶段,区间照明光线较暗,因此对施工作业的

安全防护要求高。每天的施工安装项目既要做好既有设备保护，还要确保每次施工完毕后新设备不能影响第 2 天的安全运营。

既有线改造同时也给改造项目的安全管理增加了诸多难度。一是空间上的安全问题，包括：设备机房内新旧设备并存，要保证旧设备正常运行，又要完成新设备安装作业；区间隧道新旧设备安装位置重合，需进行拆除更换，同时保证更换后的设备能安全投入使用；车站公共区存放材料与客流组织、人员疏散等都是施工期间潜在的安全隐患。二是施工现场管理安全问题，重点在于天窗点内施工完成后要保证次日运营安全，因为天窗点通常施工时间只有 3 h 左右，必须保证在这个时间内完成从施工进场、施工准备到开始施工、现场清理、检查确认、人员撤场的全过程，施工难度大。三是设备过渡倒接与调试期间的安全问题，部分子系统在改造期间需依靠过渡后的设备来支持日常运营，相比正式设备系统，可靠系数有所降低。

5．设备安装种类多，安装技术要求高，施工工艺繁杂

既有线改造涉及的范围包括车站、OCC 控制中心、试车线、车辆段等的信号设备改造，涉及的施工内容有信号设备房机柜升级改造，车站外围信号设备更换安装，轨旁 ATS、ATP、ATO 信号设备安装，光电缆线路敷设等施工内容。不同的设备安装技术、安装方式不同，导致施工工艺繁杂。根据以往施工经验，对同一类型的设备也存在施工工艺繁杂的现象，如矩形隧道、马蹄形隧道、椭圆形隧道、车站区域、道岔区域及道砟区域等不同的条件和环境下，其安装方式也不同，比如信号机在区间隧道内采用支架方式安装，在车站区域、道岔区域采用立柱安装，在露天地面站采用半高柱安装等多种不同安装方式和工艺，其相应的箱盒安装和电缆引入工艺也不相同。设备安装后有较长的人机磨合期，既有线设备安装完成后当天将接受监理、系统商、业主的功能检查和运营安全考验，且人机磨合期也非常有限，组织安装复杂。

6．车站管线、槽道安装环境复杂、难度大

由于信号系统在车站的管线及槽道主要敷设安装在吊顶内，而既有车站站台与站厅区域各专业的公共管线、桥架比较混乱，现场空间环境又复杂狭小，部分车站原预留管线孔洞不能满足新系统的施工需求，因此在改造施工过程中，为了避免与既有设备、线缆发生摩擦，需在车站顶棚吊顶内重新敷设安装桥架。在确保吊顶高度和吊顶空间满足的前提条件下尽量重新安装敷设桥架，如不满足，则在不影响既有在设备的情况下，利用车站原设计预留管线、孔洞、桥架进行施工。现场管线、槽道的安装过程中，必然会出现与既有管线、桥架发生重叠、交叉、碰撞等情况，需做好相关防护工作；如受既有设备、管线影响不能进行穿越或进入下一道工序施工时，需要由业主、运营、设计、监理、施工单位协商解决方案，因此这也是该工程的一个特点。

1.2 重点工程分析

既有线改造的主要工作内容包含区间光电缆敷设、室内外设备安装、调试配合及既有设备与缆线拆除等。区间光电缆线路工程施工、新信号设备与老信号设备的过渡倒接是项目的重点工程，具体内容如下：

1.2.1 区间光电缆线路工程施工

1. 光电缆工程量大、施工运输困难

1）人工运输

（1）因现场存放区域有限且无法满足整盘电缆囤放，需在库房对电缆盘按照电缆配盘、施工顺序分区域进行电缆裁剪，每根电缆做好封端、标识，盘放于木质托架上便于叉车装车，装车过程中安排专人对叉车进行指挥作业，避免司机叉伤电缆，电缆采用厢式货车进行运输，按照施工需求运输至指定车站入口位置。

（2）从车站入口至车站站台层需采用人工搬运方式，以"一字型"方式进行搬运，每人搬运的重量在承重范围内，搬运过程由专人指挥并在每处拐角安排专人进行防护（加强对既有站厅层、站台层设备保护），站台层距离站台端门较远区域采用平板车进行搬运，距离较近则可由人工搬运至囤放区域，搬运电缆顺序由技术人员根据施工顺序进行安排。

2）机械运输

根据现场调查屯放区域及图纸电缆量，对电缆较多的集中站可采用轨道车进行运输，以便节约人力及时间成本。按照行调命令装车、运输至指定行车区域进行电缆运输卸载。

2. 作业空间受限、施工干扰大

轨行区内安装着通信、轨道、供电、信号、弱电、消防等专业的既有设备、缆线及管线桥架，给新敷设的光电缆预留空间面较小，且部分区域受既有预留管线、孔洞影响导致个别线路路径的光电缆无法通过，特别是车站站台区域，各专业设备比较混乱，施工干扰大。且隧道内光线暗，给施工带来很多困难。

3. 作业时间受限、施工组织要求高

由于是既有线改造施工，只能在夜间运营结束后，申请登记作业点才能进行轨行区施工，且施工有效时间一般只有 3 h。因此，作业时间受到一定限制，如何在有限的时间内完成既定的工作内容，是施工组织的重点。

4. 光电缆工程直接制约着整个系统的调试开通

光电缆线路工程作为传输通道，不仅制约着各种设备的安装配线，更直接制约着各系统的调试开通。光电缆线路工程是既有线改造的重点工作。

1.2.2 新信号设备与旧信号设备的过渡倒接

新旧系统过渡包括设备安装的过渡和调试期间新旧系统设备的过渡。新旧系统的室内设备和站台设备可完全独立设置,其在过渡时存在的技术难度不大,主要技术难点体现在区间设备上。在设备安装阶段,特别是位置有冲突的设备,安装时需要采取合适的施工方法及过渡措施,才能保证新系统设备能顺利安装且不影响既有信号设备的使用。在调试期间新旧设备的过渡,尤其是组织列车上线调试,需要新信号系统完全占用线路资源工作,这就需要采取合理的过渡技术措施,完成新旧系统设备的共存并均能独立工作。

1.3 重点工程施工对策

1.3.1 区间光电缆线路工程施工对策

首先,成立轨行区作业管理机构,专门负责轨行区工程的施工协调、组织和管理工作。设置了专门的轨行区调度,负责作业队、区间轨行区作业的系统工作,并拟在作业队设一名轨行区协调员,负责本区段内轨行区作业的系统工作。轨行管理机构将制定区间缆线工程的详细进度计划及各项保证措施、协调管理方案和措施等。

其次,根据区段划分成立相对独立的光、电缆敷设小组,各小组负责其管段内区间光电缆敷设,同时推行流水作业,确保后续的设备安装工程顺利进行。这样,可根据各区间的施工条件,灵活快捷地组织施工。

最后,为了确保光电缆工程施工保质、保量地按期完成,特制定以下措施。

1. 做好详细的施工调查和准备工作

开工前对轨行区既有线路进行详细的调查,了解既有线路缆线敷设路径、架设方式和防护方式等,制定详细的区间缆线工程的施工方案及进度计划,报监理工程师,由监理工程师、地铁相关部门协商区间施工的衔接顺序和相应的时间安排。

做好详细的施工准备工作,包括人员、机械、材料等,随时准备增加施工作业面进行施工。

2. 增加投入,扩大作业面

在计划给点作业区域少和给点作业有效时间短的情况下,可增加相应的施工机械和人员,有效增加已批复作业区域的作业面,确保施工进度。各区段均紧张时可从公司总部增调人员和机械。

3. 供应物资及时

材料的及时供应是确保工程顺利进行的关键,物资部门将利用信息管理系统软件编制与施工计划相应的月、旬、周、日物资供应计划,提前组织物资供应,保证各项工程的顺利进行。

督促供货商按时供货，加快物资的保管和检验，杜绝不合格品进场，避免造成返工，影响施工进度。

4. 加强协作，减少干扰

施工中，服从业主的统一协调与安排，积极与通信、轨道、供配电、接触网等地铁相关专业维保部门联系，及时上报每阶段每项施工内需配合内容，协商创造较好的施工条件；并严格按照协调结果组织施工，做到最佳配合。

5. 理顺工序、合理安排

精心组织、理顺工序、合理安排区间光电缆工程的施工，减少干扰；施工中，可将整个区间光电缆工程细分为若干个小项目，并成立相应的小组，实现流水化作业，如定测、打眼、支架安装等可形成流水化，而缆线测试和配盘、运输、放缆、上架、接线成端等可形成流水作业，以提高效率，缩短施工周期。

研究制定详细的区间缆线工程的施工方案和施工方法，并在实际施工中进行验证，通过一个区段的实践，总结并借鉴相关承包商先进的施工方法，对制定的施工方案和施工方法进行修订，并按修订后的方案和方法实施。

按照区间光电缆线路工程的施工方案和轨行区作业方案，合理安排人员和机械，确保进度。

6. 加强工序检验制度，避免返工

加强区间光电缆工程的技术管理工作。特别是在测试、配盘过程中，要根据区间的长度进行配盘，避免或减少中间接头，特别是光缆应禁止有中间接头。

严格工序检验制度，避免由于材料、施工质量达不到标准而造成返工，耗工费时，影响整个工程的进度。

7. 加强管理，确保进度

充分利用项目管理软件及网络计划技术，按总工时不变的原则，合理安排资源，有效提高施工机具、人员的利用率，提高总体施工进度。

合理组织，建立相关的奖惩制度，充分调动所有参建人员的积极性。

在施工过程中根据现场情况及上述各项保证措施的执行情况，及时调整组织方案及施工力量，确保光、电缆工程顺利完工。

1.3.2 新信号设备与旧信号设备的过渡倒接施工对策

城市轨道交通既有线正线信号系统更新改造涉及车站、控制中心、试车线、培训中心和维修中心，范围大，工期紧张，并且既有线为白天运营，夜间施工，同时还会涉及新旧系统作业面干扰等因素，因此过渡倒接方案的基本原则为"先室内过渡，再室外过渡"分步开通。为实现新旧设备过渡，使新旧系统在一夜之间完成倒接，直接投入载客运营，可采取以下措施。

1. 车站室内设备过渡倒接措施

因车站室内设备新旧系统在电路上可以保持相对独立性，不存在任何电路逻辑连接和信息交换，室内设备过渡倒接最主要问题体现在新系统设备安装。在既有信号设备室空余面积不能完全满足新系统室内设备正常安装的条件下，将采取以下过渡安装措施：

（1）根据改造施工设计图进行详细的室内设备布置规划，保证既有设备必要的维护空间，尽可能利用已有室内空间进行新系统设备安装；

（2）采取临时移动既有设备、管线桥架位置满足新系统设备安装空间要求；

（3）新设备采取临时安装或采用临时固定和连接方法，满足调试工作基本要求即可；

（4）新设备安装施工时采取必要防护措施，严格保证既有设备安全；

（5）新设备安装无法一次就位时，临时布置的设备要充分考虑二次就位后的安装位置，必免出现无法移动及重新进行线缆连接的情况，且设备间连接线缆预留足够的长度，保证二次就位移动需要。

2. 信号机过渡倒接措施

地铁信号是以车载信号为主体的行车信号，地面信号机只作为一种辅助信号使用，在改造中新信号系统直接控制信号机，可不与旧信号机发生联系。在运营时段内施工调试注意遮挡新信号机显示，不得影响正常行车。在非运营时段新设备联调时，再根据需要取消遮挡物，由司机确认地面信号与车载信号的一致。由于隧道内安装位置和空间有限，在施工时需注意新信号机的安装方法，根据不同环境采取不同的安装方案，原则是不能影响旧信号机显示和避免司机误认信号，并且保证设备安装固定牢靠，安装限界满足设计及规范要求。在轨旁设备安装过程中，设备不能一次性安装就位的情况下，必须考虑二次安装就位的处理方法。

3. 转辙机过渡倒接措施

转辙设备过渡，先提前将转辙机及安装装置进行逐台更换（注：转辙机更换时既有控制电缆暂不做倒接，待新敷设的控制电缆到位，且室内新系统具备控制条件后进行倒接）。室内从分线盘处加装切换开关，分别接通新旧系统室内控制设备，运营时接通至旧系统控制，非运营时段调试时切换至新系统控制。

1.4　难点工程分析

根据信号系统改造工程特点及改造施工难度情况，转辙机及安装装置更换、既有线施工组织实施与安全是改造项目的施工难点。

1.4.1　转辙机及安装装置更换

转辙机是道岔的转换和锁闭设备，直接关系到行车安全，相对于整个信号系统，转辙机和安装装置的更新改造相对独立,是新信号系统与老信号系统的唯一叠加接口。要求在进行转辙机及安装装置更换后,既要保证转辙机机械调试一次到位,又要保证送电试验时室内、外的一致性。

1.4.2 既有线施工组织实施与安全

首先既有线轨行区施工只能在夜间停运时段进行;其次每次夜间停运时段施工时间短;再次夜间停运时段施工的同时,必须确保既有设备不受影响及保证人身安全;最后施工结束后必须做到工完、料净、场地清,不能影响运输系统的正常运转。

因此,既有线施工组织实施与安全是难点工程之一。

1.5 难点工程施工对策

1.5.1 转辙机及安装装置更换施工对策

广州地铁某线正线信号系统更新改造工程中需更换转辙机及安装装置共30组,想要达到改造的目的,新信号系统的每组新转辙设备必须提前安装。要求每组转辙设备更换后于次日投入运营使用,因此在施工过程中的任何失误,都有可能对运营造成影响,所以实施过程中一定要确保其安装牢固、尺寸正确、室内外一致性、密贴调整等关键技术指标满足要求。受隧道内限界的影响,在进行安装装置长角钢更换时,需要地铁线路专业配合抬轨至适当的高度,把角钢抽出,在有限的作业时间内对本项工作准备提出了更高的要求。

转辙机安装装置角钢的更换,考虑角钢打孔所占用消耗的时间较长,因此本道工序放在转辙机更换前进行,但必须认真仔细核对好现场测量数据,避免出现测量错误或是偏差过大无法安装的情况。为此,项目部安排两组工程技术人员分别对全线既有道岔进行测量,测量完成后对两组数据进行比对,两组数据一致,按照最终确定的测量数据进行加工打孔,若测量数据偏差超出范围需两组再次进行测量核对,保证现场测量数据的准确性。

转辙机更换时,由转辙机至终端盒的电缆依旧用既有电缆,待新信号系统的室内外设备安装单调完成,具备过渡条件时,再进行转辙机尾巴线的倒接。因此在进行电缆终端盒配线时暂以既有图为准进行配线。技术人员要核对转辙机新配线图与既有配线图是否一致。转辙机的内部配线在运至现场前完成,运到现场更换时,再次核对既有转辙机内部配线,做到图物一致。

1.5.2 既有线施工组织实施与安全解决对策

1. 施工前的准备工作

根据实际情况编制详细具体的施工方案,并报监理、业主审批。并根据施工方案提前向运营单位申报要点计划。

成立由项目经理、总工程师、作业队长、现场技术负责人组成的现场指挥小组，保证既有线施工指挥得力。

从人、料、机三方面做好充分的准备：组织富有施工经验的、充足的施工人员参加施工，保证所用的施工机械、仪器、仪表及照明设备具备良好的工作性能。

2. 施工过程的控制

严格执行营业线安全管理制度，认真履行请点、登记、消记手续。

施工负责人必须事先向全体施工人员做好安全技术交底，在接到驻站联络员转达的调度命令后，确认施工起止时刻，安排防护人员按规定设置好防护，方可指示施工。

要点施工时，在车站车控室设驻站联络员，施工地点设现场防护员，驻站联络员和现场防护员应由考试合格的人员担当。驻站联络员与现场防护员要保持随时通信的状态，掌握施工现场情况，发现异常及时通知车站值班员和施工负责人。

严格按照施工组织设计方案进行施工，具体工序落实到人，严格控制时间点，确保上下工序之间的衔接紧密有序，保证在有限的时间内完成任务。

确认施工已达到预期目标后，恢复施工地点原貌，由专人按单清理施工用工机具，做到工完料清。

完善各项工程资料，认真做好工程施工总结。

3. 施工中的安全保证措施

对参加施工的人员提前进行安全、技术教育，并做好相关技术交底工作。确保安全员、防护员、特种工作人员及主要技术工种人员持证上岗率达到100%；

所有施工人员劳防用品穿戴整齐、证件齐全。荧光衣、红闪灯及施工进场作业令或外单位施工作业许可单齐整。

施工人员在进入施工区域前，由专职安全防护人员确认所进入作业区域与施工进场作业令相一致，杜绝无计划超范围施工，确保人身安全。

严守"三不动、三不离"的安全制度。三不动：未联系登记好不动，对设备的性能、状况不清楚不动，正在使用中的设备不动。三不离：设备有异状，未查清原因不离，影响设备正常使用，未修复不离，工作完后，未试验好不离。

室内施工时，使用隔离带将施工区域与既有设备区隔离开，防止施工人员误入既有设备区域，确保既有设备安全运转。

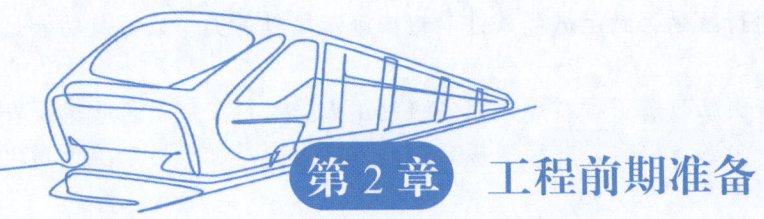

第 2 章 工程前期准备

2.1 施工准备

2.1.1 机构设置及人员、机械就位

项目经理部下设工程部、物机部、安质部、财务部、工经部、综合办公室6个职能部门，全面负责项目的施工、安全、质量、物资供应及施工配合等工作；下设作业队，专门负责项目的施工。

挑选具有类似工程经验的管理人员、技术人员和业务精干的技术工人组成项目部、作业队；技术含量较低的项目，将根据实际情况雇佣部分外协人员来完成。

对于施工所需的施工车辆、工具、仪表等应统一安排调配，由项目经理部组织和落实。所有配备的机械、工具和仪表均应经过检验和接受相关部门的验证，确保其性能良好。

主要管理人员进驻现场时，携带必要的交通工具和机具等，主要进行前期的施工调查、施工以及协调配合工作，其他人员将根据工程的进展情况，随时做好进驻工地的准备。

2.1.2 初期准备

（1）根据业主要求及施工需求，进行项目部临时基地、作业队基地和中心料库的建设，做好三通（水、电、路通）一平（场地平）工作；
（2）与市政、交通、城建、环保和社区等有关部门联系，办理相关手续；
（3）与业主、监理、设计及地铁各专业进行配合、协调。

2.1.3 安全准备

（1）建立健全项目安全规章制度；
（2）组织员工安全教育，安全教育考试合格后申请办理平安卡或广州地铁临时出入证；
（3）建立完善的年度安全教育培训计划；
（4）提交项目所需劳动保护用品用料计划。

2.1.4 技术准备

（1）检查预留管孔、沟槽、设备安装基础坑、设备安装限界等是否符合设计要求，发现与设计不符及时向设计方反应，并与运营相关专业协商处理；

（2）检查车站、轨行区是否满足进场条件。检查施工用具种类、数量及功能是否满足施工要求；

（3）针对信号系统更新改造工程特点，对各级施工人员进行安装工艺质量及安全等方面的培训，建立安全教育档案，并经考核合格，方准上岗参加信号系统更新改造工程的施工；

（4）统计工程数量和设备材料用量，提出备料计划并提供给物质设备部；

（5）按要求办理开工报告，并将相关资料呈报驻地监理工程师和业主审批。

2.2 技术交底与图纸审查

2.2.1 各单位组织的技术交底

参加业主、设计单位、系统供货商对工程单位的技术交底，明确业主的工程要求和设计部门的设计思路、原则及预期目的等，对图纸中不清楚之处，要求相关人员予以澄清。

（1）参加人员。

项目经理、总工程师及项目部主要管理人员。

（2）技术交底内容。

① 业主会同工程设计单位向施工单位提出详细技术要求；

② 工程设计单位详细介绍说明信号系统更新改造工程设计情况和业主要求；

③ 工程设计单位提交信号系统有关图纸包括系统图、各站平面布置图、站场与区间线路径路图等，各方就有关图纸进行确认；

④ 业主、工程设计单位及项目部协商、明确系统施工中不同单位的分工界面，如设备生产厂家安装调试与施工安装调试的分工界面，以免造成纠纷，影响工程整体进度。

（3）资料提供。

① 工程设计单位提供信号系统相关图纸等有关设计文件；

② 业主如有新的设计要求，提供的书面资料。

（4）形成技术交底会议纪要。

2.2.2 技术负责人向施工人员进行技术交底

举行技术交底会，由项目经理主持，技术负责人将业主对工程的技术要求、设计部门的设计思路、原则及预期目的等向施工人员交底，使参加施工的各级管理人员和施工作业人员对自己负责的施工任务及管理要求做到心中有数，从而确保工程质量、工期、安全、成本等管理目标的实现。其主要内容如下：

（1）工程情况、施工特点、施工进度、工期要求。

（2）施工程序及各工序衔接、交叉施工情况。

（3）劳动力组织、施工方法、技术要求、施工中关键问题。
（4）施工材料、设备及施工机具数量和供应情况。
（5）安全质量要求及技术保证措施，质量创优计划安排。
（6）信号系统更新改造工程应遵照执行的有关规范、规程和质量评定标准。
（7）新工艺、新材料、新技术、新设备的施工技术要求。
（8）其他和施工技术、安全质量相关，需要说明的问题。

2.2.3 施工设计文件的复核与审查

项目主管工程师在工程开工前，按审查内容和分工要求认真进行设计文件审查，围绕审查发现的问题及审查结果做出详细记录并汇总整理。审查内容如下：

按照规范要求审查设计图纸是否齐全，工程数量和主要设备材料表中的设备、材料的型号、规格、数量是否与施工图中相符。

设计图是否符合有关规范、标准或技术条件的规定。

设备布局是否合理、正确，线路、径路是否符合规定和实际，两者有无矛盾和相互干扰。

对主体工程有无特殊要求，施工有无困难，能否满足相关要求。

特殊材料、设备，有无相应的技术说明和图纸，生产厂家是否落实。

非定型配套产品是否有加工定型标准图纸和必要的技术要求。

设计文件中是否有完整的施工干扰处理方案和协议纪要，如城建部门批准的线路径路有关文件等。

室内外设备布置及径路走向有无矛盾，安装尺寸有无错误或不当。

特殊施工要求技术上有无困难，能否保证施工质量和安全。

核对施工图纸中设备编号及坐标位置、建筑限界是否符合要求。

核对各种设备、材料的品种、规格、数量及工程数量有无差、错、漏。

核对接线图、配线图有无错、漏。

2.2.4 施工现场调查

在广州地铁某线升级改造过程中，施工现场调查主要从以下几个方面进行，根据调查结果可以发现现场施工可能存在的一些问题，并制订应对措施。该项目具体的调查结果如下所述。

1. 车站配套工程

正线信号系统更新改造工程车站配套工程改造主要涉及正线的联锁集中站，根据现场调查，其主要改造内容有：拆除信号设备室与信号电源室之间的隔墙、移位安装空调、移位安装气灭报警指示器、移位安装电源切换箱、移位安装消防专用控制开关、移位安装照明和插座开关及调整安装静电地板、调整安装天花吊顶、移改风管、安装感温和感烟探测器等工作，并涉及部分信号既有设备的移位安装。配套工程改造涉及专业多，且施工干扰大，既有设备防护要求高，给施工带来一定的风险和困难。

2. 既有车站及设备房

调查各个车站出入口的位置以及从料库到车站的交通情况，从设备卸下地点到安装地点的路径情况，设备房内架空地板、基础结构及接地系统的安装情况，既有设备运行情况，重点掌握预留孔、洞、管的位置及尺寸是否满足信号系统后续新敷设缆线的要求等情况。

3. 既有区间隧道

（1）区间隧道内两钢轨中间存放着备用轨影响后续设备安装；

（2）区间及隧道内无供设备安装用电，只能依靠发电机取电，且照明较昏暗，需自配照明灯；

（3）线路基标标识不全，部分区段无法找到基标，影响后续设备定测；

（4）区间及隧道内既有信号设备老化，个别设备支架已生锈腐蚀；

（5）防淹门电缆过墙孔洞已被水泥堵塞，需疏通；

（6）轨行区站台区域及区间隧道内有部分既有电缆支架腐蚀严重需更换；

（7）轨行区站台区域排水管、消防管等障碍物较多，个别车站受区间送风口影响，原电缆径路需更改；

（8）联锁集中站岔区基坑狭小，无法满足新型转辙机及安装装置的安装；

（9）区间隧道内消防栓引线管因安装弧度较大，影响电缆托架四五层电缆上架。

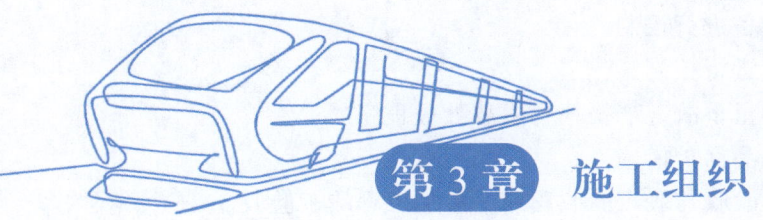

第 3 章　施工组织

施工组织是根据工程的施工特点和施工设计图纸，按照工程项目的客观规律及项目所在地的具体施工条件和工期要求，综合考虑施工活动中人材机、资金和施工方法等要素，对工程的施工工艺、施工进度和相应的资源消耗等作出合理的安排，为施工生产活动的连续性、协调性和经济性提供最优方案，以最少的资源消耗取得最大的经济效益而编制的指导性文件。它是指导施工准备工作，全面布置施工活动、控制施工进度、进行劳动力和机械调配的指引，同时也是对施工活动内容各环节的相互关系与外部联系，对确保正常施工秩序起着有效的协调作用。

3.1　施工组织管理内容

项目管理工程中就该工程的质量、工期、投资、安全、文明施工对业主总负责，实施工程施工的总协调、总管理、总控制，从接收施工场地开始，到项目竣工验收、交付使用，保修期服务，对工程的全过程进行管理和统筹协调，并根据合同要求实施下列工作。

3.1.1　组织管理架构

根据工程特点，设项目经理部，委派具有项目经理资质、并有类似项目经理的项目经理担任。项目经理部对工程的质量、工期、安全、文明施工总负责，对机械设备、材料、人员、资金有调配权利，项目人员服从项目经理领导。

项目部依据工程具体情况，编制工程《质量计划》，建立组织机构并明确职责分工，严格履行管理职责和权限，使之得到有效实施，规范项目质量管理，确保该工程质量目标的实现。

3.1.2　工程质量控制管理

（1）提出明确的质量管理目标，建立一套完善的质量管理组织体系、工作程序。
（2）提出并编制项目工程质量的保证计划与方法措施。
（3）组织施工设计图技术交底，审查施工专业施工单位制订的施工技术方案，提出优化或改进意见。检查设计变更和工程联系单的执行情况，负责处理施工过程中发生的技术问题，并报监理确认后实施。
（4）对施工工序质量进行控制。

（5）对工程材料、设备进行控制。
（6）对工程施工质量进行控制。
（7）负责处理工程质量事故，严格执行事故处理程序。
（8）制订成品和半成品保护措施。
（9）制订工程阶段性验收与竣工验收程序，参加工程竣工验收。

3.1.3　工程进度控制管理

（1）遵照确定的总工期制定工程总进度计划和分阶段进度计划，审查落实制定的工程进度计划、分阶段计划和月进度计划，并送监理审核。
（2）定期组织召开工程例会、协调会，及时分析、协调、平衡和调整工程进度，确保该工程按期完成。
（3）每月提供进度分析报表。
（4）及时向监理和业主提供施工进度有关的信息和存在的问题。

3.1.4　工程组织协调管理

1. 前期工程协调

对工程的地质、水文与气象条件、现场条件及周围环境、材料场地范围、进入现场方法及可能需要的设施进行调查和考察，并根据这些因素对工程的影响和可能产生的风险、意外事故、不可预见损失以及其他情况进行充分的考虑并制定适当的防范措施，以保证工程的顺利进行。

2. 设计协调

参与组织设计交底，负责进行设计、施工方面的工程技术协调。
及时向监理及设计单位书面提出施工图设计过程中可能存在的疏忽缺陷。
出现工程变更的情况时，督促职能部门按照有关的要求做好施工修改，并及时向相关的其他专业传递和反映变更信息。
工程完工后，根据有关规定负责汇总工程竣工图。
负责做好图纸保密工作。

3. 各工序施工的协调管理

明确各工序的施工界面和施工次序，并组织进行施工。处理与各专业工程交叉施工中的技术、质量、进度的协调与管理工作。处理各工序施工过程中的技术问题，并与监理、设计单位联系，对重大的技术问题交业主确认后实施。

3.1.5　施工场地管理

协调解决施工场地与外部联系的通道与路口，满足施工运输要求，保证施工期间的运输畅通。

负责协调施工场地与周围居民、单位和地方管理机构的关系，确保工程建设的顺利进行。

3.1.6 安全生产与文明施工的管理

对工程项目建设过程中的文明施工、安全生产负全面管理的责任。

按照有关条例组织、签订工程的安全协议。督促施工单位文明施工，整个工程现场在施工全过程中符合文明施工工地的要求。

3.1.7 施工资料及竣工资料的管理

负责整个工程施工文件及竣工资料的管理，建立完善的收、发文及竣工资料管理体系。

督促和检查整理编制各类施工及竣工（包括竣工图）的工程技术资料，并负责组织整理、汇编该工程进展过程中的各类合同文件、图纸、技术资料和其他各类工程档案文件资料。

严格按照工程建设档案的有关管理规定，做好收集、整改、汇编工作，装订成册，按要求提供竣工资料。

3.2 项目成本管理

3.2.1 科学合理安排施工工序

（1）严格落实施工计划，施工区段的划分合理，尽量平衡劳动力，充分利用周转材料等资源和机械设备。

（2）通过科学合理安排分区施工，优化施工进度计划，节约工期。在主体工作施工阶段，使其他工序能适时、合理交叉施工和工序穿插，能够在确保工程质量的前提下加快工程进度，缩短施工周期，降低项目管理成本。

3.2.2 重视图纸会审

组织图纸深设计和加工、施工详图设计，加强与设计的协调配合。

（1）在工程施工过程中，工程各方对施工图纸进行认真仔细的图纸会审，减少图纸中存在的各种错、漏、碰、缺，使之能更好地指导施工，减少不必要的返工和拆改，最大程度地降低工程造价。

（2）利用计算机辅助进行图纸深化设计、加工，使之不仅能满足设计要求和使用功能，更能使设计在深度、质量和配套性等方面满足工程的需要。

（3）重视与设计方的协调，尊重设计意图，积极主动与设计协调配合，提出既满足工程质量进度要求又经济节省的合理化建议。

以上3个方面的内容，对降低工程成本造价非常有效。

3.2.3 其他管理措施

（1）加强材料管理，各种材料按计划发放，对工地所进材料按实收数，签证单据。

（2）材料供应部门应按工程进度，安排好各种材料的进场时间，减少二次搬运和翻仓工作。

（3）加强成本核算，做好施工预算及施工图预算，并力求准确，对每个变更设计及时签证。

3.3 项目资金管理

对业主的项目资金采取专款专用制度结合全面预算管理和月成本报季度及成本分析例会制度，使项目决策者及时掌握资金动态，便于节制。项目财力的合理使用，是项目按计划顺利施工的保障，做好项目成本的控制和资金使用是使项目成本降低，提高综合效益的基础。

3.3.1 合理收取工程款

项目部配备专业的统计人员，及时准确地进行已完工作量和计划工作量的统计工作，每月按规定书面报业主、监理审查，以审批数额作为拨付工程款的依据。统计工作原则上准确、及时；对设计变更，按实际的工作量做出增减财务报表，并经审核审定后结算价款。

3.3.2 合理使用工程款

保证项目的资金使用，是保证项目施工生产顺利进行的先决条件。必须做到专款专用。

3.3.3 做好资金协调调度

在计划的基础上，协调调度好项目的资金使用，杜绝因计划不周导致的资金紧张影响生产成本或物资积压，保持资金正常流动。

3.4 与业主、监理、设计、设备管理单位的配合协调

3.4.1 与业主的施工配合

（1）积极配合业主的工作，做好现场管理，随时与业主保持联系，真正做到对业主负责、对工程负责。

（2）积极主动地为业主服务，有效协调工程各方的工作关系，争取相关部门的有力支持。

（3）对工程实施进行科学合理的计划和安排、组织与协调，确保关键线路和主导工期。

（4）在工程进入施工阶段时，拟定每周召开一次的施工协调会议，制订本周的工作计划，解决施工现场及图纸出现的问题，接受业主对施工现场管理的建议和意见。

3.4.2 与监理单位的施工配合

（1）在施工过程中，严格按照监理工程师批准的施工组织设计及施工方案施工，为监理工程师的验收和检查提供方便条件，虚心接受监理工程师的验收检查，并按监理要求进行整改。

（2）所有入场使用的成品、半成品、设备、材料等，均主动向监理工程师提交产品合格证或质量保证书，并按有关规定主动报验出厂检测报告和现场复试报告。

（3）按检验批、分项和分部进行质量验收，严格执行"上道工序不合格，下道工序不施工"的原则。对可能出现的有争议的情况，遵循"先执行监理的意见，后予以探讨和磋商"的原则，以维护监理工程师的权威性。

3.4.3 与设计单位的配合协调

（1）参加由业主组织的设计交底会，掌握设计意图及特殊工艺要求，根据设计要求深化项目部的施工组织设计，编制详尽的施工方案。

（2）协助设计单位完善施工图纸，向设计提交根据总进度计划编制的二次出图计划并积极做好图纸的会审工作。

（3）协助设计确定材料、设备的选型。对施工中可能出现的设计问题应预先提出，并会同设计、监理加以解决。

3.4.4 与设备管理单位配合协调

（1）参加由设备管理单位组织的既有设备管理及既有线施工管理办法规定，了解运营基本管理制度，利于现场组织。

（2）加强与运营单位沟通协调，及时掌握当月行车计划、其他专业作业计划，合理申报作业令，提高施工效率。

（3）及时沟通作业计划，合理配置配合人员，提前进行作业工艺标准及作业风险识别，对配合人员进行交底，确保现场施工安全质量可控。

（4）涉及多专业配合的作业，提前报备设备管理单位，由主管设备管理单位提前向其他涉及专业下发配合通知单，保证各专业间的有效配合。

3.5 对分包单位的协调管理

将分包单位的施工进度纳入总体进度计划，统一协调和管理。对分包商从施工现场管理（施工程序、人员和材料的进出场、施工场地和仓储用地、临时水电、成品保护）、工期控制（加工及安装时间）、工序协调、质量验收、安全管理、相互之间的密切配合等各环节上做到管理及时、到位，实现对工程质量的严格、有效控制，确保工程实现过程精品。

从工程全局利益出发，按合同要求和工程综合进度计划，及时为分包单位提供施工配合服务，确保分包工程施工的顺利进行。

需要明确的是：配合服务必须建立在合同的基础上，如果不在合同义务范围内，但分包施工单位又确需要提供配合时，应优先为分包单位提供帮助，与此同时再与分包单位协商有关协议条款。

3.5.1 现场总体协调管理

（1）充分发挥总承包单位的综合能力，对分包单位进行组织协调、管理到位、解决问题，以确保工程项目的顺利进行，在质量、工期、安全文明施工、成本等方面，全面实现工程的综合管理目标。

（2）分包单位进场施工前，根据相关的管理规定，签订有关安全、消防、环保、临水临电等具体协议。

（3）分包单位进场施工前，向总承包单位提交其施工所需场地面积、部位等的计划，总承包单位根据施工进度计划以及现场实际情况，合理安排施工场地。对于临建设施，要由总承包单位统一规划，统一布置，分包单位必须遵守总承包单位对现场的管理。

（4）总承包单位要合理安排分包单位的施工顺序、设备、材料进场时间、车辆流量控制，以确保现场施工道路畅通。

（5）在施工和管理方面，采用先进的科学管理手段，对工程实施各阶段进行科学合理的计划、安排、组织与协调，确保关键线路和主导工期。

（6）工程施工现场进行封闭，实行"准军事化"管理，由保安值勤，人员、材料、机械设备将严格实行出入证制度。

（7）施工物资进场后，分包单位要在指定的地方卸货堆放，做到条块整齐划一，并在总承包单位的统一协调安排下，按时搬运到施工作业现场。

（8）按照施工总平面布置图布局，结合现场实际情况，提前完成各项临时设施及施工驻地建设，统筹规划和分配分包单位的现场施工用地。

3.5.2 对分包单位施工技术的协调管理

（1）根据总承包单位技术管理的要求，发挥总承包单位计划、组织、指挥、协调和控制功能，积极贯彻国家技术政策和法规。建立良好的项目技术管理秩序，使项目管理过程能符合技术规范、规程，科学、有效地组织各项技术工作的顺利开展，将分包单位的技术管理工作纳入总包单位的技术管理体系中。

（2）总承包单位在接到施工图纸以后，及时组织有关人员熟悉图纸，并将图纸中存在的问题汇总整理，在图纸会审前提交设计单位，在各工序施工前及时解决图纸上存在的问题。

（3）对经业主和监理批准的各级施工组织设计，由工程项目经理部总工程师组织有关人员认真学习并严格执行，随时接受业主、监理的监督检查。分包单位严格按照施工组织设计施工，维护其严肃性。因条件变化而需要修改原设计时，应经原审批人同意。

（4）总承包单位负责分包单位技术方面的协调，满足施工的需要。对于施工中发生的一般技术问题要及时解决，如有重大技术难题，则组织有关方面共同参与解决。

（5）工程施工过程中，分包单位应按照国家有关规定，对隐蔽验收项目进行规划，并在施工方案中予以明确，使总承包单位和监理工程师对隐蔽验收项目做到心中有数。对隐蔽分项工程验收，分包单位先将报验计划、报验资料送总承包单位质量安全部，经总承包单位检查复核后报监理工程师审定。

（6）总承包单位根据施工的实际情况，设置相适应的计量管理机构，分包单位也要配备专职计量管理人员，开展计量工作。总承包单位定期对分包单位的计量工作进行检查，监督分包单位做好计量器具的送检工作，确保工程质量。

3.5.3 对分包单位施工质量的协调管理

（1）通过对工程实施"过程精品"管理，从而创出精品工程。项目部将建立"分级管理、分层控制"的质量管理体系，实施全过程、全方位和全员参与的全面质量管理。

（2）对于分包单位的能力和队伍素质，要严格把关，在选择分包单位时，严格采用招投标制，重点审查施工资质、履约能力、信誉保证、工程业绩、队伍的管理素质和操作水平。并且在施工过程中加强管理层和操作层的规范化、标准化，重视对管理人员尤其是操作工人的培训教育，从根本上使他们对设计图纸、施工规范和操作工艺有更透彻的理解。

（3）对分包单位实施质量管理责任制，明确现场施工质量的各环节责任人，按照责任逐级层层分解，从而保证施工中各个环节的质量。

（4）对分包单位的材料设备进行严格的进场前检查验收。首先是分包单位自检，然后由总承包单位与分包单位联合检查验收，再由监理单位验收。对于重要的材料设备，要由总承包单位、业主、监理共同参与验收，严把质量关。对进入现场的材料设备，达不到质量标准的一律不能在工程上使用。

（5）建立各项质量管理制度和措施，并严格贯彻执行，通过各种手段实施对过程质量的有效管理和严格监控。

（6）严格程序化管理，以严格的程序规范各项质量管理工作。施工作业全面开始前，要将质量控制标准写在牌子上，并注明施工负责人、班组名称等，挂在施工部位，既有利于每一名操作工人掌握和对照执行，也便于监督检查。

（7）要对工程质量进行会诊、讲评、检查和考核，通过分析预测出质量薄弱环节，提前采取预防措施，及时发现问题和不足，总结经验，吸取教训，有针对性地提出质量改进的办法和措施，使工程质量得到持续的改进。

3.5.4　对分包单位施工进度的协调管理

（1）分包单位根据施工总体进度计划编制各项工程详细的施工进度计划。

（2）施工总承包单位与分包单位密切配合，严格要求，将分包单位的施工进度纳入总体进度计划，统一协调和管理，做好总承包服务工作。

（3）总承包单位在现场建立总体控制进度计划、年度计划、季度计划、月计划、周计划等计划控制体系，加强现场信息的传递与反馈，加大对各分包单位的现场管理力度，确保施工现场分包单位在统一指挥、统一调度下，有条不紊地工作。

（4）施工总体进度计划确定后，在施工过程中，总承包单位将定期和不定期地对分包单位施工进度执行情况进行检查，并定期召开现场调度会和协调会，及时解决矛盾，增强协调力度。

3.5.5　对分包单位劳动力的管理

（1）分包单位应将进入现场的施工人员名单及照片向总承包单位申报，由总承包单位行政部审查后办理施工现场出入证。

（2）分包单位要提供劳务人员的三证复印件（身份证、务工证、健康证）及特殊工种的上岗证。

（3）分包单位要有专人负责劳动力的管理，对新入场人员进行安全、消防、文明施工、治安等方面的入场教育。

（4）所有进入现场的施工人员应接受政府职能部门的有关监督检查工作，违反规定者由相关分包单位承担有关责任。

（5）分包单位有责任约束所属员工遵守政府部门发布的有关法律、法规及施工现场的各项规定，确保施工现场施工文明有序地进行。

3.5.6　对分包单位成品保护的管理

（1）总承包单位负责组织实施施工现场的成品保护工作，在整个工程施工阶段做好成品保护工作。各分包单位根据总承包单位划分的各自责任区域，组织安排有关人员做好成品保护工作。避免工程出现交叉破坏而造成返工，材料设备也要控制在合理的损耗范围内，以保证工程的顺利交付使用。

（2）工程施工过程中，总承包及分包单位将投入充足人员专门监督和看管施工作业面，对工程成品保护工作进行统一管理，重点部位设专人昼夜看守，确保施工成品和半成品不受破坏、材料设备不丢失。

3.5.7 对分包单位文件档案、施工技术资料的协调管理

（1）总承包单位将成立专门的图纸管理小组，由专人负责组织、协调整个工程的图纸接受、转发工作。建立专门的图纸管理台账，制定相应配套的图纸管理制度，负责协调、组织图纸的接收工作，及时按专业进行分类并通知分包单位图纸管理人员领取图纸。总承包单位将监督指导分包单位建立自己的图纸接收、发放、变更等管理程序，确保施工图纸的有效管理、正确使用。

（2）如果发生图纸变更事宜，立即通知有关分包单位及时采取相应的变更措施，保证各方使用正确有效的图纸进行施工。总承包单位将协助分包单位就图纸有关问题与设计单位进行沟通工作。

（3）总承包单位加强档案管理工作的建设，安排专职档案资料员，并建立资料收集、管理的组织管理网络。各分包单位也要指定专职档案资料员，按照国家规章制度以及总承包单位的要求，及时收集日常资料和有价值的信息，并做好竣工资料的整理工作。

（4）技术部每月组织检查考核，以保证分包单位的档案和资料管理工作的质量。在专业分部、分项工程结束前，分包单位项目负责人、技术负责人和档案资料员，应对工程档案资料认真自检，并按业主和总承包单位的规定写出档案自检报告，然后交总承包单位审核，为工程验收做好准备工作，验收后一个月内整理完毕交总承包单位汇总。

（5）施工资料的收集、整理、编目等工作要严格执行有关要求，各施工单位应保证工程资料的真实性、完整性和有效性。

（6）竣工档案的封面、卷内目录、装册盒都按照总承包单位统一规定，对资料的分类编号，采用计算机编号系统进行统一编码，以便查询和调阅。

（7）总承包单位负责该工程全部施工资料的汇总工作，分包单位在退场前按有关规定向总承包单位提供其分包范围内的所有工程资料。

3.6 调度计划管理

3.6.1 调度管理在既有线改造工程中的重要意义

在施工过程中，项目调度主要负责协调内外的施工作业点和施工安排，既有线和新线的施工很大不同的一点就是既有线施工需要外单位的紧密配合，尤其是地铁公司运营方的紧密协助。在新线的施工中，施工主体很大程度上取决于项目自身的安排，自身根据施工实际情况自行决定，施工面和施工计划都可自由调配。但既有线施工，施工区域受天窗点的制约，施工时间受限，进入任何既有线的场所区域以及进行任何的施工都需要经运营方的评估及同意。所以整个施工作业需项目调度灵活地去和运营单位、系统商、监理等多方沟通，使得提报的作业点时间、区域、内容合适，以保证施工的正常开展。

3.6.2 调度作业点提报审批

既有线调度工作，除了新线调度的正常工作外，新增最大的内容就是施工计划的提报。要做到能熟练的和地铁运营单位进行作业点的提报对接，协调各项施工，除了对项目本身施工的内容、区域、风险等熟悉外，还需熟悉地铁公司运营单位施工计划的相关管理规定及作业点提报要求。地铁运营单位一般都会设置一个施工计划的管理部门来专职统一对天窗点内的内部检修作业、外单位施工作业等进行统一的协调安排，有着其内部的相关管理制度，各项不同施工，如登高、动火、受限空间等，其制度不同，要求繁杂，要熟悉及全面了解殊为不易，所以与其对接的调度在一个项目上应尽量减少人员更替，才能更好地保证现场施工。

1. 作业点介绍

A 类：指影响正线、辅助线行车的施工。其中开行工程列车、电客车的施工为 A1 类，不开行工程列车的施工为 A2 类，车站、主所、控制中心范围内影响行车设备设施的作业为 A3 类。

B 类：指在车厂的施工。其中开行电客车、工程列车的施工（不含电客车、工程车的检修作业）为 B1 类，不开行电客车、工程列车但在车厂线路限界、影响接触网停电、在车厂线路限界外 3 m 内种植乔木、搭建相关设施及影响车厂行车的施工为 B2 类。

C 类：指在车站、主所、控制中心范围内不影响行车的施工。其中，大面积影响客运、消防设备正常使用及需动火的作业为 C1，其他局部影响客运、消防设备正常使用，但经采取措施影响不大且动用简单设备设施的施工为 C2。

2. 前期准备工作

在正式进场施工前，需按照运营方要求编制施工方案，经审核同意后按照相关规定办理施工许可单，签订安全协议。然后办理好出入证、施工负责人证等，最后同作业点管理部门进行备案及资格审核后，方可开始申报作业点开始进行现场施工。

3. 作业点提报

作业计划根据提报周期一般分为月计划、周计划及日计划。月计划一般提报的是下一个月的 A1 内动车点及运营内部的大型检修作业作业点。外单位施工方的作业一般不涉及行车，所以以周计划为主，在日计划中予以补充调整。如果施工确实需要 A1 内动车的作业点，需提前一个月向作业点管理部门进行申报，经审核后方可进行。外单位一般的施工都以 A2、A3、C1、C2 类的作业点为主，作业点提报前，先需要从运营作业点管理部门索取本月的 A1 类作业批复情况，只有在区间无 A1 类跑车作业点的情况下，外单位方可在该区间申报 A2、A3 类作业点进行区间施工，室内 C1、C2 类作业点可不受跑车区域影响随时进行提报。根据运营跑车计划情况，确定其余可报点区间，再根据施工实际情况，见缝插针，避开跑车区域将自身所需的作业点进行安排，编制施工计划，上报作业点管理部门。一般来说，施工日计划、周计划、月计划都有明确的上报时间及要求，作为项目调度，一定得提前进行计划编制，及时进行上报。

4. 作业点调整及作业令下发

作业点上报完成后，经运营作业点管理部门审核批准，在作业前一天下发作业令，施工方凭借作业令，方可在车站进行登记请点施工，调度上报完作业点后需全程跟进作业点审批情况及作业令下发情况。此外，如果需要删减或者新增作业点，还是根据跑车情况，编制日计划，按地铁公司作业点管理部门要求，一般提前一天进行日计划提报。作业令会由运营作业点管理部门发送至最初备案的指定邮箱。

3.6.3 施工计划管理

1. 施工计划编制

根据当月跑车计划，由工程部根据整体施工进度及阶段性工作计划提前编制下周具体施工计划，详细编制每日计划开展的几项施工内容、每项施工需要运营配合人员、是否需要运营部门提前联系相关专业进行配合等。由调度发运营进行审核。

2. 日施工进度更新与计划下发

由调度每日根据作业层上报完成情况，对当天施工进度进行更新，并通知各专业工程师，由各专业工程师评估是否对下一天作业内容进行调整，统一汇总调度处。由调度提前一天与运营部门对下一天施工内容及配合人员进行对接，确定施工内容及各组配合人员，并将运营关注问题转发各专工，在每日施工交底前交代作业人员。作业当天由调度提前向全员下发当天作业计划，并通知当晚的运营配合人员及告知其联系方式。

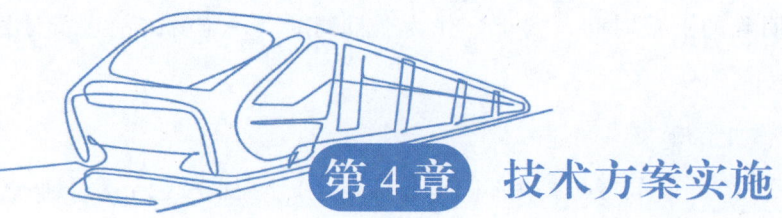

第4章 技术方案实施

4.1 信号设备室改造方案

信号设备室的改造，必须在不影响既有线运营前提条件下运作。务必保护好既有的信号设备，确保在改造施工的同时，设备运营万无一失。信号设备用房改造所采用的砌筑、装修建筑材料，必须满足防火、防盗、防潮、经济、环保、耐用、便于施工与维修，满足现行相关设计等规范要求和风、水、电、信号、结构等专业工艺要求。

为保证更新改造的顺利实施，车站信号设备用房的建筑改造是配合信号系统改造的一部分，为此，根据每个车站的具体情况，对车站内的信号设备室改造有如下几种方案。

（1）既有信号设备室能够满足信号设备更新改造的需求，对既有房间进行孔洞改造和装修改造。

（2）既有信号设备室空间无法满足更新改造要求，有如下3种方案：

① 信号设备室紧邻通信设备室、通信设备电源室或者公安通信设备室等，同属于弱电设备类型的房间，可考虑拆除隔墙，扩充设备安装，调整设备布置后，用防火玻璃分隔。

② 信号设备室近邻布置有车站备品库、更衣室、会议室、值班休息室等对运营影响较小的房间，可考虑征用并调整相关房间布置，满足车站使用功能要求。

③ 信号设备室多设置于站厅层设备管理区，对于有扩建信号设备室需求，站厅层不具备扩建条件而站台层有富余房间具备扩建条件的车站，可考虑在站台层增加信号设备室。

结构专业须落实新系统安装空间的房屋荷载能否满足信号设备的要求。

4.2 室内装修改造方案

4.2.1 主要工作内容

既有线室内装修改造的主要内容有：设备室内既有吊顶天花板和龙骨拆除，既有静电架空地板拆除，地面基层清理，防静电架空地板安装铺设，门槛施工，铝合金吊顶安装。

天花工程：根据各站天面改造装修设计要求和原则，吊顶主要采用轻钢龙骨（二次过度转换龙骨）、铝合金龙骨（厚度：0.8~1.0 mm）吊顶，吊顶型式为 600 mm × 600 mm 明框铝吊顶，吊顶板：600 mm × 600 mm 铝微穿孔吊顶板，板厚 1.0 mm，孔径 1.5 mm，穿孔率 10%，表面白色静电粉末喷涂。

地面工程：根据各站地面改造装修设计要求和原则，拆除设备室内既有地板后重新铺设防静电架空活动地板，地板的品种和规格为：四周支承式架空活动地板 602 mm × 602 mm 防静电钢质架空活动地板，面层采用陶瓷防静电面板；四周支承式架空活动地板包括：基板、支撑、横梁、缓冲垫及所有安装附件。

4.2.2 总体施工方案

装饰装修工程改造的施工组织根据信号设备改造施工工序结合装修施工流程来安排，即不同的专业施工队在不同的改造施工阶段从工作时间上最大程度地、合理地搭接起来，保证此次装修改造工程项目的施工全过程在时间上、空间上，有节奏、连续、均衡地进行下去，直到完成全部施工任务。

由于室内施工环境复杂、空间狭小，提高作业效率、扩大作业面、缩短施工周期是室内装饰装修施工的重点，因此精心组织、精心施工显得尤其重要。针对车站室内装修改造，将根据现场实际情况，在整个施工过程中一丝不苟地认真对待每一道施工工序，采用有效的技术措施、成熟的操作规程、严格的质量检测措施和施工方案去完成每个部位的施工，确保室内天花吊顶安装、静电地板铺设施工进度。总之，在总体上实现施工的连续性和均衡性，讲究施工流程和工艺流程，确保施工质量，降低工程成本，统筹安排各阶段施工任务和保证各工种之间不相互干扰。

4.2.3 室内装修改造施工流程

室内装修改造施工流程如图 4-4-1 所示。

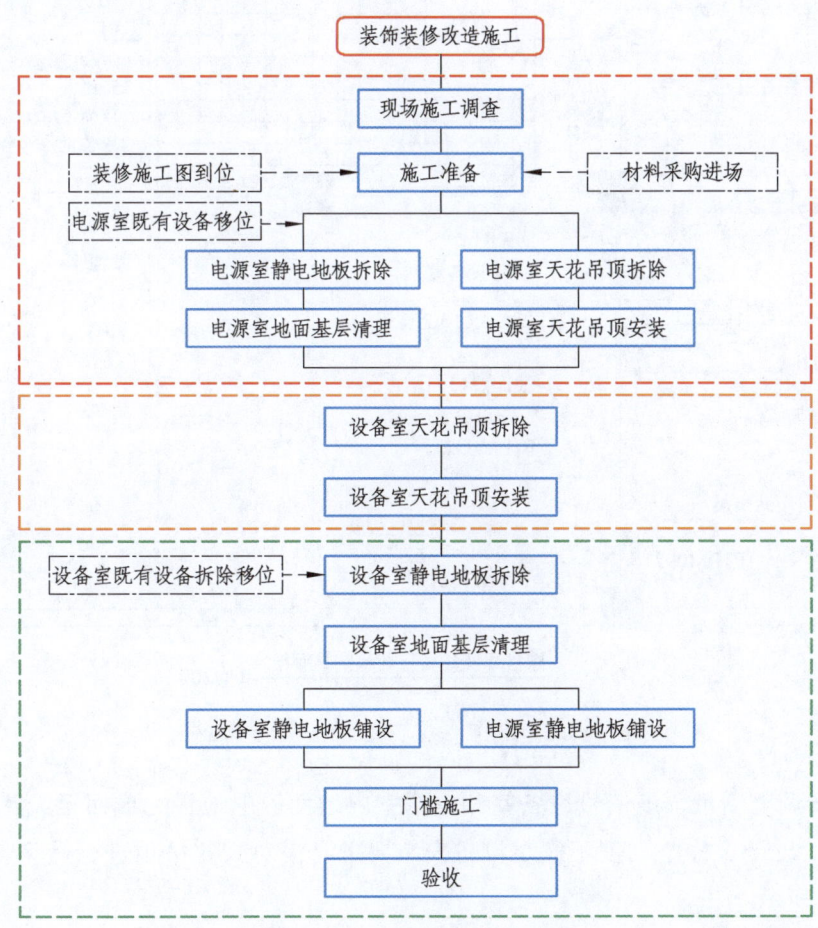

图 4-4-1 室内装修改造流程

4.2.4 装饰装修具体实施方案

1. 室内既有装修布置图及说明

针对如图 4-4-2 所示的某信号设备室、电源室既有平面设计，经现场调查测量，信号设备室和电源室内地面铺设的既有防静电架空地板高度为 170 mm，不满足信号设备安装标准要求，需对地面静电地板进行拆除重新装修。

广州地铁某线某信号设备室、电源室平面如图 4-4-2 所示。

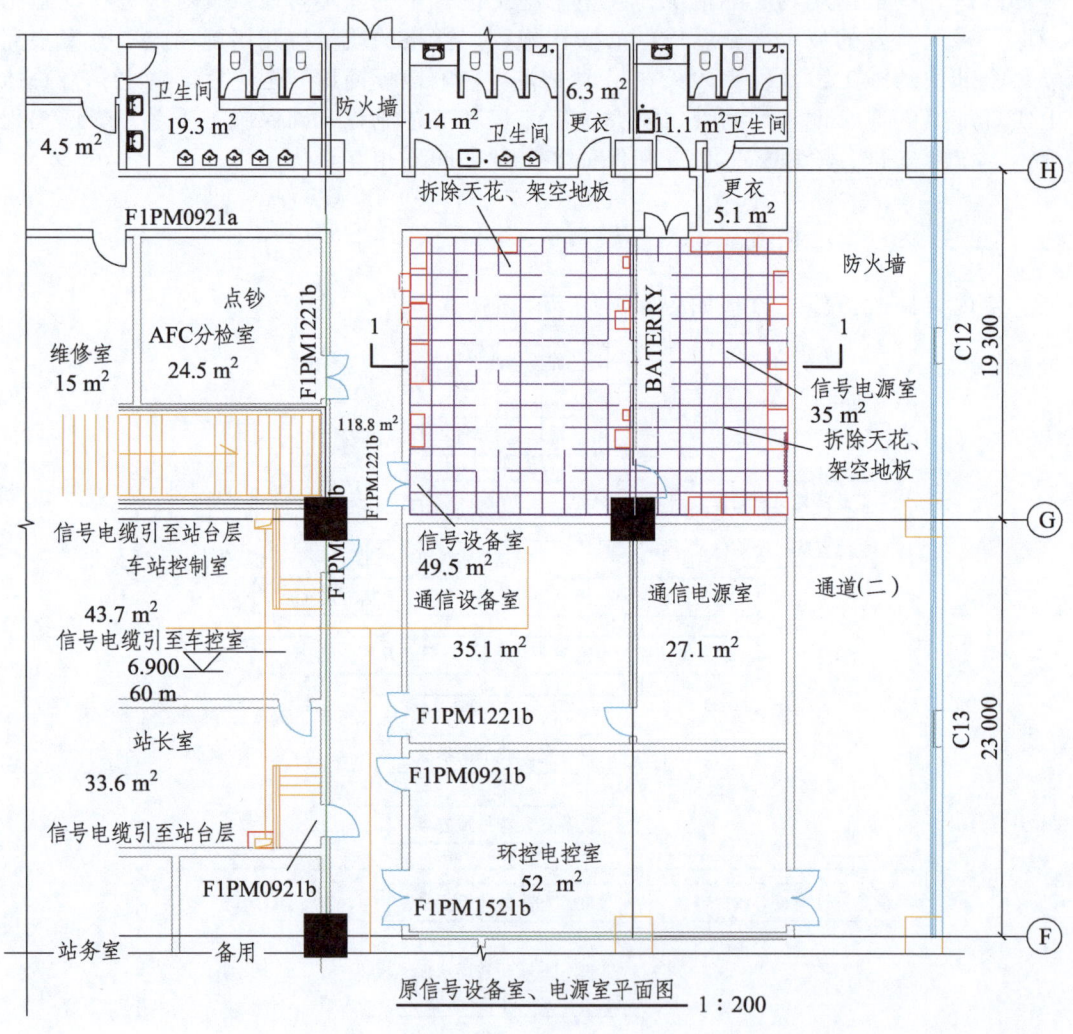

图 4-4-2　广州地铁某线某信号设备室、电源室平面

经现场调查测量，该信号设备室和电源室内地面静电地板完成面至天花吊顶净空高度为 2 350 mm，净空高度不满足设备安装要求，需对天花吊顶进行拆除重新装修。如图 4-4-3 所示。

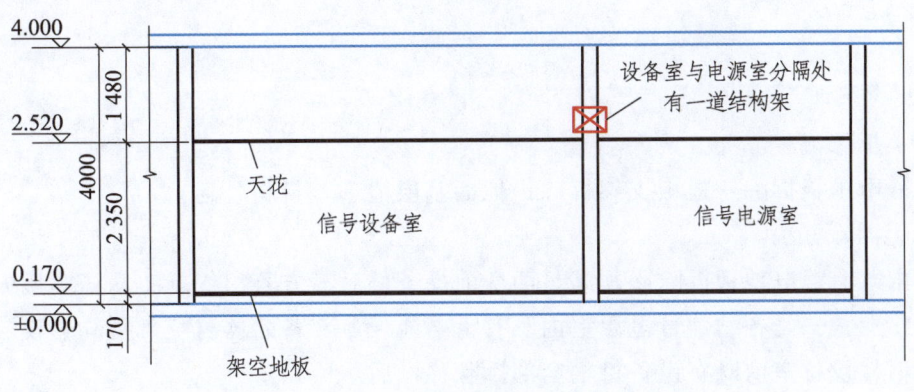

1—1 剖面图 1:200

图 4-4-3 广州地铁某线某信号设备室、电源室剖面

图 4-4-4 为此车站吊顶上方既有风管的安装示意图。

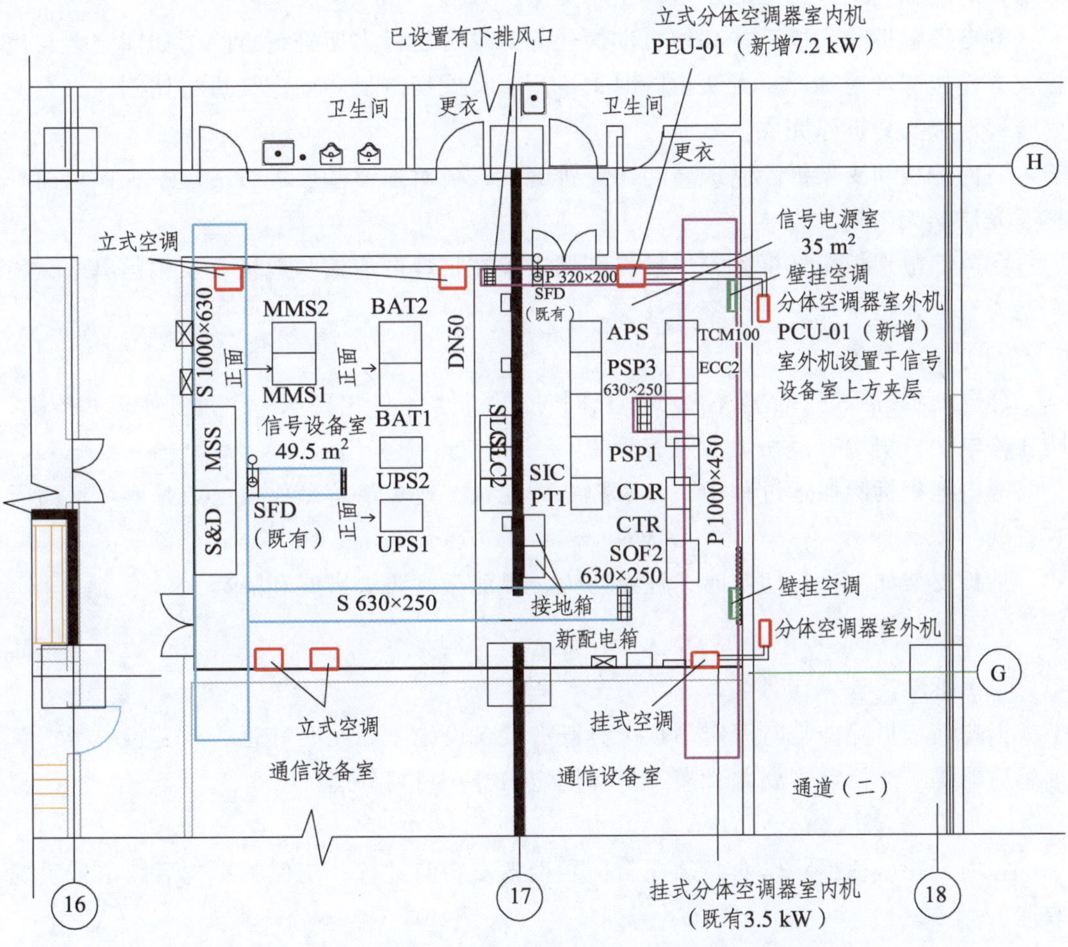

图 4-4-4 广州地铁某线某信号设备室、电源室既有风管安装

2. 既有天花吊顶与静电地板拆除

1）静电地板拆除

（1）拆除流程。

防静电地板拆除→地板支架拆除→地面基层清理→材料外运。

（2）拆除方法。

室内既有静电地板拆除必须满足两个前提条件后，方可组织施工队伍利用人工进行拆除作业：一是各站信号电源室内既有蓄电池设备、备品器材全部拆除移设后；二是各站信号设备室内既有设备机柜全部拆除移设后。

申请作业计划，准备工机具，组织人员进场，在运营人员配合下进行地板拆除作业。

从设备房一角开始，用吸板器将活动地板吸起，逐块开始进行静电地板拆除，拆除下来的地板利用人工搬运至室外空旷地方堆放。

静电地板拆除完成后，利用电动螺丝刀对既有地板支架进行拆除，如固定架与地板支撑连接螺丝锈蚀严重无法拆除时，采用手持式切割机对固定架进行切割，直至室内全部地板支架拆除完成。

室内地板和支架拆除完成，组织安排施工人员对地面基层进行清理，确保地面平整、光洁、无尘土。

室内静电地板全部拆除完毕后，利用人工在将静电地板和地板支架搬运出站，装车运送至运营指定地点进行资产移交。

（3）注意事项。

静电地板拆除时，注意不要多个点同时开始拆除，一定要从一个角开始逐一拆除，防止静电地板坍塌，砸伤地面既有管线。

静电地板拆除搬运过程中，注意抓拿好地板，避免滑落砸伤自己或是砸坏地面既有管线。

地板支架如需进行切割时，注意防火，提前做好防火措施和隔离。

2）天花吊顶拆除

（1）拆除流程。

天花面板拆除→临时固定吊顶上方既有设备设施（如照明灯管、烟雾感应器、温度感应器等）→拆除主副龙骨架→拆除固定吊杆→材料外运。

（2）拆除方法。

室内天花吊顶拆除作业必须在新信号设备安装前进行，确保不影响后续信号系统改造。

申请作业计划，准备工机具，组织人员进场，在运营人员配合下进行天花吊顶拆除作业。

从设备房内选取一个点作为拆除天花吊顶起点位置，拆除时优先选择铝扣板吊顶上无设备的区域。拆除使用 0.8 mm 平口螺丝刀插入铝扣板与龙骨的缝隙内慢慢向下撬动。当拨出一点后再按照相同方法对铝扣板的另一角进行撬动，反复几次后即可将铝扣板吊顶拆开，拆除下来的铝扣板利用人工搬运至室外空旷地方进行堆放。

当第一块铝扣板拆除完成后，在拆除相邻铝扣板时可不需使用工具，用手伸进铝扣板上方均匀用力向下按压铝扣板的四个角即可。

无设备的铝扣板拆除完成后，开始拆除带有设备的铝扣板。在拆除前先将临时吊杆（见图 4-4-5）固定在带有设备的铝扣板旁，之后将铝扣板上的设备固定在临时吊杆上后（确保不影响设备次日正常使用），方可拆除铝扣板。临时吊架具有较好承重能力，固定既有设备的表面平整光滑，无毛刺，满足相关要求。

当铝扣板全部拆除完成，开始进行副龙骨与主龙骨的拆除工作。使用专用螺丝刀将副、主龙骨逐条拆除。之后将吊件逐个拆除，并利用人工搬运至室外空旷地方进行堆放。

吊杆使用膨胀螺丝固定在楼板面上，拆除时利用角磨机从膨胀螺丝底部对吊杆进行切割，直至室内全部吊杆拆除完成。

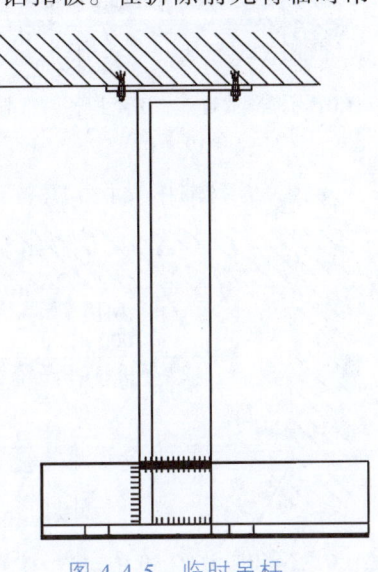

图 4-4-5　临时吊杆

室内既有天花吊顶拆除完成后，组织安排人员对施工现场卫生进行清扫。

（3）注意事项。

天花吊顶拆除时，注意一定要从一个点开始进行拆除，拆除过程中不得野蛮施工，避免损伤吊顶内既有管线、管网与风管等。

拆除过程中必须佩戴好安全帽等劳保用品，防止吊顶跌落造成人身伤害。

吊杆进行切割拆除作业时，注意防火，提前做好防火措施和隔离。

施工现场需用警戒带将既有设备进行隔离，施工人员严禁进入既有设备区域。

3. 天花吊顶安装

由于此站室内净空高度只有 2 350 mm，按照信号设备室室内净空设计要求，必须满足建筑净高 2 600 mm 的要求，因此采用 600 mm × 600 mm 轻质铝板天花吊顶，房间安装面积为 84.5 m^2。吊顶装修安装工程一般采用轻钢龙骨和铝合金龙骨，按其断面形状可分为 U 型龙骨、LT 型龙骨和异型龙骨；按其用途又分为主龙骨、副龙骨、小龙骨、横撑龙骨、边龙骨和配件。

1）天花吊顶安装大样图

经现场调研分析，确定此站天花吊顶与风口衔接安装样图如图 4-4-6 和 4-4-7 所示。

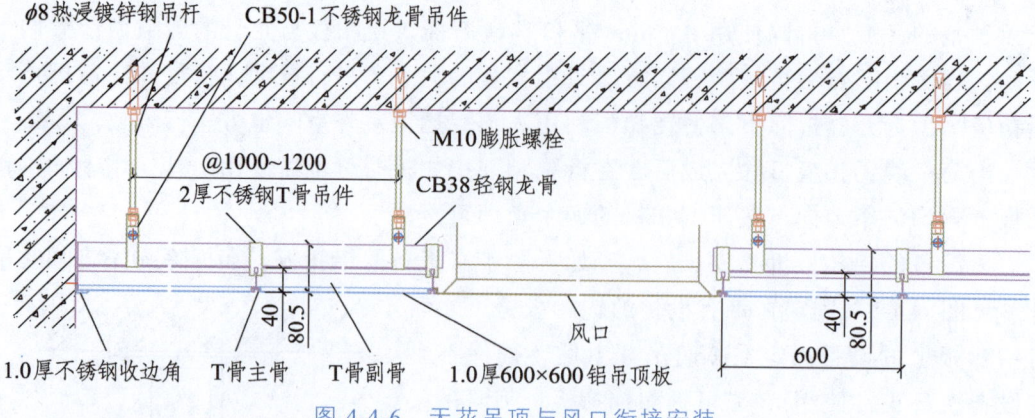

图 4-4-6　天花吊顶与风口衔接安装

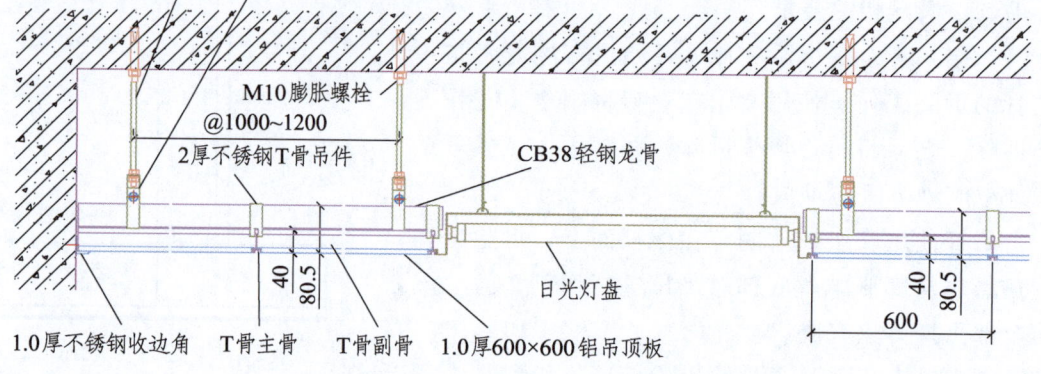

图 4-4-7　天花吊顶与灯具衔接安装

2）吊顶施工工艺流程

申报作业计划→工前准备→吊杆龙骨布置与弹线→固定吊杆→安装龙骨→抬升安装吊顶上方既有设备设施→安装天花面板。

3）施工方法与施工要点

熟悉设计图纸，根据图纸明确各部位尺寸及施工做法，做好接口协调，妥善解决吊顶悬挂与整个建筑设施安装的相互协调，解决吊顶上部障碍物问题。

将吊顶上方顶板基面清理干净。

确定地面基准点量出吊顶标高线，并将标高线弹到墙面或柱面上，同时划分出龙骨的分档线与吊杆固定十字点。

先在楼板在吊杆固定十字点上用冲击钻打孔，植入膨胀螺栓，再将吊杆与膨胀螺栓连接牢固。

图 4-4-8 中，采用膨胀螺栓固定吊挂杆件，吊顶悬挂系统所用材料采用 $\phi 8\ mm$ 热浸镀锌钢吊杆，吊杆间距不得超过 $1\ 200\ mm$。

主龙骨吊挂完成后应基本调平。

吊杆安装完成后，进行吊顶龙骨安装，龙骨分为主龙骨与副龙骨，将主龙骨吊挂在吊杆上，主龙骨间距为 $900 \sim 1\ 000\ mm$，主龙骨应平行房间长向安装，同时应起

 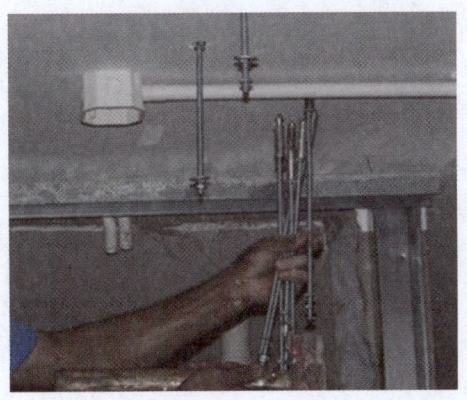

图 4-4-8　天花吊顶与灯具安装施工

拱，起拱高度为房间跨度的 1/200～1/300；两根龙骨间要用吊件将其连接，接好后挂在膨胀螺丝三件套上，待龙骨挂好后，龙骨间的距离要调整好，其距离应与扣板的距离大小一致，如图 4-4-9 所示。

将厂方配的专用次龙骨按照板材模数和设计要求进行分档安装，牢牢固定在主龙骨之上，在其安装完成后用水平尺、直角尺逐一校正龙骨，使之既在同一水平面内，又互相垂直。

龙骨安装完成后，开始安装收边条。可用小木块放在墙面打孔的位置，将收边条处理后挂上即可。如果墙面没有打孔，可用玻璃胶把收边条直接进行固定。

收边完成后，就可以从边上开始安装扣板了，在扣板前用切割机将照明灯具、烟感/温感、喷头、风口等位置切割预留好。

图 4-4-9　天花吊顶与灯具安装施工

安装天花板：整体调平后，确认安装位置将天花板吊挂在次龙骨架上（次龙骨与天花面板一般均有卡扣设计）。

4）注意事项

由于吊顶上方有既有风管、线缆、管线等，所以在安装顶爆螺丝、丝杆与龙骨的时候要注意避让既有设备设施，切勿对既有设备造成损伤。

4. 静电地板铺设

由于部分室内静电架空地板下净空不够，不满足信号设备机柜安装的标准要求，需抬升至 300 mm。

1）静电地板材料技术要求

（1）总体参数。

① 防火等级：A 级；

② 地板板厚极限偏差：±0.3 mm；

③ 地板板幅极限偏差：-0.4 mm；

④ 板面耐磨：10 年以上；

⑤ 规格：602 mm×602 mm，厚度不小于 42.5 mm；

⑥ 防静电瓷砖断裂模数（MPa）：平均值≥35，单块值≥32；

⑦ 防静电瓷砖耐污染性：≥3 级；

⑧ 防静电瓷砖防滑性：极限倾斜角平均值≥12°。

（2）材质要求。

① 厚度不小于 33 mm 的轻质发泡水泥材料，需具有防火 A 级和防潮特性；

② 底板：厚度不小于 0.6 mm 的磷化钢板，并经过防氧化处理；

③ 面板：厚度不小于 10 mm 的陶瓷防静电面板，并具有防火、防静电、耐磨、耐腐蚀、耐酸碱、耐油污、阻燃性、防渗透等特性。板面耐磨耐温：高温达 1 200 °C 其导电性依旧不变，并具有耐磨、耐腐蚀、耐酸碱、耐油污、阻燃性、防渗透性。面板放射性检测要达到国家标准 GB 6566—2010 的要求，即 $IRo≤1.0$、$Ir≤1.3$。铅镉含量检测要达到国家标准 GB/T 4100—2015 的要求，其可溶性铅含量≤20 mg/kg、可溶性镉含量≤5 mg/kg。

④ 周边封闭材料：厚度不小于 0.5 mm，不大于 1 mm 的 PVC 复合材料，并具有防火，导静电等特性。

⑤ 散热通风板的设置：要求散热通风板占地板面积的 20%，基本规格为 602 mm×602 mm，厚度不能小于 42.5 mm；散热通风板为全钢材质，表面为进口静电喷塑，散热板板面开孔面积为单块板面积的 50%。

（3）配件要求。

① 竖支撑架：上支撑面直径不小于 75 mm，金属厚度不小于 3 mm。管壁厚度不小于 1 mm，并配置不小于 1.8 mm 厚的限位垫盖，用以导静电、缓冲降噪。

② 竖支撑架的高度可调整，最大可调整高度不小于 1 000 mm。

③ 下支撑架：采用直径不小于 95 mm 的凸形金属座，金属厚度不小于 2 mm，并具有固定孔。

④ 横支撑梁：应采用金属材料厚度不小于 1 mm，并配有 PVC 限位垫套，用以导静电，缓冲降噪。

⑤ 竖支撑架与横支撑梁的连接工艺必须采用螺丝紧固，支架系统所有金属材料须热镀锌，并达到超强防氧化处理。

2）地板铺设施工工艺流程

地面基层清理→找中、套方、分格、弹线→安装支架和横梁组件→铺设静电地板→清擦和打蜡。

3）施工方法和施工要点

静电地板面层的金属支架应支承在混凝土基层上，铺设前对地面基层进行清理，确保基层表面平整、光洁。

在正式施工前提前联系好车站机电装修专业及信号运营维保人员，在其配合指导下先对地面上的既有电缆进行梳理和绑扎，将两到三根电缆固定在一起。

正式施工开始后在机电装修专业的配合指导下开始进行施工。铺设静电地板时，选一个墙角作为出发点，在墙面上找好水平，按照墙面水平需要高度，用激光水平测定仪打两条平行墙面的光线，两条红外线必须垂直分布。

平行光线打好后，拧好四副支架。确定高度，铺好第一块板，一定要拧紧横梁与支架的固定螺丝，然后用水平尺调平面。

第一块调平后，按光线方向垂直铺设好两排地板。垂直两排地板铺完后，认准一个方向，一排接一排地平行铺设（不能再垂直铺设），直至最后一排（四周都须留一排到最后收尾切割铺设，铺设途中，板面不得任意踩动，以免影响平整度）。

铺完最后一排后，应先固定四周墙角的角铁，再切割四周的地板（角铁的水平须跟已安装好的地板平面水平一致，角铁的背面须有支撑物）。

角铁固定好后，精量需要切割的小块地板面积，然后切割地板铺设。

当静电地板全部铺设完成，经检查其平整度及缝隙均符合质量要求后，即可进行清擦，清擦完成后用棉丝对地板抹蜡。

4）注意事项

如静电地板需预留孔洞，则用石材切割机按照实际尺寸开孔。开孔完成后将孔洞周围打磨光滑，确保在引入线缆时不会造成损伤。

铺设过程中要将地面既有线缆梳理绑扎好，腾出静电地板支撑安装空间，注意静电地板支撑要避开既有线缆，切勿与既有线缆发生碰撞或摩擦，防止线缆损伤。静电地板采用人工搬运，搬运时注意轻拿轻放，以防失手将既有线缆压坏。

5. 门槛施工

放线：根据室内地面架空地板设计铺设高度，弹出地板完成面线，根据完成线进行门槛砌筑施工。

门槛砌筑：根据门槛设计尺寸大小进行砌筑，先砌筑好门槛框，然后再砌筑台阶，最后于砌筑完成后进行砂浆抹面、贴地板砖。

收边：静电地板铺设完成与门槛之间缝隙的收口，采用铝合金封边条进行胶粘收口。

4.3 低压与动照系统改造方案

4.3.1 主要工作内容

动力照明专业主要负责为新增信号电源配电，同时需为新增信号设备用房、既有信号用房等新增照明、空调设备、气灭设备配电，并完成相关的电缆选择和敷设。新增或改建的信号用房，根据新信号设备的布置情况，调整房间内正常照明及应急照明灯具、插座位置，电源引自既有房间或邻近设备用房的工作照明、应急照明及插座回路。低压配电与动力照明改造的主要施工内容为：车站外围管线桥架安装（2个地面站、4个地下站）、电力电缆管线桥架敷设、室内新电源切换箱安装、低压配电柜与电源切换箱电缆配线、室内照明灯具移设安装、既有低压配电系统拆除等。

4.3.2 总体施工方案

车站低压配电与动力照明施工的主要工作是在信号设备室内增加安装一套新低压配电设备，待新设备安装倒接完成投入使用后将既有旧设备拆除及室内照明灯具位置移设。其内容包括：桥架的安装、低压电力电缆的敷设、双电源切换箱安装、低压配电柜端子及电源箱配线、照明灯具移设安装等。桥架根据现场调查情况进行安装，对于既有电缆路径已无法满足新电缆敷设的，需要重新安装桥架槽道，对原电缆径路进行改变。在新电力电缆敷设过程中要避免与既有电缆产生摩擦，径路上的拐角处及穿墙处使用橡胶管进行防护。双电源切换箱安装至墙面上，现场墙壁分为两种：一种为混凝土刷乳胶漆墙面，另一种为离壁墙形式墙面。安装时需要根据现场情况利用不同方法进行施工。低压配电柜及电源箱配线前先对各站低压配电柜接线端子具体位置与接线方式进行调查，查看备用端子是否被其他专业占用等，避免影响后期施工。

由于现场施工环境复杂、空间狭小，提高作业效率、扩大作业面、缩短施工周期是车站低压配电与动力照明改造施工的重点工作。针对此，根据实际情况，合理组织人员和机械，扩大作业面，确保桥架及槽道安装、电源切换箱安装、电力电缆敷设、低压配电柜与电源切换箱安装施工进度。根据各项工程进展情况，及时修订施工方案和施工方法，合理安排各项的施工作业。

（1）车站低压配电改造施工主要分以下几个阶段进行实施：

第一阶段：现场调查测量、编制施工方案。

第二阶段：车站外围管线桥架安装。

第三阶段：低压配电室至信号设备室电力电缆敷设。

第四阶段：室内电源切换箱安装。

第五阶段：低压配电柜与电源切换箱配线。

（2）车站动力照明改造施工主要为分以下几个阶段进行实施：

第一阶段：现场调查测量、编制施工方案。

第二阶段：室内照明灯具移设位置确认。

第三阶段：室内照明灯具移设安装。

4.3.3 低压与动照系统改造施工流程

图4-4-10为低压与动照系统改造施工流程。

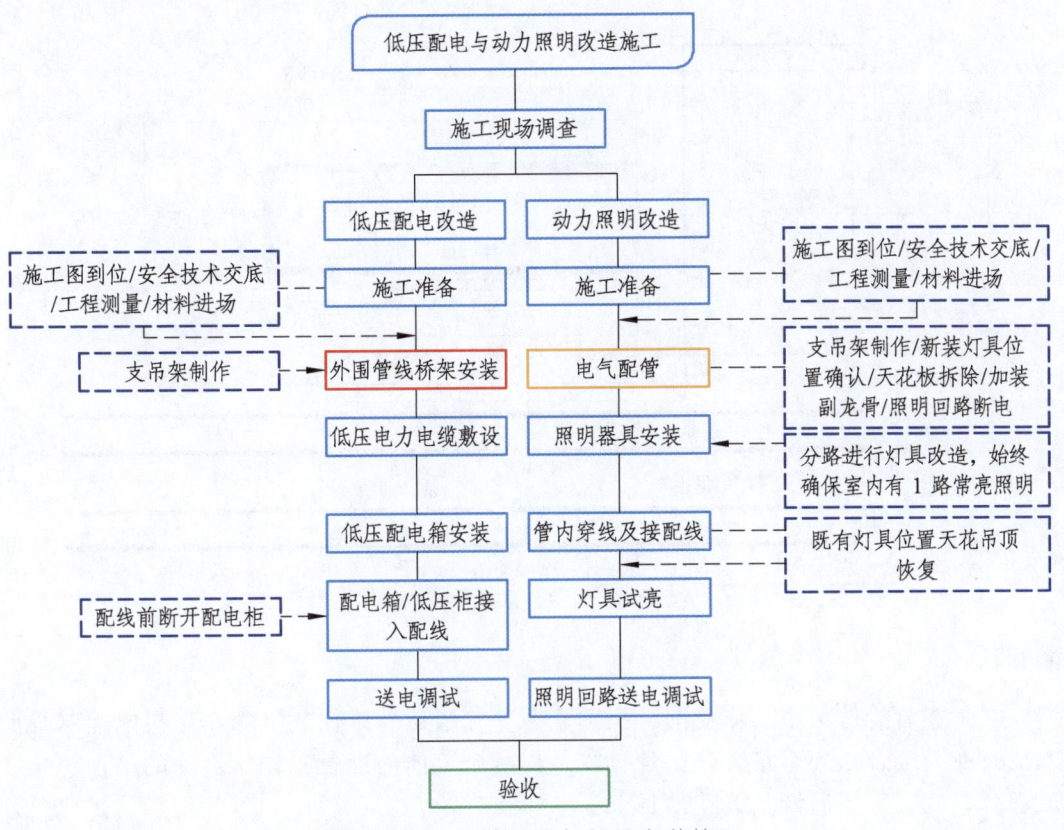

图 4-4-10　天花吊顶与灯具安装施工

4.3.4　低压配电改造具体实施方案

1. 低压配电管线径路示意图及说明

根据现场对广州地铁某线某站既有电力电缆径路的调查可知（见图 4-4-11），电缆通过低压配电室引至站台层设备区走廊吊顶进入照明配电室，经过站台层照明配电室到达站厅层照明配电室内，之后引入公共区吊顶上方进入三站台上方照明配电室，在三站台上方照明配电室引下至三站台进入电缆井，利用电缆井引上至站厅层设备区引入信号设备室。此径路较为复杂，且施工空间狭小，施工风险大。为降低施工风险、优化电缆径路、提高施工效率，我方与运营、监理、设计现场共同确认，并制定了新电缆径路。新电缆径路如下所述：

低压配电室位于一站台，信号设备室位于站厅层设备区。电缆通过低压配电室夹层引至站台板下廊道，经过廊道引出地面轨行区后过轨（过两股道）到达三站台电缆引入口，通过电缆引入口引至站厅层设备区经过走廊吊顶引入信号设备室。

2. 车站外围管线桥架安装

（1）根据前期对现场的调查了解，为了确保电力电缆敷设施工的顺利进行，需要对既有车站进行车站外围管线桥架安装。

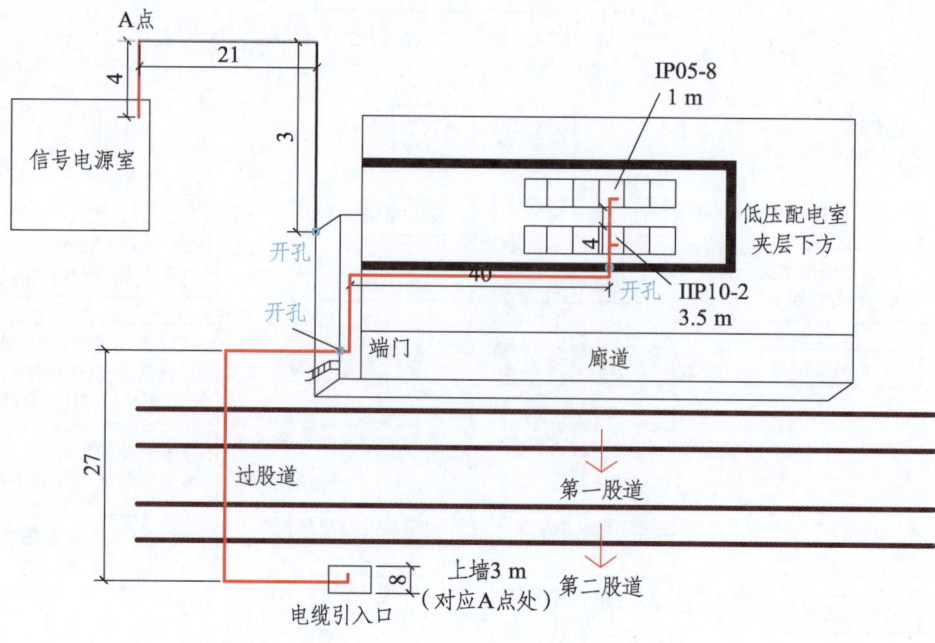

图 4-4-11 某站既有电力电缆径路

（2）在管线桥架施工作业前，提前联系好信号运营维保人员与车站机电运营维保人员，在其配合指导下将天花吊顶拆除，做好施工前的准备工作（拆除的吊顶统一堆放整齐，施工完毕后恢复天花吊顶）。

（3）正式施工开始时，先对管线桥架需要穿墙的位置提前进行墙面开孔，开孔前先将彩条布铺在需要开孔位置处的墙面和地面上，防止在开孔过程中石块掉落污染到墙壁及砸伤地板，如图 4-4-12 所示。开孔时由一人站在人字梯上使用冲击钻进行开孔工作，下方设专人进行扶梯防护。开孔完成后将产生的石块等施工垃圾用编织袋装起来，待施工结束后统一搬运离开施工现场。

（a）冲击钻开孔洞

（b）使用彩条布进行防护

图 4-4-12 管线桥架现场施工使用彩条布防护方法

（4）开孔作业完成后进行桥架安装，桥架安装前，根据支架承受的荷重，选择相应的膨胀螺栓及钻头。确定始端到终端，找好水平或垂直线，沿墙壁、顶棚等处，在线路的中心线进行弹线。

（5）弹线完成后固定不锈钢膨胀螺栓。螺栓埋好后，可用螺母配上相应的垫圈将支架或吊架直接固定在金属膨胀螺栓上。

（6）支架与吊架所用钢材应平直，无显著扭曲。下料后长短偏差应控制在5 mm范围内，切口处应无卷边、毛刺。钢支架与吊架应焊接牢固，无显著变形，焊缝均匀平整，焊缝长度应符合要求，不得出现裂纹、咬边、气孔、凹陷、漏焊等缺陷。

（7）支吊架的规格要求应满足《电气装置安装工程电缆线路施工及验收标准》（GB 50168—2018）的要求。支架与吊架应安装牢固，保证横平竖直。支架与吊架的规格一般不应小于：角钢25 mm × 25 mm × 3 mm。固定支点间距一般不应大于1.5 ~ 2 m。在进出接线盒、箱、柜、转角、转弯和变形缝两端及丁字接头的三端500 mm以内应设固定支撑点。

（8）桥架与支架间采用螺栓固定，在转弯处需仔细校核尺寸。桥架与桥架之间用连接板连接，连接螺栓采用半圆头螺栓，半圆头在桥架内侧。桥架之间缝隙须达到设计要求，确保一个系统的桥架连成一体，可采用伸缩板进行补偿处理。

（9）桥架安装横平竖直、整齐美观、距离一致、连接牢固，同一水平面内水平度偏差不超过5 mm，直线度偏差不超过5 mm。桥架安装时其连接螺母朝外，连接处要牢固可靠。

（10）所有桥架、支架安装连接用各类螺栓必须加装弹簧垫圈。

3. 电力电缆敷设

（1）电缆敷设原则上按照既有电缆径路进行，站厅层设备区强电电缆井至低压配电室利用既有电缆桥架径路进行敷设；站厅层设备区强电电缆井至信号设备室利用新安装的电缆桥架进行敷设，不得高低压电缆混用电缆桥架。特殊车站（××站）电缆径路与原既有径路不一致，从低压配电室至信号设备室都需利用新安装的电缆桥架进行敷设。动照电缆需利用弱电电缆井进行敷设时，应严格遵守规范要求，强弱电缆直线间距必须大于30 cm，并设置独立钢槽进行防护，避免强电电缆对弱电电缆产生干扰。

（2）电力电缆到货后首先裁剪一段电缆送第三检测机构进行检测，其次进行单盘测试，最后对材料进行报验，如图4-4-13所示。

电缆测试步骤如下：

① 按照电力电缆的额定电压选择合适的兆欧表。

② 测量前对兆欧表进行开路试验和短路试验，确保兆欧表灵敏、准确。

③ 分别测量电缆相间绝缘及对地绝缘。测量时将非被测相的所有芯线做好接地，待转动兆欧表的摇柄使转速达到稳定的120 r/min时，摇表指针指示"∞"的位置，然后将被测电缆芯线与兆欧表的"L"端和"E"端相连，此时，兆欧表的指针可能回零位，但应继续转动摇柄指针慢慢随时间的延长向标尺的"∞"方向转动偏向，待仪表指针稳定在某一位置时，开始读数，并做记录。

④ 取得测量结果后,首先将电缆芯线的连接导线取下,再停止摇动兆欧表手柄,并立即对电缆芯线放电,然后再测量电缆的另一相芯线的绝缘电阻,具体如图 4-4-13 所示。

⑤ 测量完毕后,对电缆芯线充分放电以防触电。

图 4-4-13　电缆现场测试施工

(3) 电缆敷设施工作业前,提前将盘好的电力电缆在信号运营维保人员与低压运营维保人员的配合指导下利用人工搬运至站厅层设备区电缆井。

(4) 正式施工开始后,在信号运营维保人员及低压运营维保人员的配合指导下开始施工,先将电缆井的防火泥取出,设备区电缆井站两人将电缆沿爬架向下敷设,站台区电缆井站两人将敷设下来的电缆再送至夹层廊道内(注意在敷设过程中不得与既有电缆交叉),向下敷设时注意避让既有电缆,不得与既有电缆进行摩擦。穿楼板时使用橡胶管防护电缆,防止电缆划伤。电缆送至夹层廊道内后由廊道内的作业人员利用线槽把电缆敷设至低压配电室的配电柜正下方后,按工艺要求制作好电缆头,待低压配电柜停电后,将电缆引入低压配电柜内指定端子进行接线,具体如图 4-4-14 所示。

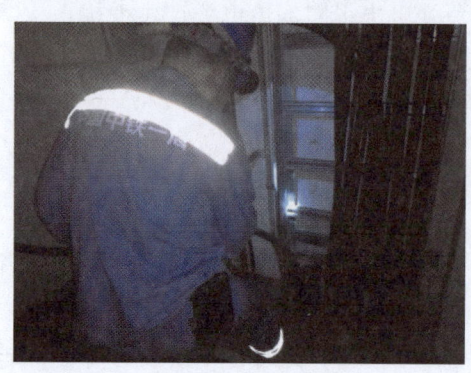 

图 4-4-14　电力电缆敷设施工

(5) 设备区电缆井至低压配电室电缆敷设到位后,开始敷设设备区强电电缆井至信号设备室电缆,利用设备区走廊上方新安装的电缆桥架进行敷设。由于设备区走廊内环境复杂且空间狭窄,作业人员根据现场情况敷设电缆,如走廊吊顶上方有空间,则可站立在吊顶上方进行敷设,站立在吊顶上方敷设时,不得踩踏既有运行电缆、温感电缆及既有桥架等,应寻找承重能力强的支吊架站立。如走廊吊顶上方无空间,则只能利用人字梯上进行敷设。电缆的头端用穿管器带着敷设,桥架上敷设的电缆用黑扎带固定。到达信号设备室双电源切换箱位置后,按工艺要求制作好电缆头,并挂电缆铭牌,待新双电源切换箱安装完成后将电缆引入配线。

(6)电缆敷设施工完成后组织人员统一进行电缆挂铭牌及电缆绑扎。电缆挂铭牌时需对电缆始端、末端、拐弯处、电缆竖井桥架及直线段相距 50 m 处进行悬挂。电缆绑扎时机柜内部和外部线缆必须绑扎。绑扎后的线缆应互相紧密靠拢,外观平直整齐。扎带扎好后,应将多余部分齐根平滑剪齐,在接头处不得留有尖刺。电缆铭牌示例如图 4-4-15 所示。

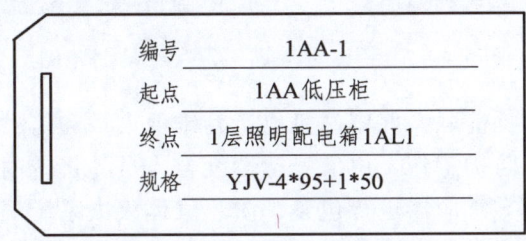

图 4-4-15 电缆铭牌示例

平滑剪齐示例如图 4-4-16 所示。

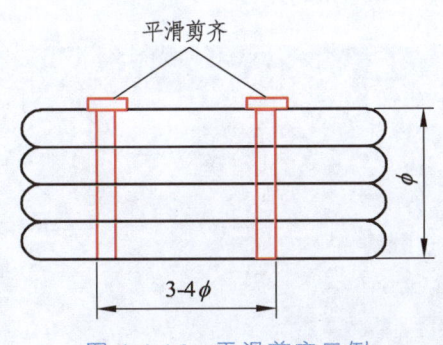

图 4-4-16 平滑剪齐示例

(7)电缆敷设防损措施:电力电缆敷设时,要合理配置施工人员,在敷设过程中尤其注意不得野蛮施工,强行拖拽电缆,防止新旧电缆过度摩擦导致损伤;其次在敷设中,电缆经过特殊部位(如:桥架拐弯处、穿墙孔处、空间狭窄有较为锋利的障碍物处)时,设专人进行盯控防护;最后为防止电缆刮伤或损坏,在过拐弯处和过较为锋利的障碍物时使用绝缘橡胶垫或 PVC 管进行包裹防护,对穿墙孔处的电缆采用镀锌钢槽或钢管进行防护。

4. 电源切换箱安装

(1)一般现场室内墙面分为混凝土墙面与离壁墙形式墙面,如图 4-4-17 所示。如现场室内墙面为离壁墙形式墙面，则需根据配电箱尺寸大小提前对离壁墙进行切割，切割时要注意尽量避开离壁墙上的横梁，整片进行切割，并设置专人配备手提式灭火器防护。切割完成后将电源切换箱嵌入式固定在混凝土墙面上。

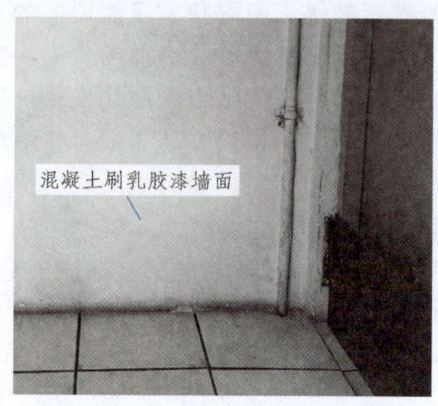

图 4-4-17　离壁墙墙面与混凝土墙面示例

（2）在正式施工前提前联系好车站机电运营维保人员和信号运营维保人员对信号设备室与电源室内进行防护工作，由信号运营配合人员先将室内气体控制盘打为手动状态，使用塑料袋将烟雾感应器进行包裹，防止气体灭火系统误报警。

（3）正式施工后，观察信号设备室电源切换箱固定位置的墙体，如墙体为混凝土结构或砖墙砌筑结构，固定方法采用不锈钢膨胀螺栓，如墙体为空心砖砌筑结构，固定方法采用丝杆固定，如图 4-4-18 所示。

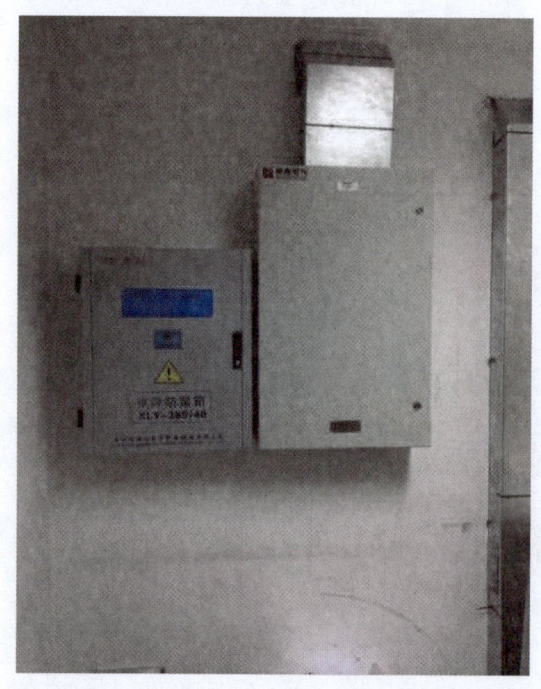

图 4-4-18　电源切换箱安装示意图

（4）弹线定位时，根据设计要求现场找出配电箱位置，并按照箱的外形尺寸进行弹线定位。通过弹线定位，更准确地找出不锈钢膨胀螺栓的位置。

（5）根据弹线定位确定固定点位置，用冲击钻在固定位置钻孔，采用 M10（10×100）不锈钢膨胀螺栓固定时，钻孔深应不小于 6 cm，以刚好将 M10（10×100）不锈钢膨胀管部分埋入墙内为宜，孔洞应垂直于墙面；采用特殊加工丝杆拉固时，钻孔应穿透墙体，并利用螺母、垫片、小角钢等将电源切换箱固定。

5. 低压配电柜及电源切换箱配线

（1）前期根据运营相关专业提供的各联锁站低压配电接线端子进行了调研，对各端子容量和位置进行了现场核实。

（2）正式施工前，提前联系低压配电运营维保人员和信号运营维保人员，将低压配电室需要进行配线的机柜及抽屉的具体位置向施工人员、低压配电专业配合人员、运营维保配合人员进行详细交底，信号设备施工人员、低压配电室施工人员、施工负责人各自携带对讲机进行通信，确保信息畅通、保证施工安全。

（3）由施工负责人进行停电申请，低压配电专业配合人员负责机柜断电处理操作，断电前由信号运营维保人员提前通知该配线柜内其他专业，确保在进行接线的过程中该机柜不带电。低压配电配线施工采用分步施工，逐一进行断电、配线、送电。停电施工过程中需挂指示牌"禁止合闸"，因车站低压配电供给其他专业设备均为两路，不同两路电源不可同时停电，否则会导致其他专业设备电源无法实现两路电源切换功能，造成停电，影响其设备正常运行。因此施工时先进行Ⅰ路低压柜断电，Ⅱ路低压柜正常送电，确保不出现既有设备因停电而无法正常运行的情况。待Ⅰ路低压柜完成配线施工并确认送电无误后，进行Ⅱ路低压柜断电施工。

图 4-4-19　两路低压配电柜

（4）施工人员穿戴齐全绝缘靴、绝缘手套防护用品，停电后先用万用表测量端子是否带电，确认已停电后在低压配电专业和信号运营维保人员的配合指导下进行施工，将提前敷设到位的电缆引至低压配电柜端子上进行配线工作，注意穿线过程中施工人员应均匀用力将线缆穿入配电柜内，不得碰撞配电柜内其他既有设施。配电柜端子用配套铜鼻（DT-50已提前压接试好）按相序压接，并测试电缆绝缘性。接入配线完成后，通知信号设备室施工人员，确认两端设备配线工作已完成，且确认终端电源切换箱内空开处于断开状态，通知低压配电专业配合人员恢复该配电柜供电；注意断电后在空开位置悬挂"禁止合闸"指示牌。第Ⅰ路配线完成且恢复送电后，才能进行第Ⅱ路施工。施工完成后测量两路电源输出电压是否在标准范围值内。配线施工现场示意图如图4-4-20所示。

（a）低压配电柜配线

（b）信号设备室警示标志

图4-4-20 配线施工现场示意图

4.3.5 动力照明改造具体实施方案

1. 电气配管安装

（1）首先在照明灯具移设安装前需与信号运营维保人员现场共同确认新移设位置，确认后进行配管敷设施工。

（2）配管安装原则上根据现场照明灯具移设距离的长度选择性敷设，当现场照明灯具移设位置距离原既有位置较远则需新敷设一段配管与既有配管相连接，将导线穿管接入灯具内。如现场照明灯具移设位置距离原既有位置较近，则使用金属软管防护将导线接入灯具内。

（3）安装配管时一般沿墙、顶板固定和利用支架固定，根据现场尺寸和专业工程师设计支架样图进行支架加工。支架全部采用镀锌型钢制作，焊接后的支架要进行二次镀锌。型钢切割一律采用切割机和手工锯，严禁使用气、焊切割，并要求清理毛刺。

（4）支架安装按照已放线的走向固定，要求同一区域的支架样式一致，固定的方向一致，固定牢固整齐。支架固定采用镀锌螺栓，螺栓直径不小于 8 mm。

（5）配管弯曲半径不小于管外径 6 倍。弯曲弧度应均匀，不应有折皱、凹陷、裂纹死弯等缺陷，切口平整光滑。管材弯扁程度不应大于管外径的 10%。

（6）导管明敷时支架的规格应不小于如下规定：圆钢：直径 6 mm；扁钢：30 mm×3 mm；角钢：25 mm×25 mm×3 mm。

2. 照明灯具移设安装

（1）根据前期对现场调查，车站室内信号设备改造后，新安装的信号设备上方有照明灯具，但依据信号规范要求灯具下方不能垂直对向设备，所以需对灯具进行移位。移位的位置根据现场情况决定。

（2）室内既有照明回路分为不同的两路，在进行灯具移设前，提前联系信号运营维保人员及车站机电维保人员一同确认室内照明回路，并将其中一路进行断电，确保断电后不影响室内正常照明。

（3）移设前先用万用表测量照明回路是否已断电，确认无误后开始移设灯具。移设时施工人员佩戴好绝缘手套及绝缘鞋，并将灯具上接入的火线与零线摘除，用绝缘胶带将线缆头包裹好，做好绝缘处理。线缆摘除后将灯具从吊顶上进行拆除。

（4）在灯具新移设位置安装电气照明装置时，应采用普通螺栓、膨胀螺栓、灯具底座固定。当设计无规定时，固定件的承载能力应与电气照明装置的重量相匹配。

（5）采用钢管作灯具的吊杆时，钢管内径不应小于 10 mm，钢管壁厚度不应小于 1.5 mm。

（6）固定灯具带电部件的绝缘材料以及提供防触电保护的绝缘材料，应耐燃烧和防明火。

（7）安装嵌入式灯具时应注意需先在龙骨上将固定灯具的支架装好。成排光带的灯具与龙骨的分块相协调。引入灯具的导线必须用金属软管保护，金属软管的长度不能超过 0.8 m，不应靠在灯具外壳上。导线在灯盒内留有裕量。灯具边框应紧贴在顶棚面，最后调整灯具的边框与顶棚面的装饰直线平行。其纵向中心轴应在同一直线上。

（8）当灯具距地高度小于 2.4 m 时，灯具的可接近裸露导体必须接地或接零可靠，并应有专用接地螺栓，且有标识。

3. 管内穿线及灯具接配线

（1）管内穿线时，如管路较长或转弯较多，要在穿线的同时往管内吹入适量的滑石粉。两人穿线时，拉送应配合协调。导线在变形缝处，补偿装置应活动自如。导线应留有一定的余度。

（2）穿入灯具的导线在分支连接处不得承受额外压力和磨损，多股软线的端头应挂锡，盘圈，并按顺时针方向弯钩，用灯具端子螺丝拧固在灯具的接线端子上。

（3）灯具内导线应绝缘良好，杜绝漏电现象，灯具配线不得外露，并保证灯具能承受一定的机械力和能可靠地安全运行。

（4）灯具线不许有接头，在引入处不应受机械力。

（5）待灯具安装、穿线、接线完成后再次进行检查，确认无误后通知运营配合人员恢复室内照明回路电源，对移设安装后的灯具进行调试。

4.4 通风空调系统改造方案

4.4.1 主要工作内容

通风空调改造的原则是在不影响既有线正常运营的情况下，尽量利用原通风空调系统，减少拆改工程量。

（1）原机房内新增信号设备：根据新增信号设备发热量核算原机房内空调制冷量是否满足改造后需求，若制冷量不够，则在机房内新增一套多联体空调或分体空调，空调室外机根据车站具体情况确定设置位置。

（2）扩大原机房面积：根据改造机房内设备发热量重新设置一套多联体空调，空调室外机根据车站具体情况确定摆放位置。机房扩容后，机房内送、排风量也将变大，需核算机房内原有送、排风量及风管是否满足风速要求，若不满足，则需重新敷设风管，并且有可能需要更换机房所在系统内的送、排风机。

通风空调改造施工其主要施工内容为：信号设备室室内外空调机安装风管、风口安装、防烟防火阀安装、立式分体空调及防烟防火阀单体调试等。

4.4.2 总体施工方案

由于现场施工环境复杂、空间狭小，提高作业效率、扩大作业面、缩短施工周期是车站室内通风空调改造施工的重点。针对此，将根据实际情况，合理组织人员和机械，扩大作业面，确保立式分体空调安装、风管与风口安装、防烟防火阀安装施工进度；根据各项工程进展情况，及时修订施工方案和施工方法，合理安排各项的施工。

车站室内通风空调改造施工主要分以下几个阶段进行：

第一阶段：现场调查测量、编制施工方案。

第二阶段：防烟防火阀及配线安装。

第三阶段：下排风管、风口安装。

第四阶段：立式分体空调外机安装。

第五阶段：立式分体空调内机安装。

4.4.3 通风空调系统改造施工流程

通风空调系统改造施工流程如图 4-4-21 所示，主要包括了现场施工调查，风管、风口安装，防烟防火阀安装等内容。

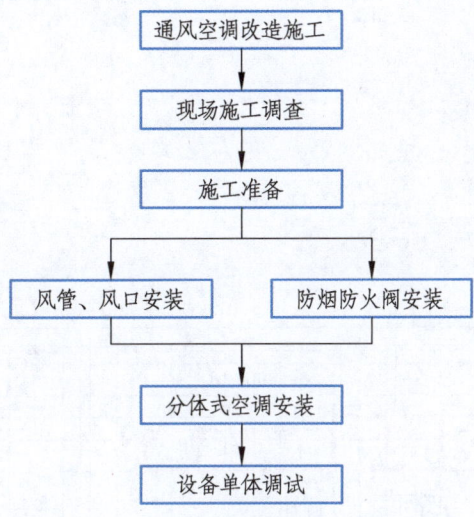

图 4-4-21 通风空调系统改造基本流程

4.4.4 通风空调改造具体实施方案

如图 4-4-22 所示，车站新增一台立式分体空调布放在信号电源室，其室外机位置摆放在信号设备室上方环控机房夹层内。

1. 立式分体空调安装

根据设计图纸对现场进行了调查，各集中站新增分体式空调室内机摆放位置位于信号设备室与电源室内，其位置满足室内机安装要求，且对既有设备及后续新安装信号设备无影响。

1）空调孔开孔

确定好室内机安装位置后，先进行墙面开孔工作。在正式施工前，对需要进行开孔的墙面做好防护工作，在信号运营维保人员的配合下，使用彩条布铺在需要开孔位置处的墙面和地面上，防止在开孔过程中石块掉落而污染墙壁及砸伤地板。再将信号电源室既有设备区域用警戒带进行隔离，并设置防护桩，注明既有设备区禁止施工人员跨越。如图 4-4-23 所示。

立式空调开孔位置根据现场情况确定，开孔前使用金属探测仪对开孔位置进行探测。开孔时需特别注意避开钢筋、结构梁、结构变形缝、施工缝、裂缝、渗漏水点等结构薄弱部位，以防对既有结构造成影响，破坏既有结构稳定性。孔径大小为 60～80 mm。开孔时使用电锤或水钻进行。如图 4-4-24 所示。

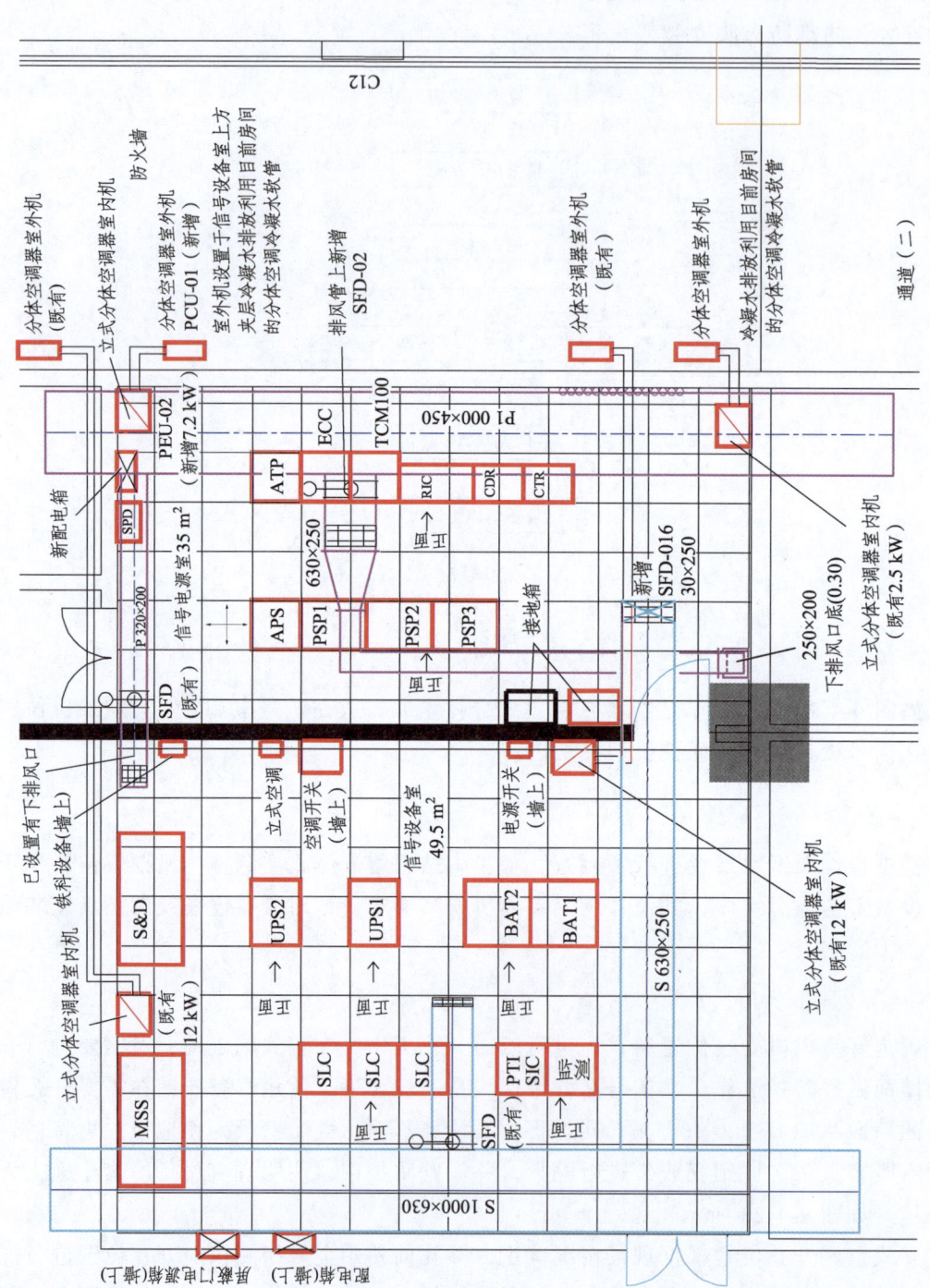

图 4-4-22 某车站室内外空调机布放位置

 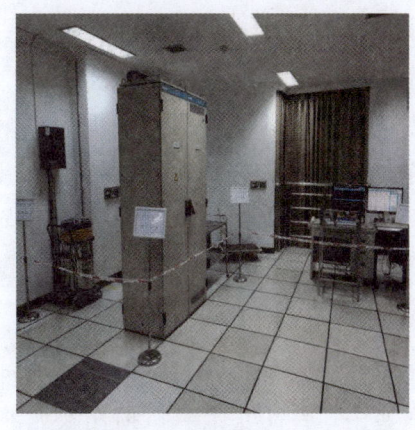

（a）墙面开孔防护　　　　　　　　（b）现场隔离防护

图 4-4-23　通风空调系统施工现场防护示例

图 4-4-24　水钻开空调孔

2）室内机与室外机安装

室内机安装地面必须平整，放置地面后不易倾倒。

室外机安装方法有地面安装固定与墙面安装固定两种。地面安装固定时，安装面应坚固结实，具有足够的承载能力。空调外机下方必须有支架［见图4-4-25（a）］，设备不得直接在地面上开孔固定，必须通过支架固定；墙面安装固定时，应先安装墙上支架［见图4-4-25（b）］，支架采用膨胀螺丝进行固定，且要有防松措施。固定支架的

（a）空调机下支架　　　　　　　　（b）墙上支架

图 4-4-25　水钻开空调孔

膨胀螺丝必须为 $\varphi 10\times 100$ mm（规格）6个（数量）以上。功率 4 500 W 以上的空调器应用不少于 8 个的膨胀螺丝固定。支架固定后其承重力应为机器和安装人员的 4 倍。支架安装固定在墙面后将室外机放置在支架上，并用直径为 10 mm 的底脚螺栓将其固定牢靠，螺栓应从上向下拧，防止因螺母脱落而引起室外机从空中跌落。室外机安装完毕后用水平仪测量，以确保室外机安装位置的水平。

3）室内机与室外机连接配线

将连接线连同连接管捆扎在一起，并确定好与室内机连接长短距离。用包扎带将其均匀包扎好，包扎方向应由室外机向室内机包扎。将包扎好的管道及连接线穿过墙孔进入室内，并防止喇叭口损伤及泥沙进入连接管内。室内机与室外机包扎好的管道及连接线穿过墙孔后使用防火泥对孔洞进行封堵工作。

室外机的截止阀应完全关闭，连接时应从截止阀处拧开螺帽，即刻接上喇叭口。在接管前应用制冷剂冲出管内空气。连接管与室内机连接时，先接低压管，后接高压管。接管时，先将高、低压管慢慢展开，应避免将管子压扁、拆裂。再使连接管喇叭口与接口处在同一直线上，确定将两个接头主体的中心对准，先用手将连接螺帽拧到底部，再用力矩扳手将其紧固。

连接好室内机后，应进行弯曲整形，然后再连接室外机。与室外机连接时，将冷冻油均匀涂抹在二、三通阀的接头与喇叭口上，再将喇叭卡对准二、三通阀的中心轴，先用手将连接螺帽拧到底部，再用力矩扳手将其紧固。

拆开室内、外机接线盒，将电源线及信号线按要求对号入座连接好，当裸线部分完全插入后再用螺丝压紧。

待上述工序完成后，将连接管重新进行整形，并每隔一定距离用管卡固定，防止在机器工作时产生噪音。

空调匹数与铜管长度需满足《单元式空气调节机》（GB/T 17758—2010）的相关规定。

4）室内机排水管安装

室内机排水管采用塑料软管，在将其与机组的接水盘排水管口连接时，要将管口粘牢，并用包扎带缠绕好。

新排水软管与机组的接水盘排水管口连接完成后，若现场既有排水管管径满足 $\varphi 32$ 以上，则将新排水软管与既有排水管相连接，利用房间内既有排水管排放冷凝水。将既有接头处更换为三通接口，新排水软管利用三通接口与既有排水管进行连接，连接完成后进行排水软管密封操作，防止造成漏水现象。

若既有管径不满足，则需新敷设排水管。排水管排水位置与既有排水位置一致，并利用既有孔洞路径敷设。站厅层采用 $\varphi 20$ 或 $\varphi 25$ 镀锌钢管排水，站台层采用 PVC 管排水，既有排水管路径如图 4-4-26 所示。

图 4-4-26　既有排水管路径

5）分体空调取电

分体空调取电上级分为 3 个位置：既有空调电源、照明配电室、环控电控室。

电源与分体空调连接的电源线根据断路器容量选择 3 种电力电缆型号，型号分别为 WDZB-YJY（5*6、5*10、5*16）。

新安装分体空调采用独立断路器控制供电（4P16A），新安装断路器与既有一样采用白色塑料外壳包裹，并使用明装方式安装在分体空调旁边。

明装断路器时，根据现场情况了解现场室内墙面分为混凝土墙面与离壁墙形式墙面。如现场室内墙面为离壁墙形式墙面，则需根据断路器尺寸大小提前对离壁墙进行切割，切割时要注意尽量避开离壁墙上的横梁，整片进行切割，并设置专人配备手提式灭火器防护。切割完成后将断路器嵌入式固定在混凝土墙面上。

安装采用金属膨胀螺栓可在混凝土墙或砖墙上固定断路器。其方法是根据弹线定位确定固定点位置，用冲击钻在固定位置钻孔，孔深应以刚好将金属膨胀管部分埋入墙内为宜，孔洞应垂直于墙面。

空调电源线敷设采用明管敷设方式。利用 $\varphi 25$ 或 40 镀锌钢管防护，钢管沿吊顶上方墙面采用欧姆卡固定。线缆穿入钢管敷设至断路器内。由断路器输出连接至分体空调上进行供电。

2. 风管、风口安装

根据设计图纸对现场进行了调查了解，信号设备室与电源室未设置下排风管及风口。为了满足气体灭火后的灾后排毒气要求，需对各集中站室内既有排风管上增加新下排风管及风口。

1）风管安装

正式施工开始前，联系信号运营维保人员和环控专业人员，在信号运营维保人员的配合下提前做好施工防护准备。使用彩条布搭盖在信号设备室与电源室既有设备上方的机柜顶面，用透明胶带粘粘固定，防止施工过程中产生的灰尘进入机柜内。信号设备室与电源室既有设备区域用警戒带进行隔离,并设置防护桩,注明既有设备区禁止施工人员跨越,见图4-4-27。

正式施工开始后,进行风管、风口安装作业,新安装下排风管与既有排风管连接前,先根据新下排风管尺寸对既有风管进行开口,开口位置与下排风口处及风管排列安装均采用法兰进行连接。为了保证法兰接口的严密性,法兰之间应有垫料(见图4-4-28所示)。法兰垫料不能挤入或凸入管内,否则会增大流动阻力,增加管内积尘。

(a)既有设备防护措施　　　　　　　　　　(b)现场隔离防护

图4-4-27　风管安装防护示意

图4-4-28　法兰垫料

法兰连接时要求用规定的垫料把两个法兰对正,穿螺栓并戴上螺母(螺母要在同一侧),暂时不要紧固,直到所有螺栓都穿上后,再把螺栓拧紧。连好风管应以两端法兰为准,拉线检查风管连接是否平直,如图4-4-29所示。

根据现场情况,既可以将风管按照在地面连接一片的长度进行安装,也可将风管逐节进行连接安装。如图4-4-30所示。

风管安装完成后需用支吊架进行固定,但下排风管无法使用支吊架固定,需利用特殊加工的U形卡(见图4-4-31)固定,U形卡使用膨胀螺栓固定在墙面上。

图 4-4-29 法兰连接

图 4-4-30 风管连接

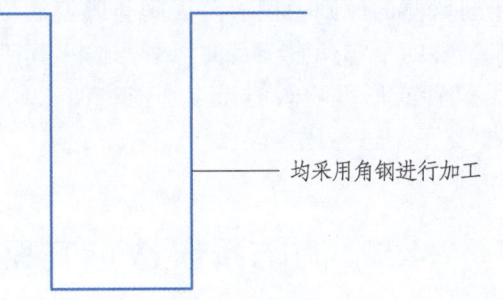

图 4-4-31 U 形卡

2）风口安装

风口等到货后，对照图纸核对风口规格尺寸，以免安装时造成尺寸不匹配无法安装。

安装风口前要仔细对风口进行检查，检查风口有无破损、表面有无划痕等缺陷。安装时在开好尺寸的情况下，调正位置和风叶的方向，使用自攻丝固定即可。

3. 防烟防火阀安装

既有线信号电源室内未设置防烟防火阀，根据设计图纸及气体灭火要求，需在信号电源室内送、排风管上增加防烟防火阀。

如图 4-4-32 所示，在正式施工前在信号电源室既有设备上方使用彩条布搭盖在机柜顶面，用透明胶带粘粘固定，防止施工过程中产生的灰尘进入机柜内。信号电源室既有设备区域用警戒带进行隔离，并设置防护桩，注明既有设备区禁止施工人员跨越。

（a）新装设备防护　　　　　　　　　（b）现场隔离防护

图 4-4-32　防烟防火施工防护示意

根据设计要求，防烟防火阀安装位置分为风口处安装与水平安装。水平安装时需根据图纸确认防烟防火阀安装位置，将确认好防烟防火阀在支管位置处的角铁法兰进行拆除，腾出安装防烟防火阀的空间；风口处安装时按照防烟防火阀尺寸将风口处以上的风管拆除，拆除后将防烟防火阀安装在拆除风管的位置上后恢复风口。

正式施工开始后进行防烟防火阀安装，防火阀体上有法兰连接，在设备出厂时只钻法兰四个角的四个孔，在安装时可以根据施工现场实际情况钻孔。采用角铁法兰时隔 100～150 mm 钻孔，并与风管法兰螺栓孔对应，钻孔之后对孔处采取补锌等处理方式。

按照易熔片处于迎风侧的原则，摆放防火阀与风管的位置，连接风管与防火阀四个法兰角上的螺丝，调整四个螺丝直至目测风管与防火阀平齐，连接其他螺丝。

为防止火灾时因风管变形影响阀门正常功能，防火阀直径或大边尺寸大于等于 630 mm 时，应设独立支吊架进行固定。

4.5　消防系统改造方案

4.5.1　主要工作内容

气体灭火系统改造施工的主要施工内容为：柜式七氟丙烷灭火装置安装、气体灭火控制盘安装、警铃安装、声光报警器安装、放气指示灯安装、手/自动转换按钮及紧急止喷按钮安装、烟感/温感探测器安装、火灾自动报警系统（FAS）接入软件升级等。

4.5.2 总体施工方案

根据项目前期气灭改造初步设计，结合现场调查情况，既有气灭系统管网运行时间较长，在既有管网上进行改造可能造成既有管网故障的风险，且既有管网的各种压力承受参数因时间较长无法保证，在施工过程中出现气灭系统故障时难以区分故障范围，同时既有气灭管网使用时间长，存在一定的老化，在进行打压试验时存在一定的风险。为保障本次改造过程能安全有效地实施，在信号电源室增加全新的柜式七氟丙烷灭火装置，信号电源室与信号设备室作为不同防护区，不改变既有信号设备室气灭系统，信号设备室和信号电源室之间的防火门平时保持紧闭，信号电源室按一个独立的防护区改造。本次改造根据国家最新地铁设计规范及相关要求，主要针对地下信号联锁集中站电源室，地面车站电源室暂不考虑加装气体灭火装置。

综合上述内容，并结合现场实际情况，本次气体灭火改造重点主要集中在室内安装柜式七氟丙烷灭火装置、气灭设备管线布放和接入车站既有气体灭火系统。针对此本书所述项目将合理组织人员和机械，加强区域防护和过程监督，确保气体灭火系统安装及调试的顺利完成。同时根据各项工程进展情况，及时修订施工方案和施工方法，合理安排各项的施工。

车站气体灭火系统改造施工主要分以下几个阶段进行：

第一阶段：现场调查测量、出具设计蓝图、协助向消防主管部门报备、组织施工人员进场、施工材料及机械进场、编制施工方案。

第二阶段：柜式七氟丙烷灭火装置安装。

第三阶段：气灭控制盘安装、警铃安装、声光报警器安装、放气指示灯安装、手/自动转换开关及紧急止喷按钮安装、烟感/温感探测器安装。

第四阶段：气灭设备管线布放及线缆接入。

第五阶段：气体灭火系统接入 FAS 系统。

第六阶段：设备单机通电调试及联合调试。

第七阶段：协助业主方组织消防主管部门进行消防验收。

第八阶段：移交气灭改造安装相关资料及图纸。

4.5.3 施工准备

1. 材料准备

气体灭火系统由报警控制系统和管网系统两部分组成。其中管网部分由气体贮存装置、选择阀、高压软管、集流管、减压装置、压力开关、喷头、气体输送管道、联动控制等组成；报警控制系统由报警装置、警铃等组成等。

报警设备应经国家消防产品质量监督检验中心检测合格，并具有当地消防监督部门颁发的消防产品准销许可证。如果是进口产品，还需要提供商检证明和中文的质量合格证明文件，设备的中文安装、使用、维修和试验等技术文件。

气体灭火控制系统施工前应对所采用的设备及其管材（无缝钢管）、线（缆）材、线槽等按照设计图纸要求进行检查。

电线管必须符合《低压流体输送用焊接钢管》（GB/T 3091—2015）规范的要求，钢管内外表面的镀锌层不得有脱落、锈蚀等现象且其热镀锌厚度≥60 μm。

明敷或暗敷于厚度<30 mm不燃烧体内的电线管表面必须涂防火涂料，确保在火灾状态下能正常工作60 min。

金属线槽外观光滑，无气泡和裂纹等现象。

2. 施工机具

安装器具：手电钻、冲击钻、电工组合工具、梯子、对讲机、卷尺、吊线锤、水平尺。

调试器具：250 V兆欧表、500 V兆欧表、1 000 V兆欧表、万用表、水平尺、对线器、声级计、火灾探测器试验器、电热风筒、对讲机、红外线测温仪。

4.5.4　气体灭火系统总体施工流程

气体灭火系统总体施工流程如图4-4-33所示。

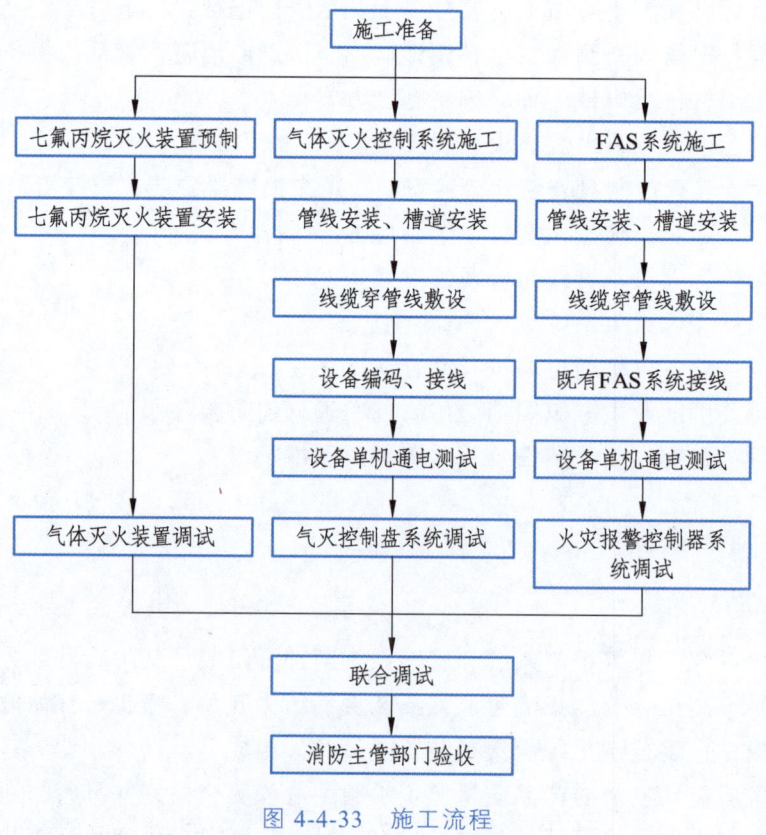

图4-4-33　施工流程

4.5.5 气体灭火系统改造具体实施方案

1. 柜式七氟丙烷灭火装置安装

安装柜式七氟丙烷灭火装置前，先根据柜体在气体灭火设计图纸所标识的位置安装与柜体尺寸一致的底座。

安装柜式七氟丙烷灭火装置时，将柜体固定在防护区内已经安装完毕的底座上，尽量使柜体背部安装在防护区靠墙位置。柜式七氟丙烷灭火装置的喷嘴要基本对准重点保护设备。

将已经预制好的灭火剂储瓶搬进机柜中央，正面（喷子面）向外，并用储瓶抱箍和七字钩固定在柜体上，注意不得压坏柜体。

将喷嘴安装在柜体上部喷嘴孔，喷射方向朝柜外，内部用紧固螺母固定在柜体上。

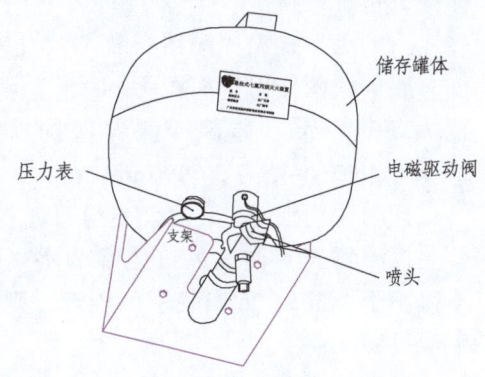

图 4-4-34　电磁悬挂式灭火装置

高压软管带弯头侧接头连接在容器阀灭火剂出口螺纹上，用扳手拧紧，另一侧连接在喷嘴末端螺纹上，用扳手拧紧。

压力信号器调试好后安装在高压软管相应接口上，用扳手拧紧。

压力表安装在容器阀压力表接口上。

将电磁驱动器安装在储瓶容器阀上（应确保在调试完成后安装）。

将压力信号器及电磁驱动器的线路从柜体后预留孔穿出，并与气灭控制盘接通。放线需要使用管线进行防护，避免线缆损伤。

最后检查各个安装连接部位，必须保证固定牢固，管路连接密封良好，线路连接无误。

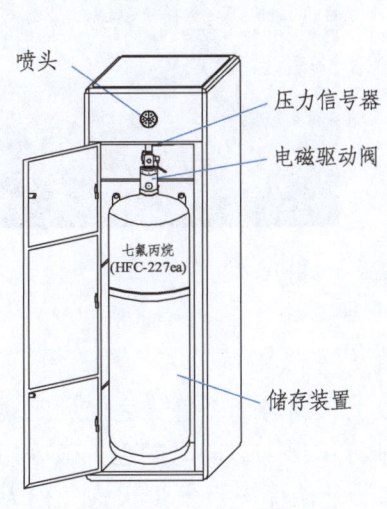 

图 4-4-35　柜式灭火装置

2. 火灾自动报警及联动系统

1）气体灭火系统设备安装

根据设计要求，信号电源室为独立保护区，所以需在信号电源室加装一套新的气体灭火系统设备。

（1）点型火灾探测器安装

感烟探测器保护面积为 60 m²。保护半径为 5 800 mm，感温探测器保护面积为 20 m²。保护半径为 3 600 mm。

探测器周围 0.5 m 内，不得有遮挡物。

探测器至空调送风口边缘的水平距离不得小于 1.5 m，如安装距离较近，则易产生误报警。

探测器必须水平安装，当确需要倾斜安装时，倾斜角不应大于 45°。感烟探测器

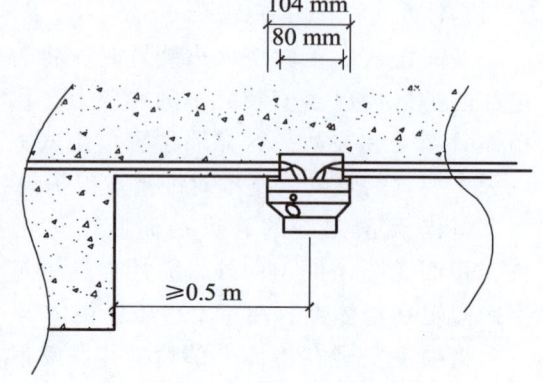

图 4-4-36　点型火灾探测器安装标准

的安装间距不应超过 15 m，感温探测器的安装间距不应超过 10 m，探测器距墙面的距离，不应大于探测器安装间距的一半。

探测器的底座应固定牢靠，其导线连接必须为压接，不能焊接。

探测器底座的外接导线，应留有不小于 15 cm 的余量，入端处挂有明显标识。

探测器在即将调试时再进行安装，在安装前应妥善保管，并采取相应的防尘、防潮、防腐蚀措施。

在探测器安装完成之后至火灾自动报警系统验收之前这段时间，必须将探测器包装盒中所附带的保护罩盖上，以保护探头免受粉尘影响降低产品质量，并导致其寿命缩短。

（a）感烟火灾探测器

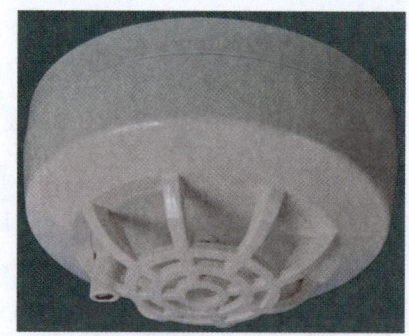
（b）感温火灾探测器

图 4-4-37　火灾探测器

（2）警铃安装。

消防警铃安装高度一般为距地面 2.2 m 以上，同时两个警铃之间的距离不应大于 25 m，消防警铃的按键必须在电源室门外清晰标识出来，同时颜色一般采用红色的醒目颜色。警铃按钮的安装高度一般不超过 1.5 m，确保一旦发生火灾任何人可及时按下按钮。如图 4-4-38 所示。

图 4-4-38 警铃

(3) 放气指示灯安装。

放气指示灯需安装在防护区内,安装位置一般在防护区门的上方,如门上方无空间,则放置在门的侧边如图 4-4-39 所示。

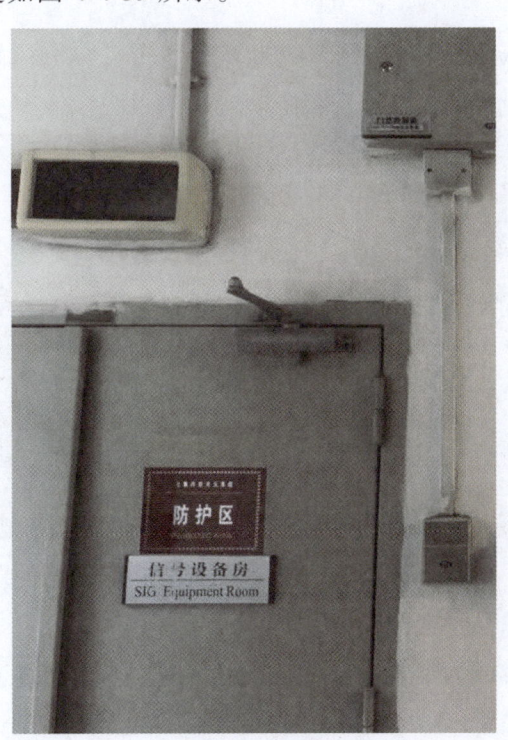

图 4-4-39 放气指示灯

(4) 手/自动转换按钮及紧急启停按钮安装。

手/自动转换按钮及紧急启停按钮采用壁挂式安装,安装位置为距地面高度 1.5 m 处。如图 4-4-40 所示。

按钮安装应牢固,且不得倾斜。

按钮的外接导线,留有不小于 10 cm 的余量,且在其端部设有明显标志。

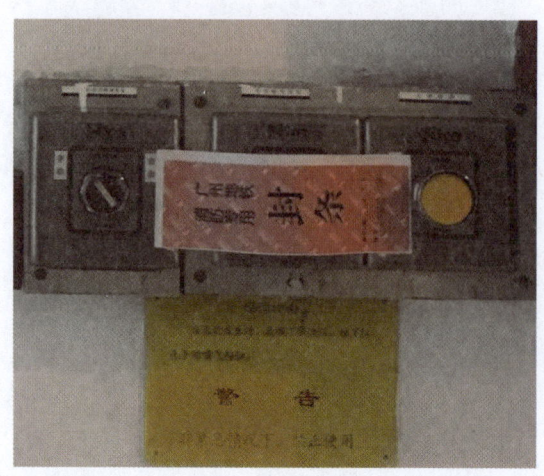

图 4-4-40　手/自动转换按钮及紧急启停按钮

（5）气灭控制盘安装。

气灭控制盘采用壁挂式安装，通过 4 个 M6 不锈钢膨胀螺栓固定在墙面上，如图 4-4-41 所示。

在墙面安装时，底边距地面高度宜为 1.3 ~ 1.5 m。靠近门轴的侧面距墙不应小于 0.5 m，正面操作距离不应小于 1.2 m。安装固定应牢固、水平，不得有倾斜。

图 4-4-41　气灭控制盘

2）气灭设备线缆布放及线缆接入

手/自动转换按钮及紧急启停按钮、声光、放气指示灯等垂直或水平沿墙面明敷设时，线缆均采用金属厚壁电线管保护、线管表面必须涂防火涂料。

气体灭火控制系统布线时根据现行国家标准《火灾自动报警系统设计规范》的规定，对导线的种类、电压等级进行检查。管道穿线前将管内或线槽内的积水及杂物清除干净。在穿线前，将管内的锋利边缘清除干净，避免线路受损。

气体灭火控制系统的布线符合设计的要求以及《火灾自动报警系统施工验收规范》《气体灭火系统施工及验收规范》《电气装置安装工程电缆线路施工及验收标准》和《电气装置安装工程接地装置施工及验收规范》等现行有关规范的规定。

（1）气灭设备线缆布放及线缆接入。

报警回路及 24 V 供电的控制线路可穿入同一根管内，与消防电话通信电缆必须分别独立穿管，不得混乱。所有导线的连接必须在已确认接线端子内完成，每个端子上只能同时容纳两根导线。接线端子箱内的端子为压接的端子板，其接线端子上及导线上应有相应的标号。

在气体灭火控制盘左侧壁挂安装双电源末端切换箱、右侧壁挂安装 DC 24 V/30 A 消防电源箱。在环控电控室引至一组 AC 220 V 电源线（3 根线）到双电源末端切换箱两个输入端。从双电源末端切换箱输出端引至一组 AC 220 V 电源线（3 根线）到气体灭火控制盘交流电源输入端，并再引至一组 AC 220 V 电源线（3 根线）到辅助 DC 24 V 消防电源箱叫交流电源输入端。

在防护区门口内侧正上方设置警铃并引出一组警铃控制线（2 根线）到气体灭火控制盘内。

在防护区门口外侧正上方设置放气指示灯并引出一组放气指示灯控制线（2 根线）到气体灭火控制盘内。在防护区门口外侧的声光报警器引出一组声光报警器控制线（2 根线）到气体灭火控制盘内。在防护区门口外侧的气体灭火远程控制装置（装置包含手/自动切换锁、手动启动/停止锁、手动指示灯、自动指示灯、启动延时指示灯）并拉一组监视控制线（8 根线）到气体灭火控制盘。

防护区内点型火灾探测器（烟感/温感探测器）引出两组探测信号线（4 根线）至气体灭火控制盘。

（2）通风空调设备联动线缆布放及线缆接入。

从通风空调设备联动箱联动输出端引出一组 DC 24 V 控制线（2 根线）到风管防火阀联动端子，引出一路 DC 24 V 控制线（2 根线）到送风机、排风机、空调配电箱消防联动分励脱扣端子。

灭火后的防护区应进行灾后排毒气。信号电源室的通风换气次数应不少于每小时 5 次。排风机采用 AC 220 V 单相轴流排风机，排风机电源开关设置在双电源末端切换箱左侧。从双电源末端切换箱输出端引出一组 AC 220 V 电源线（3 根线）到排风机电源开关输入端，再从排风机电源开关输出端引出一组 AC 220 V 电源线（3 根线）到排风机接线端。

（3）泄压口施工安装。

七氟丙烷气体灭火系统的灭火剂充装在高压容器内，释放后会使得防护区内的压强在短时间内急剧增长，如不做好泄压措施，可能破坏防护区的维护结构，灭火剂不能在防护区内有效保持，达不到灭火效果，因此防护区需要设置泄压口。如图 4-4-42 所示。

图 4-4-42　泄压口

七氟丙烷灭火剂密度比空气密度重,为了减少灭火剂从泄压口流失,因此七氟丙烷灭火系统的泄压口应位于防护区净高的 2/3 以上。防护区设置的泄压口,宜设在外墙上。泄压口面积按七氟丙烷灭火系统设计规定计算。泄压口采用钢板制作,气动打开,无需电气控制装置。

3) 气灭系统接入 FAS

在气体灭火控制器上侧壁挂安装新 FAS 输入模块箱,模块箱内安装有 4 个 FAS 输入模块(监视气体灭火系统的火警、故障、动作和手/自动信号)以及若干个 FAS 输入模块(监视若干个风管防火阀关闭信号)。

从既有就近 FAS 回路引出一组探测信号线(2 根线)到该箱 FAS 输入模块。从气体灭火控制盘中引出四组无源常开触点信号线(每组 2 根线)到该箱 FAS 输入模块。从每个风管防火阀引出一组无源常开触点信号线(每组 2 根线)到该箱 FAS 输入模块。既有 FAS 火灾报警控制器需提供相应数量的备用编码点给新增的 FAS 输入模块,否则 FAS 火灾报警控制器需通过扩容来增加探测回路卡,与此同时需修改 FAS 火灾报警控制器编程内容,增加这些输入模块的注释信息和联动信息。

4.6 室内设备安装方案

4.6.1 主要工作内容

室内改造安装主要包括:正线车站、控制中心、试车线、车辆段内培训中心、车辆段内维修中心等信号设备用房室内各类机柜、机架、工作站、服务器、打印机、电源设备等。

4.6.2 既有线室内设备施工原则

(1)既有室内施工作业前,需对既有设备区域进行围挡封闭,保证新设备机柜安装时不会对既有设备造成影响;
(2)所有施工作业必须在确认给点后方可进行,给点均以当日申报的调度命令为准;
(3)确保行车和人身安全,点内完成施工任务;
(4)施工时加强联系,严禁违章施工;
(5)严格做好"三不动、三不离";
(6)在运营人员的配合下进行施工。

4.6.3 信号设备室内施工方案

正线信号系统车站的室内设备更新改造是利用既有机房,在既有机房内进行新设机柜安装时,既要考虑既有设备机柜的安全防护和日常运营维护,又要考虑新机柜的安装布局。针对既有机房室内设备安装存在的问题,首先要在开工前根据设计图纸对每站每个机房内的现状进行详细的调查,实际测量新装机柜的安装位置,使新装机柜既能满足为既有信号系统设备机柜的正常维护提供操作空间,并尽量减少或避免设备二次改移所带来的风险,制定选出新机柜最优布置方案后,再进行施工。施工流程图如图 4-4-43 所示。根据施工流程,具体分析每个阶段的施工重难点如下。

1. 第一阶段改造施工重难点

1)施工重点:新 UPS 设备调试

本阶段改造施工的重点是新 UPS 设备的调试;在既有室内空调安装完成调试后,室内冷源满足要求后。为使新旧 UPS、电池割接替换顺利实施,必须保证新 UPS 在安装完成后先进行单送电测试,确保设备各项功能正常,其次 UPS 带电空载运行需达到 168 h 后,确认无任何故障方能投入替换旧 UPS 使用。

2)施工难点:新旧 UPS、电池割接替换

本阶段施工难点在新旧 UPS、电池割接替换时,必须要在一个作业点内完成,既要保证当晚割接时全站信号设备负载停电后能顺利上电,又要保证 UPS 割接替换后立即投入使用且不影响第 2 天运营。在施工组织、安全防护方面要求把控必须严格,其次要求对割接替换各环节实施步骤的计划必须详细到位,割接期间涉及所有机柜开关机,难免会对硬件产生冲击,需提前准备备品备件并做好相关技术保障。

2. 第二阶段改造施工重难点

1)施工重点一:室外电缆引入、在设备室内走线及预留量布设

由于既有设备室内空间狭小,室外电缆较多,需要进行合理的室外电缆走向布设,且不能对室内设备走线造成干扰是本阶段室内设备安装的重点。

2)施工重点二:对静电地板下既有室内线缆的防护

既有设备室内静电地板下缆线杂乱,年代久远。在新设备安装时必须对既有线缆进行防护,防止既有设备的正常使用受影响是本阶段施工的重点。

3)施工重点三:室内净空不满足设备安装,需对装饰装修进行改造

若既有设备室及电池室净空不满足新机柜安装要求,在新设备进行安装前需拆除室内天花吊顶,为新设备安装提供足够安装空间,在室内设备期间同步完成通风、气灭等配套工程改造,待室内全部设备及配套工程安装完成后进行相关装饰装修恢复。

4)施工难点:全线新旧系统倒接

本阶段施工难点是全线新旧系统倒接,因是系统全线同时进行倒接,所以在时间上和施工人员组织安排上必须充分计划考虑到位,且在具体分工和实施操作方面,要求所有人员都必须了解清楚各个环节所遇的突发情况、处理方法和措施。

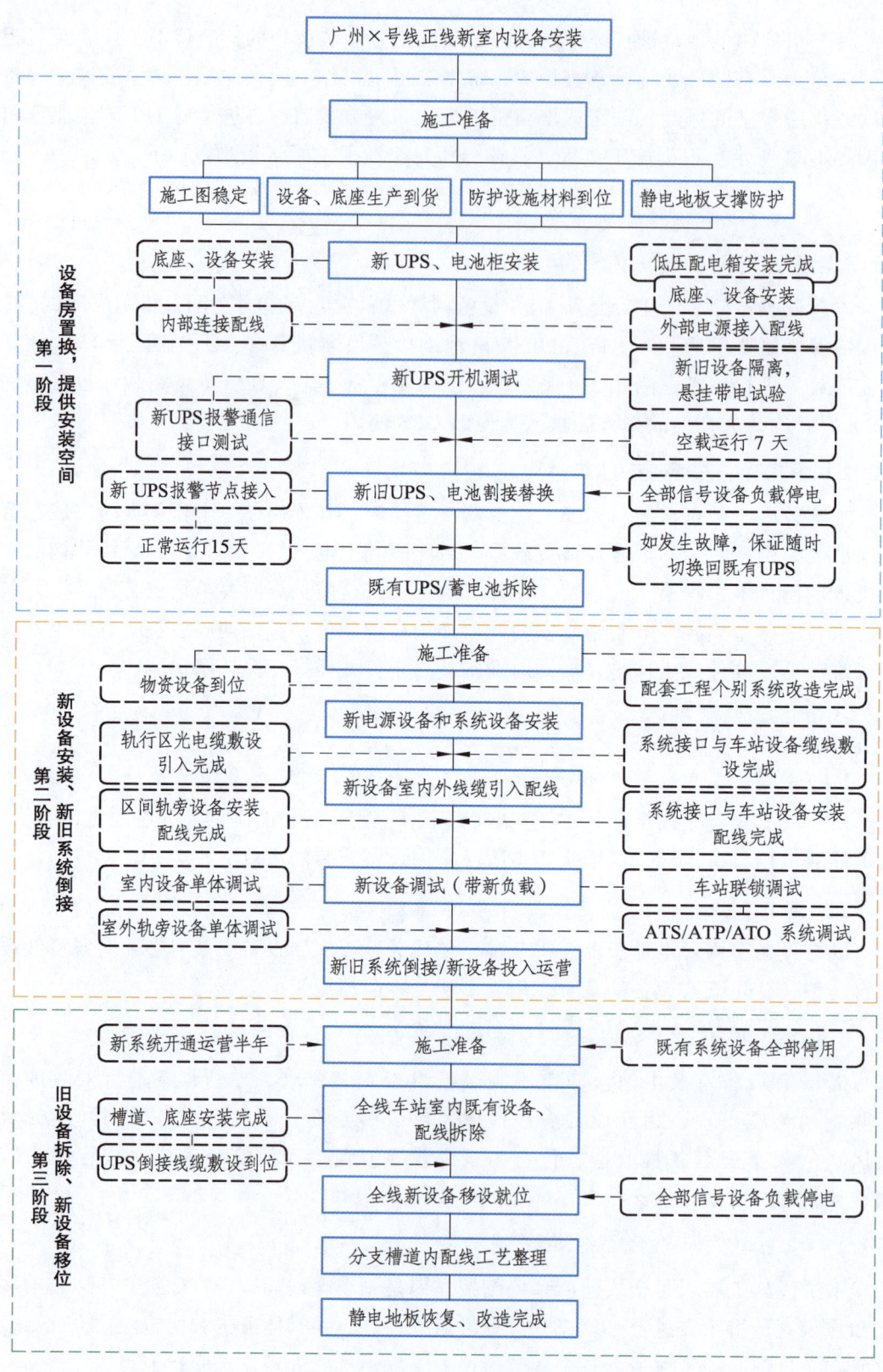

图 4-4-43 室内设备安装施工流程

3. 第三阶段改造施工重难点

1）施工重点：新设备移位安装

本阶段的施工重点在新设备移位安装，全线是否能顺利改造完成这是最后关键的一步，在室内全部既有设备拆除移走后，利用新的空间将改造阶段临时安装的部分新设备移设至设计指定位置上，这就要求在移设时必须考虑到设备移位后的所有线缆连接，既要保证设备按时安全移设安装到位，又要保证所有线缆连接配线百分之百准确。

2）施工难点一：既有旧设备、线缆拆除

本阶段的施工难点是既有设备、线缆拆除，在既有设备拆除前必须保证新系统设备全部投入运营使用半年后，且新系统运行正常无较大故障发生，此项工作才能开展进行。在进行既有设备拆除时，必须保证新设备、线缆的安全使用，不能影响其运行；要求在拆除过程中一定要细致，特别是在既有线缆拆除时，一定要从机柜内部拆除出线头，只有见线头的配线才能拆除，禁止在静电地板下直接锯断。

3）施工难点二：新室内设备配线工艺整理

由于设备室内静电地板下走线槽道不能一次布设到位，按照既有室内设备布置核实线缆敷设路径。新设备静电地板下配线先期采用开口软管临时防护，电缆敷设需考虑机柜移设预留长度，静电地板下入槽的配线工艺整理是本阶段的施工难点，因此，一定要在布放配线时做好长短、顺序排列规划。

4. 室内机柜安装方案

1）集中站

第一步，按照通过审批的 UPS、电池柜更新方案完成新 UPS、电池柜倒接，腾空既有电源室；

第二步，按照设计位置完成既有电源室内的底座及新设备安装，静电地板下槽道布设。既有设备室内按设计方案在临时位置完成底座及新设备安装，静电地板下分支槽道暂不布设，同步进行室外电缆引入，电缆预留量布设一次成形；

第三步，进行新设备配线，电源室内新设备配线一次到位，设备室内新设备配线在静电地板下暂时采用软管防护；

第四步，进行新设备调试，新旧系统倒接，将新系统设备投入运营；

第五步，拆除既有设备、静电地板下旧线缆，新设备移设就位，安装静电地板下分支走线槽，工艺整理，静电地板恢复。

2）非集中站

第一步，按照设计位置完成设备底座及新设备安装，静电地板下槽道布设，同步进行室外电缆引入，电缆预留量布设；

第二步，进行新设备配线，新设备配线一次到位，新设备配线在静电地板下一次入槽，工艺成形；

第三步，进行新设备调试，新旧系统倒接，新系统设备投入运营；

第四步，拆除既有设备、既有线缆，恢复静电地板。

3）新室内设备安装方案

室内设备安装工序流程如图 4-4-44 所示。

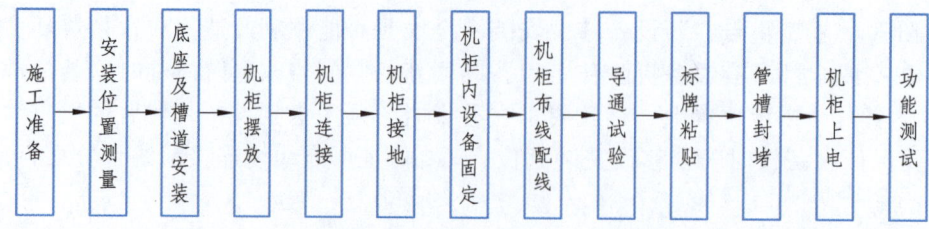

图 4-4-44　室内设备安装工序流程

（1）施工准备。

① 若信号设备房照明强度不足，则应增加临时照明，确保室内配线施工的照明强度。

② 对既有设备室内静电地板下地面进行清扫，铺设地板革进行防尘。

③ 室内消防设施、临时工具材料、临时设备、清洁工具及垃圾等摆放点均用黄黑警戒带划分摆放区域并张贴区域名称标识，专区专人负责管理。

（2）底座、机柜及线槽安装。

① 底座、机柜安装：底座安装完成后所有底座上平面必须保证水平且在同一平面，使用水平尺进行测量，误差控制在 2 mm 范围内见图 4-4-45，底座使用 $\phi 10 \times 80$ mm 的膨胀螺丝固定。机柜安装完成后机柜正面必须保证竖直并在同一平面见图 4-4-46。

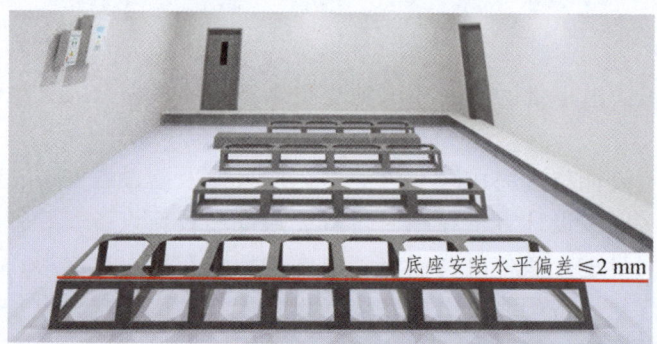

图 4-4-45　底座安装示意

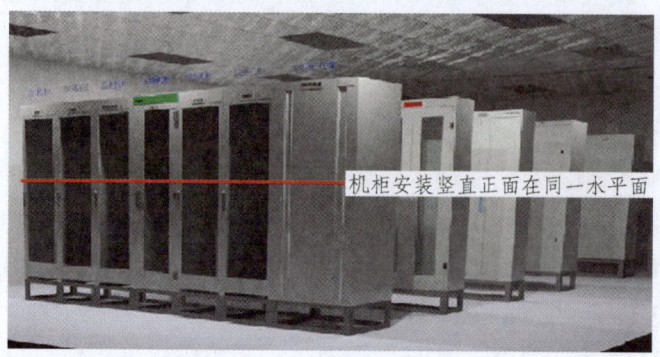

图 4-4-46　机柜安装示意

② 绘制室内槽道布置图：施工前根据设计方提供的室内机柜布置图并结合现场实际情况，提前策划线槽布放位置和线槽内各类线缆的敷设位置、进线方式、转弯位置，基于此绘制室内槽道布置图。如图 4-4-47 所示。

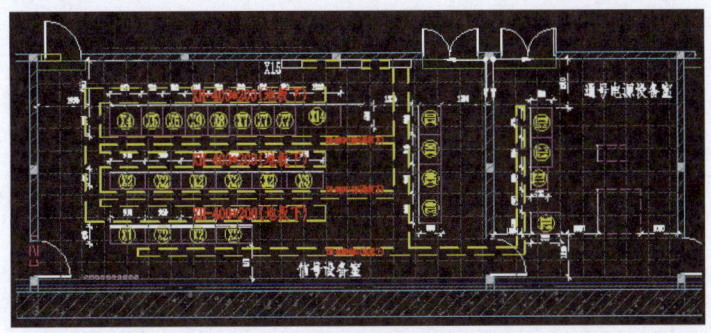

图 4-4-47　室内槽道布置图示意

③ 槽道安装：室内镀锌钢槽支架固定 1.2 m 一个（固定位置避开网格线交叉位置，如在交叉位置可适当移动 5 cm），采用 $\phi 10 \times 80$ mm 膨胀螺栓进行固定。线槽与支架（支架高度 80 mm）连接时用自攻螺丝连接固定，槽道连接处应使用 6 mm^2 地线连接。如图 4-4-48 和 4-4-49 所示。

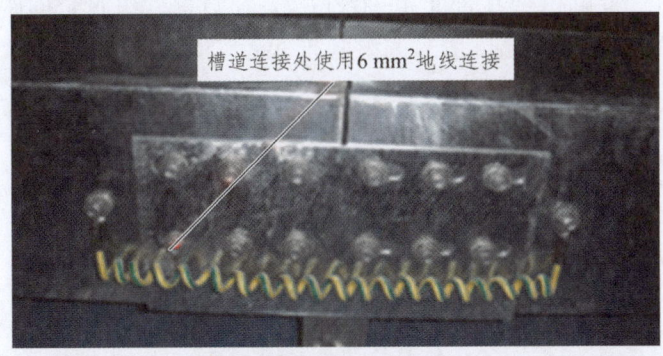

图 4-4-48　槽道安装示意

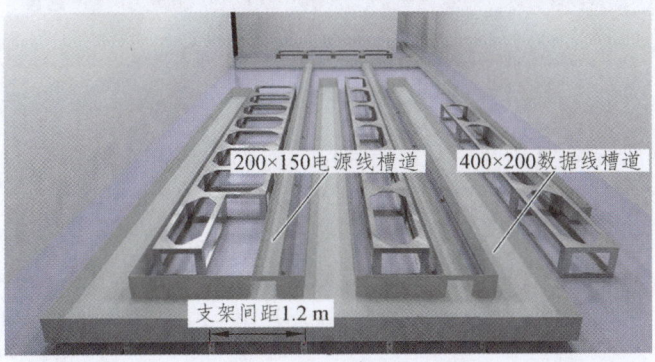

图 4-4-49　支架连接示意

（3）线缆敷设及配线。

① 线缆敷设准备工作：室内爬墙槽道内部使用内膨胀螺丝，以避免刮伤槽道内的

电缆；线槽内的接缝处、拐角处均需做钝化处理同时加贴 EVA 胶条；机柜内进线口、出线孔处均加贴封边条或 U 形胶条。

② 线缆敷设：室内数据线敷设时不同类型的数据线需分类敷设。线缆在机柜内部槽道敷设时也应分类敷设，出槽道时应按照编号有序出线，不能交叉出线。室外光电缆引入设备室时应排列整齐，不得有硬弯或背扣现象。

③ 配线：室内插线中使用冷压端子压接时不能漏铜，冷压端子需压紧；需要镀锡的线缆，镀锡要圆滑且不能出现毛刺，镀锡完成后用热缩管防护。室内所有插线要紧固牢靠，线缆配至端子时必须预留至少 2 次做头余量，同时增加防护套管，套管上标注线缆的来去向。室内缆线在敷设完成之后插线之前和插线之后均要进行一次全面校号。

④ 室内设备接地：室内接地中有铠装层和屏蔽层的电缆必须进行铠装接地和屏蔽接地，接地焊接完成后，缆线裸露部分要用热缩管防护。每个机柜都要单独连接至设备室的接地端子排。

（4）线缆绑扎、工艺整理。

① 线槽内线缆绑扎：在线槽内应将电源线、联锁电缆、普通数据软线分别绑扎，总体做到横平竖直并且减少线缆交叉点。绑扎扎带做到"间距一致、方向一致"，电源线扎带间距 20 cm，联锁电缆扎带间距 60 cm，普通数据软线扎带间距 10 cm，在线缆转弯处、进机柜处等特殊情况可适当调整扎带间距。如图 4-4-50 所示。

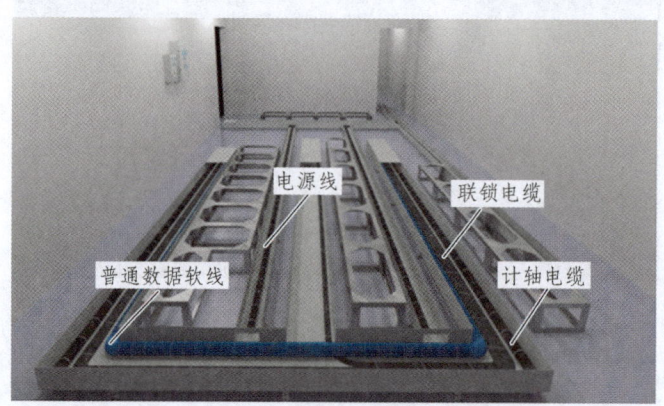

图 4-4-50　线缆绑扎示意

② 组合柜内部线缆绑扎及模块线缆绑扎：组合柜内部出线绑扎时应将组合侧面电缆对应组合侧面端子分成三股分别由下至上绑扎配至组合侧面端子。模块线缆保证上线弧度大小一致进行绑扎。

③ 接口柜内部线缆绑扎：接口柜正面采用"蝴蝶形"绑扎方法，将线缆按左右各 8 根共 16 根一组的方式进行绑扎。接口柜背面采用"树状"依次出线绑扎。如图 4-4-41 所示。

④ 机柜电源线绑扎：针对不同类型的零层端子，均有如下要求：出线前绑把横平竖直，出线时正电、负电电源芯线依次出线绑扎，上线绑扎时相同型号的电源线预留弧度大小一致。

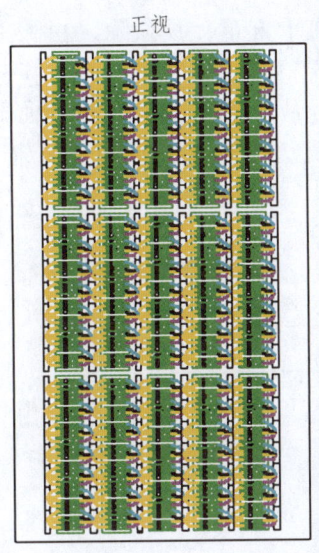
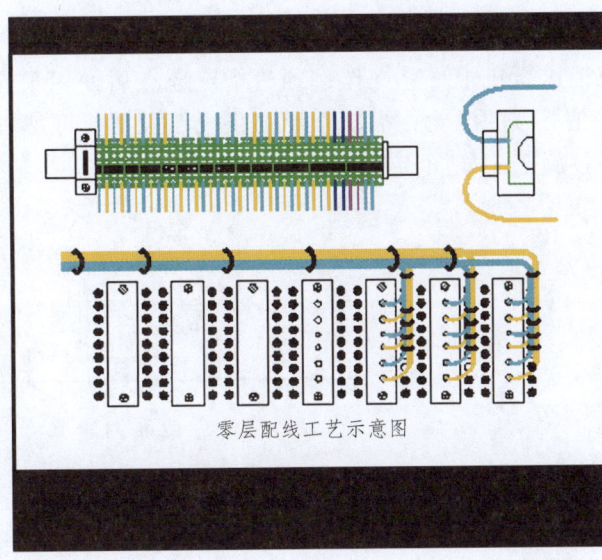

图 4-4-51　接口柜内部线缆绑扎示意

5. 临时设备二次移设方案

正线联锁集中站室内信号设备更新改造，按照设计单位提供的方案采取不拆除隔墙方案进行的，由于室内空间布局受限，部分新安装机柜需充分考虑施工空间和既有设备维修空间。因此部分新设备机柜不能一次性安装到位，待新设备代替既有设备使用并投入运营再拆除既有设备后进行二次移位。期间需充分考虑对既有设备机柜的防护、防尘、防震等因素，以及后续既有设备拆除后对新装投入运行的机柜采取的移设方法和防护措施。

1）室内机柜平移实施方案

根据设计单位提供的室内设备改造布置图纸，需要对涉及后期进行纵向移位的车站，按照设备实际布置位置经现场调查核实，静电地板下有既有线缆，无法安装常规底座进行移位，需对机柜底座进行改装才能保证后期移位。

对于静电地板下方既有线缆较少的，可直接使用滑轮进行移位。对于既有电缆较多，无法使用滑轮直接进行移位，需将滑轮借助槽钢抬高后进行移位。

（1）底座下部滑轮固定处理。

采用液压千斤顶将机柜抬高，机柜底座高度按照最终设计高度加工安装，在机柜底座下方用螺栓固定槽钢，槽钢两侧开凹形槽固定滑轮确保平移过程中的方向性。如图 4-4-52 所示。

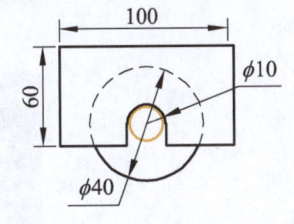

图 4-4-52　底座下部滚轮

（2）平移处理。

平移机柜前将机柜底座四个角用千斤顶托起后，机柜底座下面安装槽钢，将槽钢凹面向下放置进行螺栓固定，并在槽钢两侧开孔用于安装滚轮，平移机柜前将机柜底座四个角用千斤顶托起后安装滑轮固定在槽钢两侧开孔位置，保证在滑动机柜的过程中可以有效控制平移方向，滑轮固定完成后将机柜底座下方千斤顶撤除，由人力缓慢推动机柜进行机柜平移操作，到达指定地点后使用千斤顶将机柜底座四个角托起并拆除安装在下方的滑轮，缓放千斤顶将机柜及机柜底座安放于地面并进行固定即可完成机柜平移施工。如图 4-4-53 所示。

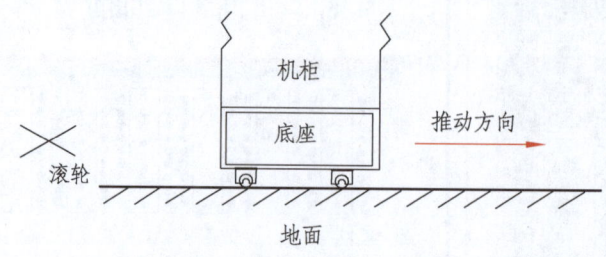

图 4-4-53　平移示例

2）室内既有机柜加固方案

因信号设备室内既有设备机柜是直接安装固定在静电地板上，没有专用底座支架，为了保证在新安装设备机柜期间，拆除静电地板时不会影响到既有机柜稳定性，将采取以下方法对既有机柜进行加固处理。

（1）机柜下部加固。

根据室内既有机柜安装布局，在每一个既有机柜安放的静电地板下方采用 T 形支架进行固定，T 形支架可进行调高，有效保证每个机柜四周都有稳固支撑。利用 T 形支架将静电地板进行支撑，主要是加强既有静电地板沉重，以防倒塌影响既有设备运行。如图 4-4-54 和 4-4-55 所示。

图 4-4-54　加固 T 形支架

图 4-4-55　现场固定防护示例

（2）侧方位加固。

根据新设备安装布置，如涉及要拆除室内任何一侧的既有静电地板，进行新机柜、机架和线槽安装，为保证静电地板整体稳固性，在拆除静电地板一侧加装三角形支架。安装黄色区域新设备时（见图4-4-56），会对这一侧静电地板进行加固。

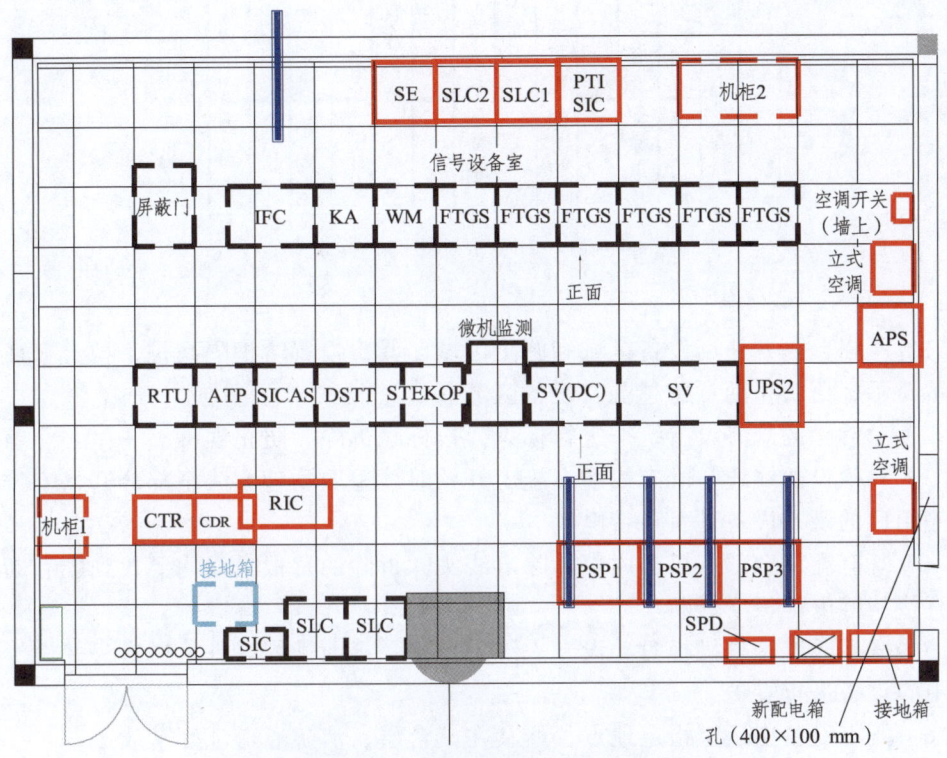

图4-4-56　信号设备室平面图

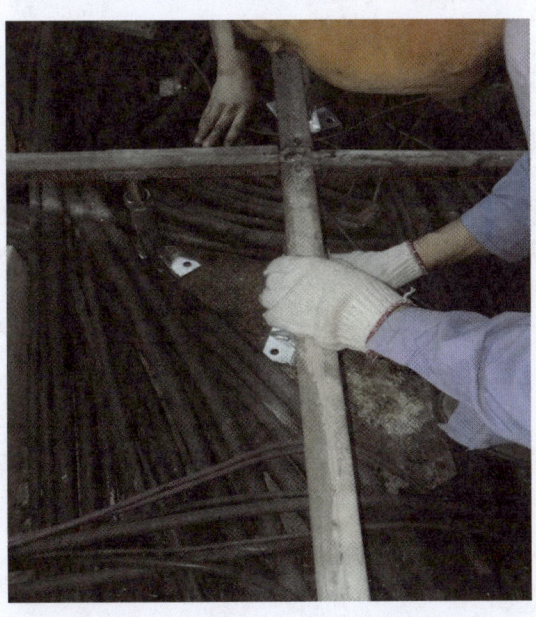

图4-4-57　静电地板进行加固示例

6. 旧设备及线缆拆除方案

1）施工流程图

旧设备及线缆拆除流程如图 4-4-58 所示。

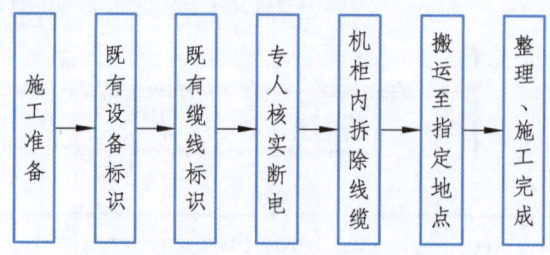

图 4-4-58　旧设备及线缆拆除流程

2）安全技术措施

（1）严格分隔开使用设备区域和施工区域，其次设置防护隔离桩，拉上警戒线，并粘贴警示标语禁止随意跨越既有设备区域。

（2）对拆除的既有设备统一进行标识，按标识拆除，防止误拆。

（3）新敷设的线缆与既有线缆在施工开始时就采取物理方法全部分开，安排专人核实停用后的既有设备是否还带电。

（4）既有配线全部从机柜内部拆除出线头，拆除的每根配线均要找到既有断头。禁止直接从静电地板下锯断。

（5）搬运既有笨重机柜时，设专人统一指挥，提前规划好进出通道，并设专人对使用中的设备进行看护。

（6）既有设备搬运至指定地点，严禁在站台层、消防通道乱摆乱放。

4.7　室内管线桥架施工方案

4.7.1　管线桥架安装总体施工方案

正线车站信号系统外围管线桥架安装主要涉及区域在车站站厅层设备区和站台层公共区（含站台板下夹层），需对区间引上电缆出入孔至信号设备室、信号设备室至车控室、信号设备室至屏蔽门控制室、信号设备室至防淹门控制室、信号设备室至站台层信号终端设备、信号设备室至低压配电室等径路上进行管线桥架加装。因是既有运营线路系统改造，施工影响因素较多，必须从现场作业环境和预留空间位置上考虑是否满足施工需求，所以针对车站外围管线桥架安装施工，要结合现场调查测量的实际情况。新的管线桥架安装路径首先根据车站既有综合管线桥架布设情况进行，原则是能利用既有管线桥架的按原有径路敷设新线缆，如既有管线桥架预留空间不满足后续改造施工所需，则调整部分径路重新安装管线桥架以保证车站信号终端设备及与其他专业接口的线缆敷设使用。

施工前，首先进行详细的施工调查，了解各站既有管线路径、孔洞预留情况，以便编制详细的施工进度计划，包括施工车站、时间、人员的详细安排，建立与运营各专业部门的协同接口，报业主和监理工程师，以便业主根据工程计划，规划各专业运营人员的施工配合及时间，并统一安排和协调。

由于车站内施工环境复杂，提高作业效率、扩大作业面、缩短施工周期是车站管线桥架施工的重点。针对此，我们将根据实际情况，合理组织人员和机械，扩大作业面，确保车站管线、缆线工程施工进度，根据各项工程进展情况，及时修订施工方案和施工方法，合理安排各站的施工。

加强施工机械、设备材料的检验和试验工作，严格自检、互检的质量检验制度，避免因施工机械、人员、材料、质量等造成返工，影响整体施工进度。

加强车站管线作业的安全防范及应急措施，车站管线施工时，主要依靠操作台、爬梯进行施工，做好施工中的安全防范工作。

施工中，严格遵守执行业主和运营中心制定的车站内作业管理办法。

为保证安装工艺的统一，在安装督导指导下以首件定标制执行。

车站外围管线桥架安装主要分以下几个阶段实施：

（1）第一阶段：现场调查测量、施工方案编制；

（2）第二阶段：站厅层设备区管线桥架安装；

（3）第三阶段：站台层管线桥架安装。

4.7.2 管线桥架施工总体流程

管线桥架施工总体流程图如图 4-4-59 所示。

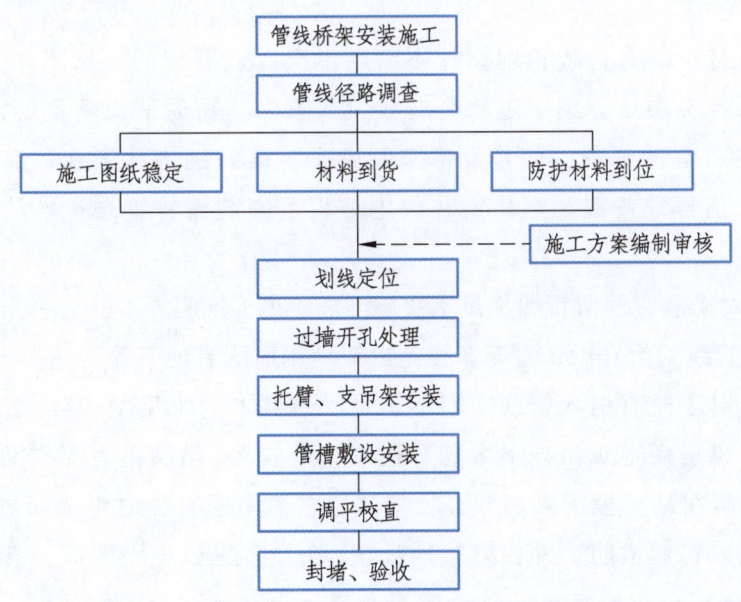

图 4-4-59 管线桥架施工总体流程

4.7.3 管线桥架安装具体实施方案

1. 站厅层设备区管线桥架安装

为了确保轨行区信号终端设备电缆和站间联系电缆能按施工工序计划顺利引入信号设备室，以及与车站各专业接口和信号终端设备的引入，根据各站设备区电缆平面布置施工图，需提前对相关径路上进行调查测量、疏通及管线桥架安装，保证电（光）缆线路工程更新改造的顺利实施。由于车站设备区区间电缆引入主干径路上既有预埋管线不满足后续改造的施工需求，及个别径路通道房间既有线缆敷设较多且交叉混乱，为了避免施工过程中与其发生碰撞、交叉和破坏等情况，采取以下方法：针对个别车站设备区区间电缆引入数量多问题，我们将根据现场实际情况，部分路径在地面敷设引入的安装"几"字型支架，受阻碍影响的通过在既有吊顶上方安装新的桥架来保证后续新电缆的引入，至其他设备点径路根据缆线数量安装敷设管或槽进行防护。

1) 施工范围及内容

正线车站站厅层设备区管线桥架安装涉及施工范围主要有设备区公共走廊吊顶内、通信设备室、车控室、站长室、民用通信机房、照明配电室、弱电电缆井、车票分拣室等。主要施工内容包括地面钢管敷设安装、地面线槽敷设安装、吊顶内桥架敷设安装、墙面线槽敷设安装、墙面开孔及处理等。

2) 改造案例

案例一：对于既有管线预埋钢管不满足本次改造需求的（见图 4-4-60），需将左线电缆穿站台夹层后，集中过轨至右线引入室内。在通信设备室地面安装"丰"型支架，并在通信设备室、信号设备室侧墙安装镀锌钢槽并开孔，在走廊吊顶上方安装桥架。信号设备室至车控室在静电地板下安装镀锌钢槽进行防护引入车控室设备终端。

案例二：对于既有预留管线满足本次施工需求的（见图 4-4-61），主干电缆引入延用原地下预埋管线。信号设备室至车控室电缆延用原既有地下管线。

案例三：对于既有引入管线空间不满足改造要求的（见图 4-4-62），右线由轨行区引入通信机房后走廊吊顶上方既有通风管道较多，吊顶上方无空间进行桥架安装。经现场调研在站台板下侧墙开孔，将信号电缆由既有强电电缆间进行引上，在强电电缆间用镀锌钢槽防护并做好接地处理，在设备区强电电缆间开孔进入信号设备室。信号设备室至车控室在静电地板下安装镀锌钢槽进行防护并引入车控室设备终端。

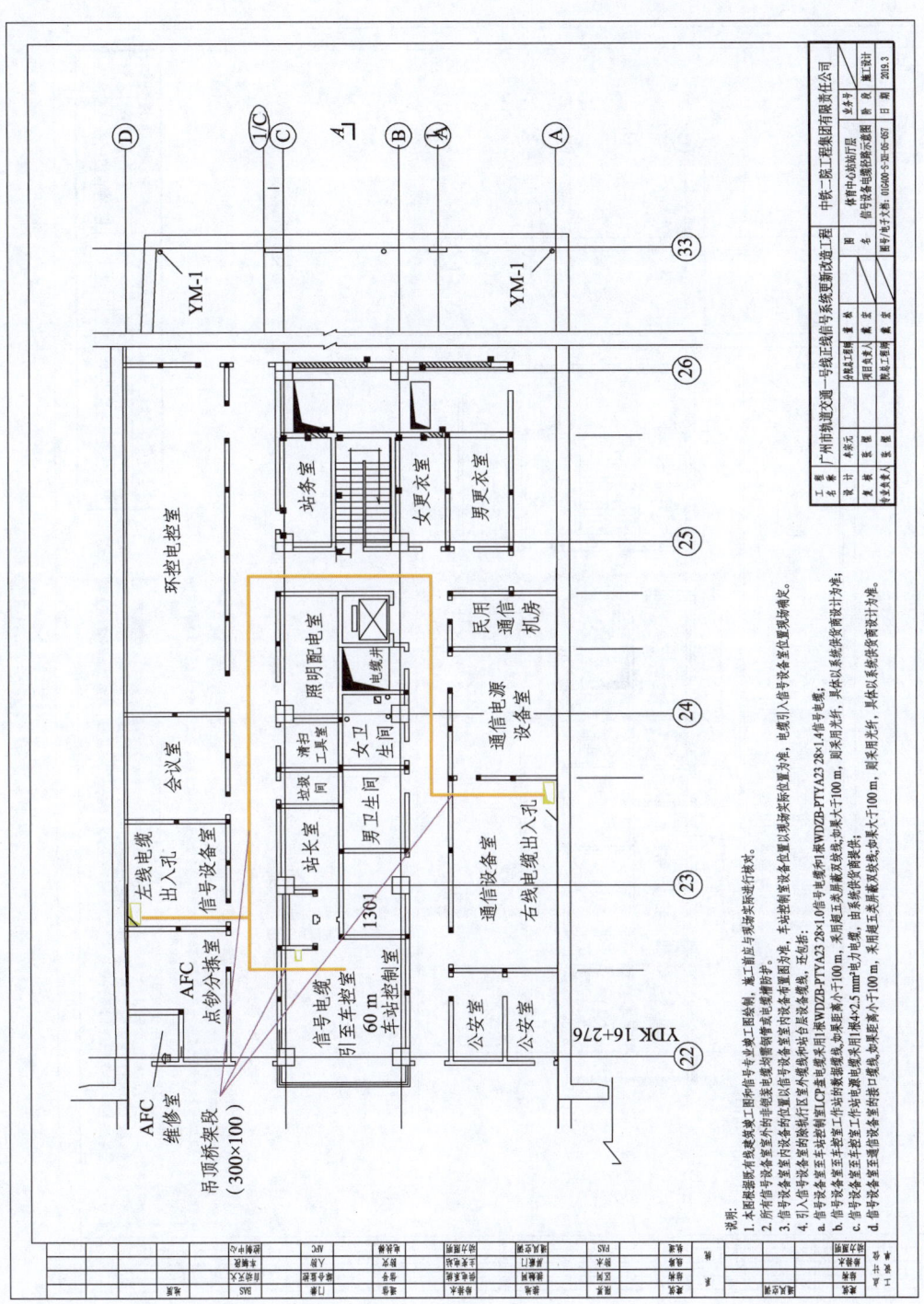

图 4-4-60 管线桥架改造案例一

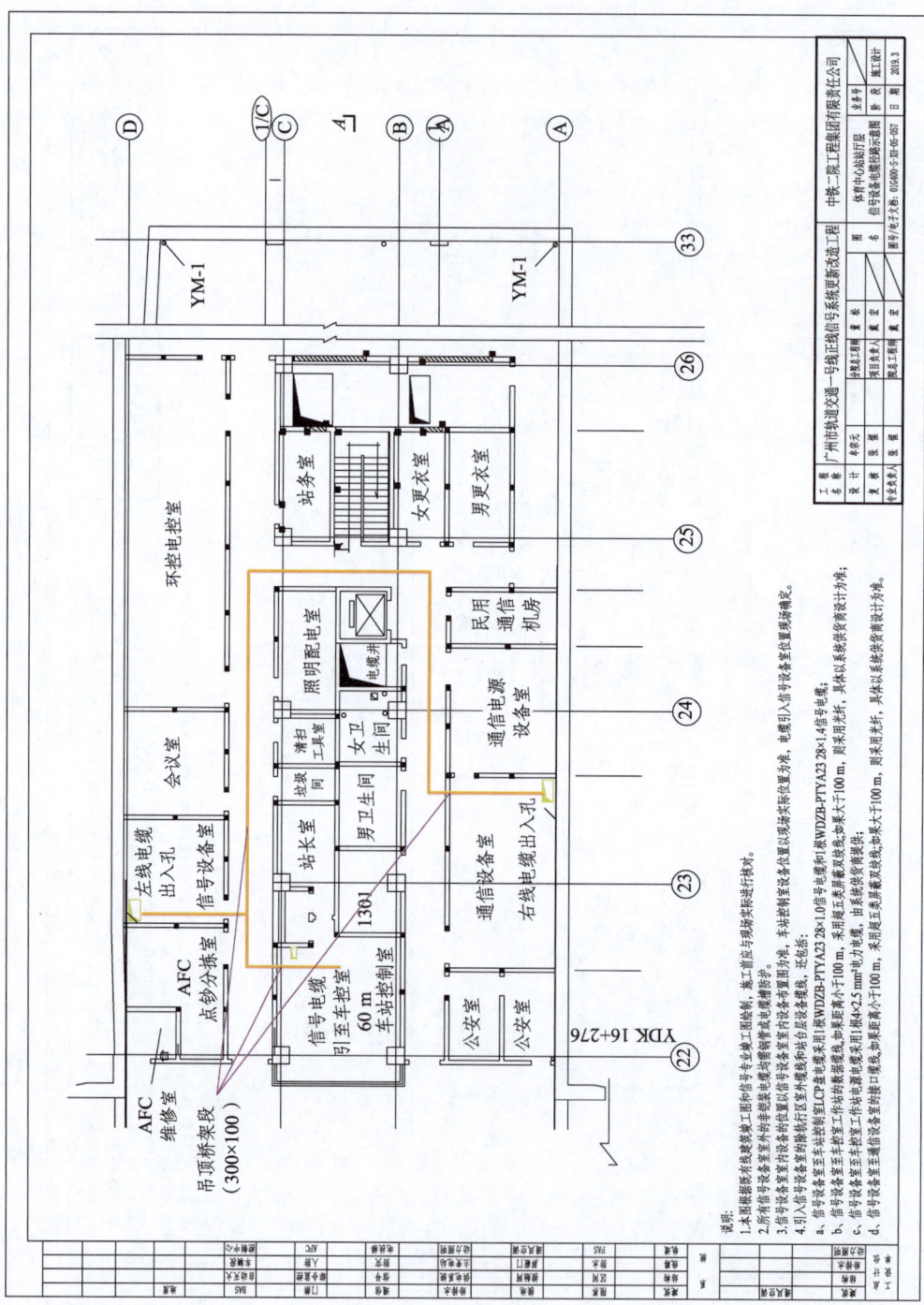

图 4-4-61 管线桥架改造案例二

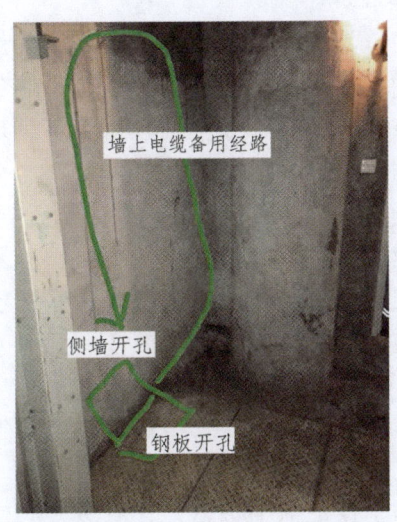

图 4-4-62 管线桥架改造案例三

3）管线桥架安装方法

（1）径路确定。

根据施工图设计要求和施工规范，本着便于安装和维护的原则，详细调查了解每站各专业（通信、屏蔽门、车控室、低压配电室）设备房和车站信号终端设备具体位置，确定车站外围管线桥架安装布设路径。车站设备区管线桥架安装，原则上以站为单位，根据各车站现场调查和协调情况，逐站进行施工。施工过程中，也将根据各站施工条件的不同，对工程进度的影响情况，可进行不同车站的部分管线、桥架施工，避免窝工现象的发生。

（2）划线定位。

根据图纸确定始端到终端，找好水平或垂直线，沿地面或是墙壁、顶棚等处，在线路的中心线进行弹线。按设计图的要求，分匀档距并标出具体位置。

（3）过墙孔开凿与预留管疏通。

① 过墙孔开凿。

按照提前确定好的路径，统计好需开凿墙孔的数量、尺寸、高度等。

车站设备区过墙孔开凿施工前采用金属探测仪对墙面进行探测，保证墙体内部无既有管线后，方可进行墙面开孔施工。

如墙孔开凿区域有烟感设备，需提前用塑料袋将施工区域的烟感器进行包裹，防止开孔时灰尘太大触发烟感报警。

开凿墙孔时用彩条布将开孔处墙面进行包裹防护，减少开孔时灰尘及保护开孔墙面既有设备，防止既有设备进入灰尘。

用彩条布将开孔处墙面下 1.5 m 范围进行防护，便于渣土清理。

② 预留管疏通。

针对个别车站内利用既有管线进行后续新电缆敷设的，首先调查测量既有管线径路，并统计既有预埋管数量及占用情况，根据施工图设计核实电缆敷设数量是否满足改造施工所需；其次利用穿管器对预留管孔进行疏通，确保径路畅通；最后在进行预留管疏通时，注意管孔内的既有线缆，做好防护措施，避免疏通时损坏或刮伤既有线缆，原则是尽量考虑利用空的预留管，如空的预留管不满足后续改造施工才考虑利用一部分穿有既有缆线的预埋管。

（4）支、吊架安装。

安装前，根据支架承受的荷重，选择相应的膨胀螺栓及钻头。埋好螺栓后，可用螺母配上相应的垫圈将支架或吊架直接固定在金属膨胀螺栓上。

支架与吊架所用钢材应平直，无显著扭曲。下料后长短偏差应在 5 mm 范围内，切口处应无卷边、毛刺。

钢支架与吊架应焊接牢固，无显著变形，焊缝均匀平整，焊缝长度应符合要求，不得出现裂纹、咬边、气孔、凹陷、漏焊等缺陷。

支架与吊架应安装牢固，保证横平竖直，在有坡度的建筑物上安装支架与吊架时应与建筑物有相同坡度。

支架与吊架的规格一般不应小于：角钢 25 mm × 25 mm × 3 mm。

固定支点间距一般不应大于 1.5～2 m。在进出接线盒、箱、柜、转角、转弯和变形缝两端及丁字接头的三端 500 mm 以内应设固定支撑点。

（5）管槽安装。

线槽与线槽采用连接板连接，连接处间隙应严密平齐。线槽安装完成后进行必要调整，使其横平竖直、整齐美观。然后进行各线槽保护地线的连接，并可靠接地。最后清除线槽内杂物，盖上盖板。

管槽进行转角、分支连接时应采用弯通、三通、四通等进行变通连接，线槽末端应加装封堵板。

管槽在通过墙体或楼板处，不得在墙壁或楼板处连接，也不应将穿过墙壁或楼板的管槽与墙或楼板上的孔洞一块儿抹死。应在穿缆后用防火泥封堵，并刷上与墙面颜色相同的色漆。

线槽支撑点不应在线槽接头处，以距接头处 0.5 m 为宜，在线槽拐弯和分支处，距分支点 0.5 m 应加支持点。

管槽在穿过建筑物变形缝处应有补偿装置，管槽本身应断开，用连接板搭接，不需固定死。

线槽规格必须符合设计要求，线槽应平整，内部光洁、无毛刺、加工尺寸准确。线槽的安装上部与楼板之间应留有便于操作的空间。

线槽固定可靠，横平竖直，盖板无翘角，接口严密，端口密封，槽内无杂物，线槽连接牢固、不应有显著的变形。

为保证金属线槽的电气连接性能良好，使用电气连接线（编织铜线），除要求连接处的连接牢固外，还应使节与节之间接触良好，以保证线槽电气连通和可靠接地。

电缆线槽受过梁、其他管线影响无法通过时，采用软管通过，线槽末端加装封堵板，线槽通过墙体时用防火泥封堵孔洞，刷上与墙面统一的涂料。

在设备房间和电缆引入室中，垂直安装的线槽穿越楼板的洞孔，水平安装的线槽穿越墙壁的洞孔，要求其互相位置适应、规格尺寸合适。

水平线槽应与设备和机架的安装位置平行或直角相交，其水平度的每米偏差不应超过 2 mm。两段直线段线槽相接处，应采用连接件连接，并装置牢固、端正，相接处的线槽的水平偏差也不应超过 2 mm。

所有的爬架、电缆槽、附件及钢管等均采用热镀锌防腐，并保持电气地线连通。

电缆槽的槽底与盖板均应平整，侧壁应与槽底垂直，电缆槽与盖板应对合严密，切口处不应有卷边、内、外壁及盖板表面应光洁、无毛刺。

线槽穿越楼板墙洞时，不应将其与洞口用水泥堵死，应采用防火堵料进行封堵。

（6）桥架安装。

桥架与支架间采用螺栓固定，在转弯处需仔细校核尺寸。桥架与桥架之间用连接板连接，连接螺栓采用半圆头螺栓，半圆头在桥架内侧。桥架之间缝隙须达到设计要求，确保一个系统的桥架连成一体，可采用伸缩板进行补偿处理。

支、吊架固定牢固、平整或垂直，不应有倾斜现象，同一条直线上支吊架位置偏差不大于 50 mm。

线槽采用吊架安装方式时，要求吊装件与线槽保持垂直，形成直角，各个吊装件应在同一直线上安装，安装间隔均匀整齐、牢固可靠、无歪斜和晃动现象。

电缆线槽离地面的架设高度宜在装修层以上，如在吊顶内安装时，线槽顶部距吊顶上的楼板或其他障碍不应小于 0.30 m，如为封闭型线槽，其槽盖开启需有一定垂直净空，要求应有 80 mm 的操作空间，便于作业和维护。

桥架安装横平竖直、整齐美观、距离一致、连接牢固，同一水平面内水平度偏差不超过 5 mm，直线度偏差不超过 5 mm。金属电缆桥架及其支架和引入或引出的金属电缆导管必须接地或等电位可靠连接。

桥架安装时其连接螺母朝外，连接处要牢固可靠，拐弯处及变径时应选用供货厂家的定型产品，保证整体横平竖直，在坡度建筑物上安装时应与建筑物保持相同的坡度。

电缆桥架在穿过防火墙及防火楼板时，应采取防火隔离措施，防止火灾沿线路延燃。防火隔离段施工中，在洞口处预埋好护边角钢。

所有桥架、支架安装连接用各类螺栓必须装置弹簧垫圈。

4）注意事项

车站设备区管线桥架安装施工前首先要调查测量好现场径路，其次要各专业运营维保部门确认径路上管线桥架安装方法、工艺及防护措施，最后优化及确认管线桥架的大小、种类及具体位置是否符合安装要求。

在进行现场管线桥架切割时，必须在站厅空旷区域，不准在设备房内进行切割作业，切割作业区域须按照建设单位相关文件要求进行设置，并配备灭火器及加防护罩。

吊顶内进行桥架安装时，必须依靠操作平台、爬梯进行，尽量不要踩踏在既有设施上作业，避免损坏既有设施；施工作业人员须系好安全带，观察清楚现场作业环境后方可进行施工。

墙孔开凿时尽量减少使用振动大、噪音大的电动工具，开孔尺寸必须按照设计要求进行，施工时严格按照施工流程进行，并做好相应防护措施。

地面管槽在安装过程中，应注意加强既有缆线的防护措施，如有交叉必须将线槽支架抬高，尽量留足与既有线缆之间的防护隔离和维修空间。

2. 站台层管线桥架安装

由于信号系统站台层设置有紧急停车按钮、折返按钮箱、发车指示器以及与其他专业的接口设备，所以从信号设备室引出敷设有各类连接线缆；而大部分连接线缆通过站台层吊顶上方的管线桥架到各个设备点。根据前期施工调查站台层信号设备既有电缆敷设在吊顶内的通号桥架中，现场不易辨识既有通号电缆桥架，经现场调查，部分车站电缆桥架安装位置狭窄、空间有限，给后续电缆敷设施工带来较大困难；且站台层装饰装修吊顶材料早已存在老化现象，现场大部分车站安装的吊顶格栏是用扎带绑扎固定的，牢固性差、拆装恢复工作难度较大。如按照原有电缆径路进行外围管线桥架安装和电缆敷设，主要存在以下几个方面的问题：一是施工效率低，二是施工风险较大，三是施工周期较长。

结合现场调查经项目专项研讨后确定后续车站外围设备缆线改造施工，通过左右线区间电缆引入口下至轨行区，再从轨行区过轨引入至站台板夹层内，站台板夹层内安装新的管线桥架，经站台板内夹层分别安装引上管槽至站台各信号设备和其他专业接口设备。如部分车站站厅层中板引下至站台层的孔洞在站台端头门外，且距离屏蔽门室、低压室和个别信号设备较近时，则采用原有通道加固安装一部分管线桥架的方式。

1）施工范围及内容

正线车站站台层管线桥架安装涉及施工范围主要有站台板下夹层、电扶梯下三角机房、站台层两侧端头门、屏蔽门室、低压室等。主要施工内容包括支架安装、线槽安装、钢管安装等。

2）站台层管线桥架安装

站台设备外围电缆敷设由信号设备室经左、右线主干电缆径路引下至轨行区，再从轨行区过轨引入至站台板下夹层内，通过夹层内将线缆引至站台层各信号终端设备；站台板下夹层内采取安装电缆支架方式，信号终端设备处采取安装电缆槽或钢管将电缆引入设备，其他专业接口线缆同样采取安装电缆槽至设备房内的方式。

3）管线桥架安装方法

（1）径路确定。

根据施工图设计要求和施工规范，本着便于安装和维护的原则，详细调查测量站台板下夹层内建筑结构具体浇筑情况，以及能否进行结构开孔，定夹层内管线、支架安装路径。其他设备点的电缆引入采用管线或桥架进行安装防护。车站站台层管线桥架安装，原则上是以站为单位，根据各车站现场调查和协调情况，逐站进行施工。

（2）划线定位。

根据现场实际测量情况和施工图纸确定始端到终端，找好水平或垂直线，沿墙壁进行弹线。

（3）短托电缆支架安装。

根据提前确定好的径路，沿结构壁按照 1 m 间隔安装短托电缆支架。

短托电缆支架安装高度依据现场夹层内空间情况进行安装，短托电缆支架安装应保持水平，且每个支架安装高度一致，不得出现倾斜现象。

短托电缆支架安装固定应牢固，安装固定电缆支架的锚栓螺母采用防松螺母，锚栓安装完成后至顶部至少露出 3~5 扣。

（4）支、吊架安装。

支架与吊架所用钢材应平直，无显著扭曲。下料后长短偏差应在 5 mm 范围内，切口处应无卷边、毛刺。

钢支架与吊架应焊接牢固，无显著变形，焊缝均匀平整，焊缝长度应符合要求，不得出现裂纹、咬边、气孔、凹陷、漏焊等缺陷。

支架与吊架应安装牢固，保证横平竖直，在有坡度的建筑物上安装的支架与吊架应与建筑物有相同坡度。

支架与吊架的规格一般不应小于：角钢 25 mm × 25 mm × 3 mm。

固定支点间距一般不应大于 1.5~2 m。

（5）管槽安装。

线槽与线槽采用连接板连接，连接处间隙应严密平齐。线槽安装完成后进行必要调整，使其横平竖直、整齐美观。

管槽进行转角、分支连接时应采用弯通、三通、四通等进行变通连接，线槽末端应加装封堵板。

管槽在通过墙体或楼板处，不得在墙壁或楼板处连接，也不应将穿过墙壁或楼板的管槽与墙或楼板上的孔洞一块儿抹死。

管槽在穿过建筑物变形缝处应有补偿装置，管槽本身应断开，用连接板搭接，不须固定死。

电缆槽的槽底与盖板均应平整，侧壁应与槽底垂直，电缆槽与盖板应对合严密，切口处不应有卷边，内、外壁及盖板表面应光洁、无毛刺。

4）注意事项

站台板下夹层内管线、支架安装前，需进行气体检测，检测合格后方可组织进行施工作业，根据现场实际情况，必要时加设通风设备对夹层内进行通风。

因站台板下夹层内空间受限，且环境差、无照明设施，所以需做好必要的照明和施工防护措施，以佩戴齐全的劳防用品。

站台层个别点在吊顶上方进行管线桥架安装时，必须搭设好稳固的操作平台，施工人员需系好安全带，禁止在既有设备设施上踩踏。

4.8 室外光电缆施工方案

4.8.1 既有线光电缆施工原则

(1) 施工前需详细调查核实全线车站、区间的光（电）缆敷设路径、预留孔洞和管线桥架情况，确认满足系统改造新光（电）缆的敷设。

(2) 所有施工作业必须在确认给点后才可进行，给点均以当日申报的调度命令为准。

(3) 在进行既有线光（电）缆敷设时，除线路上需调整原有路径、增加支架和更换增加电缆支架外，原则上均利用既有电缆支架进行光（电）缆架设。

(4) 新敷设的光（电）缆不允许与既有光（电）缆交叉、不允许重叠绑扎在既有光（电）缆上。

(5) 确保行车和人身安全，点内完成施工任务。

(6) 施工时室内外要加强联系，并加强施工过程管理，严禁违章施工，严禁触碰和踩踏既有设备设施。

(7) 严格做好"三不动、三不离"。

(8) 在运营人员的配合下进行施工。

4.8.2 光电缆敷设方案

由于光电缆线路连接各站及控制中心，直接制约着整个系统的调试、开通，因此，光电缆线路工程的更新改造是既有线升级改造的关键控制工程之一，为了确保工程保质、保量地按期完工，施工中将根据施工条件、施工作业面，集中力量进行该项改造工程的施工。

首先是熟悉施工图纸，了解既有线路缆线敷设路径、架设方式、防护方式和缆线的分类、用途、方向等，组织有经验的工程师进行现场复测，确定缆线的长度和敷设、架设和防护方式。然后利用复测资料进行配盘，最后制订详细的既有线施工作业计划，包括施工组织、各区间的施工作业占用时间、区间施工内容、应急方案等，并报监理工程师和建设单位相关部门，通过召开协调会议的方式，与运营维保部门确定既有线各区间施工作业计划情况，得到批准认可。

仪器仪表配备：光时域反射仪、光万用表、万用表、兆欧表、接地电阻测试仪、光纤熔接机、电缆接续及成端工具、电缆支架、自制平板车等。由于隧道内打眼、切割等用电施工，将配备发电机完成，若有运营中心协调可提供区间维修电，在征得相关管理部门同意后，可从其提供的用电接口接电。

做好安全防护是区间施工的主要环节，将做好区间施工的安全防护工作，在作业区设置醒目的安全防护设施、安全标志和警告牌等，并派专人进行安全防护；所有施工人员穿反光背心，并配备对讲机保持联系，确保安全。

4.8.3 光电缆施工风险控制措施

因是既有线路光、电缆工程改造施工，对施工过程中的安全、质量、文明施工及既有设备成品保护都要求较高，为此要对施工中存在的风险点进行严格的把控，并制定以下控制措施：

（1）每次施工作业前必须将当晚作业进行量化，作业时间节点倒排，并全面分析当晚作业内容对既有设备线缆的影响。

（2）每日施工执行施工工作票制度。

为了规范光、电缆敷设各项作业流程，保证敷设作业安全，在每日每一个作业点内执行工作票制度。作业班组每次施工前根据施工内容进行安全风险点预想，并在工作票中填写安全风险点和把控措施、检查内容等；施工作业完毕后，协调沟通监理人员和运营配合人员对施工现场进行回检，确保线缆上架后绑扎得固定、牢靠无脱落现象，不遗留任何施工机具、废料，做到人走、料净、场清。经回检确认后，完成当天作业票填写内容，并经监理、运营和施工单位共同签字确认。

（3）对主要工序作业进行全程监控。

针对作业人员在施工过程中不遵守相关规章制度、不按作业指导书规范作业等问题，给作业班组配置照相机设备，并设专人对当天作业过程的重点环节进行拍摄，将收集的信息数据发送给项目调度进行集中储存、检查，一旦发现问题及时在安全例会上通报，对作业人员的违规起到约束作用，可使违章作业减少，为出现问题进行追溯和调查提供了依据。

4.8.4 技术要求

对于室外信号电缆、光缆工程的施工，将严格按照相关规范及标准进行。为规范室外光、电缆的施工，在符合有关规范及验标的条件下，制定下述技术要求，并保证电缆的敷设，电缆径路及电缆保护的质量符合此要求。

1. 电缆敷设

（1）电缆规格、型号、电气特性必须符合设计要求；

（2）电缆敷设路径的选择应符合设计要求，地下线和高架线在设计规定的电缆桥架上敷设，地面线敷设采用电缆槽防护；

（3）电缆穿管道宜涂抹黄油或滑石粉，以免损伤电缆；

（4）电缆长度应逐盘核对，适当选配电缆，避免电缆接头。各种电缆接线和插头安装应符合供货商要求；

（5）敷设电缆时电缆弯曲半径应不小于电缆直径的15倍，室内储备量为5 m，室外每端环状储备量为2 m（20 m以下为1 m）。敷设多条电缆时，应排列整齐，互不交叉；

（6）高架桥上分支电缆过轨，应采用在轨道表面开浅槽，埋设钢管并于轨面恢复后穿过；直埋电缆进入高架桥时，应在连接处通过钢管进行有效防护；

（7）普通护套电缆在环境温度不低于 −5 ℃时敷设；

（8）信号控制电缆的导电线芯，宜采用直径为 1.0 的软铜线，其容许工作电压不得低于工频 500 V 或直流 1 000 V。导电线芯的直流电阻在 + 20 °C 时，每千米不大于 23.5 Ω；普通电缆线间绝缘电阻，任一芯线对地绝缘电阻，使用 500 V 兆欧表测试，不得小于 500 MΩ/km。综合扭绞电缆，不得小于 3 000 MΩ/km。电缆在埋设前、后及配线前，应认真进行电气特性测试，并做记录。用 500 V 兆欧表测试，其计算公式为

$$Rx = 0.001L \cdot Rm \quad （兆欧：km）$$

式中：L —— 电缆实际长度（m）；

Rm —— 仪表测量值（MΩ）；

Rx —— 换算到每千米长电缆的实际绝缘电阻值（MΩ）。

电缆应遮盖存放，如经暴晒后测量的值不得作为结论。

电缆防护管的内径应为电缆外径的 1.5 倍以上。电缆穿过防护管后，应用麻袋条缠绕堵严，以防电缆损坏。

每根电缆每 100 m 设置一处标识牌，对电缆的编号、走向及用途进行说明。

所有电缆的敷设和防护应符合《城市轨道交通信号工程施工质量验收标准》《铁路信号工程质量检验评定标准》《城市轨道交通通信工程质量验收规范》《铁路光缆 PDH 通信工程施工规范》等有关规定执行。

高架及地面区段线缆绑扎带应采用塑包钢材质。

2. 光缆径路

架设光缆包括光缆及其附件运输和检验、光缆架设、光缆接续、光缆引入终端、测试等工程内容。

光缆的类型、制式、结构、光纤特性符合设计规定。

施工中应保证光缆外护套不得有破损，容许最小弯曲半径不小于护套外径的 15 倍、接头处密封良好。光缆及其附件的运输和检验应符合相关标准中的规定。光缆的施工前检验应包括以下内容：

（1）包装标记、端别、盘号、盘长、外观。

（2）根据光缆的出厂测试记录，审核光纤的特性是否符合设计要求。

（3）测试单盘光缆的衰减及长度，与出厂测试数据比较。单盘衰减常数不大于 0.4 dB/km（部分不大于 0.38 dB/Km）。

（4）检查测试完毕后，端头应密封固定，恢复包装。

光线接头盒及其附件符合衰减要求。光缆引入、接续余长符合设计规定。

光线、光纤接续应符合相关标准中的规定。接续损耗不大于 0.1 dB 处。

光线引入终端方式及安装位置应符合设计文件的相关规定。

每根电缆按每 100 m 设置一处标识牌，对电缆的编号、走向及用途进行说明。

全程指标应符合设计规定。测试手段及所用仪器仪表应符合施工规范规定。

高架及地面区段线缆绑扎带应采用塑包钢材质。

3. 光缆的熔接要求

（1）光缆熔接指标要求。

光缆熔接遵循《电信网光纤数字传输系统工程施工及验收暂行规定》（YDJ 44—1989），应按照 IEC 1073-1 进行试验。在熔接过程中，严格控制接头损耗，使用光域反射仪（OTDR）进行监测（接续损耗≤0.05 dB/个），不符合要求的应重新熔接。使用光时域反射仪（OTDR）时，应从两个方向测量接头的损耗，并求出这两个结果的平均值，消除单向 OTDR 测量的人为因素误差。在全部线路施工完成后，用 OTDR 对线路全程进行复测。达到 0.5 dB/km 的标准，即 50 km 的总衰减 25 dB，满足开通 2.5 Gbit/s 波分复用传输系统。

（2）熔接机的选择。

应根据光缆工程要求，配备蓄电池容量和精密度合适的熔接设备。确保电弧熔接机性能优良、运行稳定、熔接质量高，且配有防尘防风罩、大容量电池，适宜于各种大中型光缆工程。

（3）熔接程序。

熔接前根据光纤的材料和类型，设置好最佳预熔主熔电流和时间以及光纤送入量等关键参数。熔接过程中还应及时清洁熔接机"V"形槽、电极、物镜、熔接室等，随时观察熔接中有无气泡、过细、过粗、虚熔、分离等不良现象，注意 OTDR 测试仪表跟踪监测结果，及时分析产生上述不良现象的原因，采取相应的改进措施。

（4）盘纤。

科学的盘纤方法，可使光纤布局合理、附加损耗小、经得住时间和恶劣环境的考验，可避免因挤压造成的断纤现象。避免光纤松套管间或不同分支光缆间光纤的混乱，使之布局合理、易盘、易拆，更便于日后维护。

（5）确保光缆接续质量。

加强 OTDR 测试仪表的监测，对确保光纤的熔接质量、减小因盘纤带来的附加损耗和封盒可能对光纤造成的损害，具有十分重要的意义。在整个接续工作中，必须严格执行 OTDR 测试仪表的四道监测程序：

① 熔接过程中对每一芯光纤进行实时跟踪监测，检查每一个熔接点的质量；

② 每次盘纤后，对所盘光纤进行例检，以确定盘纤带来的附加损耗；

③ 封接续盒前对所有光纤进行统一测定，以查明有无漏测和光纤预留空间对光纤及接头有无挤压；

④ 封盒后，对所有光纤进行最后的监测，以检查封盒是否对光纤有损害。

4.8.5 光电缆施工

1. 线路定测

根据施工图、隧道结构尺寸、限界、支架分类确定支架的安装位置；沿轨道线路丈量光、电缆的长度、防护方式、接头位置和余留数量、地点等，编制光电缆径路定测台账，准确记录测量结果。对特殊地段敷设以及穿越障碍点敷设提出相应的施工方案。整理测量台账，并与设计、监理单位共同确认。

测量中要注意的两点：

（1）光、电缆径路与其他电缆、设备等的间距符合设计和验收标准规定，使光、电缆线路安全可靠，并便于施工和维护；

（2）合理计算并分配光、电缆各种余留，确定准确的布放位置及数量。

2. 电缆支架安装

1）技术要求

（1）材料性能要求。

电缆支架用复合材料性能指标如表 4-4-1 所示。

表 4-4-1　电缆支架用复合材料性能指标

名称	项目	单位	隧道内	隧道外
耐久性能	使用年限	年	39	39
机械性能	弯曲强度	MPa	≥220	
	弯曲弹性模量	MPa	≥1.1×10^4	
	压缩强度	MPa	≥80	
机械性能	冲击强度	kJ/m^2	≥150	
	吸水率	—	<0.2%	
	耐水试验后弯曲强度保留率	—	>90%	
热性能	150 ℃ 1 h 后弯曲强度保留率	—	≥90%	
	热变形温度	℃	≥200	
绝缘性	绝缘电阻	Ω	≥1.0×10^{12}	
防火性能	燃烧性能等级	级	B	
	燃烧增长率指数	W/s	≤120	
	火焰横向蔓延长度	m	<试样边缘	
	时间为 600 s 时总放热量	MJ	≤7.5	
	燃烧长度	mm	≤150	
	烟气生成速率	m^2/s^2	≤30	
	时间为 600 s 时总烟气产生量	m^2	≤50	
	燃烧滴落物/微粒	—	d0 级	
	产烟毒性	—	t0 级	
其他	密度	g/cm^3	1.83	
	抗紫外线能力	漆膜耐热性（150 ℃、24 h）	—	无气泡、无脱落、无裂纹
		漆膜附着力	MPa	—	2.7

（2）钢支架及固定件要求

立柱（热轧钢板，厚 4 mm），托臂（冷轧钢板，厚 2 mm）、电缆支架热镀锌层 50 μm，托臂与立柱间用焊接。其中电缆支架固定件采用 A4 不锈钢膨胀型锚栓，锚栓抗拉标准值大于 16 kN，抗剪标准值大于 20 kN。膨胀型锚栓变异系数必须小于 0.1，滑移系数必须大于 0.9，并通过国家质检机构的认证和测试。膨胀型锚栓应通过按照 ISO 834 要求的耐火承载力试验，并提供不低于 2 h 的耐火承载力测试报告。膨胀型锚栓的基本规格为 M10×120 mm。

复合材料电缆支架固定件采用膨胀型锚栓，膨胀型锚栓的螺杆部分应采用冷扎成型钢材，在固定支架时可做调整。膨胀型锚栓应采用热浸镀锌工艺，镀锌层厚度不小于 45 μm。锚栓抗拉标准值大于 16 kN，抗剪标准值大于 20 kN。膨胀型锚栓变异系数必须小于 0.1，滑移系数必须大于 0.9，并通过国家质检机构的认证和测试。膨胀型锚栓应通过按照 ISO 834 要求的耐火承载力试验，并提供不低于 2 h 的耐火承载力测试报告。膨胀型锚栓的基本规格为 M10×120 mm。

2）安装流程

光电缆安装流程如图 4-4-63 所示。

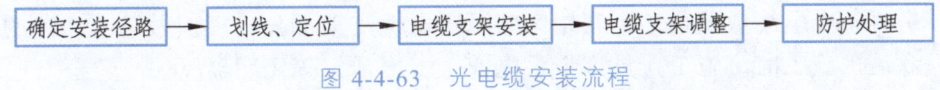

图 4-4-63　光电缆安装流程

3）安装方法

（1）径路确定。

根据设计要求和施工规范，本着便于安装和维护的原则，确定支架安装位置。

（2）划线定位。

以轨面为基准或业主给的标高，确定支架的安装位置。以两点为基础，划线并确定中间段各支架的安装位置。

（3）打眼、支架安装。

位置确定后，采用自制的可沿轨道滑行的作业平台，用冲击电钻打孔，敲入膨胀管并冲紧。将支架对准孔位套入螺杆，加上平垫、弹垫后再带上螺丝拧紧。某一区段支架安装完成后，通过目测方式进行支架调整，确保其安装平直、美观。

支架的安装可采用流水作业方式，一部分人专门负责定测、划线，一部分人专门进行打眼，一部分人负责支架安装并调整。

3. 光、电缆敷设

1）光电缆测试

光电缆敷设前必须对整盘光电缆进行单盘测试，测试合格后方可敷设。

（1）电缆单盘测试。

开盘检验电缆端面。对电缆的线间绝缘、对地绝缘、导通等技术参数进行测试，会同监理共同确认检验记录。电缆盘保护层在测试完成后及时复原，电缆单盘测试完后及时做密封防护处理。根据电缆单盘测试值，做好电缆单盘测试记录。

（2）光缆单盘测试。建设单位。

开盘检验光缆端面，确定 A、B 端，并在缆盘上用红油漆标注。测试加强芯与护套的绝缘电阻。用 OTDR 测试光纤衰减常数、光纤长度，观察后向散射曲线的平滑度和有无反射峰并记录，会同监理共同确认检验结果，确保光缆合格。单盘检验完毕后，恢复电缆端头的密封包装及缆盘包装。根据测试值，做好光缆单盘测试记录。

2）光电缆配盘

根据光电缆径路定复测资料，本着减少电缆接续、避免浪费的原则，对光电缆进行配盘。

检查配好的光、电缆是否符合配盘技术要求，检查无误后，将配好的光、电缆卡片从中继段的 A 端向 B 端进行编号，制成配盘表。

缆盘上标明敷设区间、敷设方向（上行侧或下行侧），在单盘测试记录上写明敷设区间、敷设方向（上行侧或下行侧）。

3）光电缆敷设

敷设前先按设计要求检查验收已安装的电缆托架，检查高度是否一致，间距是否相等，是否符合电缆敷设条件；利用区间既有电缆支架部分，提前做好交叉点的防护工作。隧道内施工时，施工人员携带手电筒、蓄电池灯等照明器具。

敷设前需要对光、电缆进行单盘测试，对电缆的线间绝缘、对地绝缘、导通等技术参数做详细记录，对光缆的衰耗及金属外护层对地绝缘等技术指标进行测试。单盘检验完毕后，恢复电缆端头的密封包装及缆盘包装。

光缆单盘测试按下述步骤进行：

（1）开盘检验光缆端面，确定 A、B 端；

（2）用 OTDR 测试光纤衰减常数、光纤长度，观察后向散射曲线的平滑度和有无反射峰并记录，检查加强芯与护套的绝缘电阻；

（3）单盘检验完毕后，恢复光、电缆端头的密封包装及缆盘包装。

隧道内敷设电缆时使用平板车。敷设时，将提前盘留好的电缆搬运至平板车上，临时做固定处理，每次可敷设一盘电缆。车上安排两名施工人员，由一名施工人员旋转电缆盘，另一名施工人员进行辅助操作，并进行安全防护工作，必要时启动制动装置使平板车停下来。由于平板车上没有动力装置，需要两名施工人员推动平板车在轨道上匀速缓慢移动。

敷设既有线光、电缆时，为确保次日运营工作的正常开展，需采用边敷设、边上架、边绑扎的方法，原则是先敷设长的大芯数光、电缆，再敷设短的小芯数电缆，保证每敷设一根到位一根；电缆上架时的摆放排列应平行、整齐、无交叉、自然松弛，并用扎带固定。同层电缆不得交叉扭绞。有多层摆放时应分层绑扎，上下层相互固定。

既有线信号光电缆敷设作业时，在作业区域两端派专人进行安全防护，隧道内间隔每一定距离须配备对讲机，保持联系，以便提醒隧道内所有人员注意工程维修车辆。

4）光、电缆接续

（1）电缆接续

工艺要求：电缆芯线接续采用压接技术；采用径向膨胀原理和技术对盒体进行密封，最后再灌注密封胶液，以实现电缆接续免维护。

电缆接续时须保证 A、B 端及芯线相接正确，压接牢固。

接续人员须持证上岗。

施工准备：首先进行准备工作，准备工作包括材料工机具的准备，施工作业场地的清理等。

表 4-4-2　电缆接续主要机具表

序号	名　称	单位	数　量	主要用途
1	接头盒 HDM-T 型	套	1	接续材料配备
2	电缆绝缘测试仪	台	1	接续前绝缘测试
3	钢锯条	根	1	电缆做头
4	钢锯	把	1	电缆做头
5	壁纸刀	把	1	电缆做头
6	克丝钳	把	1	电缆做头
7	偏口钳	把	1	电缆做头
8	剥线钳	把	1	可控剥线尺寸
9	剪刀	把	1	灌胶用
10	压线钳	把	1	芯线接头
11	螺丝刀	把	1	盒体紧固
12	棘轮扳手	把	1	盒体紧固
13	切胶刀	把	1	接续材料配备
14	专用扳手	把	1	接续材料配备

接续配件加工与组装：电缆接续前先对需要接续的电缆进行绝缘测试，在两端电缆绝缘均达到设计要求后方可开始接续。

首先用钢尺测出所接续电缆外径尺寸，然后比照辅助套管上的标线将辅助套管尾部小于电缆外径部分切除，根据电缆外径尺寸，去掉内径小于电缆外径的变径环，将选择好的变径环组平放在密封胶圈上，二者外圆对齐，然后沿变径环组内孔壁用专用切割刀将密封胶圈中心部分切除成圆孔，加工后的密封胶圈中心孔的直径应与电缆外径相同。将变径环组、密封胶圈、外挡片、内挡片用 5 根 M6×35 螺栓和一根地线螺栓连接为一体（暂不拧紧）。按顺序依次将辅助套管、密封挡环组、钢带固定环套在电缆上（两侧电缆相同），然后将主套管套在电缆护套上。

电缆成端制作：在距电缆端头 190 mm 处用电工刀环切电缆外护套一周，并向端头方向纵向切割将其剥除；距外护套切口 15 mm 处用克丝钳将钢带（双层）折弯、展平；剥除钢带折弯处向电缆端头方向 50 mm 范围内的铝护套表面绝缘层，并将铝护套擦净；距电缆外护套 50 mm 处，用钢锯环锯铝护套一周，当锯深为铝护套厚度的 1/2～2/3 时，轻轻折断铝护套并将其抽出，将双层钢带的正、反面及铝护套表面打毛。

芯线接续：将两侧电缆芯线分组、编号，全部芯线开剥 6～8 mm，露出裸铜线。先将一端电缆的全部芯线用接线端子压接，一端压接完成后，将对应的另一端电缆的芯线穿入与其相同组号及芯线序号的压接端子管内，用压线钳压接。全部芯线压接完成后，检查核对压接的线组、线对，确保芯线接续正确。

安装固定拉杆：将接续后的电缆芯线恢复直线状态，将固定拉杆固定在钢带固定环凹槽内。

盒体组装：将两侧外护套切口 150 mm 范围的电缆外护套用砂布打毛；将主套管移至电缆接续的中间部位，将两端的密封挡环推入主套管，外挡环与主套管端面在同一平面上，调整主套管注胶孔的位置，使接头盒落地后注胶孔垂直向上，用扳手按对角、轮换的顺序紧固密封挡环的螺丝，使密封胶片受挤压后径向膨胀。当变径环均匀露出外挡环约 1 mm 时，停止紧固。一端完成后再用同样方法安装另一端密封挡环。将辅助套管与主套管对接，用专用扳手拧紧，辅助套管注胶孔与主套管上注胶孔在同一条直线上的角度差应不大于 ±15°；在辅助套管小口径端与电缆之间用密封胶带缠包，防止灌胶时胶液渗漏。

灌注密封胶和膨胀胶：将接头盒水平放入电缆接头坑底部，保持主套管注胶孔与地面垂直，两端电缆储备量呈"Ω"状（或"S"状），盘放整齐。

灌注密封胶：密封胶为双组份，密封胶 A 组份（大桶）开盖后，先将盒底沉淀物与胶液充分搅拌均匀，再将 B 组份（小桶）全部倒入 A 组份中充分搅拌，混合均匀。打开主套管上的两个注胶孔盖，将密封胶用漏斗从主套管上的一个注胶孔向盒体内灌注，待胶液溢出注胶孔后，等待 10 min，补齐胶面，再用专用扳手将两个注胶孔盖（有"O"型密封圈）拧紧。

灌注膨胀胶：将胶袋的中间卡条取出用后，使 A、B 胶液混合，然后用手反复揉搓胶袋使 A、B 胶液充分混合均匀；将两侧辅助套管注胶孔盖打开，将膨胀胶平均分成两份，分别灌注到两侧辅助套管内，待胶面溢出注胶孔后，立即用专用扳手将注胶孔盖（无"O"型密封圈）拧紧。

（2）光缆接续。

接续准备：准备接续工具材料，架设接续帐篷，整理光缆将光缆两端穿入帐篷内。光缆接续测试主要机具如表 4-4-3 所示。

表 4-4-3　光缆接续测试主要机具

序号	名称	单位	数量	主要用途
1	光纤熔接机	台	1	光纤熔接
2	光时域反射仪（OTDR）	台	1	测试光缆
3	发电机	台	1	提供电源
4	光纤接续专用工具	套	1	光纤接续
5	光缆接头盒及附件	套	1	光缆接续

开剥光缆：用钢管切割刀将聚乙烯外护套及螺纹钢管同时切断并取下，露出铝塑防护内护层，再用切割刀切割内护层，露出缆芯，用酒精棉将光纤上的油膏清洗干净，并用胶带将光纤按排列顺序编号。

安装收容盘：先把收容盘固定在螺纹钢管上，然后将 A、B 两端加强件分别紧固在收容盘上，再用橡胶自粘带将钢管切口缠包两层。

制备光纤端面：用酒精纱布擦拭清除光纤表面的灰尘或油污，再用被覆层开剥钳剥除光纤被覆层，用酒精纱布轻轻擦拭纤芯，用光纤切割刀制备光纤端面，预留充足，收容余长 ≥1.2 m。

光纤接续：将制备好的光纤套上带加强芯的热缩管，放入熔接机 V 型槽内，放下磁性压板，按熔接机操作程序，调整 X、Y、Z 3 个方向，使两端光纤对中，然后按下熔接键，进行光纤熔接，测试达标后热熔加强芯，填写接续卡片，一式两份。

光纤接续测试采用 OTDR 进行双向监测，控制单向衰耗和双向平均衰耗。

纤收容：光纤盘绕时收容板两端盘绕弯曲半径不小于 40 mm，加强芯安装牢固，光纤纤序一一对应，收容排列整齐。

接头盒组装及固定：用酒精纱布清洗接头盒密封槽及内表面，嵌入密封胶条，加盖并对角拧紧螺丝。

4.9　信号机安装施工方案

4.9.1　信号设备定测

按照设计院提供的正线室外信号设备布置双线图和通用设备安装图，根据现场情况和条件选择相适应的信号机安装支架或基础及相应安装方式；地面碎石道床上信号机采用混凝土信号机基础，区间隧道内信号机选用侧壁支架和地面立柱。因在安装新信号机阶段，既有信号机还要正常运行使用，所以在定测新信号机时，除了满足与对应轨道电路棒的相对位置、显示距离等要求外，还必须考虑新、旧信号机共存时互相不影响正常使用。新信号机安装位置以系统集成商现场最终定测位置为准。

4.9.2　施工准备

1. 安装前准备

在安装信号机前，首先按照设计图纸核对定测标识、坐标、位置、限界尺寸。然后现场调查信号机安装位置，如果现场位置不满足安装条件，及时联系设计方，提出解决方案，优先考虑将信号机换边或移位。信号机构必须符合规定标准，不得有影响显示的斑点和裂纹，且清洁、明亮，密封性良好。最后准备安装用工具材料。

2. 制作安装架

（1）信号机安装立柱采用外径φ114 mm 热镀锌钢管和热镀锌钢板制作。制作完后，检查焊缝牢固，立柱方正，各部位尺寸符合设计要求。加工制作的信号机立柱应采用热浸镀锌工艺，镀锌层厚度 50 μm。信号机立柱如图 4-4-64 所示。

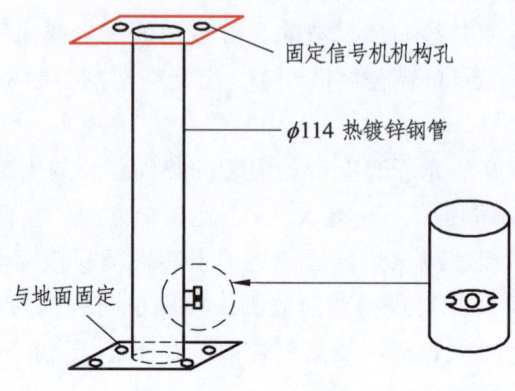

图 4-4-64　信号机立柱

（2）信号机安装支架采用 50 mm × 50 mm × 5 mm 热镀锌角钢和热镀锌钢板制作。制作完后，检查焊缝牢固，支架方正，各部位尺寸符合设计要求，加工制作的信号机支架应采用热浸镀锌工艺，镀锌层厚度 ≥ 50 μm。信号机安装支架如图 4-4-65 所示。

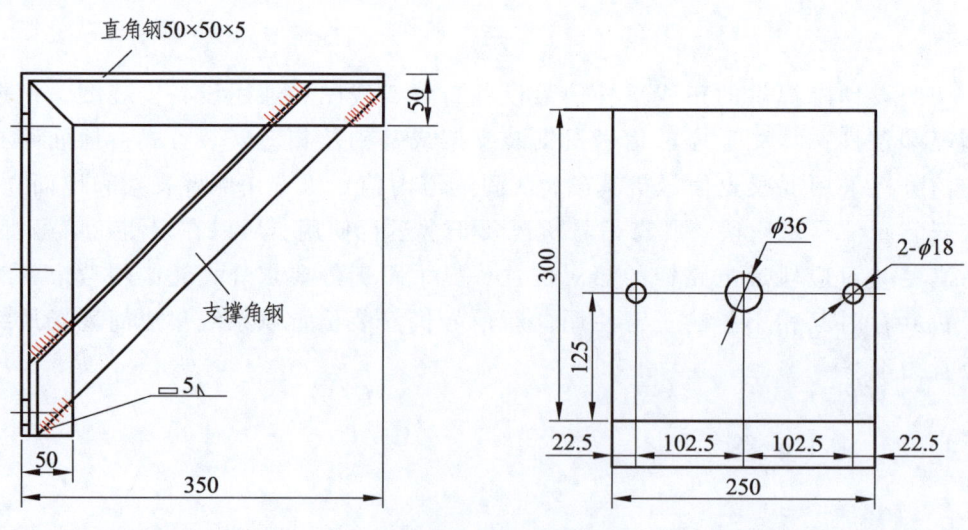

图 4-4-65　信号机安装支架

（3）盒子安装支架采用 40 mm × 40 mm × 5 mm 热镀锌角钢制作。信号机盒子安装支架如图 4-4-66 所示。

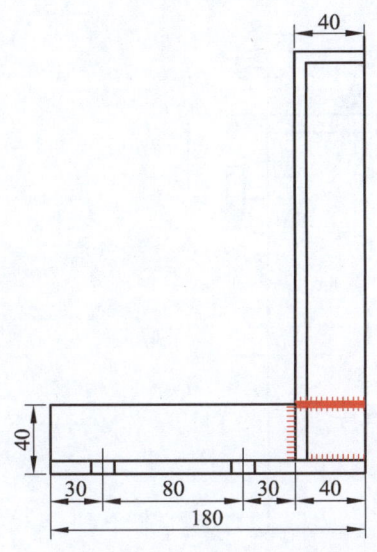

终端盒安装架 1∶2
01G400-S-XH-009-2
材料：角钢 40×40×5

图 4-4-66　信号机盒子安装支架

（4）信号机安装维修平台采用 50 mm × 50 mm × 5 mm 热镀锌角钢和热镀锌钢板制作（注：平台加工高度严格按照现场信号机安装高度而定，一般尽量保证单层和多层平台高度不大于 400 mm）。

信号机安装维修平台如图 4-4-67 所示。

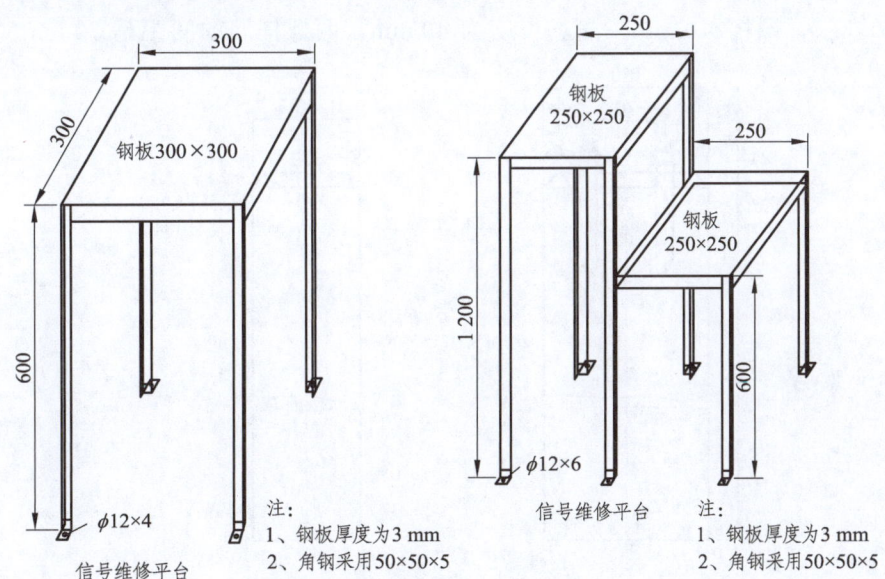

图 4-4-67　信号机安装维修平台

3．预制件基础

1）信号机基础

信号机基础如图 4-4-68 所示，尺寸为：300 mm × 220 mm × 1 100 mm（长×宽×高），螺杆 ϕ16 mm，漏丝长度为 50 mm，两螺杆间的间距是 205 mm。

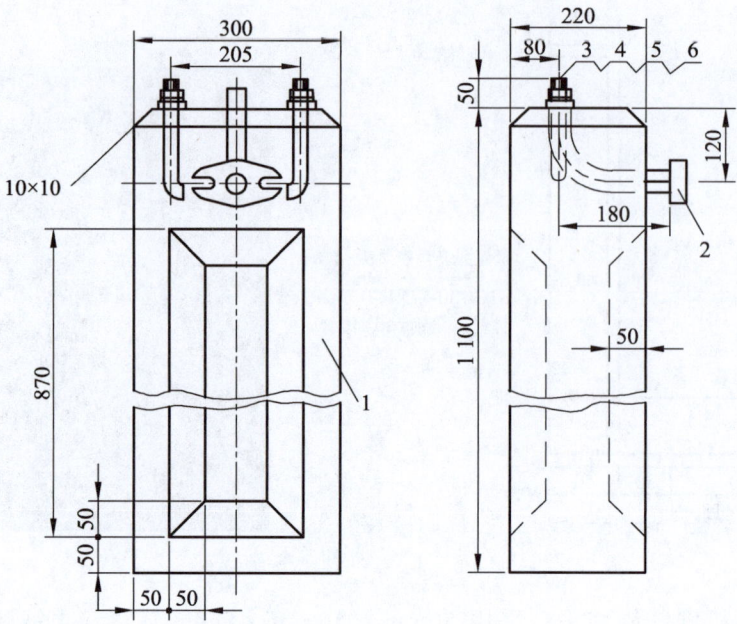

图 4-4-68 信号机基础

2）盒子基础

电缆终端盒（HZ-12/24）如图 4-4-69 所示，基础尺寸为：150 mm × 80 mm × 800 mm（长×宽×高），螺杆 ϕ10 mm，漏丝长度为 40 mm，两螺杆间的间距是 70 mm。

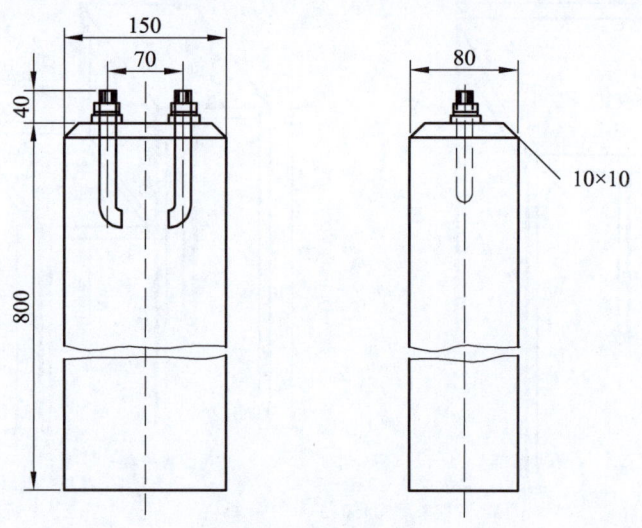

图 4-4-69 电缆终端盒

4.9.3 信号机安装类型及设计限界

1. 信号机安装类型

正线区间隧道主要以矩形隧道和圆形隧道两种类型为主，地面区间为碎石道床。信号机安装类型主要分四种，分别如图 4-4-70 至 4-4-73 所示。

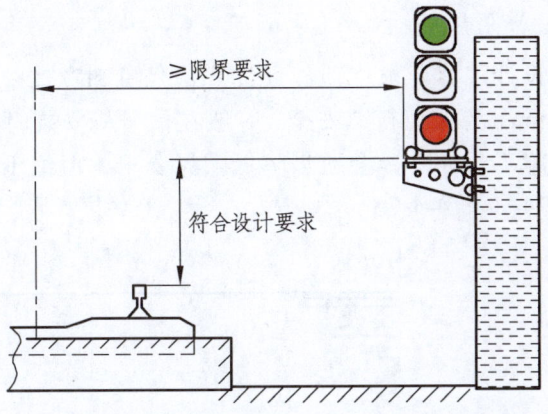

图 4-4-70　矩形隧道信号机支架安装工况

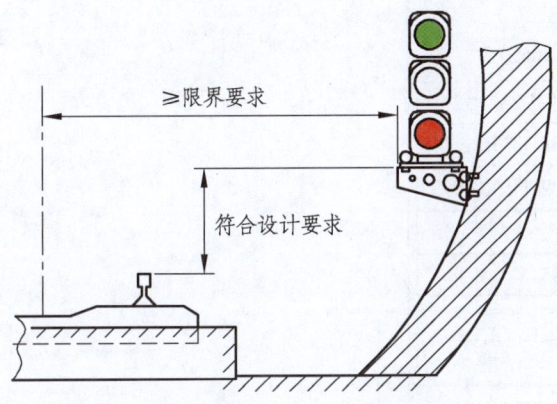

图 4-4-71　圆形隧道信号机支架安装工况

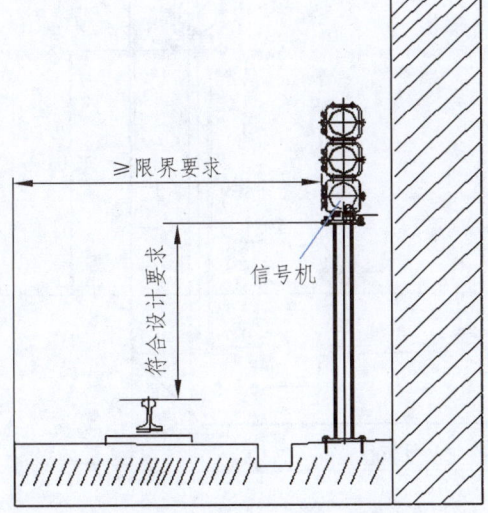

图 4-4-72　矩形隧道信号机立柱安装工况

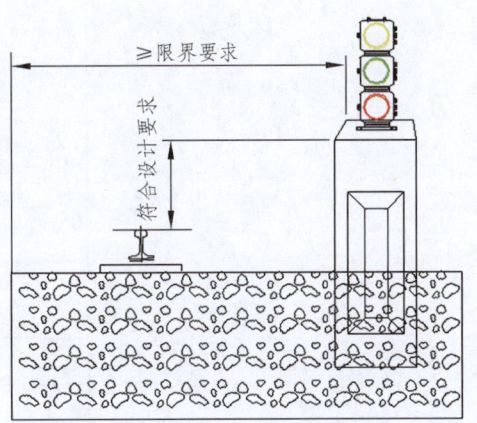

图 4-4-73　碎石道床信号机基础安装工况

2. 信号机安装设计限界图

根据信号机安装设计限界要求,地面立柱式信号机和隧道壁上支架式信号机安装的最小限界为 1 750 mm,为保证行车安全,一般在信号机安装时,限界均以 1 850 mm 为准,除特殊地段无施工条件外,会适当降低限界要求,但绝不会侵入限界边线。具体参数可参考图 4-4-74 和图 4-4-75。

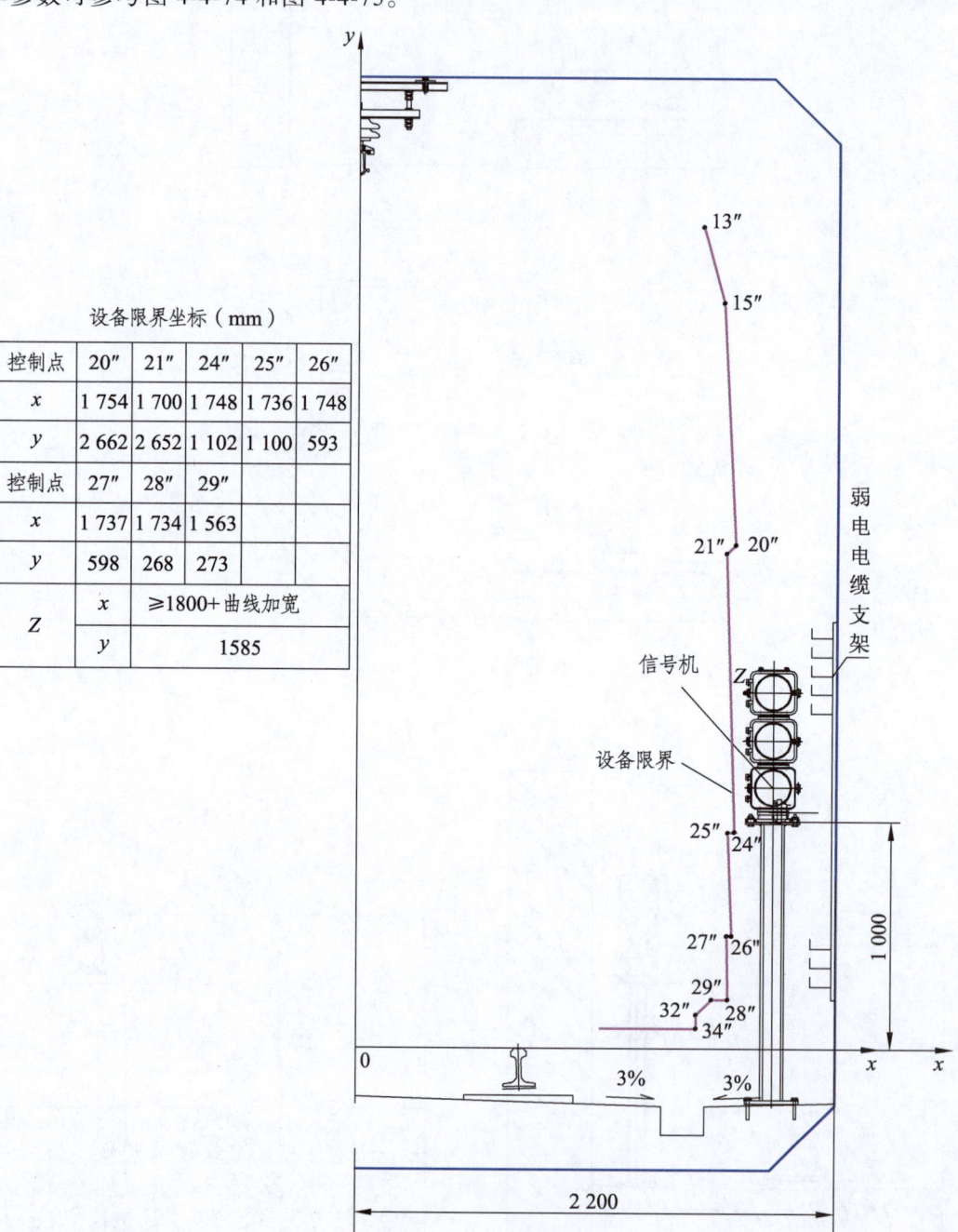

图 4-4-74　地面立柱式信号机安装限界

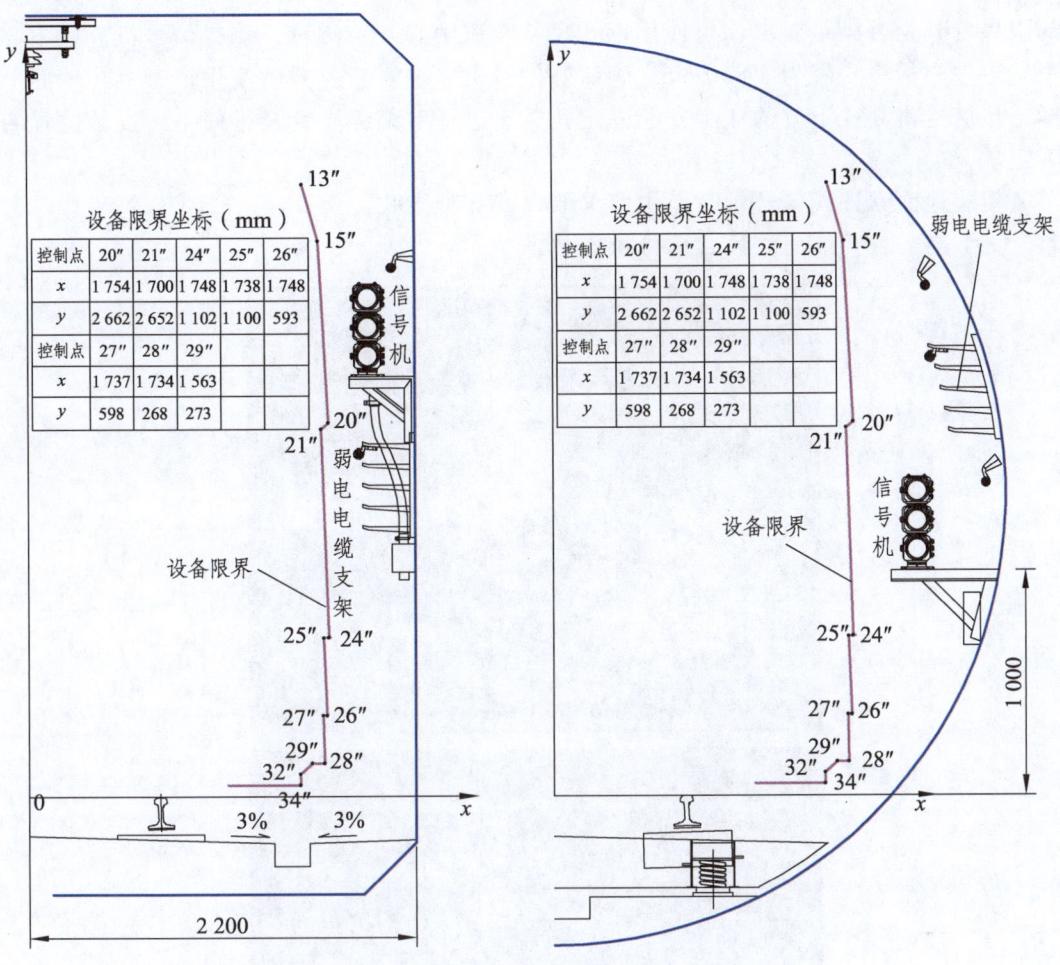

图 4-4-75 隧道壁上支架式信号机安装限界

4.9.4 区间隧道信号机及箱盒安装方法

1. 安装位置确认

根据定测实际情况，正确选择信号机安装类型及安装位置。信号机及箱盒的安装必须避开隧道结构接缝处、漏水处等风险位置。圆形隧道内信号机安装采用侧壁式支架，在矩形隧道内现场具备安装条件，且现场安装位置限界满足设计要求时采用立柱式安装方式。若在矩形隧道内现场安装位置不满足设计限界要求，或满足设计限界要求但不具备立柱式安装条件时采用侧壁式支架安装方式。

2. 划线定位

根据现场定测位置与安装条件确认好信号机安装方式后进行信号机支架、电缆终端盒、维修平台的划线定位。在进行划线定位时，注意信号机支架中心与定测线平齐。

1）结合区间矩形隧道内既有立柱式信号机安装位置

先根据定测位置把新信号机立柱放置于合适的位置处，测量信号机支架安装位置的限界看其是否满足要求,再使用钢卷尺从轨道中心开始测量,测得信号机立柱中心距轨道中心最小限界为 1 850 mm。确认好信号机立柱安装位置后使用记号笔在地面上标记出信号机立柱下方的 4 个安装固定孔,再进行电缆终端盒及维修平台安装位置的确定。

新装地面立柱式信号机时,主要采取以下 3 种方式。

(1)第一种:地面立柱式信号机安装。

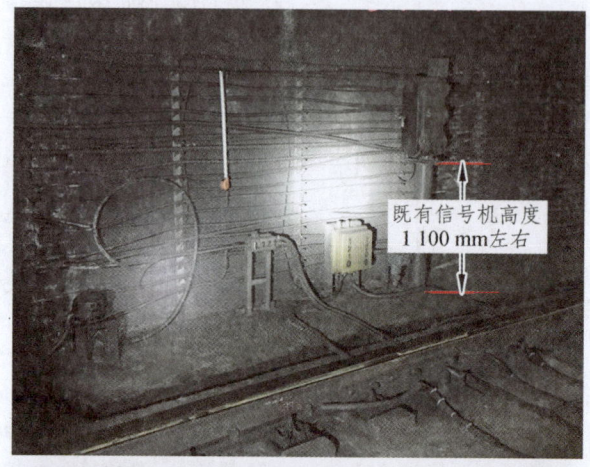

图 4-4-76 地面立柱式信号机安装方式一

使用该方案时,针对的是在车站站台区域安装的既有信号机,主要原因是空间位置狭窄和设备限界受限,无法在隧道壁相等高度位置上安装新信号机,具体如图 4-4-77

所示。所以在后期改造实施过程中，不管是安装新的立柱式信号机还是侧壁式信号机，安装高度都必须高于既有信号机机构。本着所有设备安装便于运营维护操作实施的原则，要考虑新信号机安装是否过高，原因为：一是施工过程中安装操作困难，二是设备过高安装可能会导致设备牢固性不好或不稳，三是后期检修维护不便。因此可根据现场实际勘查情况，把新信号机安装在既有信号机前方，使新信号机构顶部位于既有信号机构底部下方，这样一来新信号机整体安装位置、高度、显示均能满足系统更新改造所需。

图 4-4-77 地面立柱式信号机安装方式二

（2）第二种：地面立柱式信号机安装。

使用该方案时，针对的是在车站站台区域安装的既有信号机，如图 4-4-78 所示。

既有立柱高度在 1 300 mm 左右，新信号机立柱安装高度降至 600 mm，把新信号机安装在既有信号机前方，使新信号机构顶部位于既有信号机构底部下方，新信号机整体安装完成后，其安装高度和显示均能满足系统更新改造所需。

图 4-4-78　地面立柱式信号机安装方式三

（3）第三种：地面立柱式信号机安装。

使用该方案时，针对的是岔区或存车线安装的既有信号机，因现场安装位置宽敞，且设备安装限界、高度和显示均能满足新信号机安装需求，如图 4-4-78 所示。所以可按照通用设备安装图内设计的立柱高度进行新信号机安装，新信号机安装在既有信号机前后侧方，安装完成后能满足调试期间新旧信号机共存时互不影响的显示和正常的使用。

2）结合区间矩形隧道和圆形隧道内既有支架式信号机安装位置

侧壁信号机安装位置垂直线示意图如图 4-4-79 所示，先确定侧壁信号机安装高度。用卷尺垂直于钢轨平面向上拉，使用水平尺测量卷尺是否垂直于钢轨平面。在 h 处用细线垂直于卷尺拉一道水平线至隧道壁，使用水平尺测量该水平线是否水平。用水平尺测量水平线水平后则水平线与隧道壁的交点就是侧壁式信号机的安装高度。侧壁信号机安装位置水平线示意图如图 4-4-80 所示，信号机安装高度测量好之后进行限界测量。使用卷尺垂直于线路中心向上拉，使用水平尺测量卷尺是否垂直于钢轨平面，然后将信号机支架临时放置在确定好的安装高度处，从信号机支架靠近轨道侧的最边缘使用卷尺水平拉出一道水平线，使用水平尺测量该水平线是否水平。水平线与垂直线的交点到信号机支架靠近轨道侧最边缘的距离就是该信号机的限界（即图中的 L）。

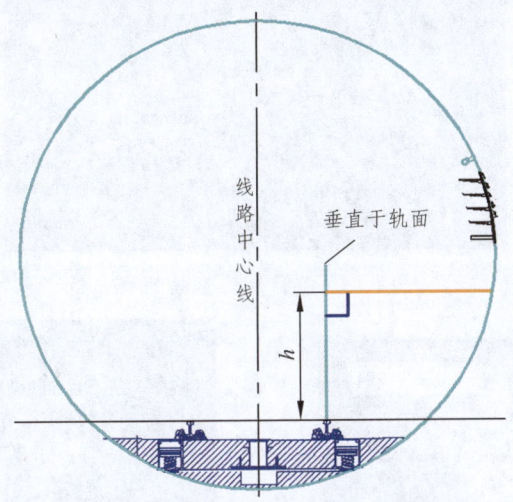

图 4-4-79　侧壁信号机安装位置垂直线示意图

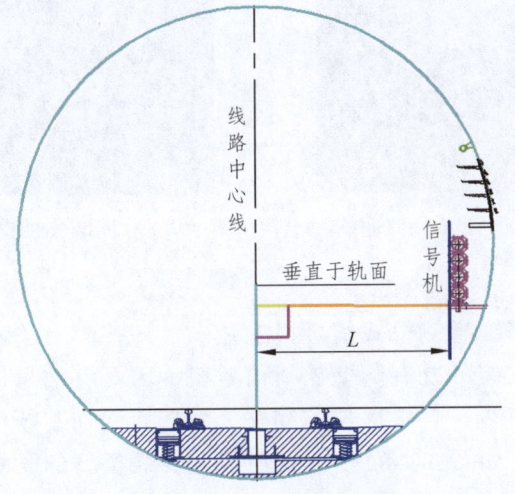

图 4-4-80　侧壁信号机安装位置水平线

新装侧壁式信号机主要采取以下两种方式。

（1）第一种：圆形隧道侧壁式信号机安装。

针对圆形隧道内安装的既有侧壁支架信号机，根据现场实际情况选择新信号机安装位置，如图 4-4-81 所示，在满足安装条件的情况下，尽量降低安装高度，保证后期维护。新信号机安装位置可设置定位在既有信号机前后，新信号机侧壁支架平面与既有信号机机构顶部平齐。新信号机安装在既有信号机前方时侧壁支架伸出长度为 540 mm，安装在既有信号机后方时侧壁支架伸出长度为 650 mm，但新信号机的安装必须满足与对应轨道电路棒的相对位置，且安装完成后能满足调试期间新旧信号机共存时显示互不影响和正常使用。

（a）既有信号机安装情况

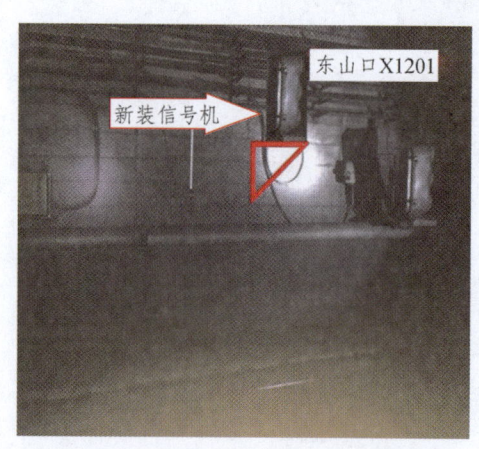

（b）新信号机安装在既有信号机后方

（c）新信号机安装在既有信号机前方

图 4-4-81　圆形隧道信号机安装

（2）第二种：矩形隧道侧壁式信号机安装。

针对矩形隧道内安装的既有侧壁支架信号机，因既有信号机安装得过高，日常检修维护必须依靠爬梯进行，且根据现场调查，发现后期加装新信号机时与此对应位置上无合适的安装空间，如图 4-4-82 所示。所以此安装类型的既有信号机在进行改造更新时可做调整，具体取决于现场安装环境条件，如地面无任何管线穿越时可改成立柱式安装，地面有影响只能安装在隧道壁上时，选择适当的高度、位置安装新信号机，新信号机侧壁支架伸出长度为 380 mm，安装完成后能满足调试期间的新旧信号机共存时显示互不影响和正常使用。

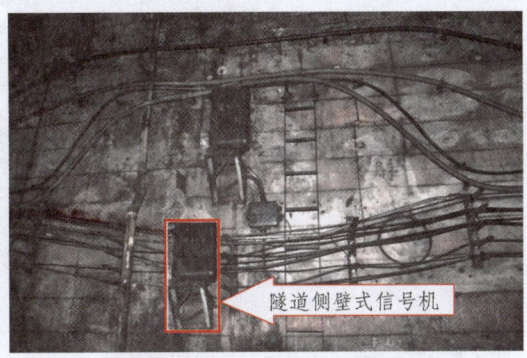

图 4-4-82　矩形隧道侧壁式信号机安装

3）打眼、支架安装

（1）打眼。

轨行区信号机安装打眼取电，本项目自备汽油发电机，使用三级配电箱从发电机上接电，所有电动工机具插入三级配电箱内插座板使用，每台发电机配备一个灭火器。

支架位置确定后，用冲击钻打孔。根据不同型号的膨胀螺栓选择合适冲击钻头，钻孔深度为 60～90 mm。隧道壁上打孔时注意钻孔深度，避免破坏结构造成渗漏水现象发生。

（2）支架安装。

信号机立柱通过 $\phi 16\times 120$ mm 的不锈钢膨胀螺丝固定在地面上，盒子支架及信号机维修平台通过 $\phi 10\times 80$ mm 的不锈钢膨胀螺丝固定在地面上。信号机电缆终端盒采用 HZ12，盒子与支架之间通过 $\phi 10\times 50$ mm 的不锈钢连接螺丝进行连接，盒子与信号机立柱引线管通过 $\phi 10\times 35$ mm 的连接螺丝进行连接。

侧壁信号机支架通过 $\phi 12\times 100$ mm 的不锈钢膨胀螺丝进行固定，盒子支架及信号机维修平台通过 $\phi 10\times 80$ mm 的不锈钢膨胀螺丝进行固定。盒子与支架之间通过 $\phi 10\times 50$ mm 的不锈钢连接螺丝进行连接。

信号机安装时最突出边缘不得侵入限界，安装的角度应便于司机瞭望和满足信号机显示距离技术要求。同一坐标上的信号机在安装时应使其成一条直线，并垂直于线路。各部位螺栓紧固。

侧壁支架式信号机用的箱盒与信号机间通过蛇管弯头和胶管进行连接。

信号机立柱、电缆终端盒、维修平台的中心保持在同一水平线上且与钢轨保持平行。维修平台与电缆终端盒保持 80mm 间距。膨胀螺丝拧紧后必须保证外露不少于 1～4 圈丝扣。

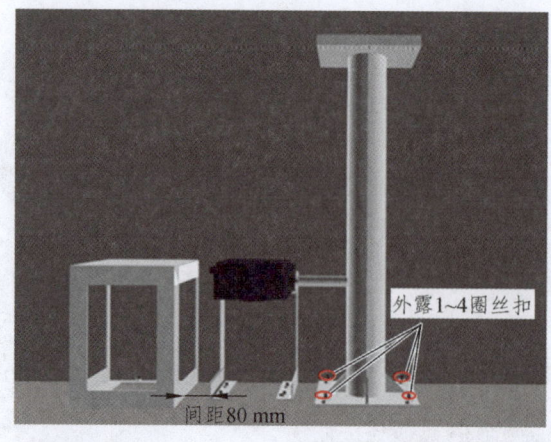

（a）

（b）

（c）

图 4-4-83　信号机支架

4）信号机机构安装

根据正线室外信号设备布置双线图，把不同灯位显示的信号机运输至设计安装位置，将信号机机构固定在支架上，调整显示方向，紧固螺栓，最后按照设计要求对机构进行接地连接。

5）信号机电缆引入固定及做头

电缆从托架引下时第一个固定线卡距扁钢 100 mm。电缆在隧道壁固定转弯时拐角处保持 90° 圆弧，固定线卡距拐角 200 mm。电缆及地线从电缆托架引下时与地面保持垂直，固定线卡在电缆上分布均匀间距保持一致。电缆引至地面时采用橡胶管防护，防护管上墙高度为 350 mm。信号机电缆示意图如图 4-4-84 所示。

将电缆护套剥除 2 m 后穿过防护管，用铁丝在护套下方 50 mm 处绑扎拧紧。把电缆穿入终端盒中，防护管固定在盒子上。

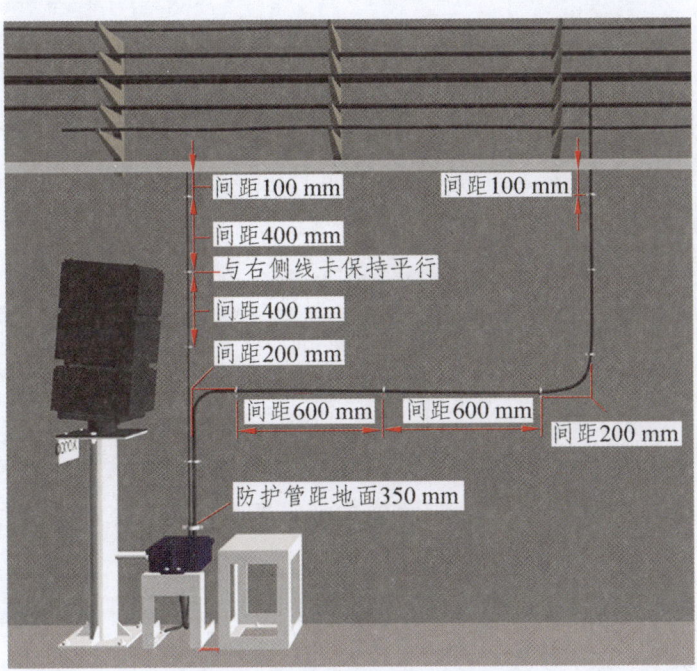

图 4-4-84 信号机电缆

6）信号机及电缆盒配线

信号机电缆盒配线示意图如图 4-4-85 所示，信号机电缆盒配线时，将电缆芯线呈扇形展开，在距瓷六柱端子 2 cm 处绕成直径 10 mm 上 2 下 3 的线环。用剥线钳将电缆芯线剥出 10 cm 铜线，套入套管，将铜线制作成线环，并套上防松断压线环接入相应瓷六柱端子，每个端子上接入的单股芯线需安装加强型垫片。电缆备用芯线卷成直径 10 mm 的弹簧状放在盒子胶室上方。

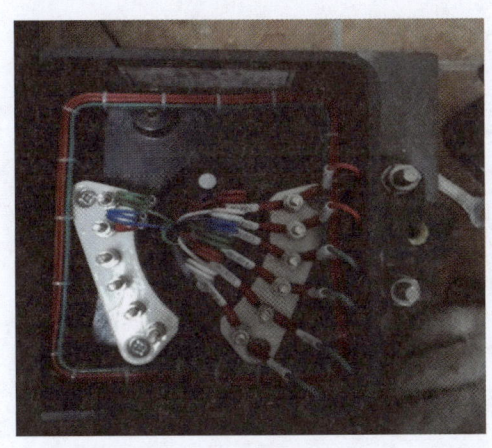
HZ-12 盒子配线

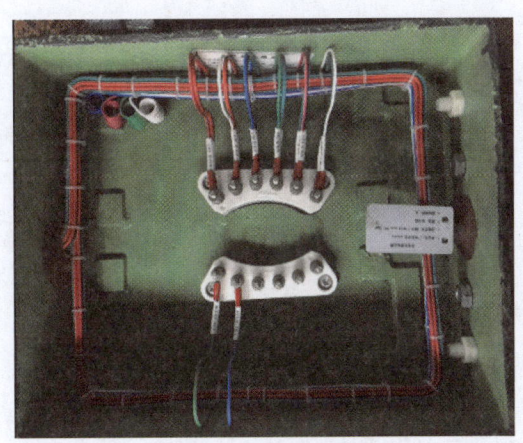
HG-6 盒子配线

图 4-4-85 信号机电缆盒配线示意图

信号机机构内部预配线采用与灯光相同颜色的 7×0.52 mm 多股铜芯绝缘软线加以区分，方便维修。7×0.52 mm 多股铜芯绝缘软线在箱盒、机构内部布线合理、绑扎整齐。将软线绕终端盒壁绑扎一圈后,弯成鹅头状。扎带间距 30 mm,绑扎均匀。将软线头部剥出 10 cm 铜线,套入套管然后缠制线环,线环大小与所要上的端子相吻合。引线管进出口处及机构内线卡处,应用绝缘胶带防护,配线完成后用细扎带把电缆铭牌悬挂在电缆线上。

7)箱盒灌胶

室外箱盒胶室用冷封胶灌注,高度为胶室 2/3。灌胶前,先将盒内垃圾进行清理,再进行灌胶。灌胶完成后,需及时清理撒落在盒内的冷封胶,避免污染箱盒。

4.9.5 地面段信号机及箱盒安装方法

1. 碎石道床信号机安装工艺流程

整个安装流程如图 4-4-86 所示,主要包括了施工准备、基础坑开挖、回填夯实、配线等步骤。

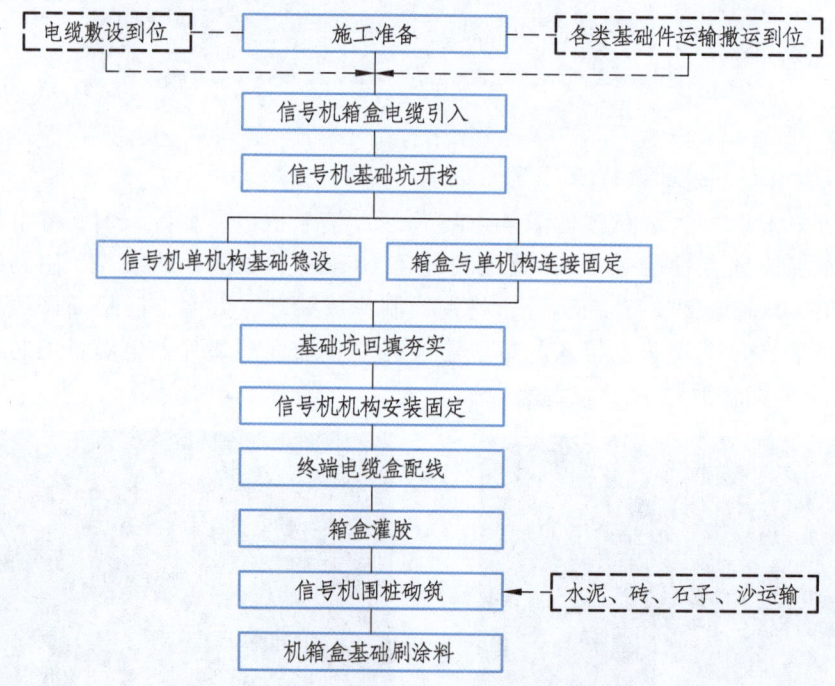

图 4-4-86 碎石道床信号机安装工艺流程

2. 安装位置确认

由于地面段与区间隧道的信号机安装方式不同,所以需根据现场实际情况进行定测,确认好信号机安装位置后,在钢轨腰部做好标识。

信号机安装位置应与轨道电路棒在同一坐标处,当不能设在同一坐标时,根据系统轨旁设备设计安装标准,装在设定的数据范围内。

信号机应设在所属线路右侧,因现场地形地貌或受既有信号机影响显示而设于左侧时,需经业主、设计、运营等相关部门审核批准。

3. 施工步骤

1）基础检查

地面段信号机基础采用混凝土基础。安装前必须检查基础是否有断裂缺陷，确保基础表面平整光洁并无明显丢边掉角现象。

2）信号机基础搬运

提前将新信号机和箱盒稳设所用的混凝土基础运输到施工现场。

信号机基础撒料，采用自制小平板车装载运输，运输过程中注意不要让平板车掉道扎伤既有设备或线缆。

3）电缆引入做头

根据该联锁区电缆敷设进度，提前申请作业点，安排作业人员进场，先将信号机电缆引入箱盒内，并把箱盒与盒子基础安装连接在一起。将电缆护套剥除 2 m 穿过防护管，用铁丝在护套下方 50 mm 处绑扎拧紧。把电缆穿入终端盒中，防护管固定在盒子上。

4）挖坑埋设基础

基础坑开挖、信号机单机构基础稳设、基础坑回填必须在一个作业点内完成。

基础坑开挖前，应了解地下设备、缆线埋设情况，不得随意乱挖。基础坑开挖时，应先铺设彩条布，将坑道内挖出的渣土堆放在彩条布上，不得污染道砟。开挖的基础坑一般不过夜，必须当晚回填完成。

挖信号机坑前，先核对信号机坐标、位置、限界尺寸，确认无误后再进行挖坑。

稳设基础：基础放入坑内时应注意引线管方向，基础边缘距线路中心距离应满足建筑限界要求，基本尺寸达到后，用水平尺抄平。基础切勿倾斜，如有倾斜，其倾斜量不大于 60∶1。方向、水平全部稳定后在基础底部回填土 200～300 mm 并捣固夯实，如图 4-4-87 所示，其余培土最好在安装电缆盒及基础引线管对接之后再进行。基础埋深不得小于 500 mm，基础稳设完成后基础顶面距钢轨面不小于 200～300 mm。

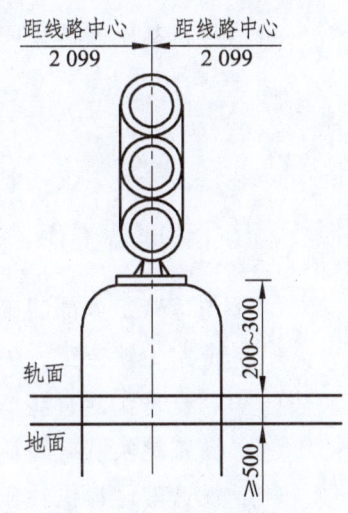

图 4-4-87 信号机埋设基础

5）安装信号机机构

机构座套入基础螺栓前，先使用铁丝穿入基础走线孔、弯头引线管，从电缆盒内引出，然后将底座套入基础螺栓，加弹簧圈拧紧螺母。

机构安装牢固后检查其仰角是否合适，不合要求时，必将采取挖土扶正基础的方法加以纠正。

安装完毕后，用油腻子封堵并做好防水处理。

6）信号机配线

配线时将电缆芯线呈扇形展开，在距瓷六柱端子 2 cm 处绕成直径 10 mm 上 2 下 3 的线环。用剥线钳将电缆芯线剥出 10 cm 铜线，套入套管，将铜线制作成线环，并套上防松线环接入相应瓷六柱端子。电缆备用芯线卷成直径 10 mm 的弹簧状放在盒子胶室上方。

信号机机构内部预配线采用与灯光相同颜色的 7×0.52 mm 多股铜芯绝缘软线加以区分，方便维修。7×0.52 mm 多股铜芯绝缘软线在箱盒、机构内部布线合理、绑扎整齐。将软线绕终端盒壁绑扎一圈后，弯成鹅头状。扎带间距为 30 mm，绑扎均匀。将软线头部剥出 10 cm 铜线，套入套管后缠制线环，线环大小与所要上的端子相吻合。引线管进出口处及机构内线卡处，应使用绝缘胶带进行防护。配线完成后用细扎带把电缆铭牌悬挂在电缆线上。

7）箱盒灌胶

室外箱盒胶室用冷封胶灌注，高度为胶室的 2/3。灌胶前，先将盒内垃圾进行清理，再进行灌胶；灌胶完成后，需及时清理撒落在盒内的冷封胶，避免污染箱盒。

8）基础培土（围桩）涂刷油漆

箱盒基础不足 150 mm 时，则需培土，并与地面成 45° 角。

信号机大多设在路基面较窄、边坡较陡的地点，培土困难时，应视现场具体情况砌砖做围桩防护。

设在路堤边坡处的信号机，若影响信号机稳固时，需拓宽加固培土，培土要逐层夯实，平整方正，破边见线，有棱有角。

需做围桩防护的信号机，砌筑围桩大小为 1 500×800 mm 左右，围桩面用水泥砂浆找平。

待信号机基础安装稳固后，用白色涂料对单机构基础和箱盒基础进行涂刷。

4.10 转辙机施工方案

4.10.1 准备工作

（1）与运营工务部门确认轨道轨距是否符合要求；
（2）道岔尖轨方正、尖轨与基本轨密贴情况符合安装标准；
（3）调查核实既有转辙设备运行状态、原安装方式（是否有特殊安装情况）；
（4）调查核实既有转辙设备基坑和沟槽大小、深浅是否符合改造设计标准；
（5）设计院已提供转辙机安装图；
（6）转辙机及安装装置提前运输到位。

4.10.2 基本要求

转辙机的型号、规格符合设计要求,安装符合设计安装图;

各部件及外壳完整无损,密封作用良好;

电源开关锁,通、断性能良好,通电时,摇把挡板能有效阻挡摇把插入摇把齿轮;切断开关时,摇把能顺利插入摇把齿轮;电源一旦切断,不经人工恢复,不得接通电路。

速动开关通、断电作用良好;

转辙机上下两检测杆无张嘴和左右偏移现象;

检测杆的缺口调整为指示标对准检测杆的缺口标记两侧各 1.5 mm ± 0.5 mm(定、反位同此);

道岔第一牵引点处,尖轨与基本轨间有 4 mm 及其以上间隙时,道岔不得锁闭。

4.10.3 主要工机具

表 4-4-4 转辙机施工主要工机具

序号	名称	规格	单位	数量	备注
1	钢卷尺	5 000 mm	把	1	
2	方尺		把	1	
3	发电机		台	1	
4	配电箱		个	1	
5	线盘		个	1	
6	钢轨钻孔机		台	1	钢轨钻孔
7	L 型角尺		把	1	
8	号眼冲		把	1	钢轨号眼
9	活口扳手	450 mm	把	2	
10	固定扳手	27/29 mm	把	4	
11	石笔		支	1	
12	划针		支	2	
13	圆锉		把	1	
14	撬杠		根	2	

4.10.4 转辙机安装流程

转辙机安装流程如图 4-4-88 所示。

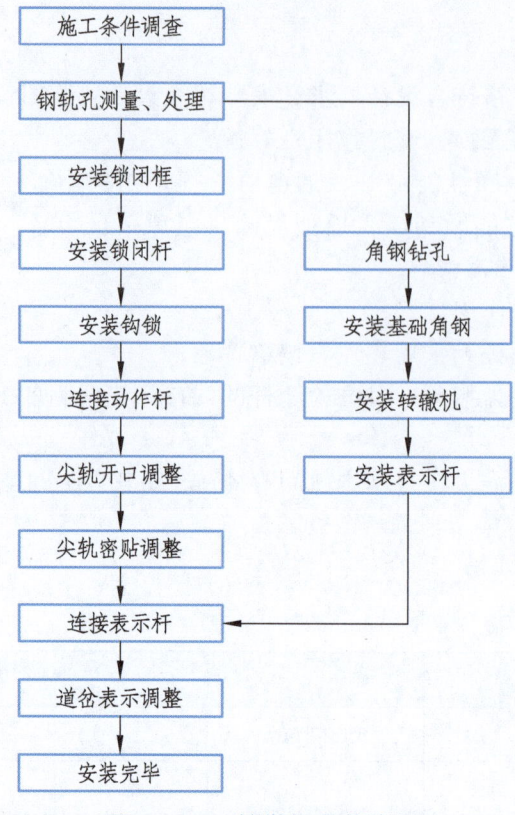

图 4-4-88　转辙机安装流程

4.10.5　安装方法

安装前首先检查测量既有道岔是否方正，开程是否符合要求，道岔是否存在爬行，如有问题，请运营工务部门配合进行调整。

既有 $L_{铁}$ 安装孔距测量：以基本轨直股为准，用方尺在第一连接杆中心用铅笔在基本轨（直股）上划一条线，以此基准线，根据图纸和现场道岔实际安装情况分别向岔前、岔后测量划出直股侧两个 $L_{铁}$ 中心线，再用方尺划出弯股侧两个 $L_{铁}$ 的中心线。

拆除既有转辙机及安装装置。

安装基础角钢：以直股基本轨为准，长基础角钢与直股垂直，电动转辙机垂直于长角钢，基础角钢安装电动转辙机的一侧对齐，无论长短角钢，在安装时都一定要背靠背成为"┐ ┌"式样长角钢。钻好孔后，确定短角钢上固定转辙机的两个孔并钻孔。长短基础角钢钻孔后，抬到现场安装，按图纸对号入座，所有附件如绝缘板、绝缘管、绝缘垫圈、铁垫板等不漏装。

电动转辙机安装：在长、短角钢安装固定后，将电动转辙机固定在短基础角钢上，并将密贴调整杆和表示杆与道岔连接上。

检查：安装完毕，按照技术标准进行复查，看是否有不合格部件和附件漏装，一切合格后，将所有螺栓拧紧。螺栓及螺帽内涂以黄油，防止生锈。

调整：优先调整密贴调整杆使道岔在定反位时尖轨密贴于基本轨，当岔尖不密贴时，适当调整密贴调整杆在唇铁两边的轴套和螺母，使尖轨密贴于基本轨。调整表示杆使表示接点接通。调整时先调整伸出位置，具体调整尖端杆的接续杆上的舌铁位置，使检查柱落入检查块的缺口内。然后再将道岔转到拉入位置，松开杆前的压紧螺栓，拧开电动转辙机表示杆后端的保护盖，旋动调整螺栓，使检查柱落入检查块的缺口内，其间隙为 1.5～2 mm。最后，调整完后在第一连接杆处尖轨和基本轨间插入 4 mm 厚的铁板，道岔不得锁闭。

转辙机配线：转辙机安装好后，进行转辙机配线，按照施工图纸，配好终端盒的电缆线和转辙机线处部线把，并做好导通试验。转辙机线把采用 $7 \times 0.52 \text{ mm}^2$ 多股铜芯绝缘软线。

转辙机电路调试：转辙机配线导通试验完毕，机械部分调试到位后，室内具备条件时，即可进行转辙机电路调试。根据电路图，对转辙机的定位、反位操动单独试验，使电机能正常转动，表示到位后能自动断开动作电源，同时试验转辙机的表示接点条件。在动作、表示电路试验完毕后，安装调试完毕。

注意事项：安装前对道岔尖轨部分的轨距、开程、尖轨方正、和尖轨是否存在吊板及反弹现象进行调查、测量。既有安装装置钢轨孔位置定位测量应精确，绝缘部件安装应齐全，杆件连接应平顺，无别、卡现象，尖轨与基本轨密贴，各部位螺栓紧固。

图 4-4-89 是在其他地铁线路安装的成品样例照片。

图 4-4-89　转辙机安装成品样例

4.11　无线天线安装施工方案

4.11.1　主要工作量

信号系统无线天线改造工程主要涉及正线 RRU 安装、AP 天线安装、漏缆安装；车场内跨股道过轨管线预埋、轨旁设备立柱基坑开挖、路面切割开槽、库内墙面箱体及天线安装、库内弱电桥架安装及电缆敷缆等施工项目。

4.11.2　施工前准备及注意事项

（1）根据现场既有设备调查情况及设计院提供的设计蓝图进行施工；

（2）确定现场定测位置后，每一处根据安装位置确定安装高度，与其他专业设备进行避让；

（3）设备的安装应确保各设备中心线在同一水平线上；

（4）备用电缆盘留要求成圈，弯曲度不小于电缆外径的15倍，电缆备用量不小于2 m；

（5）光缆熔接前的光纤需用酒精擦洗干净，不得有杂质污染。熔接部位要有专用热熔管保护，热熔时需保证熔接点位于热熔管中；

（6）确保电源配线准备，线缆预留长度满足后期需求。

4.11.3　实施方案

1. AP 天线安装

待线路停运，接触网停电后，施工人员利用脚扣攀登、佩戴安全带等防护措施开始作业。AP 天线附件部分要提前组装完成，现场需要注意天线中心距轨面高度是否满足设计要求，天线支架根据现场实际情况（直线段或者曲线段）可设计为可调型安装支架，支架安装应满足限界范围，并要根据技术要求调整安装角度。

AP 箱与天线的连接馈缆穿至引线钢管内，钢管出线处用软管防护。用管夹把穿线钢管固定到触网杆侧面，顶端配线需通过连接完成。安装固定 AP 箱，完成配线。

2. RRU 安装

地下段安装：根据轨道设备布置图在隧道/站台墙壁上确定并标识准确的 RRU 支架安装位置。根据制造商说明手册，在混凝土上钻适合的洞来安装预埋件。用平垫圈、止动垫圈和所需的螺栓将 RRU 箱支架固定到预埋件上。用平垫圈、止动垫圈和所需的螺栓将 RRU 箱固定到安装支架上。

高架无声屏障段通过抱杆安装形式安装：根据轨道设备布置图在 U 梁上确定并标识准确的综合配线箱位置对应的预埋螺栓，用平垫圈、止动垫圈和所需的螺母将抱杆固定到 U 梁预埋的螺栓上。将抱杆和 RRU 综合配线箱安装到抱杆对应的位置上。

高架有声屏障段安装方式：根据轨道设备布置图在声屏障支撑梁上确定并标识准确的 RRU 综合配线箱位置。根据制造商说明手册在支撑工字梁上钻孔，用平垫圈、止动垫圈和所需的螺栓将安装支架固定到支撑工字梁上。用平垫圈、止动垫圈和所需的螺母将 RRU 综合配线箱固定到支架上。

3. 漏缆安装

漏缆安装前先对漏缆进行单盘测试。测试前，进行开盘检验，检查标识、盘号、盘长、包装有无破损，查看漏缆有无压扁损坏等现象并做好记录。收集好漏缆出厂记录、合格证，根据出厂测试记录审查漏缆的电特性和物理性能（低烟、无卤、阻燃、防紫外线），确认其满足设计要求。

在现场做漏缆的直流特性单盘测试，同时相关指标还需满足设计和施工规范要求，单盘测试后，用热可缩帽作密封处理。若指标出现异常，查找和分析原因并予以解决。

1）安装漏缆夹具

画线：施工时，按设计规定的安装位置高度要求，进行画线打眼，打眼间距为每米1个，最大不超过2 m，孔眼平直，不得呈喇叭状。

钻孔：在自制轨道梯车上，进入地点钻第一个孔后，将移至下一位置钻第二个孔，同时，在前一个孔内插入螺栓固定夹具。

夹具安装：隧道内，夹具安装要牢固，并采用特制敲击式锚栓，敲击式锚栓紧固后的埋深为（40±3）mm。

2）漏缆敷设安装

采用人工展放敷设，展放时人员间隔不超过5 m，以免漏缆拖地。将漏缆拉出并放在安装漏缆夹具的轨道一侧，漏缆不得在地上拖拉，确保漏缆外护套完好无损、无挤压和变形现象。漏缆展放完毕，施工人员登上自制轨道梯车将漏缆安装在固定夹具中。安装时漏缆与墙距离符合产品的安装要求规定，并保证开槽朝外。漏缆敷设时，尽量不与其他线缆交叉，如无法避免时，漏缆布设在其他线缆之上。弯曲半径也要满足漏缆最小弯曲半径表的相关要求。漏缆与电压小于35 kV的电力电缆平行间距应大于0.5 m，以免产生干扰。

4.12 站台设备安装方案

4.12.1 主要工作量

正线信号系统站台设备的更新改造工程主要包括紧急停车按钮、发车指示器、自动折返按钮改造施工安装。

4.12.2 站台设备安装施工流程

站台设备安装流程如图4-4-90所示。

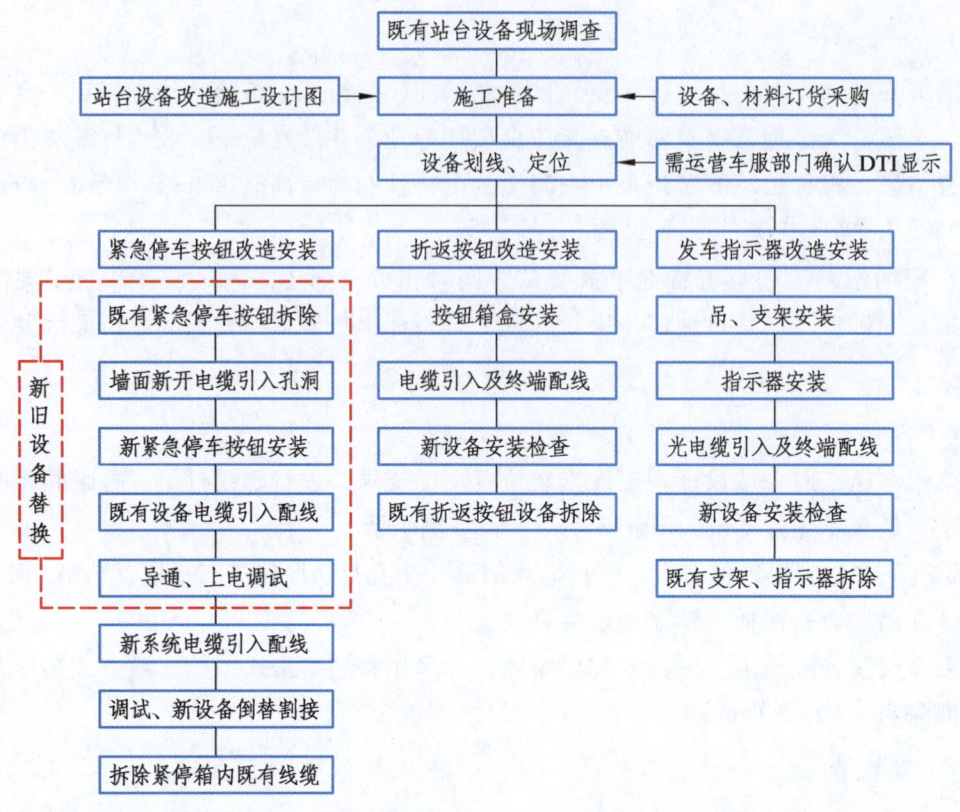

图 4-4-90 站台设备安装流程

4.12.3 施工前准备及注意事项

（1）根据现场既有设备调查情况及设计院提供的设计蓝图进行施工；

（2）技术培训：站台设备安装前对站台设备安装进行技术培训交底，安装时进行现场督导；

（3）站台设备安装前邀请业主、运营、乘务、设计、监理、系统供货商共同到现场确认安装位置、高度及安装方式（紧急停车按钮、自动折返按钮、发车指示器）；

（4）安装前对设备进行检查，确认设备完好。

4.12.4 实施方案

1. 紧急停车按钮箱安装

1）既有设备调查测量

针对全线车站安装的既有紧急停车按钮箱进行详细的调查测量，主要调查并记录既有紧急停车按钮箱产品型号、安装固定方式、线缆走向、线缆引入预留、室内外接入配线情况、新开孔洞是否有其他障碍物影响等，确保新紧急停车按钮箱的顺利更换。

2）新旧紧停设备更换

（1）申报作业计划。

根据总体施工计划统筹安排，提前申报作业计划。

（2）更换前准备工作。

设备更换前，将每个紧急停车按钮引入室内终端架上的各端子线缆做好标识，避免出现更换时拆拔错而影响其他设备运行的情况。并对既有紧停设备电压进行测量，做好记录。

（3）紧停更换步骤。

断开室内每个紧急停车按钮供电电源，并进行测量确认。

拆除室外既有紧急停车按钮箱内端子上线缆，做好防护。

拆除既有紧急停车按钮箱内固定螺栓，取下按钮箱。

根据既有紧停设备固定位置，结合新紧急停车按钮箱引入线缆孔洞，定位划出开孔位置，并对开孔位置进行探测确保无既有管线预埋。再用水钻在墙面上进行开孔作业，孔洞开凿完成后做好临时封堵。

将既有电缆绑扎防护到位穿入新紧停箱内，然后在原设备位置上安装新紧急停车按钮箱，安装完成检查设备是否端正、牢固。

紧停箱内部电缆配线，根据施工图纸将既有电缆芯线配入箱内一侧端子上，然后进行室内外导通测试，确保线缆连接正确。

以上工作完成后，通知运营配合人员进行上电调试，确保设备功能正常。

恢复设备，进行装修面上的收口、收边。

3）新系统电缆引入、配线

待新系统敷设的电缆到位后，将缆线引入至紧停设备开孔位置，引上墙面线缆可采用DN25钢管防护。电缆引入箱内后根据施工图纸进行配线。

在设备上电前，严格按要求对线缆的线间及对地绝缘进行测试，保证绝缘性能达标方可上电。

2. 发车指示器安装

（1）发车指示器支架安装：根据既有发车指示器安装方式，在不影响既有发车指示器显示的前提下，新发车指示器采用与线网各线路通用的安装方式。支架尺寸根据现场实际情况进行加工，通过膨胀螺栓固定。会同运营车务部门和通号维修部门现场共同确定具体安装位置。

（2）发车指示器线缆引入：在安装支架前将支架线缆引入孔两端，提前用一根铁丝穿上，支架安装完成后用提前在引入孔处穿好的铁丝将线缆引入发车指示器。

（3）发车指示器线缆防护：因发车指示器电源线缆是非铠装电缆，所以在站台电缆径路敷设时采用钢管防护，连接敷设的钢管必须安装接地线，同时做好接地测试，保证接地良好。

3. 自动折返按钮箱安装

自动折返按钮箱安装在既有折返按钮箱旁，安装高度与既有按钮箱高度保持一致。具体步骤如下：

（1）确定自动折返按钮箱安装位置，用铅笔在墙面上做好标记；

（2）在安装位置用冲击钻钻孔；

（3）使用膨胀螺栓通过箱体后部底板将自动折返按钮箱固定在墙面上；

（4）自动折返按钮的缆线采用镀锌钢管防护，设备进线孔与钢管端头处采用橡胶软管防护。

4.13 控制中心改造方案

4.13.1 主要工作量

行调工作站、总调工作站、ATS 维护工作站、运行图/时刻表编辑工作站、ATS 应急指挥中心工作站、大屏接口计算机、网络机柜、线网指挥中心调度工作站、维护工作站、UPS 及电池、电源屏的安装工作，各类打印机的安装，网线、光缆及设备电源线的敷设，光、电缆的引入，设备室电缆的敷设等。

4.13.2 施工前准备及注意事项

（1）熟悉图纸，核实工作量；

（2）现场调查。成立专门的调查小组，对比图纸，看图纸与实际是否一致，如有不同之处，及时向设计单位及监理人员反馈，及时修改。掌握现场设备位置及运行情况，制定有针对性的防护措施，查看线路路径情况，掌握施工时需要更换或增加的设备具体位置及涉及的线路走向。

（3）准备好施工机具，检测各项机具功能正常，配备好各项安全防护用品；

（4）施工前做好各项交底。施工前必须明确施工过程中的安全注意事项，明确作业人员安全职责，杜绝安全事故的发生。技术交底彻底，明确施工内容、施工流程、施工质量控制重点，每次作业前必须做好班前讲话。

（5）确保施工中与既有设备和线路已经有效的隔离，不影响既有设备和线路的功能。

4.13.3 实施方案

作为信号系统更新改造工程的施工方，首先应充分了解原 ATS 系统构成框架和具体的 ATS 设备安装运行情况、数量及相应接口，并详细了解新 ATS 系统改造设计方案和具体改造实施内容，对照制定严密的施工实施方案，严格按照相关管理制度和规范施工，确保改造过程中各工序的顺利衔接，直至用新的中央 ATS 系统替代既有的 ATS 系统投入载客运行。

1. 现场测量及工程量分析

现场测量的主要工作包括根据施工设计图进行的设备底座高度测量、线槽敷设安装路径测量、ATS 设备至外部接口缆线路径测量等。

现场测量工具须准备 5 m 卷尺、50 m 皮尺、红外线水准仪、水平尺等。

2. 室内既有设备拆除与移设

为保证新的中央 ATS 系统设备安装，在新设备安装前需将已停用的机柜拆除，并将运营测试设备及工作站由原位置挪动至设计指定的位置。根据工作站原缆线敷设路径，将附近静电地板揭开，将既有线缆引入工作站新安装位置，并接入每台工作站的电源和网线。施工完成后，恢复地面静电地板。移设安装及接线完成后，交由运营 ATS 工班人员进行上电调试，检查确认工作站的功能是否满足要求。

3. 管线、桥架及设备底座安装

根据控制中心信号设备房和中央控制室设备改造平面布置示意图设计，主要在既有信号设备室和电池室内安装机柜底座，以及室内至各终端设备点或各专业设备房走线径路上的线槽、桥架安装。

4. 各类线缆敷设

在室内信号电源设备、ATS 设备内部的连接线缆敷设，配电箱至低压配电室的电力电缆敷设，室内信号设备至各专业外部接口的线缆敷设。缆线敷设应清除槽内的杂物，缆线布放前核对型号规格、路由及位置并做标识与设计规定相符。在同一线槽内，包括绝缘在内的导线截面积总和应该不超过内部截面积的 40%。室内线槽内安装固线架，保证电源线和数据线分隔。电缆沿桥架敷设前，应防止电缆排列不整齐，交叉严重，须事先编排好电缆排放表进行施工。缆线的布放应平直、不得产生扭绞、打圈等现象，不应受到外力的挤压和损伤；缆线在布放前两端应贴有标签，以表明起始和终端位置，标签的书写应清晰、端正和正确。

5. 室内设备安装、配线

在控制中心既有线信号设备室和电池室内安装电源屏、UPS、电池柜、稳压器柜、中央 ATS 机柜、中央人机界面 ATS 机柜、信息安全设备机柜、低压配电箱、电源防雷箱，及设备配线。

控制中心室内设备更新改造是利用既有机房，在既有机房内进行新设机柜安装时，既要考虑既有设备机柜的安全防护和日常运营维护，又要考虑新机柜的安装布局。针对既有机房室内设备安装存在的问题，首先要在开工前根据设计图纸对控制中心机房内的现状进行详细的调查，实际测量新装机柜的安装位置，使新装机柜既能满足为既有信号系统设备机柜的正常维护提供操作空间，并尽量减少或避免设备二次改移所带来的风险，选出新机柜最优布置方案后，再进行施工。

6. 终端设备安装、配线（含外部接口）

控制中心中央控制室内安装行调、线网接口、中央操作、时刻表编辑工作站和打印机，信号设备室与运行图室内安装管理、维护监测、服务与诊断等工作站和打印机，通信设备、PIDS 中央设备室、SCADA 设备室的接口线缆上架配线。

7. 控制中心既有设备、材料拆除

信号设备室内既有机柜停运、设备支架拆除，既有工作站和打印机拆除，既有各类线缆、电缆槽、接地的拆除工作要点如下：

室内既有设备、材料拆除前，做好新旧设备间的隔断防护。首先断开既有机柜间的电力电线，再将机柜内和管槽内的所有线缆全部抽出并盘留捆扎。然后把每排既有机柜进行拆除，拆除完成后利用人工搬运出站。待室内的机柜、缆线拆除清理完成后，对室内地面固定的底座支架和管槽进行拆除，拆除完把地面报废的膨胀螺栓进行切割处理。室内所有设备、电线、管槽全部拆除清理后，安装恢复既有设备位置上的地面防静电架空地板。

8. 控制中心室内既有设备防护方案

根据广州地铁某线实践经验，很多情况下控制中心信号系统室内设备的更新改造仍利用既有机房，由于空间限制，新设机柜在原机房内进行安装，这就要求对既有设备的防护必须做到万无一失。为了确保室内设备改造施工的正常运转，可采取以下防护措施：

（1）施工开始前要对施工人员进行现场安全交底和安全教育，强调不能乱动机房内的任何既有设备；

（2）在正式进入现场施工前，将室内进行划分，在既有设备区域与施工作业区域分界点设置分隔防护栏，以此减少因人员走动误碰既有设备的情况出现；

（3）未经地铁运营配合人员请点确认，不得擅入设备房作业；

（4）清理信号设备室内新设机柜范围内的物品、无法进行移动的物品或设备做好防护标识；

（5）机柜搬运过程中，为避免碰撞到既有设备、设施，将室内和过道上、出口容易发生碰撞的设备进行隔离或包封；

（6）进行机柜、线槽和支架安装时，要针对需要与既有线共用线槽的问题，会对施工人员做好交底，严禁踩踏在既有线线槽内，严禁私自乱动既有线线槽内的线缆；

（7）坚持执行"三不动，三不离"方针；

（8）现场临时用电线路的安装和使用，严格执行配电规程、安全操作规程和地铁运营公司施工配合人员要求，不准任意拉线接电；

（9）设备安装完毕后，经常用吸尘器、毛巾等对设备表面和内部进行卫生扫除，保持设备干燥、清洁；

（10）当在设备上部进行电缆敷设或电缆头制作时，严禁踩或站在设备上部。当人身高不足时，必须依靠凳子等辅助设施，严防使用梯子时梯子上端挤压设备。

4.14 维修中心及培训中心改造方案

维修及培训中心配套正线信号改造方案，主要涉及光电缆线的敷设及室内设备的安装等。

4.14.1 室内槽道及设备房光电缆敷设施工原则

在培训中心/维修中心设备室内进行光电缆施工时，除应遵守高处作业的有关规定外，还应遵守搭架移动平台作业规程。

在室内设备、缆线较为密集处作业时，应时刻注意周围的电线，如有裸露线头，应处理后再作业。

在高处穿放线缆时，应系好安全带、穿好绝缘鞋、戴好安全帽，严禁骑爬在槽道和风、水管上。如必须在槽道上或在风、水管上爬行或踩踏时，应经现场负责人确认，并采取防护措施，安排防护人员后方可进行，作业完毕后应立即撤到地面。

在室内穿放光电缆时，注意上架（槽）处、拐弯处的防护，必须安排人员在这种特殊地方拉放，室内作业严禁攀爬设备。

光电缆引入设备室内时，注意光电缆的盘放及编排整理。

4.14.2 光电缆绑扎

电缆敷设完后及时上架，电缆支架的分配按设计要求进行。电缆上架摆放排列平行整齐无交叉、无错层，一字排开，不允许电缆堆叠、弯曲，若有余量则顺至人防门拐弯处。根据每层电缆数量，或两根电缆，或三根电缆，用一个扎带绑扎在托架上，但同一个区间同一层扎带数量必须相同，且扎带绑扎方向必须一致。

4.14.3 室内底座、机柜及线槽安装

（1）底座、机柜安装：底座安装完成后所有底座上平面必须保证水平且在同一平面，使用水平尺进行测量，误差控制在 2 mm 范围内，底座使用 $\phi 10 \times 80$ mm 的膨胀螺丝固定。机柜安装完成后机柜正面必须保证竖直并在同一平面。

（2）绘制室内槽道布置图：施工前根据设计提供的室内机柜布置图结合现场实际情况，提前策划线槽布放位置，线槽内各类线缆的敷设位置、进线方式、转弯位置，绘制室内槽道布置图。

（3）槽道安装：室内镀锌钢槽支架固定 1.2 m 1 个（固定位置避开网格线交叉位置，如在交叉位置可适当移动 5 cm），采用 $\phi 10 \times 80$ mm 膨胀螺栓进行固定。线槽与支架（支架高度 80 mm）连接时用自攻螺丝连接固定，槽道连接处应使用截面面积 6 mm^2 地线连接。

4.14.4 线缆敷设及配线

(1)线缆敷设准备工作：室内爬墙槽道内部使用内膨胀螺丝，以避免刮伤槽道内的电缆。线槽内的接缝处、拐角处均需做钝化处理，同时加贴 EVA 胶条。机柜内进线口、出线孔处均加贴封边条或 U 型胶条。

(2)线缆敷设：室内数据线敷设时不同类型的数据线需分类敷设。线缆在机柜内部槽道敷设时也应分类敷设，出槽道时应按照编号有序出线，不能交叉出线。室外光电缆引入设备室时应排列整齐，不得有硬弯或背扣现象。

(3)线缆配线：室内插线中使用冷压端子压接时不能漏铜，冷压端子需压紧。需要镀锡的线缆，镀锡要圆滑，不能出现毛刺，镀锡完成后用热缩管防护。室内所有插线要紧固牢靠，线缆配至端子时必须预留至少 2 次做头余量，同时增加防护套管，套管上标注缆线的来去向。室内缆线在敷设完成之后在插线之前和插线之后均要进行一次全面校号。

(4)室内设备接地：室内接地中有铠装层和屏蔽层的电缆必须进行铠装接地和屏蔽接地，接地焊接完成后，缆线裸露部分要用热缩管防护。每个机柜都要单独连接至设备室的接地端子排。

4.14.5 缆线绑扎、工艺整理

(1)线槽内线缆绑扎（见图 4-4-91）：在线槽内应将电源线、联锁电缆、普通数据软线分别绑扎，总体做到横平竖直并且减少线缆交叉点。绑扎扎带做到"间距一致、方向一致"，电源线扎带间距 20 cm，联锁电缆扎带间距 60 cm，普通数据软线扎带间距 10 cm，在线缆转弯处、进机柜处等特殊情况可适当调整扎带间距。

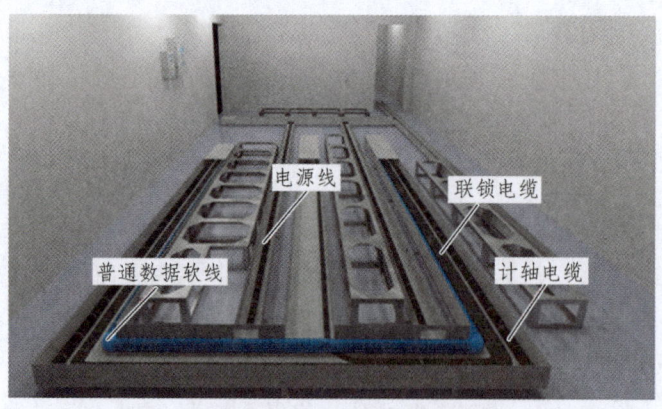

图 4-4-91 线槽内线缆绑扎工艺

(2)组合柜内部线缆绑扎及模块线缆绑扎：组合柜内部出线绑扎时应将组合侧面电缆对应组合侧面端子分成三股并分别由下至上绑扎配至组合侧面端子。模块线缆在保证上线弧度大小一致的前提下进行绑扎。

(3)接口柜内部线缆绑扎：接口柜正面采用"蝴蝶型"绑扎方法，将线缆左右各 8 根共 16 根一组进行绑扎。接口柜背面采用"树状"依次出线绑扎。

（4）机柜电源线绑扎：针对不同类型的零层端子，均要求出线前绑扎横平竖直，出线时正电、负电电源芯线依次出线绑扎，上线绑扎时相同型号的电源线预留弧度大小一致。

4.15　吊装作业施工方案（高架站适用）

在高架站需要进行吊装作业，将设备机柜运送至信号设备室。根据施工现场调查，判断车站是否有专为吊装各种大型设施预留的吊装位置，其场地应开阔、地面应牢固，机械进出场方便，需吊装的设备材料毛重一般不超过 2 t，一般选择在既有地铁站出入口附近的位置进行吊装，在技术方面和安全方面均能满足施工要求。

4.15.1　施工前准备工作

（1）根据设计图纸核对每站设备数量和类型；
（2）根据现场情况对设备吊装、搬运位置进行调查，并提前与相关车站管理单位联系好摆放设备的位置；
（3）了解设备区情况，联系车站负责人；
（4）由物资设备部提前联系租用吊车并签订租用合同和安全协议，落实好具体施工的时间、地点、费用等相关事宜，由安质部协助对吊装单位的资质证明、吊装设备性能及特殊作业人员的证件进行核查；
（5）对运输吊装过程中所采用的机械、物资进行安全检查，确认完好后方可使用。

4.15.2　设备运输及装卸

1. 设备地面运输

根据现场实际吊装情况做吊装货物详细清单，并根据货物数量合理安排运输车辆。
设备材料统一在仓库进行装车，装车时使用叉车将设备材料堆放至平板货车，用刹车带及铁丝将设备固定并经安全员检查，确认稳固性之后，由材料员随车将设备运送至既有地铁出入口吊装位置。

2. 设备装卸具体安排

根据现场调查情况，在吊装前明确分工，各项职责如下：
（1）地面组组长：负责地面上卸装指挥以及设备卸装安全工作；
（2）安全员一：负责地面上卸装安全防护；
（3）司索工：负责对物体绑扎、挂钩；
（4）专业工程师：负责核对设备的规格、型号及堆放站点进行标识粘贴及确认；
（5）搬运组组长：负责摆放地面上设备、各站卸装设备指挥及安全工作；
（6）安全员二：负责搬运安全防护工作；

（7）技术员：负责核对设备的规格、型号及堆放站点，并与安装组一起负责拆挂钩，摆放推运设备至指定位置（注：根据每次吊装的时间及物品不同，将会对上述个别人员进行调整）。

待设备材料、吊装机械及人员全部就位后，由现场总指挥发布命令，开始正式吊装。吊装开始后，由专人通过对讲机与各部位人员及吊车司机进行联络，对设备材料挂钩牢固性进行确认。确认牢固后，通过对讲机对吊装进行指挥，确认吊臂运行方向及速度，确保设备材料在吊装过程中不晃动、不颠簸，平稳降至轨行区。待设备材料吊至轨行区并由专人拆卸后，确认拆卸彻底，指挥吊车升起吊臂。

3. 设备材料的堆放

针对机柜设备需运输到各站的货物，设备材料从地面吊至车站出入口外的平台后，通过地牛运送至信号设备室内。待车到位停稳以后，组织人力有序地将设备材料转运至规定区域，做好防护标牌，并于施工结束时清理现场，做好文明施工。针对机柜等需运输到设备房的货物，设备材料从地面吊至站厅层外面的平台上后，通过地牛运至设备房。组织人力有序地将设备材料搬至设备房指定区域，以便于下一步机柜开箱工作的展开，并于施工结束后清理现场，做好文明施工。

4. 吊装整体过程

（1）针对机柜等需运输到设备房的货物：将货物从仓库用汽车运至吊装基地，用汽吊将货物吊至站厅层，将吊至站厅层的货物使用液压手推车运至设备房。

（2）吊装整体流程如图 4-4-92 所示。

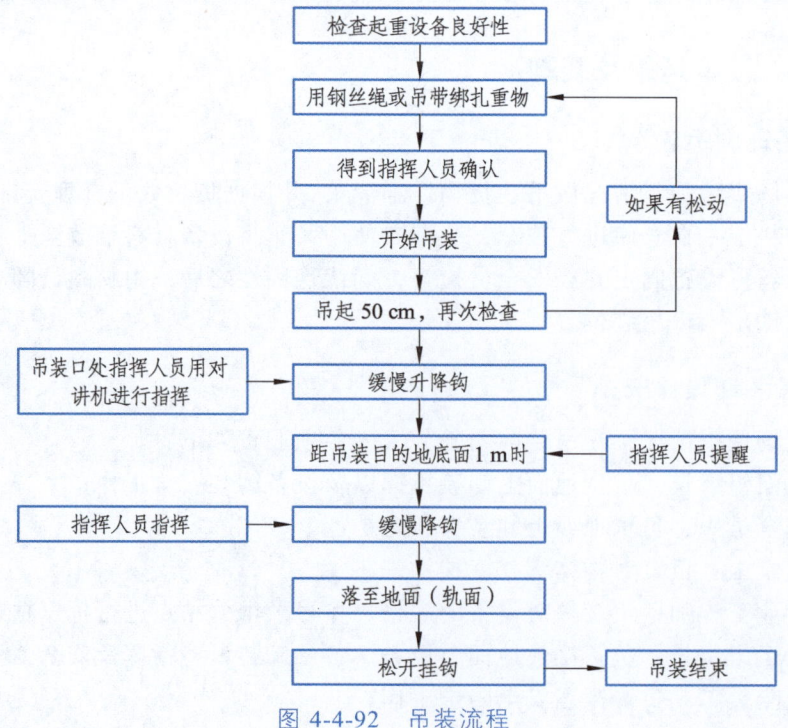

图 4-4-92　吊装流程

（3）机柜吊装至楼梯上方平台后，在平台处完成开箱，由监理、业主、运营共同对机柜进行检查，确认机柜外观完好无损伤后。安排专人收集机柜合格证书、图纸、钥匙等相关附件（核对各项资料齐全）。对机柜四角采用塑料泡沫进行防护，避免机柜磕碰划伤，在机柜底部铺地毯后将机柜搬运至信号设备房（地毯可避免机柜被划伤，并防止机柜划伤静电地板）。

（4）从大厅将机柜搬运至信号设备室，放置于相应机柜底座上及存放位置处，并标识机柜名称。

（5）搬运完成后将大厅开箱后的垃圾进行清理。

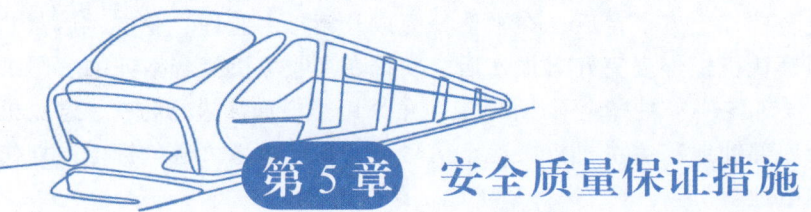

第 5 章 安全质量保证措施

地铁既有改造设备改造工程难度远大于新建线路,其中信号设备因其接口众多、安全性高、设备复杂和条件复杂的原因,安全及质量始终关乎改造工程的成败,甚至可以直接影响既有地铁正常运营。根据本书第三章第四篇安全管理的相关内容,制定详细全面、行之有效的安全和质量保证措施是项目顺利推进的关键所在。

5.1 安全保证措施

5.1.1 安全管理措施

1. 施工安全保证措施

坚持"安全第一、预防为主"的方针和"管生产必须管安全"的原则,大力加强安全教育工作,将安全生产责任落实到人。发扬团结友爱精神,互相关照,制止他人违章操作。

建立党政工团齐抓共管安全生产的氛围,发动全体施工人员对现场施工安全情况进行监督。

开工前根据国家颁布的安全规程,结合项目的实际,编印通俗易懂、适合工程使用的安全防护规程袖珍手册。在合同签字之日 50 日内将手册的复制清样递交监理工程师审批,印刷的手册分发给全体施工人员及业主和监理单位的有关人员,组织相关人员学习防护手册、推行标准化施工和标准化作业,保证文明生产,安全生产。对施工人员进行安全知识、安全作业考核,合格者方准上岗,图 4-5-1 为使用的宣传海报。

按照"五同时"的要求,结合施工项目,编制具体的安全技术措施和奖惩办法,并落实到班组、个人。

项目经理部定期组织进行施工安全检查,召开安全会议,对工程施工中出现的安全隐患进行分析、总结,制定相应的整改措施。针对工程中的特殊工种、关键工序研究制定相应的安全技术措施和防范措施。

进入施工现场时必须戴好安全帽,禁止穿拖鞋或光脚,高空作业时要挂好安全带,使用手持和移动电动工具时要穿绝缘鞋,戴绝缘手套。

施工班组按照技术交底书及各项安全制度进行施工操作,坚持班前安全讲话、周一安全活动制度和安全操作挂牌制,班组成员制订个人安全保证书。

施工人员必须熟悉所使用工具的性能、操作方法,作业前和作业中注意检查,发现问题及时报告,经修复后再用。

安全生产工作明白卡

"一线三排"工作机制:"一线"是指坚守发展决不能以牺牲人的生命为代价这条不可逾越的红线;"三排"是指排查(全面排查风险、隐患)、排序(分析研判,按轻重缓急,科学排序)、排解(挂牌警示、挂牌督办、有效排解) 企业负责人"安全三问":隐患是否查清?整改是否到位?责任是否压实?
风险管控落实"四早"措施:早发现、早研判、早预警、早控制。
隐患整治落实"五到位":责任到位、措施到位、时限到位、资金到位、预案到位。
深化"八同+四自"措施:推进同堂听课、同标培训、党政同责、同责督查、同圆交底、同向执法、同步防范、同城演练;实行企业风险自查、隐患自纠、事故自警和责任自负。
企业主要负责人落实"八个一次措施":每个月至少带队检查一次安全生产工作、每季度至少组织专题研究一次安全生产工作、每年至少组织召开一次安全生产总结会、主持召开一次安全生产工作分析会、组织签订一次全员岗位安全生产责任书、给员工上一次安全生产辅导课、参加一次安全生产应急救援演练、参加一次安全生产知识技能培训。
企业主要负责人落实"三自主两公开一承诺":
对照检查标准、自主评估风险、自主检查安全、自主整改隐患,向社会公开安全生产和消防安全责任、管理人,并承诺本场所不存在突出风险或者已落实防范措施。

安全生产工作明白卡

高风险作业安全要求
(一)动火作业"三大"禁令:动火证未经批准,禁止动火;不消除周围易燃物,做好有效隔绝,禁止动火;没有落实消防安全措施,禁止动火。
(二)人工搬运作业"四注意":注意物品重量,每人不应超过50公斤;注意穿戴防护用品,检查使用的工器具状态及牢固性;多人作业注意统一指挥、动作一致;向下搬运设备注意物品保持在人的前方或下方。
(三)高处作业"五必须":必须培训持证上岗;必须实行作业审批;必须做好个人防护;必须落实工程措施必须安排专人监护。
(四)有限空间作业"七不"措施:未经风险辨识不作业;未经通风和检测合格不作业;不佩戴劳动防护用品不作业;没有监护不作业;电气设备不符合规定不作业;未经审批不作业;未经培训演练不作业。

图 4-5-1 安全生产宣传海报

施工人员必须熟知安全技术操作规程,熟悉施工要求和作业环境,认真执行安全交底,严禁酒后操作,对没有安全交底的生产任务,有权拒绝接受,有权抵制违章指令。

各作业班组随时对作业过程及安全保护、安全防护设施进行检查,发现不安全因素及时处理和解决。项目经理部安质部长、作业队安全检查工程师要定期对班组的安全问题进行监督检查。

对于危险作业、特殊工序的作业,由安全环保部部长负责加强安全检查,建立专门的监督岗,并在施工工程区内设置一切必要的标志装置,包括:标准的道路标志,报警标志、危险标志、控制标志、安全标志及指示标志等。标志装置不得任意拆动,必须改动时,须经有关人员批准。

安装有防静电要求的设备时,安装人员需穿戴防静电服或戴防静电手套。

对于已安装调试的设备,严禁带电插拔电路板。在电源室施工时应穿绝缘鞋、防护衣。

2. 机械安全保证措施

设专人对施工机械、工机具、仪器仪表进行保管,做好防盗工作。

严格操作规程和持证上岗,严禁对工机具、仪器仪表性能不熟悉的人员进行操作。

定期对工机具、仪器仪表进行检查,发现安全隐患及时进行整修,避免在工程施工中出现不安全事故。

仪器仪表在运输和施工过程中做好安全防护工作,避免造成损坏。

各作业班组在班前班后对生产机具、设备等的安全情况进行检查,发现不安全因素及时处理和解决。

切割机安全技术操作规程

一、接电时，一定要使电源电压与工具标识板上所标识的电压相同，否则不允许接电。
二、使用前应检查工作场所、工作台面和机器，确保电源线绝缘良好，连接牢固，设单独开关，操作人员切勿穿戴宽松服装和饰物，以免机器高速旋转时被缠住发生意外，长发者须戴合适的防护帽才能操作。
三、切割机运转正常，方准切割，用力均匀。操作人员应戴防护眼镜和口罩操作。
四、被切割材料必须固定牢固，严禁一手扶料，一手扶手柄操作。
五、严禁在切割片上打磨材料，严禁拖着导线移动工具，严禁拖拉导线拔出插头等。
六、切割机运转时，专心一意的工作，严禁用手清除切割片附近的杂物、小料。
七、工间休息、切割完毕、检修机具时一定要应切断电源，拔下插头。
八、要经常检查切割轮是否有裂纹和损坏，不得在切割盘与工作接触的情况下启动切割机。
九、严禁用手触摸本机转动部件，使用完毕一定要待完全停止后方可放下机器。

电焊机安全技术操作规程

一、电焊机外壳，必须接零接地良好，其电源的拆装应由电工进行。现场使用的电焊机应有可防雨、防潮、防晒的机棚，并备有消防器材。
二、电焊机要设单独的开关，开关应放在防雨的闸箱内，拉合时应戴手套侧向操作。
三、焊钳与把线必须绝缘良好，连接牢固，更换焊条应戴手套，在潮湿地点工作，应站在绝缘胶板或木板上。
四、严禁在带压力的容器或管道上施焊，焊接带电设备应切断电源。
五、焊接储存易燃、易爆、有毒物品的容器或管道，应清除干净，将所有的孔口打开。
六、在密闭金属容器内能焊时，容器可靠接地，通风良好，并应有人监护。严禁向容器内输入氧气。
七、焊接预热工件时，应有石棉布或措板等隔热措施。
八、焊线、地线、禁止与钢丝绳子接触，不得用钢丝绳或机电设备代替零线，所有地线接头，应连接牢固。
九、更换场地移动焊机时，应切断电源，并不得用手持焊线爬梯登高。
十、消除焊渣时，应戴防护眼镜或面罩，防止铁渣飞溅伤人。
十一、多台焊机一起集中施焊时，焊接平台或焊件必须零接地，并有隔光板。
十二、钍钨机要放置在密闭铅合内，磨剂钍钨机时，必须戴手套、口罩将粉尘及时排除。
十三、二氧化碳气体预热器的外壳应绝缘，端电压不应大于 36 伏。
十四、雷雨时，应停止露天焊接。
十五、施焊场地周围应清除易燃易爆物品，或进行覆盖、隔离。
十六、必须在易燃易爆气体或液体扩散区施焊时，应经有关部门检查许可后，方可施焊。
十七、工作结束后，应切断焊机电源，并检查操作地点确认无起火危险后，方可离开。

砂轮机安全技术操作规程

一、砂轮机不准装倒顺开关，停电或工间休息时应立即切断电源，旋转方向禁止对着主要通道。
二、工件托架必须安装牢固，托架平面要平整，托架位置与砂轮间隙不得大于 3 m。
三、操作时，应站在砂轮侧面，戴防护镜，禁止戴手套，不准两人同时使用一个砂轮。
四、砂轮不圆、有裂纹和磨损剩余部分不足 25 mm 的不准使用，应立即更换砂轮。安装时不允许用锤敲打，砂轮孔大于轴径时，应加套筒不使孔与轴间有空隙，轴端须用两螺母锁紧，并经常检查坚固情况。
五、在运行中发现声音不正常时，应立即停机，予以修理。
六、砂轮机只允许磨小工件，直径 350 mm 以下的砂轮，不准磨 15 kg 以上工件和小于 15 kg 但体积过大的工件。
七、不准磨气割后及有电焊碴的工件，不准磨软金属和非金属。
八、磨工件时，应使工件缓慢地接近砂轮，不准用力过猛或撞击。
九、经常注意砂轮状况，有不圆、磨偏时要及时进行修正，使其基本保持平稳。
十、使用完毕后应立即切断电源，并清理磨屑和作业场所十一、手提电动砂轮的电源线不得破皮漏电，使用时要戴绝缘手套先启动，后接触工件。

手持冲击钻安全技术操作规程

一、按铭牌的规定，电源电压必须与机器型牌上所提供的规格一致。
二、使用前一定要检查电线及插座，如有任何损坏，只可由合格的专业人员修理。先关闭震动电钻，然后才能将插头插入插座，本机的电线一定要放在机身后面，远离钻头，作业时一定要确保立足稳固。
三、钻头必须卡紧，必须用双手扶把，钻杆与被钻物要保持垂直将要钻穿时，应轻压电钻，小心钻头开始运作时的转距反应，特别留神卡钻。
四、操作时，应先启动后接触工件，钻薄工件要垫平、垫实，钻斜孔要防止滑钻。钻较厚钢板时，应分次进钻，并用毛刷清除孔内铁屑。
五、钻孔前，禁止用手扶钻头对孔。对机器的任何换修工作之前，应该把插头抽离插座，以截断电力供应。
六、向上钻孔时，只许用手或用杠杆的办法顶托钻把而不许用头顶或肩扛等办法。
七、在高空作业时，应搭设专用脚手板架，操作人员必须系好安全带，工作时要注意前、后、左、右的操作条件，防止踏空脚手板。
八、使用过程中，切不可弄湿本机器，而且不得在潮湿环境中操作。
九、在天花板或墙壁钻孔前，应确认钻孔位置没有隐蔽管线。
十、长发操作人员必须戴发网方可操作，作业时禁止穿宽松衣物。
十一、夹头扳手应存放在电缆套管上的工具袋内，切勿握住电源线提起机器。
十二、机器与通气孔必须经常保持清洁。

图 4-5-2　各类生产机具使用安全宣传海报

3. 电缆施工安全保证措施

电缆敷设时必须做好防护措施，在施工地点前后 100 m（曲线段 150 m）按要求挂设红闪灯进行防护，并派专人持对讲机防护，施工人员按规定佩戴安全帽、平安卡和地铁出入证，穿醒目的荧光衣。

电缆敷设平板车在弯道时应注意根据曲线加高随时调整电缆支架高度，防止电缆盘滑向一边。

电缆穿越人防门钢管时，必须利用管口防护器进行防护，防止电缆被管口刮伤。

施工完毕后必须做到工完场清，严禁无人时将平板小车留在轨道上，敷设的电缆不得侵入限界。

电缆盘上的防护板拆下后应放置在安全地点，电缆盘两侧作业人员不得将脚伸入电缆盘底下。

电缆盘架设稳固，轴杠保持水平，方向正确。电缆盘的架设距地面高度不大于 0.1 m，有制动措施。

人工敷设电缆时，作业人员必须戴防护手套。每人承担的重量不大于 35 kg，敷设电缆时必须设专人统一指挥，扛电缆的作业人员均站在电缆的同一侧，并保持适当间距，在拐弯处必须站在拐弯外侧，往地面或沟内放电缆时，按先后顺序轻拿轻放。

在电缆支架上架设电缆时，应事先确认架设位置，对已架设好的电缆，要设好必要的保护，避免损伤电缆。

在电缆拐弯处，设电缆转角滑轮，防止电缆外皮损伤。

图 4-5-3　电缆施工现场照片

4. 雨季施工安全保证措施

加强雨季施工的组织领导，项目经理部、各工地必须成立雨季施工防洪领导小组。

认真做好防洪抢险物资的储备工作，做到防洪抢险物资、器材到位，人员招之即来，战之能胜。

组建临时防洪抢险队伍，密切注意当地气象台站的天气预报，坚持昼夜值班。

疏通场地内排水沟，排水口处不允许堆积杂物，做到有组织排水，以保证水流畅通，雨后不积水、不滑。巡回检查中发现水沟堵塞，坑、槽积水时必须及时予以疏通排除。基坑开挖时，必须保证边坡的稳定，不得使其受到破坏和稳定性减弱。

水泥库房应尽量密闭，不能渗水漏雨。库房内地坪要高于室外地坪。所有机械棚要搭设严密，防止漏电。

机电设备要采取防雨、防淹、防陷措施，并安装有接地安全装置。

施工中要切实保护好既有防洪设施，如有损坏，立即予以恢复，发现坑、沟坍塌或线路状态有变动等情况，立即采取抢修措施或积极与有关部门联系。

各种施工车辆在雨天行驶中，要严格遵守操作规程，送料、接工时要注意安全，并减速慢行。

雨天施工，首先对施工现场的电气设施进行全面检查，施工期间派专人防护，预防触电事故的发生。严禁雨天进行光、电缆接续和测试，严禁雨天进行高空作业。

应急物资储备及抢险人员统计表

工程名称	广州市轨道交通XX线正线信号系统更新改造工程			
施工单位	中铁X局集团电务工程有限公司			抢险队人数：XX人
序号	名称	型号	单位	数量	备注
1	抢险车辆	粤A1213B	台	1	
2	发电机	EF2000IS，1.6 kVA，220 V	台	1	
3	水泵	1.5 kW，220 V，扬程10 m	台	2	
4	沙包（膨胀袋）		个	30	
5	编织袋	40 cm*60 cm	个	100	
6	河沙	细沙	方	1	

续表

序号	名称	型号	单位	数量	备注
7	水带（带箍）	DN65，20 m	米	40	
8	喉箍	DN68~82 mm	个	2	
9	水带转换接头	可与DN65 mm水带头快速驳接 KY65	个	2	
10	移动配电箱	三级配电箱	个	1	
11	电缆线盘架		个	1	
12	应急灯具	100 W	个	1	
13	强光电筒	GG-8620 输出90~240 V AC，输入4.5 V DC，800 mA	把	4	
14	钢管抬杠	$\varPhi$32 mm，1.5 m长	跟	1	
15	消防斧	90 cm消防大斧	把	2	
16	灭火器	4 kg干粉灭火器	个	2	
17	消防水带（带箍）		米	30	
18	消防水带枪头		个	1	
19	铁镐	57 cm	根	2	
20	铁锹	1.2 m	根	2	
21	撬棍	1.2 m	根	2	
22	对讲机	Q15-15W	部	2	
23	扩音喇叭	HM-130U	个	1	
24	安全帽	黄山ABS安全帽蓝色	顶	10	
25	安全带	高空作业防坠落双绳双背工地带缓冲包五点式安全带	条	3	
26	荧光衣	普通款	套	10	
27	雨鞋	41、42	双	10	
28	雨衣	175、180	套	10	
29	担架	双人抬担架	副	1	
30	应急药箱	普通家用型	个	1	
31	防火服	02款消防服灭火防护服	套	2	

续表

序号	名称	型号	单位	数量	备注
32	防火帽	02款消防灭火防护帽	顶	2	
33	消防手套	02款消防灭火防护手套	双	2	
34	绝缘胶布	珠江07200电气绝缘胶带	卷	10	
35	锤	8磅	把	2	
36	消防桶	顶长275 mm×高220 mm×底长190 mm×宽170 mm	个	2	
37	防毒面罩	TZL 30	具	4	
38	防尘口罩	保为康9711V	个	20	
39	钢锯	可调长度版	把	1	
40	角磨机	博世 TWS-6600	把	1	
41	手枪钻	博世 TSB-1300	把	1	
42	冲击钻	博世 GNH2-26E	把	1	
43	活动扳手	12英寸开口扳子多功能活络扳手	把	2	
44	红闪灯	红色	把	3	

图 4-5-4　雨季施工物资保障

5. 夏季高温季节施工安全保证措施

施工时，必须充分考虑自然灾害带来的各种困难因素，提出一整套行之有效的施工方法和应急措施，来避免灾害带来的不良后果，以保证工程圆满完成。

每年夏季可能出现的持续高温所造成的现场施工人员中暑、劳动生产效率降低等现象，会使施工进度受到影响。针对以上这种情况，拟采取的方法是：一方面准备一批机动劳力（不少于50人），这些劳力在当紧急需要时，能召之即来、来之能战，完全能胜任诸如敷缆等工种，另一方面，由本单位从其他工程抽调技术骨干充实到该工程的施工中，确保施工力量不受影响。在有必要的情况下对施工组织进行调整，将作业时间调整在每日温度较低的时间段，并且预先做好以下防范措施：

（1）夏天施工时发放必要的防暑降温物品，如草帽、毛巾等；

（2）做好职工生活供应后勤保障，提高伙食质量，使施工劳力能有充足的体力，防止身体免受侵害；

（3）配备一些常用药品，在需要时能起预防和治疗作用；

（4）合理地安排作息时间，如避开中午的高温并延长早晚的工作时间；

（5）每天由专职医务人员巡回工地，及时发现或治疗出现的病员，使之早日康复，为施工人员排忧解难；

（6）生活场所应配备电扇或空调等通风设备，使工作人员休息良好，保证有足够的精力投入施工。

图 4-5-5　高温防暑安全教育

6. 高处作业施工安全保证措施

（1）高处作业人员及架设人员，必须经过专业技术培训及专业考试合格后，持证上岗，并定期检查身体；

（2）患有下列疾病不能从事高处作业及架设作业：心脏病、高血压、贫血、癫痫病等；

（3）悬空作业处应有牢靠的立足处，并且必须视具体情况，配置防护栏网、栏杆或其他安全设施；

（4）悬空作业所用的索具、脚手板、吊篮、吊笼、平台等设备均需经过技术鉴定或检测后才可使用；

（5）高处作业之前，应进行安全防护设施的逐项检查和验收，验收合格后，方可进行高处作业，验收也可分段、分层进行；

（6）高处作业必须戴好安全帽、系好安全带、穿好防滑鞋、衣着要灵便；

（7）严禁酒后作业；

（8）高处作业中所用的物料，均应平稳堆放，工具应随手放入工具袋，作业中走道、通道板应随时清扫干净，不得上下抛掷物件；

（9）遇有六级以上大风、浓雾等恶劣气候，不得进行露天攀登与悬空高处作业。

图 4-5-6　高处作业现场

7. 临时用电和机械设备的保证措施

现场临时用电线路的安装和使用，必须按配电规程、安全操作规程和临时用电设计执行，不准任意拉线接电。

临时用电配电箱、开关箱，必须装设漏电保护装置。临时用电必须使用合格的配电箱，以保证临时用电的安全。必须做到"一机、一闸、一漏、一箱、一锁"（五个一）。

临时用电电缆的截面积要符合载流的要求，不能以小代大、以次充好。

施工临时用电设施要专人管理，严格控制，施工完毕后要及时切断电源，在安全管理人员确认后，方可离开。

对于各种手持电动工具和额定电流小于 60 A 的人体可能触及的用电设备，必须安装触电保安器。

电气设备必须完整无损、绝缘良好、设保护地线。各工点应采用和电网相一致的保护接地或保护接零。熔断器和熔丝应配置适当，严禁用其他金属丝代替熔丝。

开关应接在相线上，螺丝灯头的丝扣应接在中性线上。不得将线头钩挂在灯头上或直接插在插座内。

手电钻应有绝缘手柄和保护接地线。使用手电钻时，应站在绝缘垫上或戴绝缘手套。

图 4-5-7　临电作业现场

8. 治安、防火安全保障措施

为切实做好工程建设中的治安、防火工作，确保施工现场的治安稳定和防火安全，业主有权对项目部贯彻落实治安防火工作的情况进行检查，对项目有关人员发生的违章、违规行为及相关问题，有权进行教育、制止，并责成其限期整改，必要时可按责任违约给予相应的经济处罚（500～1 000元人民币/次）。

未经公安消防部门审核批准，项目人员不应擅自使用液化气钢瓶或违章储存易燃、易爆危险物品。严格按照施工现场动用明火的管理规定进行明火作业。

严格遵照施工现场用电安全的管理规定用电，不得擅自使用电炉、煤油炉、电热毯、电熨斗等极易引发火灾的各类电取热器，不擅自使用高能耗灯具取暖、烘烤物品及在禁火区域内违章吸烟。

项目部在责任区域内发生严重违法犯罪案件或重特大火灾事故的，由公安司法部门调查处理。业主可按其造成的后果和影响，对其治安、防火第一责任人在评选先进集体或先进个人时行使否决权。同时，还可对项目做出 2 000～50 000 元人民币的一次性责任违约经济处罚。

作业需现场动火（明火、电焊、气焊等）时，必须办理动火凭证，操作人员必须持相应操作证，并按要求配备灭火器材，严禁在动火区堆放易燃物品，无法搬走的，要采取隔离等安全措施，以防发生意外。

需要接临时用电时，应向维修部门提出申请，严禁擅自乱拉电线。每天完工后应切断、关闭所使用的电源、水源，关好门窗。

选用的施工材料应符合国家标准，应具有防火、防腐蚀、环保功能，使用前需经建设单位确认。

在进入工地后，将及时明确落实工地治安、防火第一责任人、专（兼）职保卫、消防干部及治安保卫组织网络，并以书面形式报业主备案。

在施工期间将遵守、执行国家和广州市颁布的治安、消防方面的法律、法规，认真落实施工现场治安、防火工作的相关管理规范，服从业主的管理，并对本责任区域内的治安稳定及防火安全负全面责任，确保不发生重大治安、刑事案件和火灾事故。

针对公安机关和业主布置的"创建治安合格工地"等工作，积极地贯彻实施，对于公安机关和业主在检查中查获的各类隐患问题，会在规定的期限内组织整改或采取相应的防范措施，以确保安全。

施工开始前，项目部将对进入地铁施工的所有人员进行法制教育，做好本单位的保卫综治管理，并接受总部施工配合部门施工配合人的管理和监督。

施工开始前，所有本单位施工人员，要在运营总部保卫部登记、备案，办理临时出入证，凭临时出入证出入，并自觉接受运营总部车站工作人员的检查、验证、登记和管理。施工人员非工作需要，不准进入车站非公共区设备房、OCC 大楼、主变电站、变电所等区域。

单位施工人员携带物品出运营总部各部位时，凭放行条，由施工配合人和车站工作人员检查确认后放行。任何人员不得带无关人员及与施工无关的物品（包括危险物品）进入施工场所。施工人员不得在施工场所留宿过夜。

一旦工地上发生治安、刑事案件或火灾事故，在积极处置和保护现场的同时，立即向公安机关和业主报告，接受调查、处理。由于项目人员所造成（包括对甲方）的损失，由项目承担相关责任。

图 4-5-8　消防宣传培训

9. 成品安全保证措施

工程最终检验和试验完成后，无论何种因素，不能及时交验时，由项目经理部下达工程成品的安全保护书，确定人员加以保护。

对易损、易丢件进行拆除、回收，并交材料保管员妥善保管。

对室内外设备、线路定期开展巡查。

图 4-5-9　成品验收之前设备保护工作

5.1.2　特殊作业安全管理

1. 有限空间作业

1) 有限空间的定义

有限空间：指封闭或部分封闭，进出口较为狭窄有限，未被设计成固定工作场所，自然通风不良，易造成有毒有害物质积聚或氧含量不足（低于19.5%）的空间。

有限空间作业：指作业人员进入有限空间实施的作业活动。

表 4-5-1　运营总部有限空间示例

序号	线路	区域	可能存在的危害因素
1	各线路	区间、车站废水泵房集水井	有毒有害物质积聚或氧含量不足
2	各线路	车站污水泵房收集池	有毒有害物质积聚
3	各线路	车辆段污水处理站生化池	有毒有害物质积聚
4	一号线	水塔存水池	氧含量不足
5	各线路	车站站台板下方电缆廊道	氧含量不足
6	各线路	车辆段雨水收集井	有毒有害物质积聚或氧含量不足
7	各线路	车辆段、车站消防水池	氧含量不足
8	各线路	架车机设备机房	氧含量不足
9	各线路	其他	有毒有害物质积聚或氧含量不足

2) 有限空间作业流程

有限空间作业具体流程如图 4-5-10 所示。

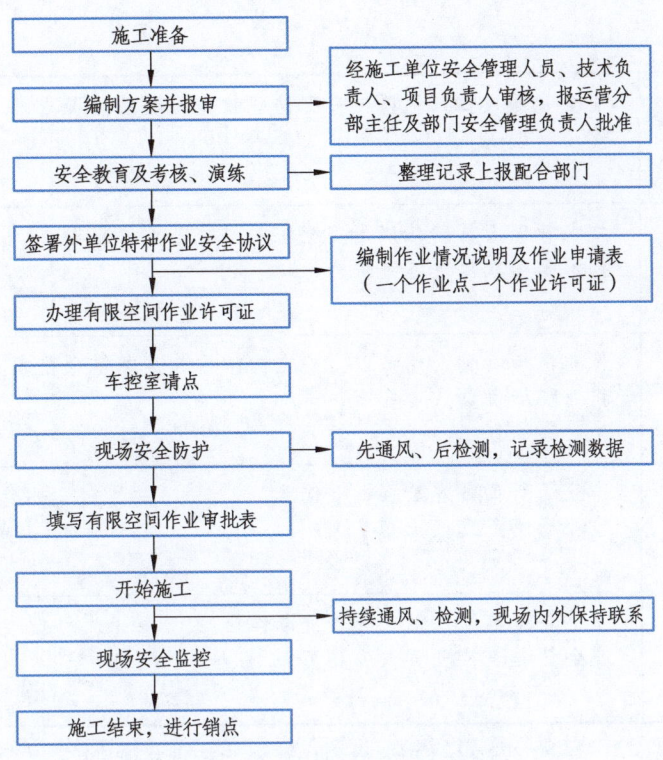

图 4-5-10 有限空间作业流程

3）有限空间作业步骤

（1）编制施工方案并报审：项目部工程部编制有限空间作业施工方案经项目安全管理人员、技术负责人、项目负责人审核，符合要求后报相关部门审批。有限空间作业方案审批样例如图 4-5-11 所示。

有限空间作业方案审批单

审批单号		有限空间地点	
作业单位	中铁X局集团XX工程有限公司广州地铁XX线正线信号系统更新改造工程项目经理部		
作业内容		作业时间	
可能存在的危险有害因素	高处坠落、人员中毒窒息、触电等		
作业现场负责人		监护人员	
作业人员		其他人员	
主要安全防护措施	1. 制定有限空间作业方案，辨识有限空间作业风险及防控措施，并经审核、批准。□ 2. 参加作业人员经有限空间作业安全相关培训合格。□ 3. 安全防护设备、个体防护用品、作业设备和工具齐全有效，满足要求。□ 4. 应急救援装备满足要求。□		

续表

作业单位安全管理人员审核意见	安全管理人员确认以上安全防护措施是否符合要求。 安全管理人员（签字）：	是□ 否□ 年 月 日
作业单位技术管理人员审核意见	技术管理人员确认以上安全防护措施是否符合要求。 技术管理人员（签字）：	是□ 否□ 年 月 日
作业现场负责人意见	作业现场负责人确认以上安全防护措施是否符合要求。 作业现场负责人（签字）：	是□ 否□ 年 月 日
作业场所负责人审批意见	作业场所负责人是否批准作业 作业场所负责人（签字）：	批准□ 不批准□ 年 月 日
安全管理单位负责人审批意见	安全管理单位负责人是否批准作业 安全管理单位负责人（签字）：	批准□ 不批准□ 年 月 日

图 4-5-11　有限空间作业方案审批样例

（2）安全培训教育及考核：组织项目部及作业队对地铁公司有限空间作业相关安全管理规定、近期有限空间作业事故案例、审批完成的有限空间作业施工方案、有限空间作业安全防护用品等进行培训学习。培训学习完成后进行统一的安全考核，考核合格后方可进行该项作业，不合格的继续进行培训学习直到考核合格。

安全教育记录表

编号：

工程名称	广州市轨道交通XX线正线信号系统更新改造工程	日　期	

教育类别	专项安全教育	授课人	
教育课时	1	地点	项目驻地
教育内容	1. 学习XX地铁集团有限公司安全监察部文件——《关于加强建设工程有限空间作业安全管理的通知》 2. 广东省有限空间危险作业安全管理规程 3. 《密闭空间作业职业危害防护规范》		
受教育人签名			

有限空间作业安全知识考试人名单

序号	姓名	分数	备注	序号	姓名	分数	备注
1	XXX	100		21			
2	XXX	100		22			
3	XXX	100		23			
4	XXX	100		24			
5	XXX	100		25			
6	XXX	100		26			
7	XXX	100		27			
8	XXX	100		28			
9	XXX	100		29			
10	XXX	100		30			
11	XXX	100		31			
12	XXX	100		32			
13				33			
14				34			
15				35			
16				36			
17				37			
18				38			
19				39			
20				40			
记录人：						日期：	

图 4-5-12　安全培训教育及考核记录样例

（3）应急演练：根据项目部制定的有限空间应急预案编制应急演练方案，组织全员开展有限空间应急演练，熟练掌握有限空间作业中设备设施的正确使用方法及正确施工流程，确保现场施工不发生人员窒息、中毒等事故。

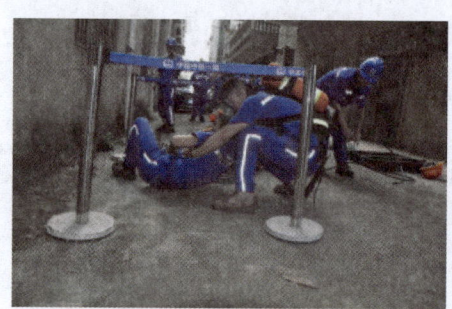

图 4-5-13　应急演练现场照片

（4）办理许可证：携带外单位特种作业安全协议、外单位施工作业许可单和上述内容完成后形成的资料一并报相关部门备案。项目部根据施工计划安排提前办理有限空间作业许可证，每个有限空间都作业必须单独办理，填写有限空间作业审批表及当晚施工情况说明。

外单位特种作业安全协议

甲方：XXXXXX

乙方：XXXXXX

一、安全要求：

一、外单位进入运营总部管辖范围内施工，必须严格遵守国家、行业、省、市的相关法律法规和XX市地铁集团有限公司、运营总部的相关安全操作规程和管理规定。

外单位：指所有与 XXX 地铁集团有限公司构成合同关系或从属关系（包括除运营总部外的集团公司其他事业总部、中心、室、院、公司），且与运营总部管辖范围发生接口关系的单位。

二、外单位须建立健全安全生产制度，认真落实安全生产责任制，必须设立施工负责人。施工负责人负责施工全过程的作业、消防安全。

三、乙方必须确保所有职工按规定正确使用防护措施，不得滥用或不用；保证进入施工现场带好安全帽，严禁工人穿拖鞋、硬底易滑鞋、易透鞋及赤膊上班；特殊工种操作人员持证上岗，严禁使用无证、不懂机电、设备操作技术的人员。若有违反，全部责任均由乙方承担。

……

三、施工安全：

（一）施工前必须制定施工方案，方案中需有施工安全风险排查

图1 信号一有限空间作业安全培训

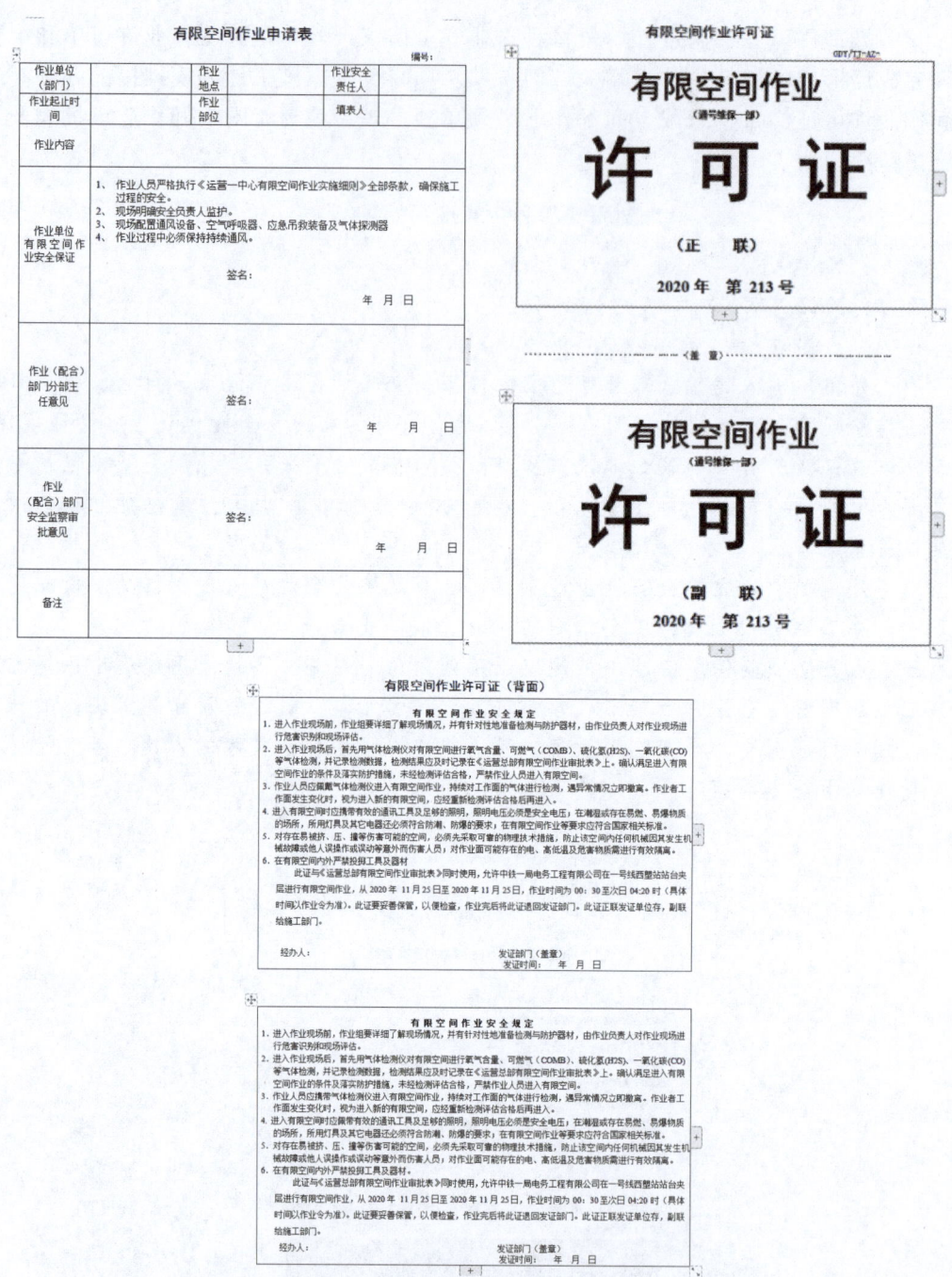

图 4-5-14 有限作业施工许可证相关文件样例

（5）现场施工：当晚作业必须持有限空间作业许可证，在车控室进行请点，给点后按照"先通风、后检测、再作业"的原则，确认检测结果符合要求后，由现场施工负责人、安全监护人、检测人、作业人员、运营配合人员填写审批表，做好现场安全防护工作后，运营配合人员上报现场情况给部门安全管理人员审批，批准后方可进入有限空间作业。

图 4-5-15 有限作业现场施工

（6）安全监控：进行有限空间作业时必须由项目专职安全员在现场进行安全监护，现场作业严格执行先通风、后检测、再作业的原则，作业人员安全防护用品应佩戴齐全，应急救援设备设施应配备到位，做好安全警戒工作，安全员持对讲机做好与有限空间内作业人员的联系。

图 4-5-16 有限作业现场安全员监护

4）有限空间作业安全注意事项

（1）采取专用的通风设备进行持续性、全方位通风换气，保持空气流通；

（2）采用监测仪器对有限空间作业区域进行持续性检测，实时监控有害气体和氧气浓度，一旦数值超标，应立即停止作业并人员出清；

（3）实施在有限空间作业时严格执行"先检测、再评估、后作业"的原则；

（4）应设有专人防护，全过程掌握作业人员的作业情况，保证在有限空间外有专人持续监护，必须在有限空间进出口附近监控防护，确保以最快的速度进行应急响应；

（5）监督、检查劳动防护用品配备及是否正确穿戴使用；

（6）作业前须检查检测仪器、应急救援工器具及劳保防护用品的功能，确保它们完好且在有效期内；

（7）作业现场专职安全员须对作业全程进行安全监护，当仪器报警或人员有异常时立即停止作业，并采取急救措施；

（8）发生中毒、窒息情况时，监护者及其他在场人员应及时在有限空间内将相关人员拉出并施救；如不能拉出，则救援人员必须在做好自身防护（正确配备、使用合格的呼吸器具、救援器材）后进行施救，严禁在未做好自我防护措施的情况下进行施救，避免伤害扩大；

（9）作业前须确保紧急救护工器具功能完好且在有效期内；

（10）有限空间作业"六不"：不排水不下、不通风不下、不检测不下、不戴防毒面具不下、里外没有配合不下、不批准不下；

（11）防止人员误入轨行区，作业前明确作业区域，进入轨行区时，加强自控、互控和他控，对违章行为要及时制止；

（12）防止物资放置不当侵限，轨行区的任何物资不得侵入地铁设备界限。作业完毕后，工器具/材料应存放在固定地点或安全可靠的地方，并加固以防止倾倒、侵入限界。

5）有限空间作业安全防护设备和用品

在有限空间实施作业前和作业过程中，作业人员必须配备符合国家标准要求的通风设备、检测设备、照明设备、通信设备、警示标志、应急救援设备（安全绳、呼吸器、防毒面具）和其余个人劳动防护用品。

表 4-5-2　有限空间作业常用安全防护设备和用品一览

序号	名称	数量	样式
1	气体检测仪	1	

续表

序号	名称	数量	样式
2	通风设备风管（含风管）	1	
3	安全绳	3	
4	应急通信设备（对讲机）	2	
5	防毒面具	3	
6	正压式呼吸机	1	

续表

序号	名称	数量	样式
7	强光手电 （应急照明设备）	2	
8	急救医疗箱	1	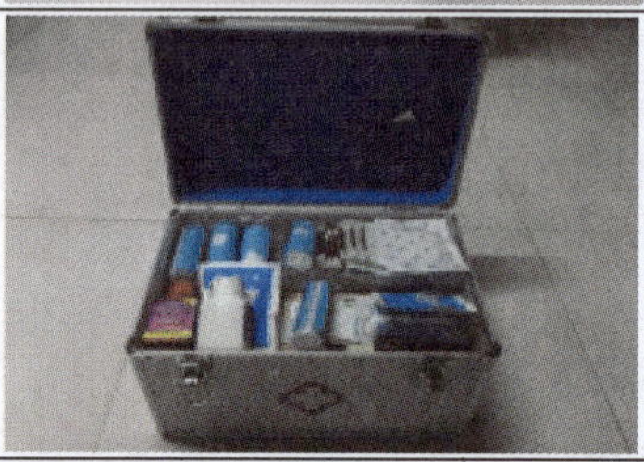
9	安全帽	每个人	
10	安全带	2	
11	警示标志	1	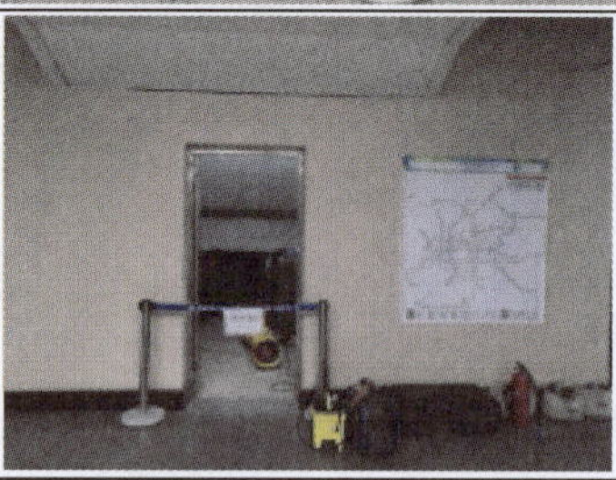

2. 动火作业

1）动火作业的定义及分级

（1）定义：是指因工作、施工需要使用电焊、气焊（割）、喷灯等工具或通过明火烧接等方法进行可能产生火焰、火花和炽热表面的作业及在办公场所、车站、车站商铺、商业街、OCC、食堂、仓库、轨道进行的金属打磨及切割作业。

（2）分级：

① 一类动火区：油库、化工品库、存放易燃易爆物品（包括油、煤气、液化气、维修喷剂）的仓库区域、货位存放点，车辆段内液化石油气气化站、液化天然气气化站、食堂、控制中心、工程车（不含非动力车厢）、车站电扶梯内部、存在产生易燃气体的有限空间。

② 二类动火区：地铁车站、集中冷站、变电站（所）、隧道、运用库、检修主厂房（含静调库）、通号楼、办公楼、车站商铺、商业街、地铁电客车、工程车非动力车厢等。

③ 三类动火区：经安全管理部门审批登记的固定动火区（指允许正常使用电气焊（割）、砂轮、喷灯及其他动火工具从事检修、加工设备及零部件的区域）。

2）动火作业流程

动火作业流程如图 4-5-17 所示。

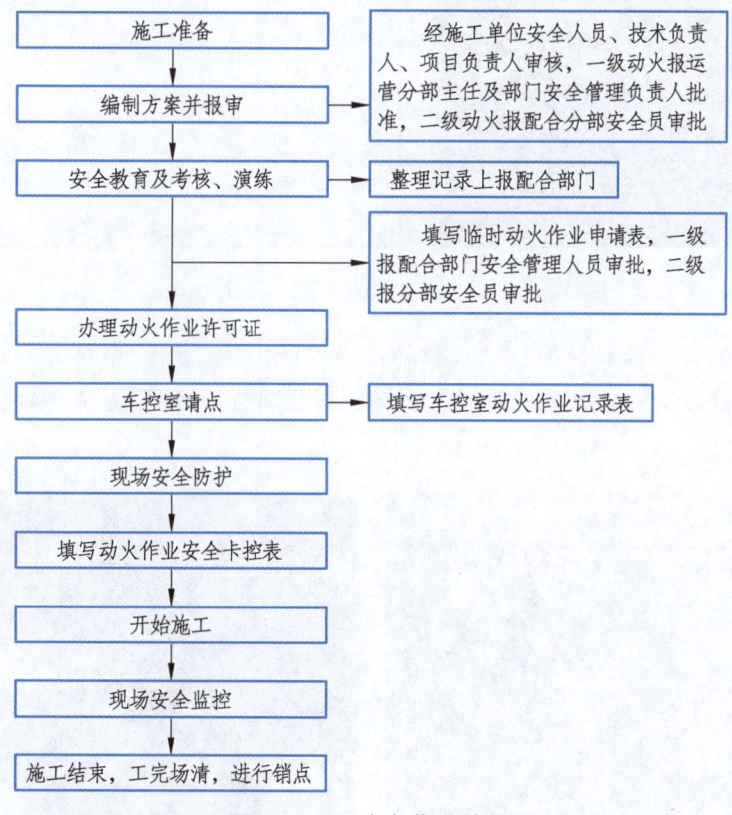

图 4-5-17 动火作业流程

3）动火作业步骤

（1）编制施工方案并报审：项目部工程部编制动火作业施工方案经项目安全管理人员、技术负责人、项目负责人审核，符合要求后报运营配合部门安全管理人员审批。

（2）安全培训教育及考核：组织项目部及作业队对地铁公司动火作业相关安全管理规定、近期动火作业事故案例、审批完成的动火作业施工方案等进行培训学习。培训学习完成后进行统一的安全考核,考核合格后方可进行该项作业,不合格的继续进行培训学习直到考核合格。

安全教育记录表

编号:

工程名称	广州市轨道交通XX线正线信号系统更新改造工程	日 期	
教育类别	专项安全教育	授课人	
教育课时	1	地 点	项目驻地
教育内容	1、动火作业安全注意事项 2、动火作业安全防护用品配备级使用方法 3、运营关于动火作业的相关要求 4、动火作业安全防护措施		
受教育人签名			

图 4-5-18　动火作业培训教育及记录文件

（3）应急演练：项目部编制动火作业应急演练方案,组织全员开展动火作业应急演练,熟练掌握动火作业的安全防火措施和灭火器的正确使用方法,确保现场动火作业安全可控。

图 4-5-19　动火作业培训现场照片

（4）办理许可证：项目部根据施工计划安排提前办理动火作业许可证,填写动火作业申请表报运营配合部门分部安全员进行审核,一级动火作业期限不超过 7 天,二级动火作业期限不超过 30 天。

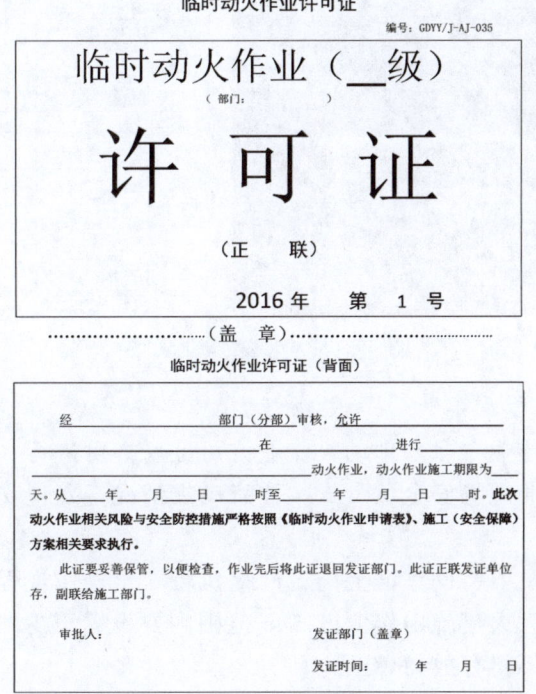

图 4-5-20 动火作业许可证样例

（5）现场施工：当晚作业必须持动火作业许可证，在车控室进行请点，给点后按照方案要求做好安全防火措施，检查安全防护用品性能状态，经现场施工负责人、安全监护人、运营配合人员、监理确认后填写动火作业安全卡控表，确认安全后再进行作业，作业过程中现场安全监护人员要做好安全监控工作，施工结束后同运营、监理对现场进行确认，确保不留隐患。

图 4-5-21 动火作业现场

4）动火作业安全注意事项

（1）在取得进场作业令、办理动火作业许可证后方可进行一、二级动火作业；

（2）明确动火作业现场安全负责人，注意动火情况，发现安全隐患时，要立即停止作业；

（3）动火作业人员要持操作证上岗，严格执行安全操作规程；

（4）落实防火、灭火措施，作业区 5 m 范围内要设置至少两具适用的灭火器；

（5）作业区周围不得存放易燃杂物；

（6）对作业区附近难以移动的易燃易爆物体采取有效的安全防护措施后方可动火；

（7）对于盛装过油类等易燃液体的容器、管道，洗刷干净后再作业；

（8）严禁对受热膨胀后有爆炸危险的容器和管道动火；

（9）发生火灾事故时，要及时扑救和报警；

（10）动火作业完毕应彻底清理干净现场火种才能离开现场。属于外单位动火作业的，须在总部配合部门人员确认后方可离开现场。

5）动火作业安全防护设备和用品

在动火作业前和作业过程中，作业人员必须配备符合国家标准要求的安全帽、护目镜，并配备灭火器、防火罩（防火布）、警戒带等防护设备。

表 4-5-3　动火作业常用安全防护设备和用品一览

序号	名称	数量	样式
1	灭火器	2	
2	警戒带	1	
3	安全帽	每个人	
4	防火罩（防火布）	1	 
5	护目镜	1	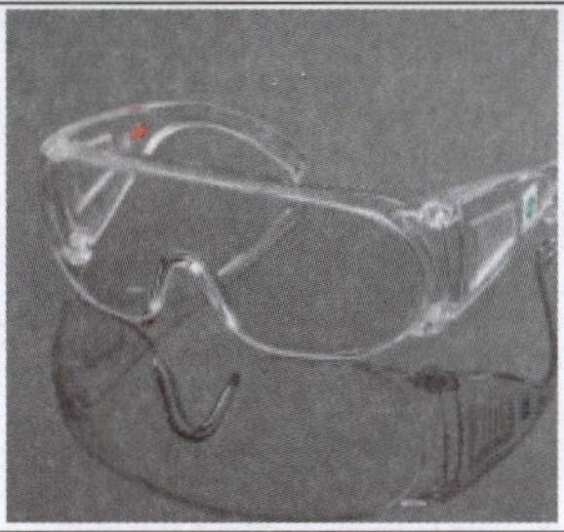

3. 登高作业

1）登高作业的定义及分级

（1）定义：凡距坠落高度基准面 2 m 及其以上，有可能坠落的高处进行的作业。

（2）分级：

① 作业高度（以距坠落高度基准面为基准）在 2 m 以上 5 m 以下时，称为一级高处作业。

② 作业高度（以距坠落高度基准面为基准）在 5 m 以上 15 m 以下时，称为二级高处作业。

③ 作业高度（以距坠落高度基准面为基准）在 15 m 以上 30 m 以下时，称为三级高处作业。

④ 作业高度（以距坠落高度基准面为基准）在 30 m 以上时，称为特级高处作业。

2）登高作业流程

登高作业流程如图 4-5-22 所示。

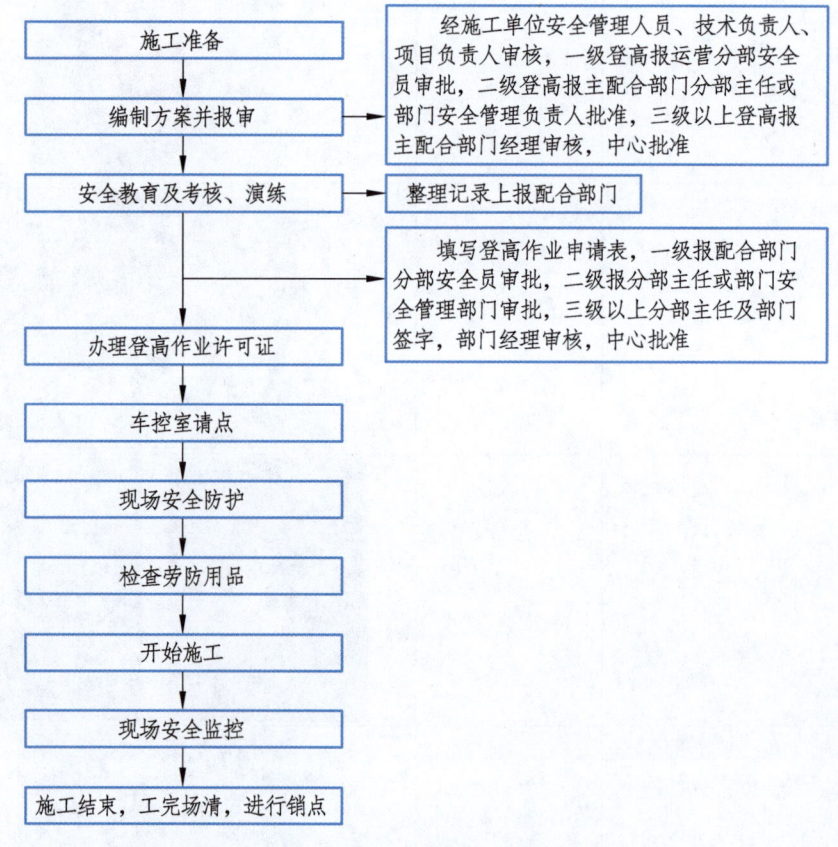

图 4-5-22 登高作业流程

3）登高作业步骤

（1）编制施工方案并报审：项目部工程部编制登高作业施工方案经项目安全管理人员、技术负责人、项目负责人审核，符合要求后报相关部门审批。

（2）安全培训教育及考核：组织项目部及作业队对地铁公司登高作业相关安全管理规定、近期登高作业事故案例、审批完成的登高作业施工方案进行培训学习。培训学习完成后进行统一的安全考核，考核合格后方可进行该项作业，不合格的继续进行培训学习直到考核合格。登高作业教育及考核现场记录如图 4-5-23 所示。

图 4-5-23　登高作业教育及考核现场记录

（3）应急演练：项目部编制高处坠落事故应急演练方案，组织全员开展高处坠落事故应急演练，熟练掌握安全带的正确使用方法及现场发生高处坠落事故后的应急处置能力，确保现场登高作业安全可控。登高作业应急演练现场培训如图 4-5-24 所示。

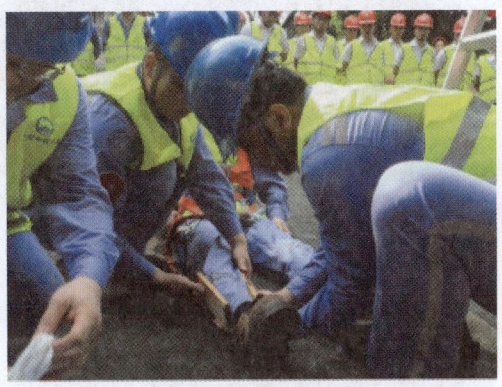

高处坠落伤员紧急处置　　　　　　　高处坠落应急演练

图 4-5-24　登高作业应急演练现场培训

（4）办理许可证：项目部根据施工计划安排提前办理登高作业许可证，根据登高级别填写登高作业申请表报运营相关部门审批。登高作业许可证样例如图 4-5-25 所示。

图 4-5-25 登高作业许可证样例

（5）现场施工：当晚作业必须持登高作业许可证，登高人员登高证，在车控室进行请点（见图 4-5-26），给点后再次检查确认安全防护用品性能状态，经现场施工负责人、安全监护人、运营配合人员、监理确认后再进行作业，作业过程中，现场安全监护人员要做好安全监控，施工结束后同运营、监理对现场进行确认，确保不留隐患。

图 4-5-26 登高作业现场施工照片

4)登高作业安全注意事项

(1)凡高处作业的施工使用的脚手架、平台、梯子、安全带等防护用品,作业前应认真检查其所用的安全防护设备是否牢固、可靠,检查脚手架、平台及梯子底部是否采用防滑措施。

(2)高处作业人员需经体检合格满足高空作业条件后,方可上岗作业,作业前应对高空作业人员进行相关的安全技术交底,高处作业人员必须持高处作业许可单和高处作业证方可进行作业,作业时施工人员必须按照规定正确佩戴和使用安全帽、安全带等防护用品、安全带必须高挂低用。

(3)轨行区电缆引入作业需高处作业时,必须申请停挂地线作业点,作业前车站值班人员确认地线挂好后,方可进行作业,作业时梯子等安全防护设备要设专人进行防护。

(4)严禁在梯子等安全防护设备上,上下同时垂直作业及抛掷工具、材料,严禁从安全防护设备上跳上跳下,梯子等安全防护设备移动时严禁上面站人。

5)登高作业安全防护设备和用品

在登高作业前和作业过程中,作业人员必须配备符合国家标准要求的安全帽、梯子,并配备安全带等防护设备。登高作业常用安全防护设备和用品一览表如表4-5-4所示。

表 4-5-4 登高作业常用安全防护设备和用品一览

序号	名称	数量	样式
1	安全带	2	
2	梯子	1	
3	安全帽	每个人	

5.2 质量保证措施

5.2.1 施工准备阶段的质量管理措施

通过充分地开展现场调查，掌握现场自然条件、地质、气象、水文以及施工环境等资料。为工程施工奠定良好的基础。

详细了解该工程的设计和施工原则、技术要求、施工难点，制订保证工程质量的详细措施。

建立健全质量控制体系，制订创优规划，并将有关规划等报业主核备。

对全体施工人员进行岗前教育与培训工作。使参与施工的技术人员和技术工人了解工程的特点、技术要求、施工工艺及施工操作要点等。

配备后备人力，确定调配方案，保证工序间的衔接。配备足够的施工机具，并确保施工机具处于正常的运行状态。

5.2.2 设备采购供应阶段，确保设备材料的质量和储备

对于采购的设备材料，按技术含量高低和复杂难易程度进行必要的工厂监造。同时做好在设备、材料到货后的检验、测试工作，不合格品不得进入施工现场。对于不合格品要求返厂更换。

做好设备材料的储备工作，保证工程施工的需要。

设备材料检验试验质量控制流程如图 4-5-27 所示。

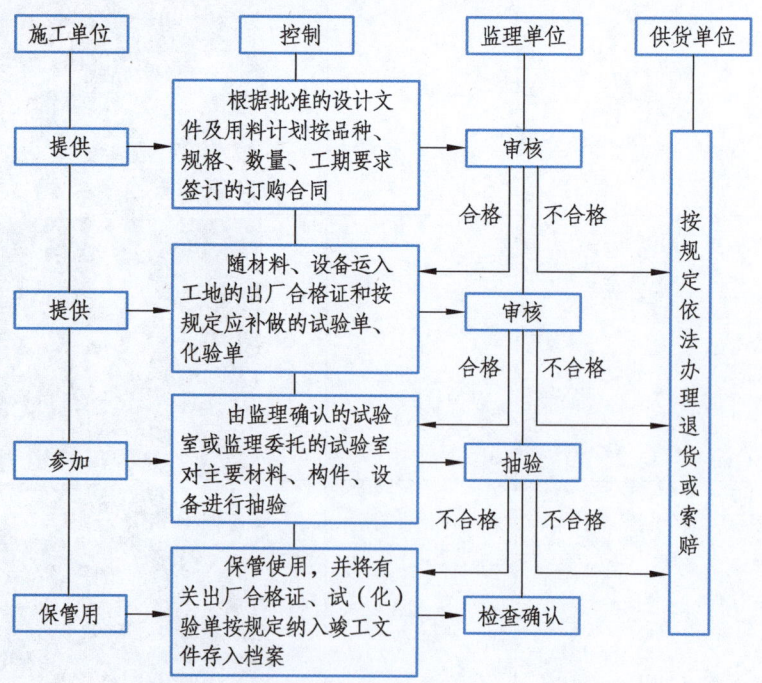

图 4-5-27　设备材料检验试验质量控制流程

5.2.3 施工过程中的质量保证措施

施工过程中的质量保证措施主要为对施工工艺、工序的交接和人员、机械、仪表进行控制。

正确贯彻执行国家、部颁各项技术政策和法令，认真执行国家和上级主管部门制定的施工规范、质量检测试验方法。

质量检测试验由专业工程师完成，并实行个人负责制。定期对质检人员进行新技术、新工艺、新标准的检验试验方法培训，确保质检人员掌握最新的质量检验试验标准。

配备良好的质量检测试验仪器仪表，做好设备、材料的质量检测试验工作，对质量检验试验结果进行比较，确保质量检验试验的准确性。

严格施工过程的质量控制，使工序质量的检测指标处于允许范围内，在产生偏离标准的情况下，分析原因并及时采取相应措施。

做好对施工工艺、工序交接和人员、机械、仪表的控制。

1. 施工工艺的控制

严格执行国家、行业和业主制定的相关施工规范和验收标准。

对全体施工人员进行"施工工艺技术标准"的交底，对关键环节的质量、工序、材料和环境进行验证，使施工工艺的质量控制符合标准化、规范化、制度化要求。

2. 工序质量控制

工序质量控制流程如图 4-5-28 所示。

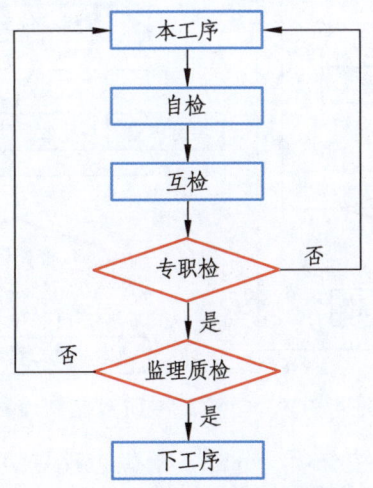

图 4-5-28　工序质量控制流程

严格工序管理，按照"工序质量控制流程图"对施工工艺、工序交接、中间产品的质量进行控制，切实执行工班自检、工序互检和质检工程师专检的质量检查程序，发现问题要按"四不放过"的原则进行纠正和补修，保证不合格工序不转入下道工序。

3. 单位工程质量控制

单位工程质量控制流程如图 4-5-29 所示。

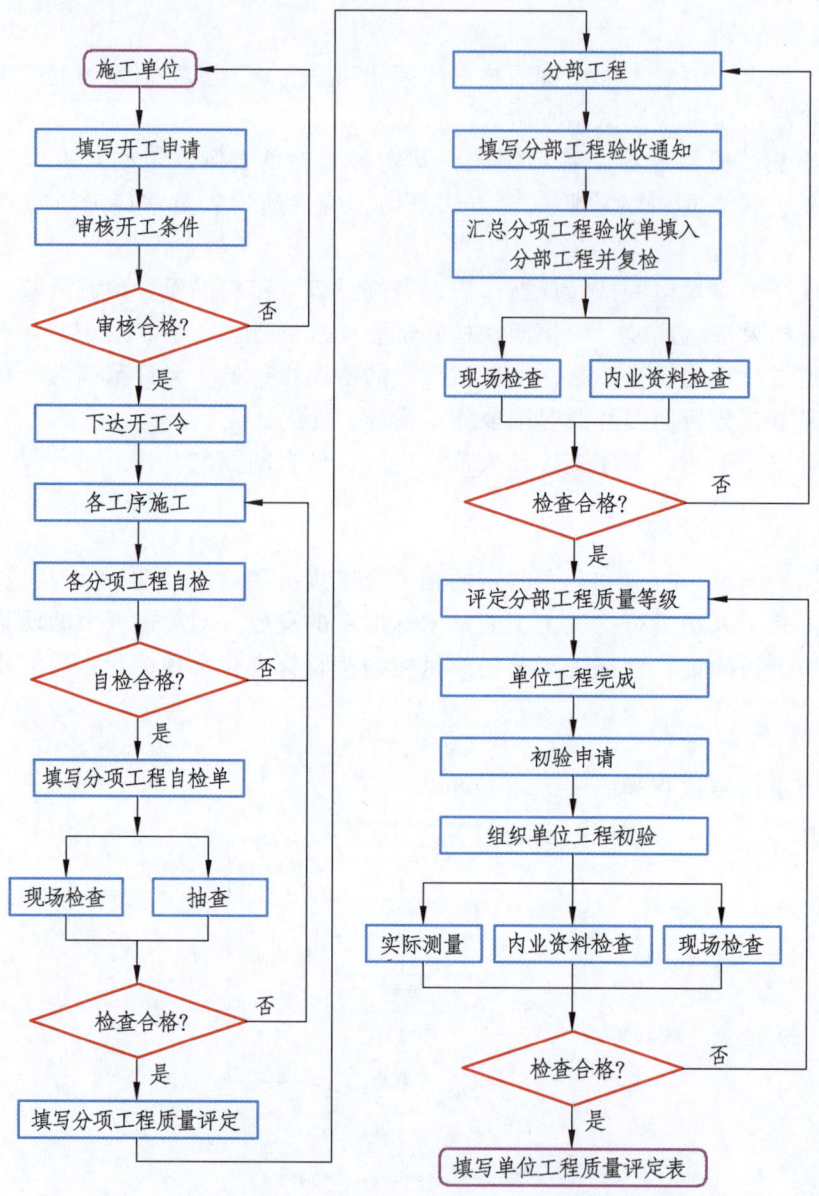

图 4-5-29　单位工程质量控制流程

单位工程的质量控制将按分项、分部、单位工程三级规定进行。

4. 施工过程中五大因素控制

有五大因素影响施工质量：即人员、材料、机械、方法、环境，施工过程中控制好这五大因素是保证施工质量的关键。

第 6 章 调试及问题处理

6.1 设备调试的前提条件

改造工程在满足以下前提条件后,才能进入设备调试的阶段:
(1)室外电缆、光缆已完成敷设。室内光电缆已完成配线、上架,并做好相应的标识。
(2)室内外设备已完成安装、固定,各机柜及设备内部配线已完成。
(3)室内外设备线缆配线已完成查线核图,确认施工已按设计图进行施工。
(4)各站设备房配电箱已完成相应设备安装及调试,具备两路独立供电条件。
(5)已完成电源设备线缆的绝缘检查,具备上电条件。

6.2 设备调试阶段

设备调试遵循从单体到整体、从静态到动态、从易到难的原则,逐步推进各项设备的调试。由于信号系统改造工程的正线设备调试,一般只能在运营结束之后开展,在做调试计划时需结合调试实际需求,要控制调试的作业范围及影响范围,尽量减少对既有系统的影响,降低调试的风险。设备调试可以分以下几个阶段进行:设备单体静态调试、关键设备整体功能静态调试、单车动车调试、多车动车调试、多车压力测试,下面分阶段逐个进行介绍。

6.2.1 设备单体静态调试

设备单体静态调试主要针对各项设备单独的静态功能或参数设置的调试,包括信号机、列车检测设备、车地通信设备等,该类单体设备一般分布在区间或室内设备房,但由于设备数量大,整体需要花费大量的时间进行设备参数设置、调试,建议按区间区域进行专项调试,铺排好整体调试计划。每个单体设备进行参数设置、调试时需有明确的测试流程并做好相应的测试记录存档。

下面用广州地铁某线单体 UPS 的调试及投用方案来举例说明。

1. 新 UPS 调试及投入既有系统方案

1)总体概况

信号系统改造项目需要更换全线联锁站 UPS,其中某站 UPS 已于 2018 年 11 月安装完毕并开启离线运行,离线运行期间,厂家多次到现场检查设备均正常,且于 2019

年 7 月 17 日再次到现场对设备进行了检查和测量、记录了设备技术参数，满足使用要求，具备投用条件。

2）UPS 投入试运行目的

本次 UPS 投入试运行为使用新的艾默生 UPS 替代既有的西门子 UPS，涉及的内容包括 UPS 的输入、输出电源电缆的更换、新 UPS 的报警电路连接。本次 UPS 投用不改变既有的 SV 柜和非智能国产电源屏的功能。

3）新 UPS 投入试运行前提条件

（1）电源厂家已经提供产品检验报告，产品合格，可以上线使用。

（2）本次投用的 UPS 已经完成厂验，形成相应的厂验大纲、厂验纪要和厂验报告，设备符合使用要求。

（3）本次投入试运行的 UPS 已经离线运行两周，连续离线运行时长达到 168 h，且离线运行期间，厂家对 UPS 状态、技术参数等检查正常。

（4）设备供货商已提供新 UPS 的操作手册、维护手册等技术文件。

（5）厂家已对新 UPS 的操作展开培训，值班人员熟悉现场设备操作并形成了常规操作指引。

（6）已编制好新 UPS 的投用实施方案，并准备了相应的应急备件。

4）投入试运行的时间

本次新 UPS 投入试运行计划于 2019 年 7 月 19 日运营结束后进行，当晚批点（具体时间按作业令执行）后停用某联锁区所有设备，将新 UPS 接入既有信号系统并开机投用，信号人员恢复联锁区信号设备。

如新 UPS 运行正常，则不再回退旧 UPS，直接在 7 月 20 日的运营期间使用新 UPS。为了保障运营，新 UPS 投入试运行后的一段时间内，旧 UPS 仍保持在原位，以提高应急处置效率。此外，在新 UPS 投用后 24 h 内，加派信号技术骨干保障值班，电源厂家安排技术人员现场保障值班。

5）作业区域

室内作业区域：某站信号设备房、车控室。

室外作业区域：×××-×××上行线、×××-×××下行线、折返线 1 道、折返线 2 道、存车线 1 道、存车线 2 道。

6）工作小组成员及分工

调试工作小组成员及分工示例如表 4-6-1 所示。

表 4-6-1 调试工作小组成员及分工示例

岗位	职责
组长	作业现场配合负责人，负责施工进度、安全把控，测试情况记录
成员 1、2	负责 SICAS、ATP、STEKOP 的关机、重启和功能确认。车运行状态，系统投入试运行后的运营保障

续表

岗位	职责
成员 3	负责旧电源系统关机，新 UPS 开机后的电源系统状态确认
成员 4	负责 DSTT、FTGS、SLC、PTI、微机监测机柜的关机、重启和功能确认
成员 5	负责 RTU、LOW、SIC 的关机、重启和功能确认
成员 6、7	新系统接入，检查软件的可用性，系统投入试运行后的运营保障

7）作业前准备

本次作业是某站信号设备房 UPS 倒接，主要作业方是施工单位和供货厂家，信号人员负责配合对既有信号设备的停用、恢复和功能确认。

参与作业人员 21：00 到达信号设备房，召开作业前安全交底，进一步学习作业流程，检查所需工具、备件、技术资料的准备情况。参与人员包括作业人员、厂家技术人员、信号现场配合人员。

8）具体操作步骤及时间要求

（1）批点前，完成对既有电源系统的检查，记录既有 UPS 的技术参数（00：00 前完成）。

（2）批点后，信号工作组人员按步骤关闭所有在用信号设备，并关闭 SV 柜和非智能国产电源屏（01：00 前完成）。

（3）信号人员关闭旧 UPS，并确认旧 UPS 的输入、输出、蓄电池组开关均已断开，确认Ⅰ/Ⅱ路主电源空开断开（01：15 前完成）。

（4）施工单位和电源厂家拆除旧 UPS 的输入输出线，接入新 UPS 的输入、输出线，报警电路接入分线架处原报警线端子（02：15 前完成）。

（5）电源厂家技术人员开启新 UPS 并测试正常后，信号人员开启 SV 柜和非智能国产电源屏，确认电源系统正常后，按顺序逐个恢复信号设备，并完成功能测试（02：30 前完成）。

系统原功能确认或测试（03：00 前完成），具体以电源改造项目执行记录表为依据。

9）注意事项及应急预案

（1）电源设备调试及倒接用电。

施工风险因素：电源设备调试及倒接时，可能会发生两个不安全因素。一是违规接电、用电或误断电导致人员触电伤害；二是旧电源系统设备倒接，容易发生操作错误，导致设备无法恢复，影响次日运营。

施工预防措施：

① 加强对新旧电源设备倒接及调试方案的交底；

② 操作时确保既有设备断电完全，禁止设备带电作业；

③ 作业人员必须持有电工证；

④ 停电测量时需要佩戴绝缘手套，站在绝缘垫上，确认无误再做拆除；

⑤ 作业人员禁止佩戴金属类饰品；

⑥ 禁止在未经允许情况下擅自停电拆除；

⑦ 禁止在未经允许情况下擅自取电；

⑧ 带电作业现场必须配置两人，一人操作一人监控；

⑨ 项目部设值班人员，随时启动应急预案。

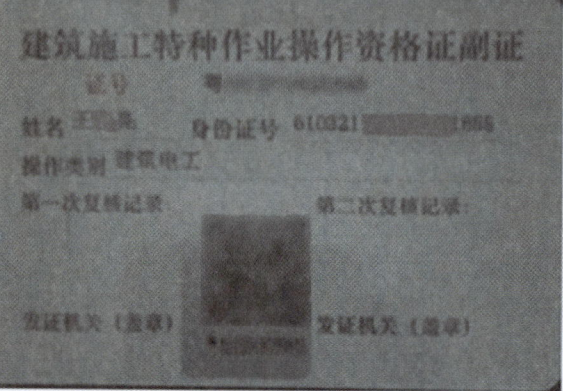
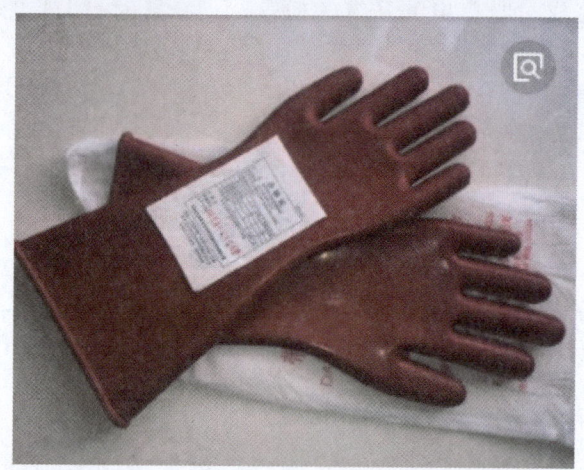

图 4-6-1　电源设备调试必要证件及防护手套

（2）UPS 设备割接后发生故障。

施工风险因素：因既有设备使用年限较长，有较多不可预见性因素发生，可能在完成 UPS 割接后，设备突发断电，导致信号系统设备停电。

施工预防措施：

① 根据新旧电源系统性能，制定严密的实施方案，确保新旧 UPS 和电池的匹配性良好；

② 新 UPS 安装完成后必须保证开机空载运行 168 h；

③ 新 UPS 和电池可稳定工作一段时间后，开始进行割接，割接完成后派人对新 UPS 和电池进行 24 h 值守监测，确保割接后电源系统正常稳定运行；

④ 准备应急工具材料,保留既有 UPS 和电池连线不拆除。如发现新 UPS 和电池报警或故障时,及时将既有 UPS 和电池恢复至电源屏,确保既有电源系统运行正常使用。

(3)倒接接入后某路输入电源断。

风险因素分析:某路输入电源断(可能是缺相,相电压超标,相序异常等情况造成),电源系统已自动切换至另外一路电网质量良好的输入电源上。

处理方法:检查相应输入电源电网情况(每相电压,相序,频率,波形),如有异常,通知供电部门,并尽快恢复正常供电。

(4)倒接接入后某路输入电源电压过高或过低。

风险因素分析:某路输入电网相电压过高(>270 V AC),某路输入电网相电压过低(<160 V AC)。

处理方法:检查相应输入电网相电压,如超标,尽快更正,恢复正常。

(5)倒接接入后某路输入空开跳。

风险因素分析:倒接时可能接线操作失误或接线不良不合标准导致输入电源空开跳闸。

处理方法:检查设备内部是否存在短路情况。

6.2.2 关键设备整体功能静态调试

关键设备整体功能静态调试要基于设备单体调试已经完成的情况,该阶段调试主要针对关键系统设备进行整体功能测试,如联锁设备、轨旁 ATP、区域控制器等。该类设备一般布置在联锁设备站并控制/监控多个站的信号设备,调试作业范围较大,软件测试项目多,需要对系统设备的逐个功能进行测试、确认,建议按单系统控制的范围(如单个联锁区)逐步开展调试工作。由于该项作业调试的范围较大,在夜间调试作业完毕后,必须确认好控区内的所有设备功能均已恢复正常,避免影响第二天的列车运营。

下面通过广州地铁某线轨旁 ATP 调试及投用方案来举例说明。

1. 单站新轨旁 ATP 投用测试方案

1)调试目的

为了将轨旁室内的既有线 LZB 机柜替换为新的 LZB 机柜并接入正线投入日常运营,而对新 LZB 机柜进行接入正线系统前的各项功能测试,确保新 LZB 机柜可以正式接入系统和投入日常运营。

2)测试时间及区域

日期:2019 年 12 月,作业时间:2019 年 12 月 19 日,次日 00:30~04:30。

作业区域:×××信号设备房及室外×××联锁区。

3）调试人员安排

调试工作小组成员及分工示例如表 4-6-2 所示。

表 4-6-2　调试工作小组成员及分工示例

部门	人员类别	人员需求	职责
信号维保部门	正线人员	4	配合相关的轨旁施工
	车载人员	1	配合收集列车数据记录，完成各项测试
乘务管理部门	司机	1	负责按信号人员要求驾驶列车，对列车速度实时监控
生产调度部门	行调	1	负责排列进路，监控出现道岔不在正线位置、联锁或 ATP 故障、中央 ATS 故障等异常情况及时终止测试
车辆维修部门	检修调度	0	在动调期间，根据信号人员指定要求，提供设备正常的电客车 1 列
信号供货商	调试人员	4	编制测试规范，进行相关的测试主导工作
安装公司	—	1	配合现场调试，处理线路问题

4）测试前提条件

在进行轨旁新 LZB 机柜替换测试之前，轨旁室内部分新机柜已投入日常使用，具体如下：

（1）新电源屏系统可以正常供电；

（2）既有 LZB 机柜和新 LZB 机柜的 QC 141/159 背板插槽的电缆已分别接入 SOF 机柜；

（3）切换（SOF）机柜已正常接入既有系统，投入日常运营。

5）倒切及测试步骤

（1）电缆倒切过程。

根据相关项目文件中的说明要求，新 LZB 机柜中，只有紧停（EMP）电路、同步环线电路需要接入到切换电路，其他如新 LZB 机柜与既有 SICAS3216 的光纤连接、新 LZB 至 FTGS 的电路、消限（LA）按钮电路、自动折返（DTRO）电路都是敷设新的，无需接入切换电路，具体如表 4-6-3 所示。

表 4-6-3　电缆倒切过程及内容

项次	测试项	是否接入切换电路
1	新 LZB 机柜与既有 SICAS3216 的光纤连接	否
2	紧停按钮（ESB）电路	是
3	同步环线的电路	是
4	轨道电路（FTGS）	否
5	消限（LA）按钮电路	否
6	自动折返（DTRO）按钮电路	否

（2）具体倒切步骤如下。

① 断开 A 通道和 B 通道的光电转换模块（OLM）的电源如图 4-6-2 所示；

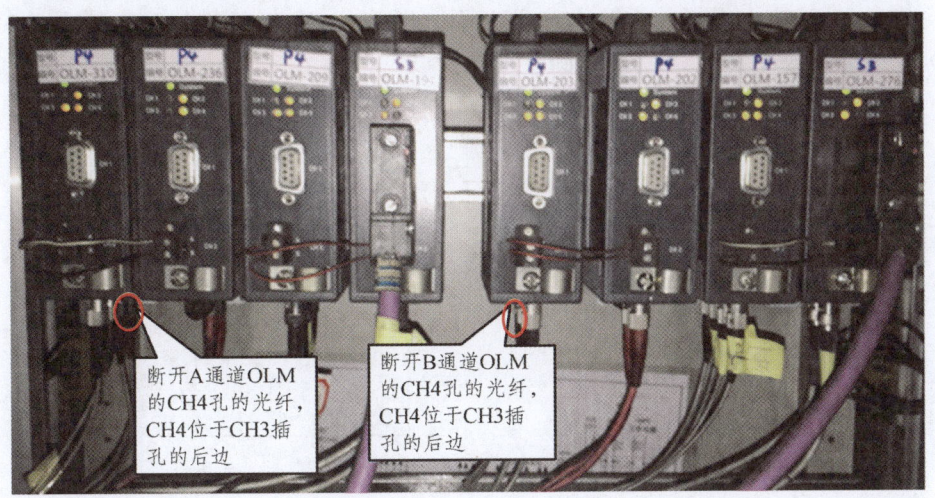

图 4-6-2　倒切现场示例一

② 断开 SICAS3216 机柜内 A 通道 OLM 的 CH4 的光纤插头和 B 通道 OLM 的 CH4 的光纤插头（即断开了既有 LZB 机柜与 SICAS3216 机柜之间的光纤连接），对相关的插头/光纤做好防护，并贴好标签；

③ SICAS3216 机柜的 A 通道 OLM 的 CH4 端口接入来自新 LZB 机柜 A 系 BUMA 的光纤，SICAS3216 机柜的 B 通道 OLM 的 CH4 端口接入来自新 LZB 机柜 B 系 BUMA 的光纤；

④ 恢复 A 通道和 B 通道的电源供应；

⑤ 拔出既有 LZB 机柜 Q 层正面的 Q57/Q81 的电缆插板，分别插入既有 LZB 机柜 Q 层正面的 Q141/Q159 的插槽；

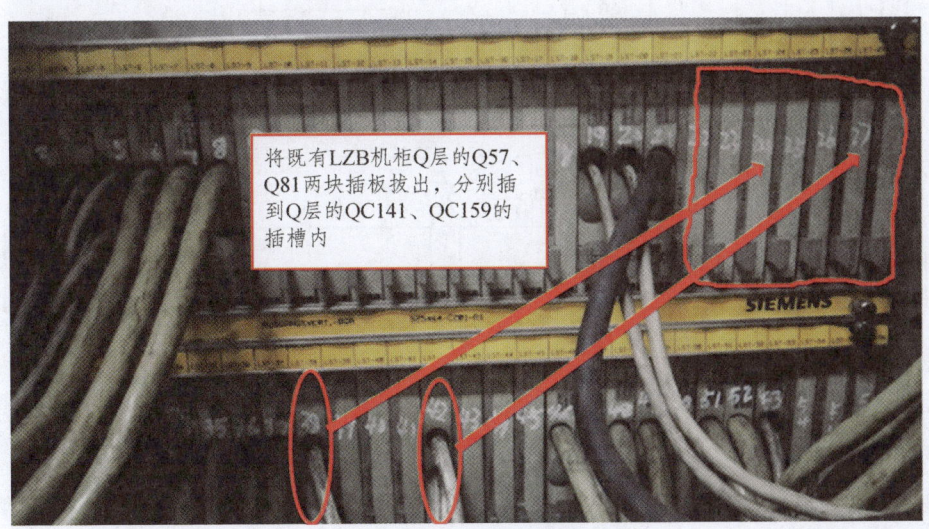

图 4-6-3　倒切现场示例二

⑥ 断开既有 LZB 机柜的同步环线（A 系 G147/G141/G135 位置，B 系 G147/G141/G135 位置，C 系 G147/G141/G135 位置）的 9 块 Stela 板卡的 Sub-D 电缆插头，将各 Sub-D 电缆插头分别与之前已引入既有线 LZB 机柜但又未接入的对应的 Sub-D 母插头连接，并确认连接牢固；

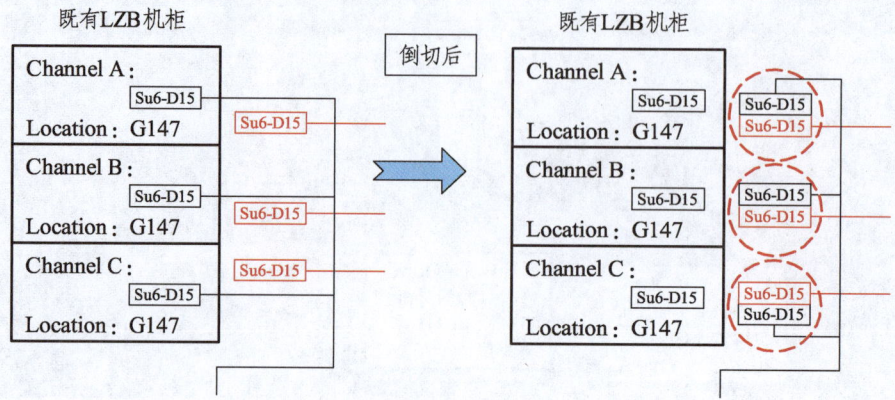

图 4-6-4　倒切前后结构对比

⑦ 断开既有线每个 FTGS 机架 C 层的 C51 至 C55 的 5 个电缆插头（如图 4-6-5 中深色的线）；将之前已引入至每个 FTGS 机架 C 层但又未接入的 M51 至 M55 的 5 个电缆插头（图 4-6-5 中深色的线），分别插入既有线每个 FTGS 机架 C 层 51 至 55 的对应插槽位置；

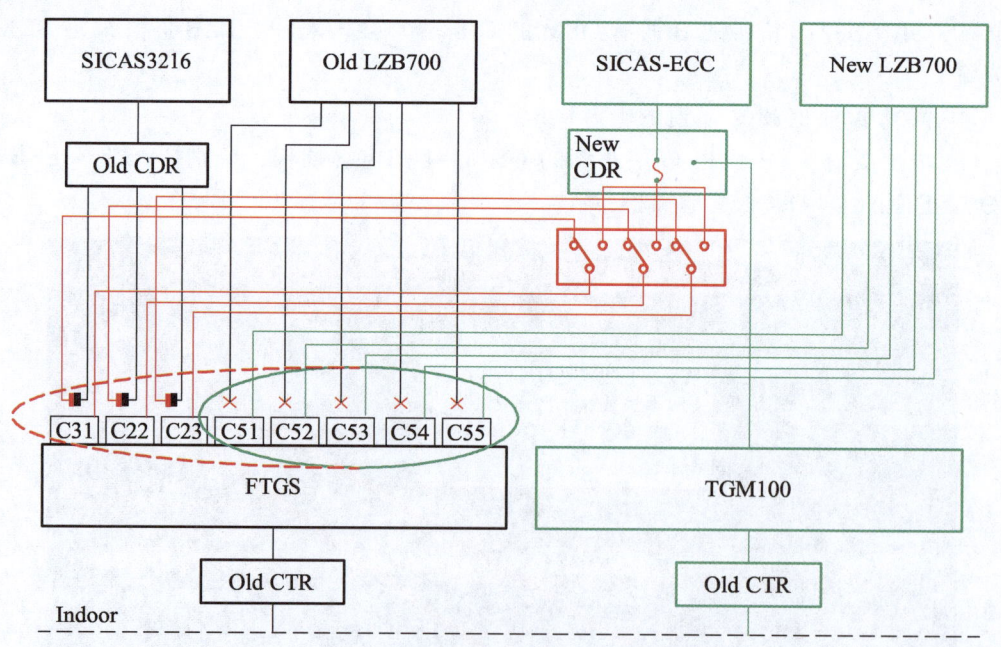

图 4-6-5　倒切原理结构图

⑧ 以上测试前的电路倒切工作完成，并依据"现场电路修改检查表"每项检查确认完成后，才可以进行新 LZB 机柜的一致性测试。

（3）测试过程。

① 根据"现场电路修改及回退检查表"，每项修改检查都确认完成后，重启新 LZB 机柜，之后进行新 LZB 机柜的一致性测试。

表 4-6-4 为电路修改具体检查项表。

表 4-6-4　电路修改检查项

项次	检查项	检查结果
1	SCIAS3216 与新 LZB 机柜光纤接线修改目视检查	
2	新 LZB 机柜有关紧停（ESB）接线修改的目视检查	
3	新 LZB 机柜有关同步环线的接线修改的目视检查	
4	新 LZB 机柜有关轨道电路（FTGS）接线的目视检查	

② 根据"LZB700M 机柜替换轨旁单元测试指引"进行一致性测试，并记录测试结果。表 4-6-5 为轨旁单元的测试具体检查项表。

表 4-6-5　轨旁单元测试项

项次	测试项	测试结果
1	新 LZB 机柜与既有 SICAS3216 的光纤连接	
2	紧停按钮（ESB）一致性检查	
3	同步环线的一致性检查	
4	轨道电路（FTGS）一致性检查	
5	消限（LA）按钮一致性检查	
6	自动折返（DTRO）按钮一致性检查	

③ 当"LZB700M 机柜替换轨旁单元测试指引"的测试项全部完成之后，才能根据"LZB700M 机柜替换动态测试流程"进行动车的一致性测试，并记录测试结果。表 4-6-6 为动车一致性测试项表。

表 4-6-6　动车一致性测试项

项次	测试项	测试结果
1	检查所有 ATP 的轨旁的长度	
2	检查 ATP 的停止点	
3	紧停（ESB）按钮测试	
4	自动折返测试	
5	ATO 模式下的到站测试	
6	同步环线频率测试	
7	限速区运营测试	

6）注意事项及其他要求

（1）若测试结果不符合预期，且无法在有限时间内排除的话，立即停止测试并将相关电路回退至既有系统的连接状态，并再次做相关设备的一致性测试和跑车验证，确保第二天的日常运营；

（2）调试过程中，出现任何故障，立即中止测试；

（3）所有参加调试的人员需做好测试记录；

（4）调试过程中，任何人发现有影响人身安全、设备安全的行为或现象，都有中止调试的权利；

（5）调试到 02：40 必须停止，并确认正线信号系统的设备处于正常工作状态，确保第二天的日常运营；

（6）防止出现既有设备故障，禁止触碰和作业无关的设备及线缆；

（7）线缆/光纤防护，做好对调试时临时拆下的既有设备插头/芯线/光纤的防护，并做好相应标签；

特别注意 ATP 机柜 BUMA 板光纤，OLM，要小心插拔；

（8）避免恢复设备不到位，调试完成后，按照标签恢复既有设备的插头/芯线。并作必要的相关功能验证，配合地铁运营维护部门完成其余例行测试；

（9）新 ATP 机柜动车测试时，要确认好进路，并在动车时注意观察信号机状态，确定道岔位置，期间严格遵守运营行规。

6.2.3　单车动车调试

单车动车调试要基于关键设备整体功能静态调试已经完成，并由供货商给出单车动车调试的相关安全认证后才能开展。该阶段调试主要针对单台列车在单个控区的动车调试，负责测试列车在动车时候的各项系统功能是否正常，包括列车各种驾驶模式是否运行正常、轨旁操作按钮功能是否正常、自动折返是否正常、设备故障测试等测试内容。在该动车阶段，收集列车正常运行时的相关过程数据是十分有必要的，一方面可以从运行数据中检验运营相关的基础数据是否正常，另一方面如在测试过程中遇到问题，可以立即根据收集的过程数据进行分析，从根本上找到问题的原因，使得系统供货商能有针对性地对问题进行整改。

在风险防控方面，在动车阶段的方面较以往调试的风险更高，需从设备调试风险、道岔位置不正确风险、人车冲突风险、站台门监控功能缺失风险、列车冲红灯风险、进路排列错误风险等方面进行风险识别，并需指定相应的防范措施，每次动车调试必须按要求落实相应的风险防范措施。

单车动车调试阶段已开始涉及较大面积的设备倒切及设备功能的验证，为提高效率，需要调试测试的时间较长，建议在作业点的时间上在内部与生产调度部门进行充分讨论，争取在流程上通过优化来获得 60～90 min 的额外时间。如采取列车出清正线区域，立即批点调试等措施。

下面通过广州地铁某线单车动车调试方案来举例说明。

1. 单车动车调试方案

1）总体概况

根据信号系统改造项目整体技术方案，新 SICAS-ECC 系统将一次性倒切投用，在此之前需要对全线各联锁区新 SICAS-ECC 系统及新 LZB 系统进行各项功能测试，确保 SICAS-ECC 系统可以正式接入系统并投入日常运营。目前，新联锁区已完成了 ECC 一致性测试，供货商已拿到新联锁区 SICAS-ECC 系统动车调试的安全认证，具备动车测试条件。

2）测试目的

本次 SICAS-ECC 系统测试使用供货商提供的新 SIMIS PC、ECC、ATP、SOF 机柜，在夜间调试期间将既有 SICAS 机柜替换成新 SICAS-ECC 系统进行调试，须停用既有 SICAS、LOW，影响车站 LOW 及中央 HMI 监控，测试过程中车站及中央无法操动道岔、无法排路。本次 SICAS-ECC 系统测试主要对新联锁区 SICAS-ECC 系统下的列车运行状态、ATP 停车点、新紧停电路、同步环线、ATO 到站、折返及限速等功能进行验证，并收集新系统下的 FTGS 数据，为后续 SICAS-ECC 系统的投用做准备。本次测试只在夜晚调试期间将既有 SICAS 机柜替换成新 SICAS-ECC 系统，调试完成后回退至既有系统，而不改变既有 SICAS 机柜的功能和状态，完成回退后确认既有设备一致性正常，并跑车验证既有系统功能，确保既有系统功能恢复正常，可于次日投入运营。

3）单车动车作业时间

新联锁区 SICAS-ECC 系统动车测试计划于 2020 年 3 月 4 日运营结束后开展第一次测试。每次测试需将既有 SICAS3216 替换为 SICAS-ECC 系统，验证新联锁系统下列车运行状态及新 ATP 软件的功能状态。测试完毕后回退至既有 SICAS3216 系统，并对既有系统进行静态测试及功能验证，测试正常即可交付，于次日投入运营。

4）单车动车作业区域

室内作业区域：×××信号设备房、电源室、车控室。

室外作业区域：×××-×××站 1 上行线；×××-×××站 1 下行线；×××存车线Ⅱ道，×××存车线Ⅰ道，×××折返线 1 道，×××折返线 2 道，×××存车线。

5）工作小组及分工

单车动车调试工作小组及分工如表 4-6-7 所示。

表 4-6-7　单车动车调试工作小组及分工

序号	姓名	岗位	联系电话	职责
1	×××	组长	对讲机/800 M	负责把控调试进度、安全监管，技术方案的审核
2	×××	副组长	对讲机/800 M	协助技术方案审核，把控调试进度
3	×××	成员	对讲机/800 M	负责监控、协助 SICAS-ECC 动车测试、设备恢复、SICAS-ECC 动车测试后的运营保障
4	×××	成员	对讲机/800 M	负责现场施工、一致性测试、保障值班

续表

序号	姓名	岗位	联系电话	职责
5	×××	成员	对讲机/800 M	与西门子共同负责现场施工
6	×××	成员	对讲机/800 M	协助 SICAS-ECC 动车测试，配合请消点，协调司机配合动车调试等
7	×××	成员	对讲机/800 M	生调协调调试作业点、检调协调列车配合调试、行调协助 SICAS-ECC 系统动车测试等
8	×××	成员	对讲机/800 M	协助 SICAS-ECC 动车测试，与施工单位、供货商协调

（1）信号维保部门。

信号专业组织 SICAS-ECC 系统动车测试方案的实施，负责配合供货商完成 SICAS-ECC 系统动车测试、设备恢复和一致性测试，并完成功能验证，加强技术保障。

（2）供货商。

负责主导 SICAS-ECC 系统动车测试流程和测试记录汇总，并安排技术力量保障值班。

（3）施工单位。

负责配合供货商完成 SICAS-ECC 系统动车测试的现场施工。

6）单车动车测试过程及步骤

（1）作业前准备。

本次 SICAS-ECC 系统动车测试区域新×××联锁区，由供货商和施工单位负责现场操作，信号人员负责配合供货商完成切换电路的修改、设备一致性测试以及对既有信号设备的停用、恢复和功能确认。

（2）测试流程。

① 系统切换项目。

根据文件调试方案中的说明要求，在新系统调试期间部分设备及电路需要在新旧系统之间进行切换，涉及切换的内容及所对应的切换方式如表 4-6-8 所示。

表 4-6-8 系统切换项目

项次	切换内容	切换方式
1.	转辙机	插拔防雷
2	新旧紧停按钮（ESB）电路	SOF 机柜
3	轨道电路（FTGS）到联锁的连接	SOF 机柜
4	自动折返（DTRO）按钮电路	SOF 机柜
5	同步环线切换	SOF 机柜
6	联锁到 LZB BUMA 板之间的光纤连接	手动切换（更换 SICAS OLM 的电口电缆）
7	LZB 软件的更换、VENUS 板块、VESPE 板块	手动切换（更换相应板块）
8	LZB BUMA 地址的修改	手动切换（更改 BUMA 地址开关）
9	ATP 空闲 stela 板屏蔽	手动切换（插拔短跳片）
10	ATP 第 14 块 stela 板接入	手动接入

② 切换至新系统并重启新 LZB 系统及新联锁系统，之后需进行切换后的检查，检查内容如表 4-6-9 所示。

表 4-6-9　系统切换检查内容

检查项	检查内容	检查是否通过
1	新 LZB 机柜内与既有联锁之间的光纤连接已经断开，新 LZB 与新 ATS 机柜间的光纤连接已经接通	
2	既有 CTR 架的转辙机防雷已断开，新 CTR 架的防雷已插入	
3	新 LZB 机柜软件已经更换为新系统的软件，BUMA 板的地址已经更换，第 14 块 Stela 板已经安装，且第 14 块 Stela 板背部短接装置已经拆除	
4	SOF 系统切换至新设备一侧（ON 侧）	
5	新 LZB 机柜内电路板 LED 显示与 LZB700M 设备单体调试记录表描述一致，无异常显示	
6	SICAS-SIMIS PC 机柜内电路板 LED 显示与 SICAS_ECC 机柜单体调试中描述一致，无异常显示	
7	ECC 机柜内电路板 LED 显示与 SICAS_ECC 机柜单体调试中描述一致，无异常显示	

③ 上述检查完成后，可根据测试指引开展新 SICAS-ECC 系统、新 LZB 机柜的功能测试。具体如表 4-6-10 所示。

表 4-6-10　新联锁的单车测试内容

测试项	测试内容	测试通过
1	FTGS 数据收集	
2	ATP 停车点测试	
3	ESB 测试	
4	同步环线测试	
5	ATO 站到站测试	
6	折返测试（ATO、DTRO）	
7	限速测试	

（3）测试完成。

① 以上测试内容中，涉及当晚测试的，需在 02：30 前结束；

② 测试结束后需将测试前切换的设备回退到既有系统，回退完成后需根据回退步骤表，重启既有联锁及 LZB 机柜，并根据回退后验证表对回退的设备进行检查，以满足次日正常运营。

7）注意事项

（1）每晚测试结束后均需回退既有系统，并验证既有设备的功能状态，确保第二天的日常运营；

（2）动车测试期间，信号人员将会对旧信号机进行断电处理，届时室外只有新信号机亮灯，列车司机以新信号机信号为准，跟车调试人员协助观察信号机状态。动车测试结束后回退至既有系统，需确保新信号机显示已关闭，恢复白天运营状态；

（3）每晚测试均需将道岔接入至新系统，以保证道岔位置的真实性，保障夜间调试列车运行安全；

（4）由于同时上线两列车跑车测试，原则上分上下行分别跑车，上行或下行不能同时有两列车；在做折返测试时，原则上一个 ECC 区域只能有一个车（即一个车在×××ECC 区域，一个车在×××ECC 区域）；

（5）发现一致性错误或其他问题时，首先向运营人员汇报。待原理分析清楚后，在运营人员监控下才能开展接线排查；

（6）参加调试人员需做好测试记录；

（7）调试过程中，任何人发现有威胁人身安全、设备安全的行为或现象，都有权提出中止调试；

（8）新系统动车调试到 02：30 必须停止调试，由运营维护人员检查并确认正线信号设备的工作状态，确保第二天的日常运营。根据第一次的测试及设备恢复所需的时间，评估后续每次所需的调试时间、恢复设备时间，明确开始恢复设备的时间节点。每次调试均按既定时间节点开展，当晚测试项目无法完成时，留到下次测试，既定测试项提前完成时也不得临时新增测试项目；

（9）防止造成既有设备故障，禁止触碰和作业无关的设备及线缆；

（10）线缆防护，调试时临时拆下的既有设备插头/芯线由一局做好绝缘防护，并作标签。特别留意 ATP 机柜 BUMA 板光纤、OLM，插拔要小心；

（11）须提前对既有设备的光纤、串口线做好标识，调试完毕后按标识开展回退，正确恢复设备。

6.2.4　多动车调试

开展多车动车调试需要基于每个控区均已完成单车动车调试，并由供货商给出单车动车调试的相关安全认证后才能进行。该阶段主要进行控区内多台列车的动态测试，针对的是折返站的折返效率、中央/站级 ATS 设备的功能测试、列车追踪等。但多车动车调试一般为全线新系统的设备调试，作业影响范围较大。在风险防控方面，除考虑单车动车调试的相关风险以外，还需对作业全线既有设备回退后功能确认、列车间行车冲突等方面进行风险识别并制定风险防范措施。

多车测试由于涉及全线设备的倒切与设备功能验证，普通在流程优化上争取的时间也十分有限，建议跟交通管理部门沟通、协商，需要提前 2~3 h 收车，争取到更多的连续测试时间。

6.2.5　多车压力测试

开展多车压力测试需要基于全线多车动车调试已完成，并由供货商给出相关安全认证后才能进行。该阶段主要进行全线多车上线测试、套入正常运营图后的测试等，基本模拟运营时刻的列车运行条件，测试系统在高密度行车情况下的稳定性。进入该调试阶段，证明各项系统性问题均已解决。在风险防控方面，除落实多车动车调试防范措施以外，还需增加对作业前后测试列车位置的合理安排的考虑，避免影响夜间调试前后的列车回厂/出厂以及第二天的列车运营安排。

6.3 典型问题及处理

调试过程会发现各种问题，建议在整个调试阶段建立问题台账清单，给发现的各种问题进行分类。将影响设备安全、运营安全或影响调试进入下一阶段并需立即整改的问题定义为 A 类，将短时影响调试进度需近期进行整改的问题定义为 B 类，将不影响设备调试及工期并可在较长一段时间安排整改的问题定义为 C 类。运营相关部门需根据问题清单逐项跟进整改。

从问题性质上分类，主要分为设备机械安装或硬件调整类问题和软件功能问题两种。针对机械安装或硬件调整类问题，基本在明确工艺或要求后，能在短时间内进行克服或整改。但针对软件功能类问题，由于需由供货商对软件进行修改，一般耗时较长，越晚发现则越容易导致工期或整体计划会受到较大的影响。建议运营相关部门对关键系统的相关软件功能进行提前确认，如联锁软件的相关联锁表测试等在供货商的实验室提前开始进行或提前验收。进入单车阶段需对运行基础数据等关键信息、关键功能进行梳理及确认。把控好关键系统的软件质量，是把控好信号系统改造工程安全过渡实施的关键。

既有线施工，施工天窗点时间短，施工区域受限，现列举一些典型问题及其解决方案予以简述，为后续项目施工提供参考及思路。

1. 影响正常运营风险

存在问题：既有线是城市公共交通的重要命脉，为保证城市正常运转，信号系统更新改造不得影响次日地铁正常运营。既有线路设备的安全、新装设备对既有设备影响、对其他专业影响以及倒接开通等均存在影响次日地铁安全运营的情况。

解决方式：通过全员全面严格安全教育、严密施工组织、严谨现场复核检查、严肃的安全奖惩机制等措施，确保现场施工安全、质量处于完全可控状态，施工结束后不遗留任何影响正常运营的因素。

2. 专业接口多，施工组织协调难度大

存在问题：改造涉及的地铁车站建筑装修、通风空调、消防、低压供电、通信、综合监控、车辆、屏蔽门、防淹门、轨道等多个专业施工存在接口，要与运营中心相关业务维保部门、系统供货商等开展大量的协调配合工作，才能保证项目的顺利实施。因此，信号系统改造方案应尽可能适应其他专业及其他联络线目前预留的接口条件，

同时由于其他专业也是既有系统，设备运行已久，接口实施难度较大，为确保接口顺利实施，必须提前做好接口测试工作，制定专门的接口实施方案。所以此次改造项目的施工，导致在作业时间、作业计划安排、人员及机械调度、材料运输及成品保护、既有设备设施防护等方面的施工组织难度增大，对改造项目施工组织水平提出了很高的要求。

解决方式：加强协作，减少干扰施工，服从业主、运营的统一协调与安排，积极与通信、轨道、供配电、接触网等运营中心各相关专业维保部门联系，及时上报每阶段每项施工内需配合的内容，协商创造较好的施工条件；并严格按照协调结果组织施工，做到最佳配合。

3. 施工难度大，特种作业多，安全管控难度较大

存在问题：既有缆线错乱复杂，线缆裸露且老化严重，与其他专业管理区域交叉。复杂的环境造成多方面的风险源，使安全管理难度增加。同时改造施工涉及登高、动火、有限空间、带电作业等各类特种作业施工，安全管控难度较大。

解决方式：梳理各项作业内容，对各项作业进行安全风险等级划分。依据不同等级安排相对应的管理人员进行现场安全盯控。同时对各类高风险作业，依据应急演练计划，每月根据施工内容进行对应应急演练。

4. 现场调研情况各方签字确认

存在问题：改造施工涉及专业较多，现场情况复杂。可能存在运营方未对配合人员进行交底，配合人员不清楚现场情况，不了解调研确定方案，阻挡现场施工作业的情况。

解决方式：在前期调研过程中，调研完成后，及时将调研情况反映在图纸上方，由调研人员及运营相关专业工班长等进行签字确认，避免后期施工完成后一旦出现问题双方牵扯不清，也能使施工更加顺利有效地进行。

5. 工艺标准的确定

存在问题：针对室内施工工艺，运营部门没有相关工艺标准，根据既有设备的现状及后期倒切步骤，项目部提出相应的施工工艺。但运营对工艺提出较多异议，且不符合现场实际情况，与常规工艺有较大的差别。

处理方式：邀请运营单位参观已完工项目的施工工艺，对整体施工工艺有大致了解，然后根据已完工项目的工艺探讨施工工艺，所有工艺在正式作业前，都需邀请运营单位进行确认后再进一步安排作业。

6. 防止发生跨区域作业

存在问题：由于既有线改造工程的主要工作必须在夜间非运营时间进行，这就导致了现场作业施工负责人及作业人员可能会出现精神状态不好、在安全管理上存在麻痹大意思想的情况，出现施工作业中对现场作业范围把控不到位等现象。天窗点开始

后，就会导致人员未对实际作业区域与作业令作业范围进行核对便直接安排作业，从而发生跨区域施工事件。

针对以上问题，可以借鉴以下办法来解决。

（1）进行全员安全教育。

加强对全体人员既有线施工安全教育，重点针对作业区域、作业范围、作业安全注意事项及应急处置措施的专项教育，提高作业人员既有线安全意识。

（2）加强施工安排把控。

针对当日批复的作业令合理安排施工，做好施工方案的编制与审核工作，责任到人、专人负责，安排施工时严格执行作业令边界不安排施工的原则。

（3）切实执行班前讲话。

严格执行班前讲话制度，班前讲话时，对施工范围、作业时间、作业内容、作业注意事项进行详细描述。运营配合、监理单位现场一旦发现作业人员对作业令及施工内容有不清楚的情况，便直接制止该项作业进行。

（4）日方案编制并及时转发运营审核。

对当晚的施工日方案中的施工范围进行详细描述，杜绝出现范围不清的情况。施工方案需提前发运营进行审核，并预留足够的审核时间。

（5）作业令附件的填写。

根据施工现场可能会出现的跨区域作业、超时间作业等情况，项目部制定了作业令附件，在交底过程中，施工作业前各作业人员需对此附件进行复核、检查，确保人人知道施工时间、地点、区域，施工内容等。

（6）安装摄像头，加强室内安全监控。

存在问题：在设备室施工过程中，可能会出现各类问题，如可能出现触电、误操作导致室内烟感报警、电路故障，各方操作不当导致线缆破损等。

解决办法：增加信号设备室、电源室实时监控措施，达到事中有记录，事后可追溯的目的。充分运用视频监控、执法记录仪、摄录机等措施，对作业区域进行多方位监控，对重点区域应重点盯控。

（7）防误触碰。

存在问题：新安装的设备投入运营后，在既有设备室可能被作业人员误触，从而导致运营事件发生。

解决方法：除了和运营联系，让运营和室内值班人员做好注意事项交接外，机柜安装完成后可采用隔离带将新旧机柜进行分离，避免非施工人员及调试人员对机柜进行误操作从而导致事故发生。

（8）动火作业防护措施。

存在问题：线槽钢管切割等加工作业时会产生火花，存在安全隐患。

解决方案：既有线施工轨行区材料、工机具遗留将影响第二天行车组织，为避免既有站场进行动火作业，飞溅的火花会对既有设备产生一定的安全隐患。为防止在切割时火花飞溅，作业队配备动火防护罩。可将切割时的火花控制在防火罩空间内，从而降低切割时的安全风险。

（9）室内墙体开孔防护。

存在问题：室内开孔产生的烟尘可能对既有设备造成影响。

解决方案：既有设备区域进行孔洞开凿时灰尘较大，大量灰尘容易造成室内烟感报警、电路故障等情况出现。在开凿前对室内烟感等进行包扎，能避免烟感报警。施工时对开凿周边采用彩条布进行包封，对面采用自制防尘袋以避免灰尘飞扬，并在开凿过程中采取边开凿边洒水的方式降低灰尘飞扬。

（10）线缆破损应急处理。

存在问题：施工可能造成既有线缆损伤。

解决办法：既有线运营时间较长，既有电缆设备老化严重，在轨行区施工过程中存在既有电缆破损、断裂的风险。除了前期进行细致详尽的调查，尽量规避需要触碰到既有线缆的情况，此外为应对电缆破损、断裂风险及发生事故时处理时间不足的情况，项目部配置电缆速接器、配线工机具、材料以应对在事故发生时，以最快的速度进行处理。

（11）电池拆线、接电存在触电风险的事件。

存在问题：操作人员在进行带电作业时可能会因新设备未投入运营而忽视验电操作，从而直接进行既有线缆拆除、接电，或者因为是新投入使用设备，操作人员在离开作业区域后返回再操作前未进行验电就进行作业。

解决办法：在施工中应加强既有线施工管理，加强既有线施工技术交底和既有线安全教育，严格落实各项管理措施。施工作业由专人总体指挥，各作业面沟通信息畅通，确保整体施工进度、安排及各作业点的操作透明，保证交叉作业施工合理有序进行。确保施工中不出纰漏，安全、保质、保量地完成施工任务。

① 施工中涉及电池柜厂家操作实施步骤的，由专人统一指挥，具体指派厂家进行相关操作；

② 涉及电源开关环节的，必须挂相关安全警示标志，安全警示标志的挂摘必须经施工负责人同意；

③ 完善现场作业组织，现场作业由施工负责人根据施工进度统一指挥，各作业点操作时需及时互通信息；

④ 所有涉电作业必须进行验电操作，确保作业安全并经各方签字确认，再使用执法记录仪记录；

⑤ 加强用电作业安全学习，提高作业人员对带电作业的安全意识。

（12）设备安装钻孔打眼渗水问题。

存在问题：由于既有线已开通运营多年，隧道内及地下车站现场情况复杂，制约因素众多。既有电缆支架不足以满足新电缆敷设的要求，需要对线路进行支架补装及新安装电缆支架，以满足后期电缆敷设的顺利进行。对既有生锈电缆支架进行侧位补强的过程中，在支架安装时发现该区域曾经补漏点较多，作业人员选择在无水渍的地方进行打孔时，成孔中有少许水迹渗出。

解决方法：在出现漏水情况之后，现场作业人员立即向现场运营配合人员、现场施工负责人及项目领导进行了汇报，并对漏水点进行临时处理。联系相关专业人员共同对漏水点进行了检查，在确认可以进行堵漏作业的情况下，由信号施工单位使用环氧固化剂对漏水点及漏水点周围区域进行了堵漏处理。堵漏完成后，漏水点不再漏水，并由相关专业人员共同进行了现场确认。

  在后期进行电缆支架安装施工时，应加强现场监控的力度，若遇到隧道内渗漏水点多、支架成片锈蚀或结构补漏频繁的区域，暂时不安装补强电缆支架。而是在现场进行拍照，记录里程坐标，在后期与桥隧运营共同确认之后再进行安装。

  已做导流槽等措施的结构变形缝、施工缝等结构薄弱部位，在远离结构缝处锈蚀电缆支架另侧 60 cm 处安装补强电缆支架。

  对施工机具进行优化，将建在冲击钻头上做记号改为在冲击钻头上加装限位装置。

  如若出现打了锚栓后拧不紧的情况，可能是隧道结构本身有问题所致，应做好记录，并及时上报运营配合人员。

  为临时处理后续出现结构渗水的情况，每个电缆支架安装小组均携带补漏材料，以便出现类似情况后能立即进行封堵。对于现场施工过程中遇钢筋钻不进去等原因出现的废孔，现场报运营配合人员及施工带班人员，并使用"堵漏王"进行封堵处理。

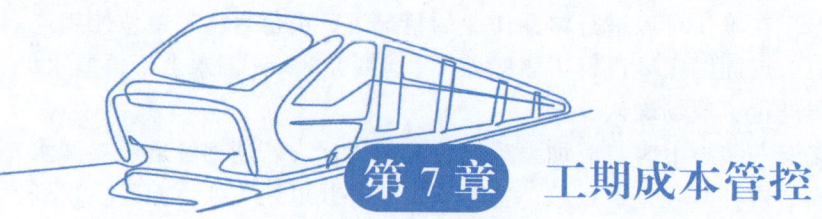

第 7 章 工期成本管控

城市轨道交通信号系统改造工程是作为高风险、多影响因素的项目管理的，工期及成本同样是项目管理过程中非常关键的影响因素。需针对不同项目进行科学分析和专项研究，找出符合实际的工期和成本的管理方法，从而指导和改善项目的实施。

7.1 工期管控

7.1.1 影响工期因素的分析

针对广州地铁某线信号系统升级改造工程，影响工期的因素可分析总结如下：

（1）系统改造方案的选择直接影响工程实施的时间。方案决定工期主要体现在三方面：首先，项目改造顺序、新旧系统接口内容、倒切次数均对工程量、实施步骤和节奏等产生直接影响；其次，项目的技术难度和风险程度决定了项目实施能否安全高效顺利地推进；最后，信号系统调试周期和难度也取决于方案的可行性。

（2）每个作业均须地铁运营配合人员请销点，由于地铁配合人员有限，导致作业时间和范围受到限制，作业面无法大面积展开。

（3）因既有空间有限和现场环境复杂，各站施工内容、注意事项等各不相同，对作业人员和配合人员要求甚高，容易造成标准不统一、现场沟通难，导致窝工等情况发生。

（4）根据运营要求，项目需按月上报施工计划及作业点需求，时间跨度较大，可上报的临时计划有限，容易出现现场实际与作业计划不协调的情况，容易造成工期延长。

（5）由于线路各系统均处于更新改造期间，各专业如接触网、轨道、土建等的设备检修和维护工作繁多，再加上节假日保障等需求，导致批点率偏低，项目执行效果偏差。

（6）因该工程实施涉及与各专业界面交叉多，协调配合量多，配合人员需求大，容易造成因协调不到位导致的施工无法开展的局面。

通过分析得出，项目面临严峻的工期压力。为确保项目按计划顺利推进，采取的措施如下：

（1）由建设方、运营单位、设计单位、系统商、施工单位共同将项目工期节点分成 3 个等级，并在此基础上，将项目执行过程中的系统设计、工程设计、安装倒切、调试等工作通过 WBS 工作包进行任务分解、定义排序、编制整体实施进度和各节点工期进度追踪表，通过将实际进展与工期计划相比较，找出出现的偏差并加以分析，采取有效措施进行及时纠偏控制。

（2）通过制定详细的施工方案、倒切调试方案、应急保障方案等，提前预想施工调试过程中可能遇到的问题并制定行之有效的措施，从而使得在项目各阶段均能在作业点内有限的作业时间里最大化地完成各项工程量，尽可能使实际进度与计划进度相匹配，确保项目各节点工期按计划兑现。

（3）通过分析各阶段对停电挂地线配合的需求，有针对性地提出将作业范围根据供电分区来划分，分阶段分区域地提出配合需求，建立灵活的沟通协调机制，尽可能使作业点获批率满足申请的所需作业点。

7.1.2　工作任务分解、定义排序及时间估算

工作任务分解是以可交付成果为导向对项目要素进行的分组，它归纳和定义了项目的整个工作范围每下降一层所代表的对项目工作的更详细定义。WBS 工作包是指为了交付成果所必需的具体活动和时间，根据信号系统的组成和联锁区划分建立了详细的 WBS 工作包，以正线 3 个联锁区为例（每个联锁区管辖范围不同，信号设备改造工程量也不尽相同），通过借鉴经验法、系统思考法、发散归纳法等方法对各项 WBS 工作包进行详细评估。结合广州地铁某线的实例，具体评估情况如表 4-7-1 所示。

表 4-7-1　信号系统改造工作任务分解表

信号系统改造工作分解	编号	活动定义	时间估算/日历天
控制中心 ATS 改造调试	1	控制中心 ATS 改造调试	65
	1.1	设备材料开箱验收	5
	1.2	室内设备安装	15
	1.3	室内设备安装检查	5
	1.4	室内设备上电测试、软件拷入	5
	1.5	中央 ATS 动车调试	35
正线联锁区 1 联锁、ATP 设备安装调试	2	联锁区联锁、ATP 设备安装调试	350
	2.1	设备材料开箱验收	5
	2.2	电缆支架安装	60
	2.3	区间光电缆敷设	70
	2.4	轨旁联锁、ATP 设备安装	40
	2.5	室内设备安装、配线	60
	2.6	室内设备安装、配线验收	10
	2.7	室内设备上电测试、软件拷入	15
	2.8	轨旁联锁、ATP 设备单体调试	30
	2.9	轨旁联锁、ATP 设备室内外一致性测试	60

续表

信号系统改造工作分解	编号	活动定义	时间估算/日历天
正线联锁区2联锁、ATP设备安装调试	3	联锁区联锁、ATP设备安装调试	470
	3.1	设备材料开箱验收	5
	3.2	电缆支架安装	75
	3.3	区间光电缆敷设	100
	3.4	轨旁联锁、ATP设备安装	70
	3.5	室内设备安装、配线	70
	3.6	室内设备安装、配线验收	10
	3.7	室内设备上电测试、软件拷入	20
	3.8	轨旁联锁、ATP设备单体调试	40
	3.9	轨旁联锁、ATP设备室内外一致性测试	80
正线联锁区3联锁、ATP设备安装调试	4	联锁区联锁、ATP设备安装调试	348
	4.1	设备材料开箱验收	5
	4.2	电缆支架安装、水泥槽敷设	50
	4.3	区间光电缆敷设	60
	4.4	轨旁联锁、ATP设备安装	40
	4.5	室内设备安装、配线	60
	4.6	室内设备安装、配线验收	10
	4.7	室内设备上电测试、软件拷入	20
	4.8	轨旁联锁、ATP设备单体调试	33
	4.9	车辆段接口调试	20
	4.10	轨旁联锁、ATP设备室内外一致性测试	50
正线ATS系统安装、调试	5	正线ATS系统安装、调试	70
	5.1	正线ATS设备安装	30
	5.2	正线ATS设备上电测试、软件拷入	10
	5.3	ATS全线一致性调试	30
培训中心及试车线设备安装、调试	6	培训中心及试车线设备安装、调试	90
	6.1	培训中心设备安装	20
	6.2	培训中心设备调试	10
	6.3	试车线设备安装	40
	6.4	试车线设备调试	20
系统综合调试	7	系统综合调试	330
	7.1	各子系统综合调试	90
	7.2	144小时调试	60
	7.3	新信号系统试运行	90
	7.4	开通后信号系统运营保障及故障处理	90

以上各项组成改造项目实施期间的关键点，其中正线联锁区的室内设备安装配线受制于系统供货商软件开发和硬件设计进度的影响，可通过流水作业适当压缩项目工

期。需要关注的是，正线联锁区内的电缆支架安装和光电缆敷设受各种制约因素的影响较大，如作业点数量、停电挂地线配合等，一旦进度受到制约，可能会影响整个项目的顺利实施。

7.1.3 实施期进度计划管理

进度计划管理就是通过进度控制流程对项目进度目标进行管控，将计划进度与实际进度相比较，分析后采取调整措施，确保项目进度目标能够顺利实现。进度控制流程运用了系统原理、动态控制原理、封闭循环原理、信息原理和弹性原理。

系统原理：项目各实施主体、各阶段、各部分各层次的计划构成了项目的计划系统，它们之间相互联系、相互影响；每一计划的制定和执行过程也是一个完整的系统。因此必须用系统的理论和方法解决进度控制问题。

动态控制原理：项目的进行是一个动态的过程。因此进度控制随着项目的进展而不断进行。项目管理人员需要在项目各阶段制定各种层次的进度计划，需要不断监控项目进度并根据实际情况及时进行调整。

封闭循环：项目进度控制的全过程是一种循环性的例行活动，其活动包括编制计划，实施计划，检查、比较与分析、确定调整措施，修改计划，从而形成一个封闭的循环系统。进度控制过程就是这种封闭的循环系统（PDCA）不断运行的过程。

信息原理：信息是项目进度控制的依据，因此必须建立信息系统，及时有效地进行信息的传递和反馈。

弹性原理：工程项目工期长、体积庞大、影响因素多而复杂。因此要求在编制计划时必须留有余地，使计划有一定的弹性。

项目施工过程中，于每周举行项目例会及工程例会，首先对项目整体推进进展及遇到的情况进行检查，及时了解各联锁区工程进度，看其是否满足计划值，并具体分析原因，制定相应措施，有效控制工程进度。对于既有线地铁信号系统更新改造工程来说，要经过方案设计、设备招标、工程设计、施工安装、设备调试和倒切开通等各个阶段。其中施工安装及设备调试是一个时间非常长的过程，特别是施工安装和系统调试，不仅会对轨行区的占用和地铁运营的日常检修等造成影响，也可能影响到列车的日常运营。因此对施工安装和系统调试的进度把控显得尤为重要。

7.1.4 项目实施期作业点协调机制

在项目管理过程中，由于既有线项目属于正在运营的线路，项目接口众多、沟通协调活动繁杂，占据了项目经理绝大部分的时间。大多数项目工期大幅延误或成本大幅超支，很多情况下是因在项目各阶段、各环节的沟通、协调方面存在很大矛盾和不足所致。从项目实施至今，信息沟通机制不健全、不畅通导致的成本增加、责任争议等现象频发。因此，加强信息沟通，畅通交流机制，制定作业点协调机制显得尤为重要。

项目实施过程中，作业点申报、批点和执行在很大程度上直接影响信号系统改造工程的进度和成本，因此必须严格把控作业点申报、批点和执行的力度，确保三者始终处于项目组可控范围之内，充分提高施工作业效率，为后续的施工计划编排、工期和成本控制提供充分保证。因轨行区线路资源紧张，在执行过程中仍存在诸多影响因素，沟通协调动态调整内容繁多，需充分利用各方资源，努力协调好业主、运营、系统商和施工单位之间的关系，及时有效沟通协调，创造良好的沟通协调机制和环境。

7.1.5 项目进度加快方法

（1）提前筹划，做好技术方案工作。

在项目中标后，立即组织设计单位、监理单位、运营单位、系统商和施工单位对全线室内及轨行区设备、缆线、径路、改造环境以及交叉接口专业等进行逐站逐区间的详细调查和记录，做好现场初测和方案比选，减少现场调研频次，对项目整体加快推进速度极为有利。

（2）科学组织施工，充分利用作业点。

以工期、投资、人力、材料为主要技术经济指标，编制科学的施工组织设计，合理配置人力、测试仪表、施工机具，结合车站（A1/A2类型作业点）和轨行区（C1/C2类型作业点）不同类型作业点内的施工内容，使各项工序前后衔接良好，充分利用点内时间提高施工效率，使工程形成以关键工序为主的流水作业，避免窝工、停工及误工现象出现。

（3）选择安全快捷倒切方式。

为确保地铁次日正常运营，夜间系统调试时，需在新、旧系统间频繁切换。而因为调试工作只能在夜间进行，本身调试及运营人员精神容易不集中，加之新、旧系统间接口多，配置多，可能存在误操作和错配置等情况，对信号系统造成未知影响。因此，为保证系统调试的安全、快捷倒切，采用基于继电器原理的专用切换模块，尽可能避免对日常运营的干扰、降低切换操作所带来的风险、节省系统切换所需要的时间。

7.2 成本管控

工程项目成本管理是根据企业的总体目标和工程项目的具体要求，在工程项目实施过程中，对项目成本进行有效的组织、实施、控制、跟踪、分析和考核等的管理活动，以强化经营管理，完善成本管理制度，提高成本核算水平，降低工程成本，是实现目标利润、创造良好经济效益的过程。建筑施工企业在工程建设中实行的施工项目成本管理是企业生存和发展的基础和核心。在施工阶段做好成本控制，达到增收节支的目的是项目经营活动中非常重要的环节。

地铁信号既有线改造项目作为一个典型的项目管理，在保证安全的前提下，成本要素控制也是改造项目管理的重要方面。本小节通过对既有线面临的夜间改造施工和调试工作等棘手问题进行专题研究，运用网络计划技术、赢得值法等手段找到项目成本管理的最优管理方法，指导项目实施阶段的工作和后续投标工作，同时为其他越来越多的既有线施工或改造项目起到有效的启发和借鉴作用。

7.2.1 影响项目成本因素的分析

（1）因系统改造方案变化，工程工期延长，需要支出额外人员成本。

（2）由于不得影响次日运营，每次施工作业准备时间、出清时间、预留应急处理时间等，占作业点时长的 40% 左右，工效大幅降低，直接人工费大幅增加。

（3）在运营模式下，各项运营检修和应急演练等对作业点的申请影响较大，申请作业点难度加大，协调沟通成本增加。

（4）在完成 ATP 和切换机柜接入旧系统和轨旁设备静态调试后，动车调试工作量非常大，而动车调试作业点的进度最多只能达到每个月 8 个，导致工作不连续，调试时间大幅延长。

（5）额外的工作量增加：为保证信号系统更新改造的顺利推进，信号系统倒切方案选择新旧系统共用线路上的各类信号设备，如转辙机、屏蔽门、紧停按钮、LCP 盘、车辆段接口等。在新系统正式调试之前，需对切换机柜（SOF）和新 ATP 机柜与 FTGS 之间切换电缆提前进行安装、调试，由于设备共用，额外增加了由既有系统倒切至新系统、在新系统调试结束后再由新系统恢复至既有系统的时间，增加了额外的成本。

（6）由于现场影响工程安装及调试的因素较多，有效作业时间短，安全压力大且技术难度高，各项重复工作繁多，现场作业人员产生疲倦心理和受挫情绪，工作积极性不高，工作效率较低。

（7）由于系统商改造方案的变更，整体工程设计、产品设计和生产等均相应滞后，导致整个工程工期大幅延长，造成项目直接费用和间接费用的大幅增加。

7.2.2 成本管理的任务、程序和措施

成本管理：在保证项目工期和质量的情况下，采取相应管理措施，包括组织措施、经济措施、技术措施、合同措施，把项目成本控制在计划范围内，并进一步寻求最大程度的成本节约。

1. 成本管理的任务

成本管理的任务包括：成本计划、成本控制、成本核算、成本分析、成本考核。

1）成本计划

成本计划是以货币形式编制施工项目在计划期内的生产费用、成本水平、成本降低率以及为降低成本所采取的主要措施和规划的书面方案。成本计划编制严格按照相关责任成本管理办法进行，责任成本预算书既是项目建立项目成本管理责任制、开展成本控制和核算的基础，也是项目降低成本的指导文件，是设立目标利润率的依据。

2）成本控制

成本控制是在施工过程中，对影响成本的各种因素应加强管理，并采取各种有效措施，将实际发生的各种消耗和支出严格控制在成本计划范围内。通过动态监控并及时反馈，严格审查各项费用是否符合标准，计算实际成本和计划成本之间的差异并进行分析，进而采取多种措施，减少或消除损失和浪费。

3）成本核算

按照规定的会计周期在成本开支范围对施工成本进行归集和分配，计算出施工成本的实际发生额，并计算出项目的总成本。

4）成本分析

成本分析是在成本核算的基础上，对成本的形成过程和影响成本升降的因素进行分析，以寻求进一步降低成本的途径，包括有利偏差的挖掘和不利偏差的纠正。

5）成本考核

成本考核是指在项目完成后，对项目成本形成中的各责任者，按项目成本目标责任制的有关规定，将成本的实际指标与计划、定额、预算进行对比和考核，评定施工项目成本计划的完成情况和各责任者的业绩，并以此给予相应的奖励和处罚。通过成本考核，必须做到有奖有惩，赏罚分明，才能有效地调动每一位员工在各自岗位上努力完成目标成本的积极性，从而降低施工项目成本，提高企业的效益。

2. 成本管理的措施

为了取得成本管理的理想成效，应当从多方面采取措施实施管理，通常可以将这些措施归纳为组织措施、技术措施、经济措施和合同措施。

1）组织措施

组织措施是从成本管理的组织方面采取的措施。成本控制是全员的活动，改造项目应实行项目经理责任制，落实成本管理的组织机构和具体人员，明确各级成本管理人员的任务和职能分工、权力和责任。成本管理不仅是专业工经部人员的工作，各级项目管理人员都负有成本控制的责任。

组织措施的另一方面是编制成本控制工作计划、确定合理详细的工作流程。做好施工采购计划，通过生产要素的优化配置、合理使用、动态管理，有效控制实际成本；加强施工定额管理和施工任务单管理，控制活劳动和物化劳动的消耗；加强施工调度，避免因施工计划不周和盲目调度造成的窝工损失、机械利用率降低、物料积压等问题出现。成本控制工作只有建立在科学管理的基础之上，具备合理的管理体制、完善的规章制度、稳定的作业秩序、完整准确的信息传递，才能取得成效。组织措施是其他各类措施的前提和保障，而且一般不需要增加额外的费用，运用得当便可以取得良好的效果。

2）技术措施

在施工过程中降低成本的技术措施包括：进行技术经济分析，确定最佳的施工方案；确定最合适的施工机械、设备使用方案；结合项目的施工组织设计及具体施工安排，降低材料的运输成本；应用先进的施工技术，运用新材料，使用先进的机械设备等。在项目实施过程中，也要避免仅从技术的角度选定方案而忽视对其经济效果的分析论证。

技术措施不仅对解决成本管理过程中的技术问题来说是不可或缺的，对纠正成本管理目标偏差也起到相当重要的作用。因此，运用技术纠偏措施的关键，一是要能提出多个不同的技术方案；二是要对不同的技术方案进行技术经济分析比较，从而选择最佳方案。

3）经济措施

经济措施是最易为人们所接受和采用的措施。管理人员应编制资金使用计划，确定、分解成本管理目标。对成本管理目标进行风险分析，并制定防范性对策。在施工中严格控制各项开支，及时准确地记录、收集、整理、核算实际支出的费用。面对各种变更，应及时做好增减账，落实业主签证并结算工程款。通过偏差分析和未完工程预测，发现潜在的可能引起未完工程成本增加的问题，及时采取预防措施。

4）合同措施

利用合同措施控制成本应贯穿于整个合同周期中，包括从合同谈判开始到合同终结的全过程。在合同的条款中应仔细考虑一切影响成本和效益的因素，特别是潜在的风险因素。通过对引起成本变动的风险因素的识别和分析，采取必要的风险对策，如通过合理的方式增加承担风险的个体数量以降低损失发生的比例，并最终将这些策略体现在合同的具体条款中。在合同执行期间，既要密切关注对方合同执行的情况，以寻求合同索赔的机会，也要密切关注自己合同履行的情况，以防被对方索赔。

7.2.3 成本控制及分析

地铁既有线改造项目的成本计划、核算和考核与新线建设的原则、程序、内容均大同小异，故在本小节着重对项目成本控制及分析进行阐述。

地铁信号系统项目成本控制主要包括如下四部分的内容：

（1）在项目策划阶段，进行各项费用的划分，确保所有费用都包括在项目责任成本计划中；

（2）及时核销已经产生的各项成本，定期检查各项成本执行情况，如人材机费用、措施费用和间接费用等；

（3）通过统计学的方法找出实际成本与计划成本的差别；

（4）通过分析成本偏差，有针对性地采取相应的纠偏措施，确保项目成本始终处于良性可控状态。

通过对地铁既有线施工过程的项目成本管理分析，人工费在既有线施工过程中占比较大且受各类因素影响较大，需通过成本控制及分析方法进行详细分析，分析成本计划中人工费测算的准确性、实际执行中的偏差等内容，找出成本偏差的根源。

7.2.4 成本管理与控制中可能存在问题及解决措施

1. 既有线改造项目成本管理可能存在问题

（1）项目成本管理没有很好地将责、权、利平衡结合，存在简单地将项目成本管理活动归为工经部主管，没有形成完整的成本管理体系的情况。主要体现为责权利不匹配，各业务部门管理人员重计划分析，轻控制约束现象严重等。

（2）忽视既有线项目的"安全成本""质量成本"和"工期成本"。

"安全成本"为确保施工过程中既有运营、人身、财产的安全，降低事故发生概率和防止或减轻职业病危害所必须发生的一切费用。"质量成本"是为满足和提高工程质量所发生的一切必要费用。"工期成本"是指为实现工期目标而采取相应措施所发生的一切必要费用。

（3）管理人员成本观念未能结合项目特点调整理顺。

在一般项目管理中，普遍存在以下现象：即在项目内部，工程部只负责技术方案、施工生产和工程进度，物机部只负责设备材料采买及管理，安质部只负责安全、质量管理工作，工经部只负责成本核算及劳务分包工作。这样职责清晰，分工明确，适合于方案、技术、管理均已成熟的新线建设项目。但既有线项目因其特殊性和高关联性，需要各部门共同来管理、控制。

2. 采取的相应措施

（1）树立成本最低化、全面控制、动态控制、目标管理和责权利相结合的原则。成本最低化原则是在不降低工程质量标准和确保施工安全有序推进的前提下，将工程成本控制在最低水平。

（2）根据项目特点，建立统一规范的责权利相结合的成本管理模式。以项目经理部为独立核算单位，通过对每个部门、每个参与人员的工作职责进行详细明确的确定，赋予对应的权利，明晰对应的收益或激励措施，从而调动员工全方位的积极性和主动性。

（3）既有线改造项目同样需要从安全、质量和工期上"要"效益。既有线施工安全是第一位，如果安全出现任何闪失，可能影响到列车运营，造成不良的社会后果，这都是项目、企业无法承受的。同时也需要花更多的人力、物力、财力去挽回。因此安全成本的重要性在既有线改造过程中更加突显。质量成本管控要在确保施工质量达到设计要求水平的前提下，采用科学合理、先进适用的技术措施，尽可能降低工程成本。避免质量过剩造成的成本开支和质量不足导致的返工等额外成本支出。工期成本控制就是通过对工期的合理调整以达到最佳工期成本，把工期成本控制在最低点。针对既有线改造项目工期可能大幅延长的情况，更需要结合项目内外部环境、项目参与各方的进展和合同条款等制约条件，合理科学进行工期筹划、资源调配、施工组织等活动，减少各类窝工返工，将工期和成本统筹协调好。

（4）树立全员成本意识，通过全部门、全员和全过程管理，使各部门和参与人员均能将成本管控意识自始至终贯穿于项目实施过程中，使成本始终处于项目有效管控之中。从管理人员到作业人员均需要进行成本教育、灌输经济思想，同时各部门之间要做好沟通协调，以多措并举的形式加强成本管控，避免出现"各人自扫门前雪，不管别人瓦上霜"的情况。例如技术人员为保证工程质量或安全，选择了可行却不经济的方案施工，就会造成成本大幅增加。项目管理人员要通过详细分析各分部分项工程特点，充分进行方案比选和经济比选，来选择最优的施工方案和管理措施，从而确保项目成本始终可控。

第 5 篇

新技术应用篇

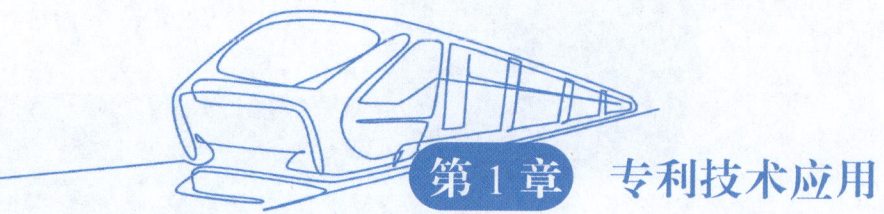

第1章 专利技术应用

在广州地铁某线的升级改造过程中,结合信号系统数字化、智能化的升级需求,产生了一批新技术应用,本章节将对形成的与信号系统升级改造相关专利技术介绍如下。

1. 模块化、电子化、便携式城市轨道交通信号模拟设备

该模块化、电子化、便携式城市轨道交通信号模拟设备,包括外壳,所述外壳的内腔放置有电路板,所述电路板顶部表面左侧的前侧和后侧均固定连接有彩色LED灯,所述电路板顶部表面后侧的右侧安装有扭子开关,所述电路板顶部表面的前侧且位于彩色LED灯的右侧安装有端子板。该实用新型专利通过设置外壳、端子板、固定卡板、扭子开关、壳盖、支撑架、彩色LED灯、手把、定位开关和电路板,可对信号模拟设备进行有效集成,这样信号模拟设备的携带变得更加方便,解决了传统的信号模拟设备在搬移时,因体积较大,使得信号模拟设备较重,从而导致信号模拟设备出现携带不便的问题,大大方便了工作人员对信号模拟设备的携带。

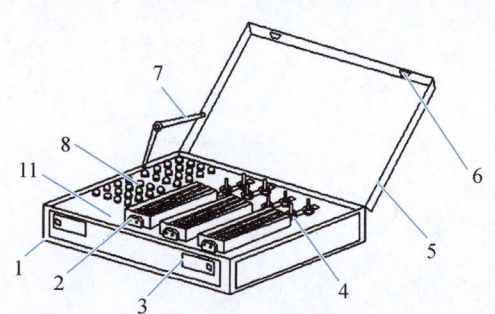

图 5-1-1 专利:一种模块化、电子化、便携式城市轨道交通信号模拟设备

2. 新型联锁倒接装置

这是一种地铁用新型联锁倒接装置,包括底座,所述底座顶部的两侧均固定连接有支撑板,两个支撑板之间设置有放置板,所述放置板顶部的两侧均固定连接有限位盒,所述限位盒的顶部设置有握把,所述握把的底部固定连接有螺纹杆,所述螺纹杆的底部贯穿至限位盒内腔的底部,所述螺纹杆的表面从下至上依次套设有两个螺纹套,限位盒的内腔设置有推板,螺纹套靠近推板的一侧活动连接有连接杆。该实用新型通过设置底座、支撑板、放置板、限位盒、握把、螺纹杆、螺纹套、推板、连接杆、装置本体、推杆和固定板来配合使用,解决了现有联锁倒接装置不方便固定的问题,该

地铁用新型联锁倒接装，具备固定方便的优点，值得推广。

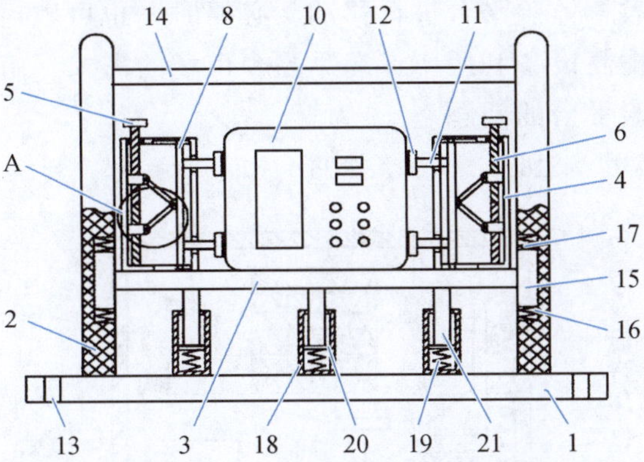

图 5-1-2　专利：地铁用新型联锁倒接装置

3. 通信信号光电缆敷设装置

该通用地铁通信信号光电缆敷设装置，包括底座、伸缩连接杆、固定块 A 和长板 B，所述底座的表面焊接有长杆，所述伸缩连接杆与长杆相互焊接，所述固定块 A 焊接在长杆的上表面，所述长槽 A 的内部安装有短杆 A，所述长板 A 上螺栓连接有支杆，所述长板 A 上固定焊接有轴承，所述长槽 B 的内部贯穿安装有短杆 B，所述套筒的上表面开设有圆孔，所述底座的上表面固定安装有伸缩握把，所述轴承的内部固定焊接有电动机。该通用地铁通信信号光电缆敷设装置，通过长板 A 与长杆组成的转动结构和支杆与长杆组成转动结构，可以将长板 A 与支杆进行转动折叠，可以调节伸缩握把的高度，方便该装置的运输与携带。

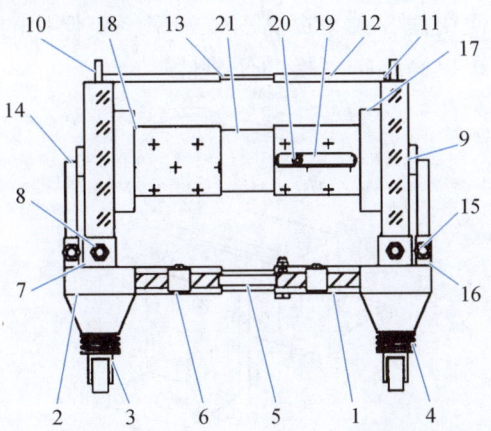

图 5-1-3　专利：通用地铁通信信号光电缆敷设装置

4. 施工组装式移动安全体验平台

该地铁施工组装式移动安全体验平台，包括底板，所述底板底部的两侧均固定连接有支腿，所述支腿的底部通过转杆活动连接有滚轮，所述支腿的表面设置有刹车片，底板的顶部设置有壳体，壳体的底部与底板的顶部接触，壳体的表面贯穿设置有第一螺栓。该实用新型充分体现电务公司低压触电、高压及接触网直流触电、轨道车安全、动火安全等方面的培训特点，顺应潮流，以虚拟实景给使用者最接近真实的体验感，可以根据需求对安全教育体验平台进行移动，必要时，也可以对安全教育体验平台进行拆卸，转场迅速，提高设备利用率，满足当今市场的需求，解决了以往市场上缺乏地铁施工安全教育体验平台的问题。

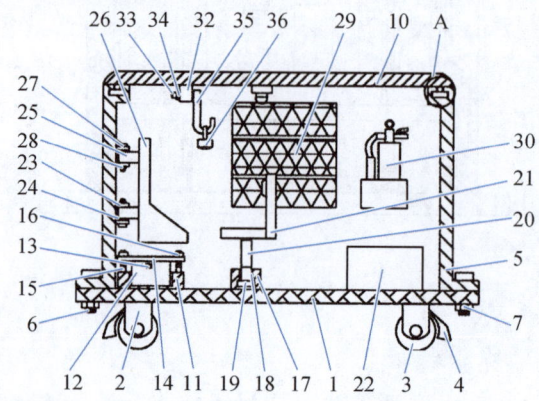

图 5-1-4　专利：地铁施工组装式移动安全体验平台

5. 组合式多用途线缆盘留支架

该组合式多用途线缆盘留支架，包括支架本体，支架本体包括底板和 U 形环，底板顶端的中部通过焊接件与 U 形环的一个环柄固定连接，底板的两侧均通过立板与横板固定连接，两块横板的中部开设有通孔，底板的两侧均开设有通孔，底板由 50 mm×50 mm 的扁钢制成，U 形环由 φ 为 10 mm 的圆钢制成，该实用新型组合式多用途线缆盘留支架，支架本体无需现场测量，无须二次设计，可批量加工，支架本体生产工艺简单，安装简便快捷，大大提高安装效率，要保护的内容是保证线缆的最佳盘留径路、提高美观度，提高维护更换的便捷性。

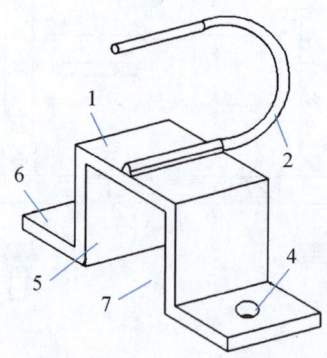

图 5-1-5　专利：组合式多用途线缆盘留支架

6. 光电缆预留伸缩量设备

该光电缆预留伸缩量设备，解决了现有技术中光电缆预留长度不一致，托架层与层之间预留量长短不一且错综交叉所导致的光电缆敷设施工效率低、运营维护不便的问题。本方案的光电缆预留伸缩量设备包括平板和预留板。所述预留板包括滑动板和侧板，所述侧板对称安装于所述滑动板两侧，所述侧板和滑动板之间可滑动连接，所述滑动板和侧板形成"U"形结构。所述平板分别与所述"U"形结构两边的侧板相连接，且所述平板安装于电缆支架上，采用本方案的光电缆预留伸缩量设备，实现了光电缆的预留伸缩量长度的统一，显著提高了施工效率，且提升了施工工艺。

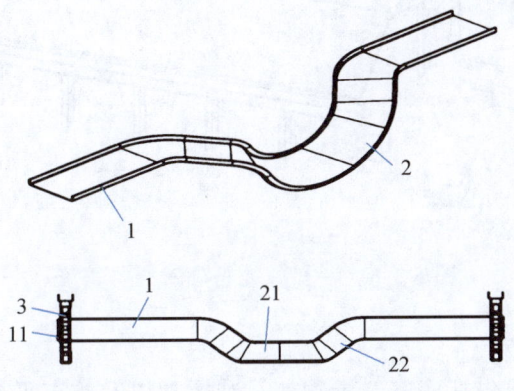

图 5-1-6　专利：光电缆预留伸缩量设备

7. 隧道侧壁激光划线定位设备

该隧道侧壁激光划线定位设备，解决现有技术中轨平面安装标高测量误差大而导致施工效率低的问题。本方案的激光划线定位设备包括：轨道小平车，所述轨道小平车放置于轨道交通轨行区，所述轨道小平车的底部具有轨道车轮；标杆，所述标杆的底端连接于所述轨道小平车，所述标杆上设置有刻度，且所述标杆沿长度方向开设有滑槽；激光投线仪，所述激光投线仪安装于所述标杆的滑槽内，用于在隧道侧壁上投射出设备安装的标高线。通过采用该实用新型的设备，显著提高城市轨道交通隧道内侧壁设备安装的施工工效，大大降低测量误差。

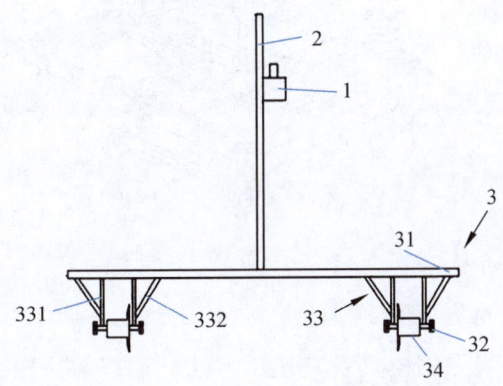

图 5-1-7　专利：隧道侧壁激光划线定位设备

8. 地铁施工用防雨篷

该地铁施工用防雨篷，包括支架，支架上设有斜坡形的防雨篷本体，防雨篷本体的坡底下方设有接收装置，接收装置的外侧连通有抽吸装置。该实用新型地铁施工用防雨篷，通过接收装置防止防雨篷边缘流下雨水流入地铁施工凹陷范围导致积水，之后通过抽吸装置实现了将雨水抽吸到远离施工地排出的目的，从而从根本上杜绝了防雨篷上的雨水流入施工工地，保障了施工进程。

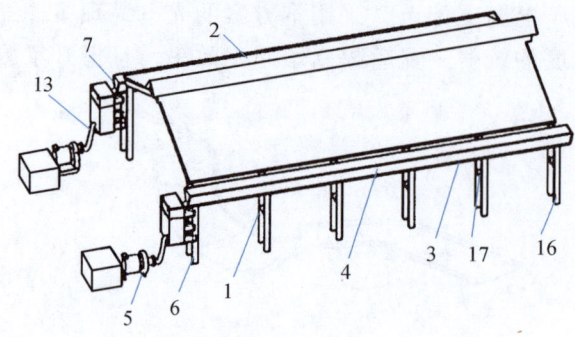

图 5-1-8　专利：地铁施工用防雨篷

9. 新型隧道施工架

该新型隧道施工架包括底座、置物架、减震架以及施工平台，若干固定块下表面均与底座本体上表面焊接，若干电机固定架一端均与底座本体上表面焊接，若干连接板下表面均与底座本体上表面焊接，升降架上表面与施工平台本体下表面焊接。该实用新型隧道施工架，施工与移动时，驱动电机驱使驱动轮移动，置物架可放置施工物料，且可以在电力控制下旋转、伸缩、移动，更加便捷，LED 射灯可为黑暗的施工环境照明，减震架可使施工人员在施工平台施工时更加稳当，杜绝因震动导致的人员坠落，从而保护施工人员。

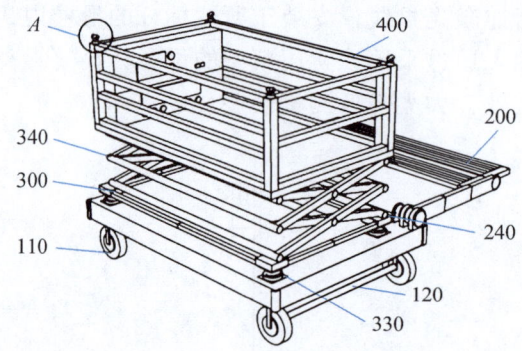

图 5-1-9　专利：一种新型隧道施工架

10. 道岔岔心安装跳线专用模具

该道岔岔心安装跳线专用模具及其使用方法，用以解决两个心轨间的距离狭小，无法采用锤击的方式安装跳线的技术问题。该模具包括钢轨卡具、活动板和顶杆。活动板的一端与钢轨卡具转动连接；顶杆的一端与活动板远离钢轨卡具的一端转动连接；钢轨卡具与钢轨适配，能够抵住钢轨，顶杆的一端能够伸入道岔岔心内，并在顶杆转动时向下按压跳线的塞钉。通过钢轨卡具架设于钢轨上，活动板作为杠杆带动顶杆向下施力，按压跳线的塞钉进钢轨的塞钉孔，有效解决了道岔岔心狭窄空间的跳线的安装，进而实现了道岔岔心处跳线的快速、可靠安装。

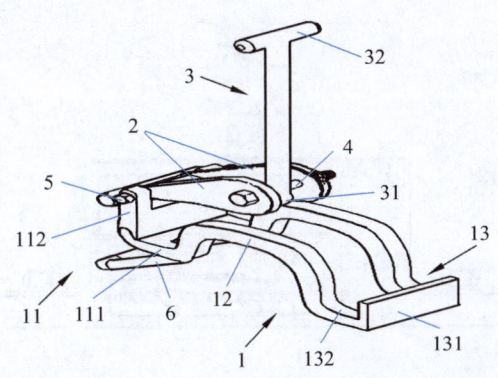

图 5-1-10　专利：道岔岔心安装跳线专用模具

11. 地铁通信信号设备维护用应急处理灯

该地铁通信信号设备维护用应急处理灯，包括：电机，固定在底座中间内部，所述电机轴顶端固定有连接柱；中齿轮，轴承连接在所述连接柱中间，所述底座的左右两侧均安装有内部截面呈长方体结构的套筒；连接柱，设置在所述套筒的内部，所述连接柱和连接柱的顶部安装有连接作用的固定柱；平台，设置在所述固定柱的顶端，所述平台的左右两侧均设置有灯泡。该地铁通信信号设备维护用应急处理灯，安装有连接柱、限位柱、连接块和连接柱，连接柱转动使限位柱同步转动，限位柱呈弯曲结构，由于连接柱呈长方体结构，限位柱转动使固定柱上下移动，实现对平台高度的调节，适用于不同高度的设备。

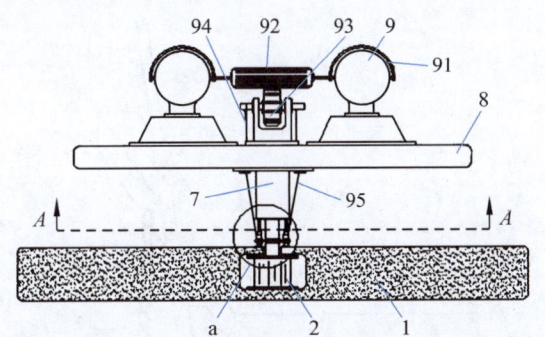

图 5-1-11　专利：地铁通信信号设备维护用应急处理灯

12. 地铁信号机用缆线固定装置

该地铁信号机用缆线固定装置，包括：固定装置本体，作为总设置架设在地面之上，所述固定装置本体的一侧安装有通过风力驱动的风杯，所述固定装置本体设置有透气板；风杯，安装在所述固定装置本体一侧的顶部，具有散热功能的扇叶与所述连接杆顶部的外侧相连接；盖板，安装在所述固定装置本体的一侧，且所述盖板的左右两侧固定有具有限定滑动的滑块；固定板，固定在所述固定装置本体与盖板的一侧。该地铁信号机用缆线固定装置设置有风杯，通过外界风力进行驱动风杯进行转动，进而使得风杯带动转杆进行转动，使得扇叶对透气板顶部所设置的线缆进行散热，进而达到对内部进行散热的目的。

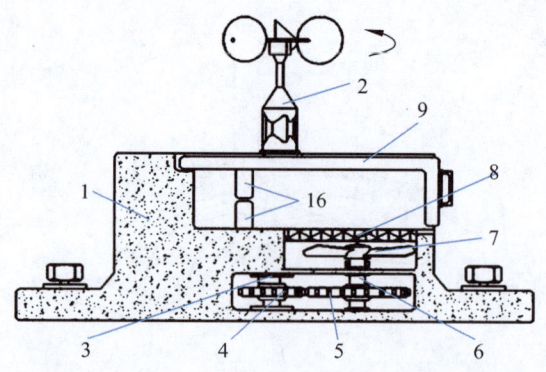

图 5-1-12　专利：地铁信号机用缆线固定装置

13. 钢轨手推车自动刹车装置

该钢轨手推车自动刹车装置安装于钢轨手推车框架上，通过活动铰链连接钢轨手推车连动杆；钢轨手推车连动杆一处固定联动杆插销链，联动杆插销链前端设有联动杆插销；钢轨手推车框架下方一侧固定刹车系统整体框架；刹车系统整体框架一端为转轴，一端为方形框架；转轴滚动连接车轮；方形框架两端被套丝顶杆贯穿；穿出方形框架靠近车轮一端套丝顶杆固定刹车片；套丝顶杆位于方形框架内段套有高强度压力弹簧，由方形框架限位；套丝顶杆靠近刹车片端固定钢轨手推车连动杆底端。减少因施工现场线路坡度过大、钢轨手推平板车载物过多或人的疏忽等不确定因素造成的手推车溜放事故发生，确保铁路施工安全，减少事故发生，降低不必要的生命财产损失。

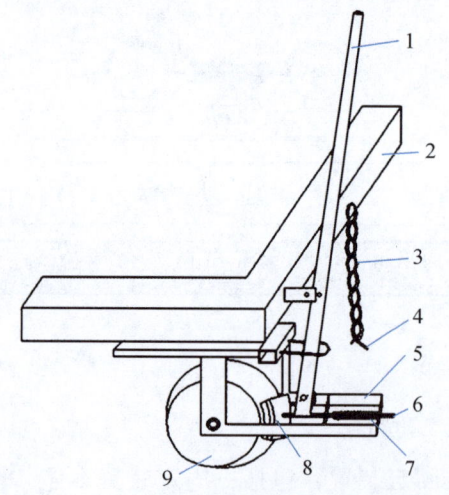

图 5-1-13　专利：钢轨手推车自动刹车装置

14. 执法记录仪管理系统

该执法记录仪管理系统，涉及施工现场监管技术领域，用以解决现有技术中施工管理系统不够快速，应用范围小的问题。该系统包括：云端服务器、通信网络和多个前端设备；多个前端设备均与通信网络连接；通信网络连接云端服务器；多个前端设备采集现场信息，并通过通信网络传递给云端服务器。该系统通过利多个前端设备采集施工现场的图片、声音以及影像，再实时通过通信网络上传至云端服务器，云端服务能够进行数据存储，并将信息传递给施工的各个部门，进行远程调控，实现了施工现场的快速、高效、可拓展管理。

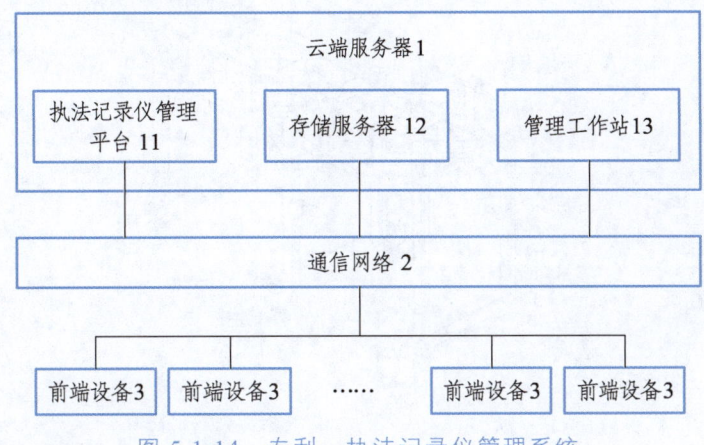

图 5-1-14　专利：执法记录仪管理系统

15. 冲击钻砸地极专用模具

该冲击钻砸地极专用模具，涉及外场机电设备本地接地极技术领域，解决接地极在使用的时候，要将其垂直打入地下，大多数无法使用机械，需要人工完成，效率较低的问题。该冲击钻砸地极专用模具包括：受力板、固定件和限位件；受力板固定连接在固定件的上方，受力板的上方用于固定电钻柄部；受力板的下方还固定有限位件，限位件设置于受力板的背离电钻柄部的侧面；在使用时，固定件与限位件之间用于插入角钢地极，限位件位于角钢地极的内拐角处，固定件位于角钢地极的上部外围。该模具结构简单、使用方便、生产成本低、便于推广应用，从而实现使用冲击钻砸地极，减少人工成本的目的。

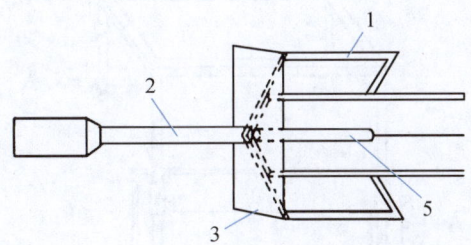

图 5-1-15　专利：冲击钻砸地极专用模具

16. 移动式快拆装修脚手架

该移动式快拆装修脚手架，能够解决脚手架容易倾倒的问题。包括两组架体、设置于两组架体之间的工作平台。每组架体包括：底部设有万向轮的底板、固定于底板上方的支撑杆，所述支撑杆与所述工作平台以可拆卸的方式固定连接；每组架体还包括：用于限制所述万向轮移动的两组固定机构，所述固定机构位于所述底板旁侧，所述固定机构与所述支撑杆可拆卸连接，所述固定机构和所述万向轮均支撑于地面；所述底板位于两组所述固定机构之间。该装置利用两组固定机构固定一组架体,既能避免万向轮损坏,又能确保移动式快拆装修脚手架使用时的安全性。

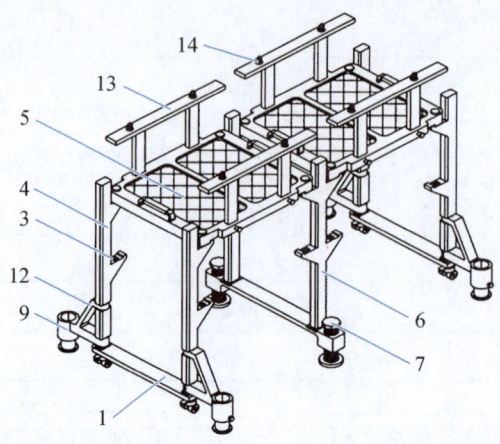

图 5-1-16　专利:移动式快拆装修脚手架

17. 高速铁路水钻打孔模具

该高速铁路水钻打孔模具,包括砟墙固定支架,所述砟墙固定支架底部后侧的两侧均固定焊接有第一竖杆,所述砟墙固定支架前侧的两侧均固定焊接有第二竖杆,所述第二竖杆的表面套设有套管,套管的正面贯穿设置有第一锁紧螺栓。该实用新型通过砟墙固定支架、第一竖杆、第二竖杆、套管、第一锁紧螺栓、水钻固定支板、方孔、水钻固定支架、第一固定螺栓、安装孔、齿条、第二固定螺栓、螺纹孔和齿槽进行配合,具备对水钻进行固定支撑,辅助水钻加工出倾斜角度通孔的优点,解决了垂直引出电缆槽施工难度大且无法满足电缆弯曲半径的要求,使得高铁路砟墙打孔难度加大,不便于加工出带有一定倾斜角度通孔的问题。

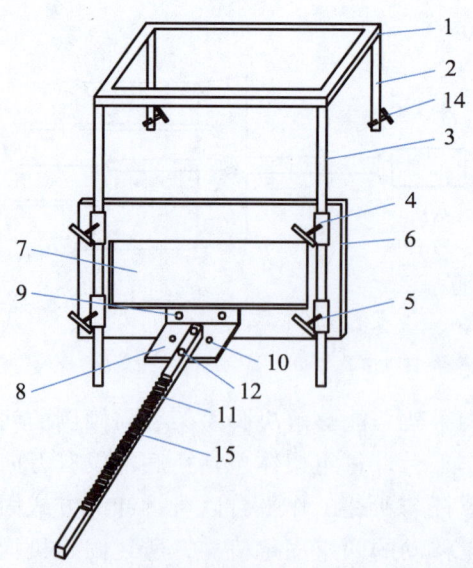

图 5-1-17　专利:高速铁路水钻打孔模具

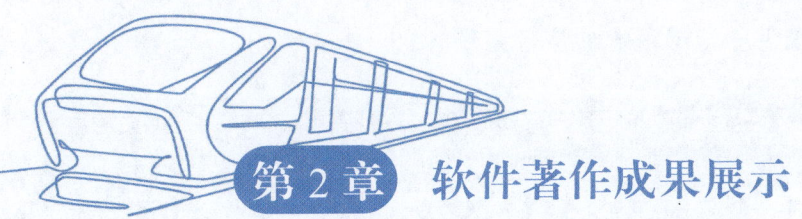

第 2 章 软件著作成果展示

在广州地铁某线的升级改造过程中，围绕施工安全、管理培训等方面，诞生了一系列软件及系统，以下对相关的软件著作权（以下简称软著）进行简要的介绍。

1. 基于机器学习的施工安全检测及监控系统 V1.0

图 5-2-1　软著：基于机器学习的施工安全检测及监控系统 V1.0

- 299 -

2. 站后工程施工安全远程培训管理系统 V1.0

图 5-2-2 软著：站后工程施工安全远程培训管理系统 V1.0

3. 地铁既有线改造工程信号系统联锁倒切装置管控平台 V1.0

图 5-2-3　软著：地铁既有线改造工程信号系统联锁倒切装置管控平台 V1.0

4. 地铁轨行区信号专业安全巡视机器人管理系统 V1.0

图 5-2-4 软著：地铁轨行区信号专业安全巡视机器人管理系统 V1.0

5. 地铁信号系统施工信息化管理平台 V1.0

图 5-2-5 软著：地铁信号系统施工施工信息化管理平台 V1.0

6. 便携式信号模拟试验设备系统

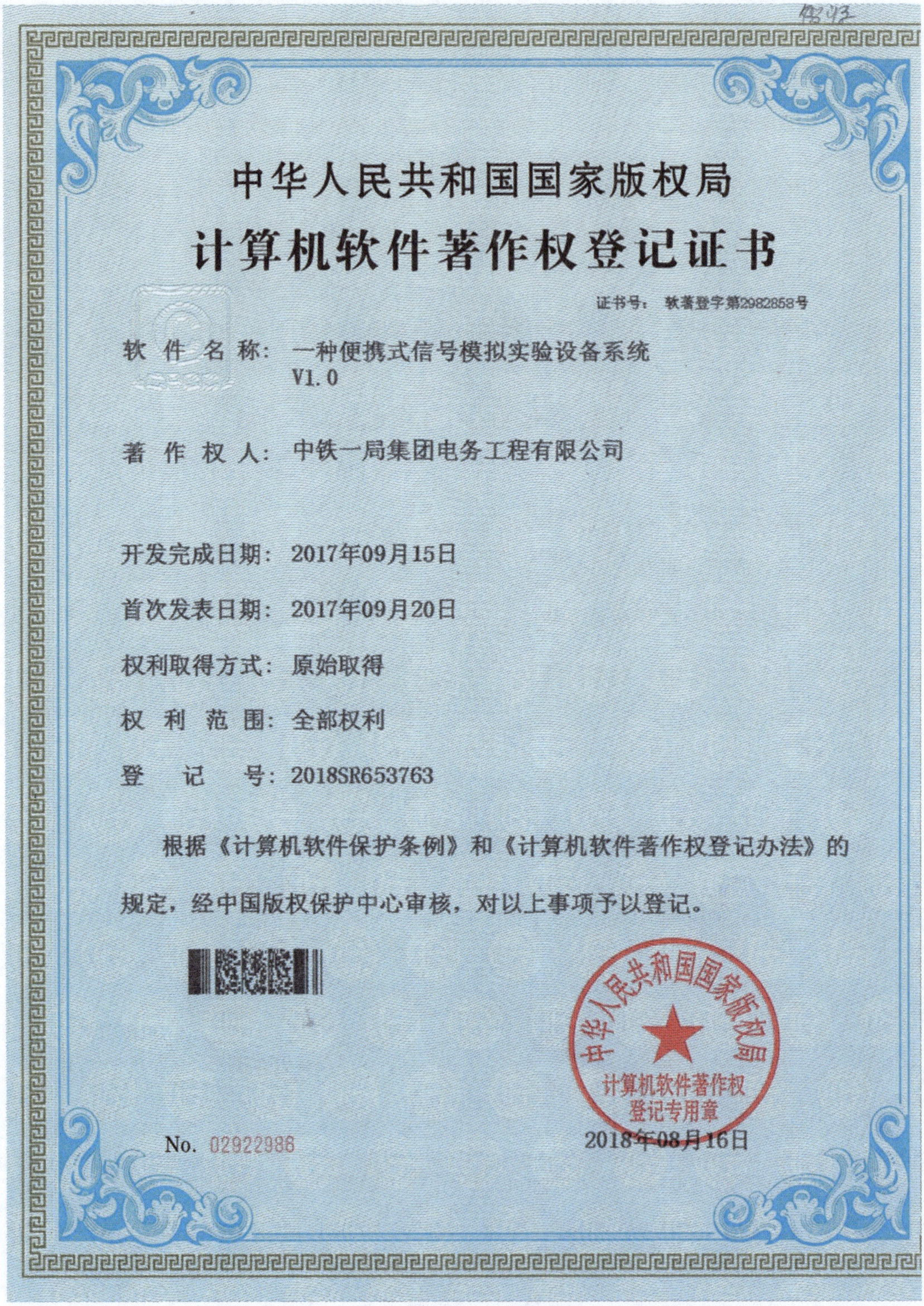

中华人民共和国国家版权局
计算机软件著作权登记证书

证书号： 软著登字第2982858号

软 件 名 称： 一种便携式信号模拟实验设备系统 V1.0

著 作 权 人： 中铁一局集团电务工程有限公司

开发完成日期： 2017年09月15日

首次发表日期： 2017年09月20日

权利取得方式： 原始取得

权 利 范 围： 全部权利

登 记 号： 2018SR653763

根据《计算机软件保护条例》和《计算机软件著作权登记办法》的规定，经中国版权保护中心审核，对以上事项予以登记。

No. 02922986

2018年08月16日

图 5-2-6 软著：便携式信号模拟试验设备系统

7. 二维码物资管理平台 V1.0

图 5-2-7 软著：二维码物资管理平台 V1.0

第 6 篇

精品工程展示及未来展望篇

第 1 章 精品工程展示

坚持首件定标工作规范，邀请业主、监理、设计等单位全程参与，确定工艺标准，全线推广实施的原则。持续强化工程全过程精细化管理，推进安全质量交接工作法，确保安全质量管理受控。同时，坚持结合专业工程特点，主动完善制度及激励机制，学习、研究、探索工艺提升新途径，实现施工工艺的持续提升。

1.1 室内设备工艺

室内设备工艺如图 6-1-1～6-1-4 所示。

图 6-1-1 室内配线

图 6-1-2 室外电缆盘放

图 6-1-3　室内分配架配线工艺

图 6-1-4　电源线配线工艺

1.2　轨行区设备工艺

轨行区设备工艺如图 6-1-5～6-1-9 所示。

图 6-1-5　区间信号机安装成品

图 6-1-6 PTI 环线及防护罩安装成品

图 6-1-7 钢轨连接线安装成品

图 6-1-8 区间电缆支架安装成品

图 6-1-9　方向盒配线

1.3　现场工序

既有线施工作业严格按照经评审和验证的作业流程执行，在确保既有设备安全和稳定运营的前提下，科学合理安排，精心组织施工。从既有设备隔离防护、班前安全讲话、轨行区设备材料清点、特种作业、应急演练等诸多工序入手，严格把控，制定相应的标准及流程，确保所有工序安全可控。

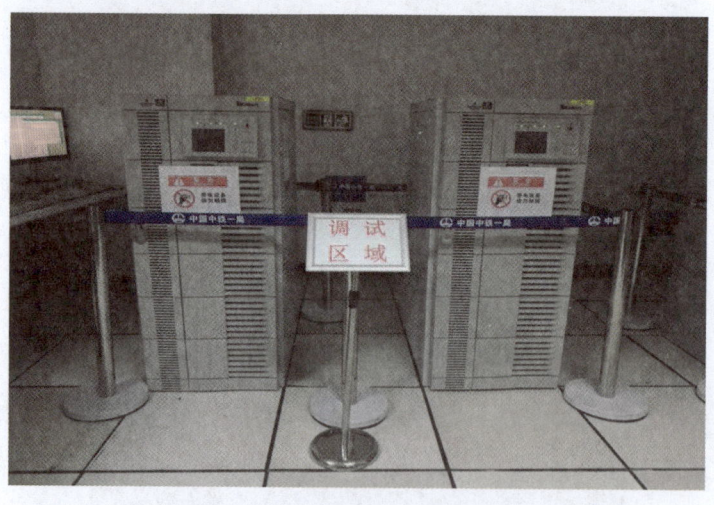

图 6-1-10　新、旧系统隔离管理

图 6-1-11　设备材料清点登记

图 6-1-12　有限空间支架安装

图 6-1-13　班前安全讲话

图 6-1-14　电缆运输

图 6-1-15　应急演练——心肺复苏

图 6-1-16　易燃品安全检查

图 6-1-17 控制中心室内设备配线

图 6-1-18 既有信号设备室施工图

图 6-1-19 特殊作业——登高作业

图 6-1-20 新中央 ATS 投用

图 6-1-21 轨道电路钻孔

图 6-1-22 特殊作业——有限空间

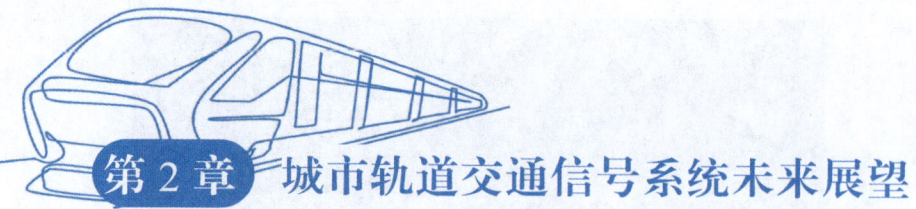

第 2 章 城市轨道交通信号系统未来展望

随着信号和数字技术的不断发展，在十四五规划中，未来我国轨道交通的总体目标是建设安全、便捷、高效、绿色、智能、经济的现代化铁路，为加快建设科技强国、交通强国提供有力支撑。在 2025 年实现铁路创新能力、科技实力的进一步提升，技术装备更加先进适用，工程建造技术持续领先，运输服务技术水平显著增强，智能铁路技术全面突破，安全保障技术明显提升，绿色低碳技术广泛应用，创新体系更加完善，总体技术水平世界领先。

信号系统作为城市轨道交通安全保障的核心，也将积极响应国家号召，未来将以数字化、集成化和智能化发展为目标，在互联互通、智能运维、自动驾驶等方面不断提升，实现我国轨道交通强国之梦。

1. 互联互通

考虑到我国区域轨道交通一体化的总体方案要求，未来将需要研究适用于城际、市域（郊）铁路网络化、公交化、智能化运营的关键技术。因此针对信号系统，需要研发互联互通型车辆及相关技术，在车-地通信，车-车通信等方面不断完善与优化，实现移动闭塞，大幅减少地面设备，降低线路建设成本。在未来，装备有各厂商不同车载信号设备的列车，能够在装备有各厂商不同轨旁信号设备的组合地铁线路上，按不同运营级别实现无缝安全可靠的运营。因此，在融合 CTCS 与 CBTC 等多种模式的新型列车运行控制系统的基础上展开研究，推进多制式轨道交通网络协同运营技术，满足多网融合跨线运行需要是未来的一大发展目标。

2. 设备监测和智能运维

近年来，随着我国城轨交通的行车密度不断加大，需要以科学的检测、监测设备和现代化的管理手段去适应铁路运输的发展需求。各类信号设备作为列车运行控制中的大脑，对保证行车安全、行车密度、行车效率具有决定性的作用。如何快速定位及排除相关设备故障，规避降级行驶、停车，对于提高运营效率具有重要意义。如何快速、实时地对众多设备进行监测、智能维护成了需要解决的一大难题。

图 6-2-1 展示了道岔信号设备中配备的各类传感器，能够对道岔转辙机的模拟信号、工况温度、湿度等各类信息进行收集，并通过通信终端将各类信息传送至运维中心。但现有采用传统的实时状态安全监测模式、定期状态检修模式、故障分析检修模式等等，都不能全方位地满足铁路快速发展和设备负荷越来越大情况下的需求。同时，在安全性发展要求越来越高的时代发展背景下，传统的方式所存在的局限性会更加明显和突出。受技术监测人员专业技术水平和责任心等因素的影响，易出现铁路固定设

备安全技术监测管理质量下降的情况，存在着监测信息质量方面的隐患，比如在大量的干扰信息中不能及时发现有效信息或重点信息，从而不能够及时进行问题的分析和解决，错过了最佳时机或延长了设备故障解决周期，使设备存在安全隐患，也可能会增加后期的维修难度和维修成本。状态实时监测虽然有着比较良好的效果和较高的先进性，但这种方式也会受到传感器的影响，导致状态检修装置依赖性过大、成本过高，只能在一些重点设备上进行实时监测，因此难以全面普及。

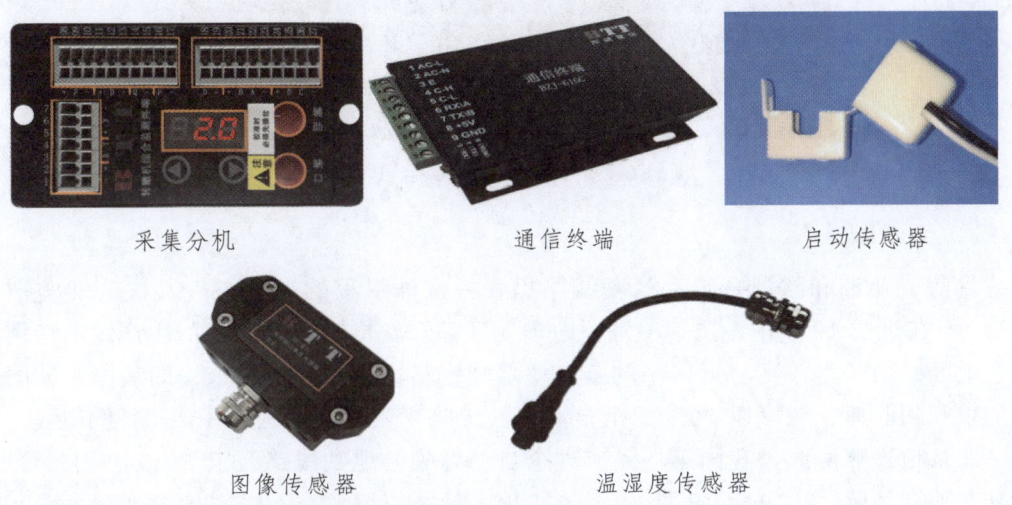

图 6-2-1　信号收集设备

图 6-2-2 展示了某智能运维平台管理界面展示效果，能够对线路上所有信号设备实现板卡级状态监测，还能结合人工智能算法对设备的健康、寿命等状态进行诊断和预测，从而实现智能运维。目前类似的方案尚在研发和探索阶段，还需不断完善和开展实际应用测试。

因此，如何提升现有的监测水平，并结合物联网、大数据及人工智能等相关技术，实现信号系统及设备的智能维护、健康管理和寿命预测也是未来的发展趋势和研究目标。

图 6-2-2 智能运维平台界面

3. 自动驾驶

目前，亚洲和欧洲全自动驾驶线路里程占全球里程的近 75%，其次为北美洲的 13%，而在过去 10 年中，拉丁美洲、中东地区都开发出完全自动化的生产线，特别是中东地区，增长率较高。近一半的全自动驾驶线路集中在 4 个国家，即法国、韩国、新加坡和阿联酋，法国以 16% 的全自动驾驶线路率领先，韩国以 15% 紧随其后。

北京地铁燕房线是我国第一条实现全自动驾驶的地铁线路，于 2017 年 12 月 30 日开通初期运营，2019 年 12 月 19 日，实现了最高等级（GoA4）的全自动运营，2021 年 6 月 21 日成功实现列车内无人值守（UTO 模式）的全自动运营，2021 年 12 月 24 日完成现有列车间壁门拆除工作，全面"取消"列车驾驶室。图 6-2-3 展示了燕房线驾驶室中无人值守的情景和室外地面设备的安装情况。

2021 年 12 月 28 日，深圳地铁 20 号线（一期）正式开通，是深圳市首条实现最高等级（GoA4）的全自动运营线路，线路全长 8.43 km，设车站 5 座，采用了卡斯柯自主研发的启骥列车自主运行系统（TACS），列车采用开放式驾驶室，出库前自动唤醒、自动发车、精准停车、自动检测、回库以及自动休眠等一系列功能均实现了全自动控制。图 6-2-4 为卡斯柯官方发布的深圳地铁 20 号线的开放式驾驶室实景照片。

图 6-2-3 北京地铁燕房线自动驾驶室和室外线路

图 6-2-4 深圳地铁 20 号线自动驾驶室

在未来，自动驾驶技术将成为城市轨道交通的亮点，列车的精准发车、停车，区间内的自动行驶，车门与站台屏蔽门之间自动联控等将全部由自动驾驶技术完全控制，减少人工的干预，实现从 GoA1（非自动化式运用模式）到 GoA4（无干预式运营模式）的升级。

此外，自动驾驶不但能够减少人工消耗，实现对列车运行的无人控制，还将从空间、时间精准度、乘坐舒适度和绿色节能等方面全面提升现有列车行驶水平。在满足运营需求的前提下，尽量减少列车运行过程中的能量消耗已经成为列车驾驶的迫切要求。在未来，可以结合自动驾驶、人工智能、大数据等技术对列车运行过程进行全面分析和精准控制，通过设定时间点和改变列车在途运行策略等手段，达到降低能耗的目的，不断提升列车驾驶过程中的绿色环保水平。

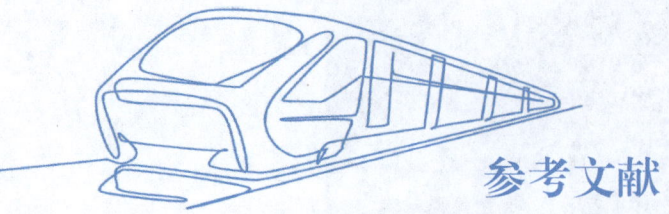

参考文献

[1] 张乐，肖倩，李佳洋. 城市轨道交通信号[M]. 北京：清华大学出版社，2018.

[2] 何霖. 城市轨道交通信号系统建设项目管理[M]. 北京：中国劳动社会保障出版社，2018.

[3] 赵丽. 城市轨道交通列车车载信号系统改造施工方案研究[J]. 城市轨道交通研究，2022，25（11）.

[4] 马永超. 城市轨道交通既有线改造实例分析[J]. 建筑技术开发，2018，45（19）.

[5] 张赛. 城市轨道交通信号系统升级改造项目方案研究[J]. 科学与信息化，2022（009）.

[6] 王亚鹏. 城市轨道交通既有线改造方案的比较分析研究[J]. 数字通信世界，2019（1）.

[7] 白刚. 对城市轨道交通既有线技术改造的思考[J]. 华东科技（综合），2020，（011）.

[8] 刘会明. 城市轨道交通既有线更新改造将成为常态[J]. 城市轨道交通研究，2019，22（6）.

[9] 王辰宇. 基于城市轨道交通既有站改造背景下的运营组织方案研究——以重庆轨道交通6号线为例[J]. 城市轨道交通研究，2023，26（7）.

[10] 朱莉. 城市轨道交通信号系统改造方案研究[J]. 城市轨道交通研究，2021（04）.

[11] 渠军，蒋莉. 城市轨道交通信号系统项目需求管理方案研究[J]. 铁路计算机应用，2015，24（6）.

[12] 白艳琴. 城市轨道交通信号系统改造工程解决方案[J]. 铁路通信信号工程技术（S1），2013（4）.